Bernhard Schlag (Hrsg.)

Verkehrspsychologie

Mobilität – Sicherheit – Fahrerassistenz

PABST SCIENCE PUBLISHERS
Lengerich, Berlin, Bremen, Riga,
Rom, Viernheim, Wien, Zagreb

Bibliografische Information Der Deutschen Bibliothek
Die Deutsche Bibliothek verzeichnet diese Publikation in der Deutschen Nationalbibliografie; detaillierte bibliografische Daten sind im Internet unter <http://dnb.ddb.de> abrufbar.

Adresse des Herausgebers:
Prof. Dr. phil. Bernhard Schlag, Dipl.-Psych.
Technische Universität Dresden
Fakultät Verkehrswissenschaften
Professur für Verkehrspsychologie
D-01062 Dresden
E-mail: schlag@verkehrspsychologie-dresden.de

Redaktion:
Dr. Susann Richter

Druck: KM-Druck, D-64823 Groß Umstadt

ISBN 3-89967-107-4

Inhaltsverzeichnis

Einleitung

Einige der ersten empirischen Studien in der Psychologie beschäftigten sich vor fast 100 Jahren mit verkehrsbezogenen Fragestellungen, vor allem mit der Fähigkeit von Menschen zum Führen von Motorfahrzeugen (vgl. Schlag, 1999). Von Anfang an war die Verkehrspsychologie in Forschung und Praxis interdisziplinär ausgerichtet. Sie hat gemeinsame Schnittmengen mit der Medizin, vor allem wenn es um die Diagnostik und Rehabilitation auffälliger Kraftfahrer[1] geht, mit dem Ingenieurwesen, von der ergonomischen Fahrzeuggestaltung über Fahrerinformations- und Fahrerassistenzsysteme bis hin zu „Human factors" in der Verkehrsplanung und im Straßenentwurf, und mit den Wirtschaftswissenschaften, vor allem wenn es um Verkehrsnachfragemanagement (travel demand management, TDM) geht. Menschen als aktive Verkehrsteilnehmer sind das Herz eines jeden Verkehrssystems – und vermutlich der fehleranfälligste Teil dieses Systems. Hauptunfallursache sind menschliche Fehler und unangepasste, gefahrenträchtige Verhaltensweisen, die allein oder in Interaktion mit ungünstigen Bedingungen auf Seiten der Verkehrswege und der Verkehrsmittel für über 90% aller Verkehrsunfälle (mit-)verantwortlich gemacht werden. Aber nicht nur das Verhalten *während* der Verkehrsteilnahme ist Gegenstand der Verkehrspsychologie, sondern Mobilität hat ihren Ursprung vor allem in den Wünschen, Motiven und Entscheidungen der Menschen – und diese können durchaus beeinflusst werden. Mit der Erkenntnis, dass die Psychologie weitreichende Beiträge bei der Analyse und bei der Lösung aller Arten von Mobilitäts- und Verkehrsproblemen leisten kann, stieg die Bedeutung der Verkehrspsychologie seit den 1980er Jahre in den industrialisierten Ländern weltweit stark an. Dem beginnt seit der Neufassung der Rahmenprüfungsordnung Psychologie 2002 in Deutschland auch die akademische Psychologie Rechnung zu tragen. Verkehrspsychologie kann seitdem als Anwendungsfach im Hauptstudium der Psychologie vorgesehen werden – in Zukunft werden wohl einige Universitäten in Deutschland diese Chance nutzen.

Nun verfügt die Verkehrspsychologie nicht über einen einheitlichen theoretischen Rahmen. Sie wendet vielmehr unterschiedliche Modelle und Erklärungsansätze der Psychologie an, um beispielsweise Wahrnehmungs-, Aufmerksamkeits-, kognitive,

---

[1] Zur besseren Lesbarkeit wird die männliche Form verwendet. Soweit nicht anders vermerkt, sind damit hier wie im ganzen Buch sowohl weibliche als auch männliche Personen gemeint. (An dieser Stelle statistisch übrigens zu etwa 90% männliche Personen.)

soziale, motivationale und emotionale Determinanten des Mobilitäts- und des Verkehrsverhaltens besser zu verstehen. Gleichzeitig befruchtet sie mit spezifischen Modellen und mit einer Vielzahl empirischer Studien das Grundlagenwissen der Psychologie. In der empirischen Forschung ist die Verkehrspsychologie eines der aktivsten Gebiete der Psychologie. Die Nachfrage nach fundierter Forschung und die „willingness to pay" für erweitertes Wissen ist hier nicht zuletzt deshalb hoch, weil Mobilitäts- und Verkehr wirtschaftlich außerordentliche Bedeutung haben und weil Probleme in diesen Bereichen gesellschaftlich und individuell als besonders belastend und drängend erlebt werden. Die Möglichkeiten zu Erklärung und konkreter Vorhersage von Mobilitätsentscheidungen und Verhaltensweisen im Verkehr auf der Basis ingenieur- oder wirtschaftswissenschaftlicher, aber auch psychologischer Modelle sind auf der anderen Seite bis heute begrenzt. Der begründete Verdacht, dass die Psychologie dies jedoch präziser könnte als andere Disziplinen, die sich um die Lösung von Verkehrsproblemen bemühen, war allerdings bisher schon so fruchtbar, dass eine Vielzahl von Forschungsinitiativen in diesem Bereich, oft in interdisziplinären Kooperationen, erfolgreich läuft. Über solche Forschungen wird in diesem Buch berichtet.

Das Buch ist in 5 Abschnitte mit insgesamt 21 Beiträgen gegliedert. In Abschnitt A geht es um die Kooperation zwischen Psychologie und Verkehrsplanung, die gerade an der TU Dresden eine besondere Rolle spielt[2]. Verkehrsplanung und Straßenentwurf als traditionelle ingenieurwissenschaftliche Disziplinen sind Gebiete, in denen die Nachfrage nach psychologischem Fachwissen in den letzten Jahrzehnten deutlich gewachsen ist. Unter dem allgemeinen Titel „Human factors" wird hier traditionell besonderes Augenmerk auf eine wahrnehmungspsychologisch adäquate Gestaltung des Verkehrsraumes gelegt. Zunehmend geht es jedoch auch um andere Faktoren wie die Belastung und Beanspruchung der Straßennutzer, die sichere Gestaltung von Interaktionen zwischen den Verkehrsteilnehmern, den motivationspsychologischen Aufforderungsgehalt bestimmter Verkehrswege und neue Konzepte einer adäquaten Vermittlung der Anforderungen, die die jeweilige Straße stellt. Bernhard Schlag und Ralf Heger führen einige Ansätze einer psychologisch fundierten Straßengestaltung zusammen. Es zeigt sich, dass eine vertiefte Zusammenführung inge-

[2] Der Herausgeber ist als Diplom-Psychologe zugleich Direktor des Instituts für Verkehrsplanung und Straßenverkehr in der verkehrswissenschaftlichen Fakultät der TU Dresden.

nieurwissenschaftlicher und psychologischer Konzepte zu einem verbesserten Verkehrssicherheitsmanagement nachhaltig beitragen kann. Innovativ ist auch der empirische Ansatz von Bettina Kämpfe u. a.: Welche Fahrfehler werden durch welche Arten von Verkehrswegegestaltungen begünstigt oder auch unwahrscheinlicher? Fahrversuche geben hier erste prägnante Hinweise. Einer von 3 Beiträgen dieses Buches, die sich mit Radfahrern befassen, thematisiert das Erlebnis des Verkehrsumfelds durch Radfahrer. Radfahren ist attraktiv – und gefährlich. Carmen Hagemeister und Anne Schmidt analysieren, was attraktive Radfahrstrecken auszeichnet.

In Abschnitt B geht es um Mobilitätsmanagement – traditionell ein Bereich, der von Verkehrswirtschaftlern bevorzugt bearbeitet wird. Tatsächlich geht es um die Beeinflussung menschlichen Verhaltens - ein genuin psychologisches Thema. Zu berücksichtigen ist wie bei der Kooperation zwischen Verkehrspsychologie und Verkehrsingenieurwesen, dass auch der Beitrag der Wirtschaftswissenschaften in der Verkehrsforschung bisher weitaus größer ist als derjenige der Psychologie. Dennoch gilt auch hier: Psychologisches Fachwissen erfreut sich einer starken Nachfrage. Katrin Dziekan u. a. analysieren zunächst Barrieren der Bahnnutzung. Warum ist beispielsweise die Lücke zwischen Umweltwissen und -bewusstsein auf der einen und umweltverträglichem Handeln auf der anderen Seite im Verkehrsbereich besonders ausgeprägt? Die Mobilität wird von den meisten Menschen als ein Bereich erlebt, in dem eine umweltverträgliche Anpassung des eigenen Handelns besonders kostenintensiv ist. Tina Seidel u. a. sowie Jens Schade berichten über eine neue Forschungslinie in der Verkehrspsychologie: travel demand management, unter Einschluss von Preismaßnahmen. In vielen anderen Lebensbereichen hat sich gezeigt, daß Preise Verhalten effektiv lenken können - gewünscht wird dies von den Verkehrsteilnehmern allerdings meist nicht. Die Befunde aus europäischen Forschungsprojekten geben Hinweise darauf, wie der trade-off zwischen Effektivität und Akzeptanz besser gestaltet werden kann. Carmen Hagemeister und Frank Fiedler schließen die Beiträge zur Beeinflussung des Mobilitätsverhaltens mit einer Untersuchung der Einstellung von Schülern zum Radfahren ab.

Vier Beiträge folgen zum klassischen verkehrspsychologischen Bereich der Unfallprävention und Verkehrssicherheitsarbeit. Nach Berechnungen der WHO (2001) sterben weltweit fast 1 Million Menschen jedes Jahr im Straßenverkehr. Auch wenn in den entwickelten Ländern Erfolge bei der Verbesserung der Verkehrssicherheit erzielt worden sind – in den sich entwickelnden Ländern sieht es derzeit umso schlimmer aus. Vorteilhaft könnte es sein, hier den Wissenstransfer um „best practises" international zu verstärken. Zu denken ist dabei ganz wesentlich auch an die Situation von Kindern und Jugendlichen, über die Bernhard Schlag und Susann Richter auf der Grundlage eines Dresdner Public Health-Projektes zu Kinderunfällen berichten. Unfallprophylaxe wird hier als Gesundheitsvorsorge verstanden; Verkehrssicherheitsforschung ist zugleich präventive Gesundheitsforschung. Von der WHO (2001) wird prognostiziert, dass weltweit Straßenverkehrsunfälle vom 9. (in 1998) auf den 3. Platz (in 2020) in der Rangliste aller Gesundheitsprobleme aufsteigen werden. Etwa vier mal häufiger als bei mittleren Altersgruppen sind Unfälle bei jungen Fahranfängern. Malte Mienert beschreibt den Übergang in die selbstbestimmte (Auto-)Mobilität als normative Entwicklungsaufgabe – eine Perspektive, die auch die gesellschaftliche Verantwortung zur Gestaltung dieser Entwicklungsaufgabe unterstreicht. Philipp Y. Herzberg gibt einen Überblick zu Konzepten und Forschungsarbeiten, die erklären können, warum aggressives Verhalten im Straßenverkehr häufig auftritt. Ein Schwerpunkt vor allem der deutschsprachigen Verkehrspsychologie ist die Diagnose und Nachschulung/Rehabilitation auffälliger Kraftfahrer. Der Beitrag von Willi Seitz und Joachim Wittkowski zur Güte der diagnostischen Aufklärung des alkoholauffälligen Fahrens in Gutachten medizinisch-psychologischer Untersuchungsstellen wird die Diskussion in diesem Bereich anregen.

Die meisten Unfälle sind nicht intendiert, sie geschehen unerwartet und sie hätten durch geringfügig anderes Verhalten vermieden werden können (Redelmaier et al, 2003). Wenn 90 % der relevanten Informationen bei der Verkehrsteilnahme über das Auge aufgenommen werden, so eine klassische Faustregel, ist für sicheres Verhalten im Straßenverkehr das Sehen und Erkennen die wichtigste Voraussetzung. Fünf Beiträge in Abschnitt D analysieren Probleme des Sehens und Erkennens bei der Verkehrsteilnahme aus unterschiedlichen Blickwinkeln. Dass es ein großes Potential gibt, bei der Verkehrsteilnahme etwas *nicht* wahrzunehmen, beschreiben Sascha M. Dornhoefer u. a. anhand von Simulatorstudien in ihrem Beitrag „Veränderungsblindheit im Straßenverkehr". In ähnlicher Weise existiert bei der Verkehrsteilnahme ein großes Potential, nicht angemessen oder nicht rechtzeitig zu reagieren. Susann Richter analysiert in Labor- und Feldstudien das Reaktions- und Bremsverhalten bei

Nebel. Verlängerte Reaktionszeiten müssten hier zukünftig Konsequenzen u. a. für die Rechtsprechung haben. Spezifische Sichtprobleme analysieren aus unterschiedlicher Perspektive zunächst Holger Kschischenk, der die Bedeutung psychologischer und physiologischer Blendbewertungen in der Lichttechnik darstellt, sowie Udo Fries und Kai Geertsema. Sie kommen u. a. zu dem Ergebnis, dass bei Spiegelungen in der Windschutzscheibe frühe Stufen der Wahrnehmung besonders betroffen sind. Erik Hoeppe's Beitrag gibt Auskunft darüber, wohin Radfahrer in unterschiedlich gestalteten Knoten sehen – tatsächlich nicht unbedingt auf die gefährlichsten Konfliktpunkte.

Einer der in diesem Jahrzehnt virulentesten Bereiche der verkehrspsychologischen Forschung beschäftigt sich mit Fahrerinformations- und Fahrerassistenzsystemen. Psychologie in Kooperation mit der Kraftfahrzeugtechnik hat sich entwickelt von einer zunächst vor allem ergonomischen Orientierung hin auf eine umfassende Betrachtung der Fahraufgabe. Diese wiederum hat sich deutlich von einer in den Anfangsjahren primär sensomotorischen Verrichtung hin zu hohen Anteilen von Monitoringaufgaben verändert. Die arbeitspsychologischen Erfahrungen mit Monitoringaufgaben lassen diese allerdings oft in einem problematischen Licht erscheinen. Christhard Gelau gibt zunächst einen Überblick über Ablenkungspotenziale durch Informations- und Kommunikationssysteme im Fahrzeug. Welche Auswirkungen haben sie auf das Fahrerverhalten und – in der Konsequenz – die Verkehrssicherheit und wie können benutzergerechte Gestaltungen von Mensch-Maschine-Schnittstellen aussehen? Brigitte Färber und Bertold Färber vollziehen den Übergang zu einem umfassenden Informationsmanagement im Kraftfahrzeug. Können beispielsweise spezifische Fahrerassistenzsysteme zur Entlastung von durch die Nutzung von Informationssystemen möglicherweise zusätzlich belasteten Kraftfahrern beitragen? Lässt sich die Informationsgabe im Fahrzeug workloadabhängig steuern? Um die visuelle Beanspruchung durch Zweitaufgaben (neben der primären Fahraufgabe) einfach und gültig bewerten zu können, schlagen Josef F. Krems u. a. die Okklusionsmethode vor. Sie stellt neben beispielsweise der peripheral detection task (PDT) und der lane change task (LCT) eine vielversprechende Methode zur Bewertung von Mensch-Maschine-Schnittstellen dar. Dass sich bei neuen Fahrerassistenz- und -informationssystemen nicht nur Probleme des Informationsmanagements und der Beanspruchung ergeben, führen Gert Weller und Bernhard Schlag aus. Wie sind negative Verhaltensadaptationen, bei denen der mögliche positive Effekte einer technischen Neuerung durch expansive Verhaltensanpassungen aufgezehrt wird, frühzeitig zu vermeiden? Abgeschlossen wird der Band mit einem Bericht über die Evaluation einer Sprachbedienung im Auto, die Vorteile einer akustischen und sprachlichen im Vergleich zu einer optischen und manuellen Kontrolle herausstellt.

Als Herausgeber danke ich allen Autorinnen und Autoren ganz herzlich für ihre fundierte, engagierte und innovative Arbeit. Genauso danke ich allen Reviewern, die die Arbeit der Autoren für eine hohe Qualität aller Beiträge auf kollegiale Weise unterstützt und gesichert haben.

Literatur

Redelmaier, D.A., Tibshirani, R.J., Evans, L. (2003). Traffic-law enforcement and risk of death from motor vehicle crashes: case-crossover study. The Lancet 361, 2177-2182.

Schlag, B. (1999). Empirische Verkehrspsychologie. Lengerich, Berlin u.a.: Pabst Science Publ..

WHO (2001). A 5-year WHO strategy for road traffic injury prevention. World Health Organization, Geneva.

Bernhard Schlag

Dresden, im Dezember 2003

A) Psychologie und Verkehrsplanung

Bernhard Schlag und Ralf Heger

Ansätze einer psychologisch fundierten Straßengestaltung

Der planmäßige Straßenbau begann vor etwa 6600 Jahren (Lamm et al., 1999). Mobilität ist den Menschen in dieser Zeit immer wichtiger geworden – trotz ihrer teilweise katastrophalen Folgen. So fordert die Nutzung des Straßensystems weltweit jährlich fast 1 Mio. Verkehrstote. In der europäischen Union (15 Länder) sterben jedes Jahr mehr als 40000 Menschen bei Verkehrsunfällen (v.d. Horst, Hagenzieker, 2002). Die meisten Unfalltoten sind dabei auf zweistreifig-einbahnigen Außerortstraßen zu verzeichnen. Um mehr als das 70-fache höher ist die Anzahl der Verletzten, von denen ca. 1/10 ein Leben lang behindert bleibt (Fuller, Santos, 2002). Am häufigsten trägt der Nutzer selbst zum Versagen des Systems bei (siehe Abb. 1).

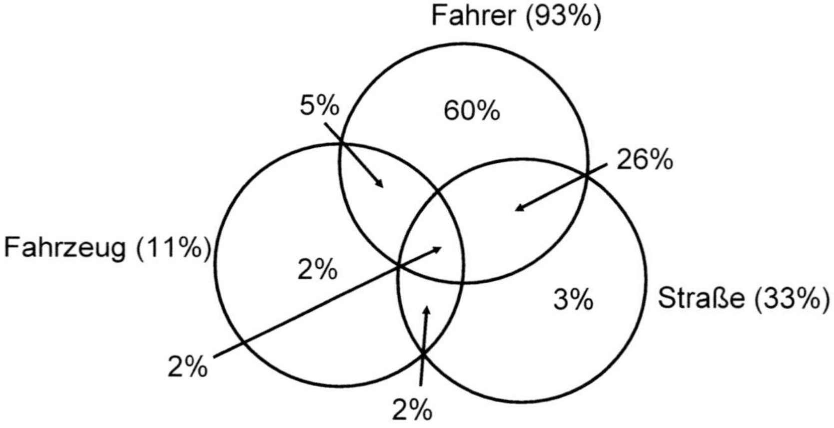

Abb. 1: Unfallverursachungsanteile von Fahrer – Fahrzeug – Straße (Rumar, 1985)

Folgerichtig ist zu untersuchen, welche Parameter auf Seiten des Nutzers das System Straßenverkehr so anfällig und verwundbar machen und wie diese zu beeinflussen sind. So wurde und wird nach Möglichkeiten gesucht, den Nutzer selbst besser zu qualifizieren und auf sein Verhalten unmittelbar einzuwirken – bspw. über Ausbildungsprogramme, Restriktionen im Straßenverkehr und in jüngster Zeit vermehrt auch über Anreizsysteme. Wenn auf der anderen Seite der Nutzer nicht so weit qualifiziert und gelenkt werden kann, dass er alle Anforderungen im Straßenverkehr sicher bewältigt, dann müssen diese Anforderungen den Fähigkeiten und Bedürfnissen der Nutzer besser angepasst werden.

Abb. 1 zeigt, dass wesentliche Verkehrssicherheitsprobleme in der Interaktion zwischen Fahrer und Straße liegen: Manchmal wurde diese Wechselbeziehung als „die vergessene Schnittstelle" bezeichnet, der weit weniger Aufmerksamkeit geschenkt wurde als den Schnittstellen zwischen Fahrer und Fahrzeug in der MMI-Forschung. In diesem Kapitel werden deshalb Ansätze einer Straßengestaltung vorgestellt, die sich primär am Verhalten der Straßennutzer und den zugrunde liegenden psychologischen Gesetzmäßigkeiten orientieren. Veränderte Rahmenbedingungen, so die generelle Annahme, werden nachhaltige Veränderungen im Verhalten der Straßennutzer, hier speziell der Pkw-Fahrer auf Außerortstraßen, bewirken können.

1 Psychologische Elemente im Regelwerk für die Gestaltung von Straßen

Schon sehr früh wurde ausgehend vom kybernetischen Regelkreis Fahrraum – Mensch – Fahrzeug – Verkehrsregelung zwischen einem objektiven physikalischen Raum, in dem die Straßen entworfen und gebaut werden, und einem subjektiv vom Fahrer wahrgenommenen Raum unterschieden, aus dem der Fahrer seine Fahrweise fast ausschließlich ableiten muss. Die objektive Umwelt meint Umwelt als Situation, die subjektiv repräsentierte Umwelt versteht Umwelt hingegen als Verhaltensanforderung. Im ersten Fall geht es um die Beschreibung der äußeren, objektiven Bedingungen, zunächst ohne Bezug zur handelnden Person (Straßengestalt, Verkehrszeichen, dynamische Verkehrssituation). Bei der kognitiv repräsentierten Umwelt geht es hingegen um die – durch eigene Ressourcen, Motivation, Wahrnehmung, Erfahrungen, soziale Normen u.a. gefilterten – Anforderungen und Aufgaben, deren Bewältigung gefordert ist. Eine Grundlage der Richtlinien für die Anlage von Straßen besteht in der Forderung, den Fahrraum nach den Regeln der Gestaltpsychologie als optisches Reizmuster auszubilden (FGSV, 1979). Anerkannt wird auch, dass durch den Fahrer eine unterschiedliche Interpretation der Wirklichkeit erfolgt. "Es ist zugleich Aufgabe und Problem der Entwurfsrichtlinien, für die Linienführung beide Bereiche im Interesse einer sicheren Fahrt umklammern zu müssen. Die rechnerisch nachgewiesene Fahrdynamik bildet ein logisches Gedankengebäude im objektiven, physikalischen Raum. Es reicht aber bei fast keiner der erforderlichen Festlegungen der Richtlinien allein aus, weil die Forderungen des subjektiven psychophysischen Raumes zusätzliche Bedingungen verlangen, die nun wiederum nicht rechnerisch, sondern fast ausschließlich aus der Erfahrung gewonnen werden können. Diese Dualität zieht sich als roter Faden durch die Richtlinien" (FGSV, 1979, 7). Hierin liegt ein wesentliches Problem der Anwendung psychologischer Erkenntnisse in der Straßenentwurfspraxis.

Da solche Erfahrungswerte bisher nur selten übertragen und fast nie quantifiziert wurden und da sie in vielen Fällen zudem inkompatibel zum sonstigen im Entwurfsprozess verwendeten Instrumentarium sind, sind sie schwer vermittelbar und werden, da sie in der Regel Mehrkosten verursachen, bei der Umsetzung von Straßenbaumaßnahmen nur unzureichend berücksichtigt. Im Regelwerk für die Gestaltung von Straßen sind allerdings einige vor allem wahrnehmungspsychologische Elemente enthalten, die sich in erster Linie auf die Geschwindigkeitswahl, die Stetigkeit sowie die Sichtweiten und die räumliche Linienführung beziehen.

1.1 Zur Geschwindigkeit

Steigende Leistungen der Kraftfahrzeuge ermöglichten zunehmend höhere Geschwindigkeiten, bei denen immer häufiger fahrdynamische Grenzen erreicht wurden. Die Gestaltung der Straßen musste diesen Veränderungen Rechnung tragen. Damit vollzog sich vor allem außerorts ein Übergang von einer eher statisch fahrgeometrischen Bemessung der Linienführung (lange Geraden, fahrgeometrische Ausrundungen bei Richtungsänderung) zur fahrdynamischen Berechnung der sicherheitsrelevanten Parameter, unter denen die Geschwindigkeit maßgeblich war. Der in der RAL 1937 eingeführten Ausbaugeschwindigkeit (Definition: Häufigste tatsächliche Geschwindigkeit, die auf einer möglichst gleichmäßig auszubauenden Strecke zu erwarten ist; Lamm, 1975) und der bis heute gültigen Entwurfsgeschwindigkeit (Definition: Hinsichtlich Verkehrsbedeutung, Verkehrsqualität, Umfeld und Wirtschaftlichkeit wählbare Entwurfsgröße, der zulässige Grenzwerte und Verhältniswerte der Trassierungselemente zugeordnet sind; FGSV, 2000) ist gemeinsam, dass diese für größere Streckenabschnitte als konstant angenommen werden. Sie bestimmen hinsichtlich Verkehrsbedeutung, Verkehrsqualität, Umfeld und Wirtschaftlichkeit nur die Mindestparameter einer Trasse (zulässige Grenzwerte und Verhältniswerte der Trassierungselemente) - das reale Geschwindigkeitsverhalten kann von der angenommenen Entwurfs- bzw. Ausbaugeschwindigkeit erheblich abweichen. Aus diesem Grund wurde 1984 die Geschwindigkeit V_{85} als Wert für die Kontrolle des Entwurfs sowie für die fahrdynamische Bemessung sicherheitsrelevanter Entwurfselemente in die Richtlinien eingeführt, orientiert an der Geschwindigkeit, die 85 Prozent der ungehindert fahrenden PKW auf nasser Fahrbahn nicht überschreiten. Sie wird auch als streckencharakteristische Geschwindigkeit bezeichnet. Die Prognose erfolgt für einbahnig-zweistreifige Straßen in Abhängigkeit von zwei Variablen: der Fahrbahnbreite und dem Kurvenradius für Einzelkurven auf bestehenden Straßen bzw. der Kurvigkeit und der Fahrbahnbreite für zusammenhängende längere, in der Regel neu zu bauende Streckenabschnitte. Die Kurvigkeit ist dabei die auf die Streckenlänge bezogene Summe der absoluten Richtungsänderungen (RAS-L in FGSV, 1995). So wichtig für die Bemessung der Linienführung von Außerortsstraßen die Geschwindigkeit ist, so unzureichend ist bisher deren Prognose. Dies wird besonders auf Streckenabschnitten deutlich, wo die Dominanz der Kurvigkeit gegenüber anderen, z.B. psychologisch determinierten Einflussgrößen geringer ausfällt (Bakaba, 2002). Aus diesem Grund wurden ergänzende Festlegungen in den Richtlinien erforderlich (ausführlicher in Schlag und Heger, 2003).

1.2 Das Konzept der Stetigkeit

Änderungen in der Streckencharakteristik erfordern in der Regel Anpassungsreaktionen des Fahrers, welche u. a. durch Geschwindigkeitsveränderungen oder genauer durch die Beschleunigungen oder Verzögerungen des Fahrzeuges gemessen werden können. Die meisten Fahrer passen bei Annäherung an eine Gefahrenstelle ihre Geschwindigkeit der veränderten Streckencharakteristik rechtzeitig an (Babkov, 1970). Diese Stellen werden auch Unstetigkeitsstellen genannt. Die Größe der Geschwindigkeitsdifferenzen bzw. Verzögerungen/Beschleunigungen korreliert mit der Häufigkeit und Schwere von Verkehrsunfällen (Lamm et al., 1999). Durch Vermeidung unerwarteter Änderungen in der Linienführung wird die Anzahl notwendiger zeitkritischer Anpassungsreaktionen reduziert, da die Erwartungshaltung des Fahrers eine richtige Gefahrenantizipation unterstützt, wodurch wiederum die Wahrscheinlichkeit von Fehlverhalten und Unfällen sinkt. Zu vermeiden sind Straßen, „die dir nicht die Wahrheit sagen".

Allerdings sind nicht nur durch überraschende Elementefolgen induzierte Fehlerwartungen problematisch. Konsistenz ist darüber hinaus eine zentrale Voraussetzung für die Entwicklung von (zeit- und ressourcensparenden) Automatismen. Diese entwickeln sich dann am besten, wenn die Situationen bzw. Situationsabfolgen bekannt sind und beherrscht werden. Dennoch sind automatisierte Handlungen kein isomorphes Abbild hoch geübter Handlungen. Reaktionsgeneralisierungen können trotz geometrischer und anderer Reizdifferenzen stattfinden. Unerwartete Situationen erfordern jedoch bewusste Kontrollhandlungen. Der Übergang von automatisiertem zu kontrolliertem Han

deln führt zu subjektiver Unsicherheit, einer veränderten Allokation der Aufmerksamkeit und er ist zeit- und effort-aufwändig.
Die heute übliche Trassierungsmethode ist die Relationstrassierung, d.h. es werden nicht mehr jeweils Einzelelemente mit unteren oder oberen Grenzwerten aneinandergereiht, sondern Elementefolgen hergestellt, bei denen die aufeinander folgenden Elemente einer Relation zu unterwerfen sind. Die im Ergebnis empirischer Untersuchungen ermittelte zulässige Größe der Relation (siehe RAS-L in FGSV, 1995) entspricht in etwa dem vom Kraftfahrer akzeptierten Toleranzbereich möglicher Abweichungen von seiner Erwartungshaltung bzw. dem Bereich sicherer Bewältigungshandlungen. Durch die Beschränkung der Relationsgröße können Unstetigkeitsstellen weitgehend vermieden werden.

1.3 Sichtweiten und räumliche Linienführung

"Es hat sich gezeigt, dass fahrdynamisch richtig gebaute Straßenabschnitte nicht automatisch auch fahrphysiologisch und fahrpsychologisch richtig gestaltet sind, zumal bei guten Witterungsbedingungen die Entwurfsgeschwindigkeit um ein beträchtliches Maß gefahrlos überschritten werden kann" (FGSV, 1979, 20).
Neben einer dem Geschwindigkeitsverhalten angepassten Trassierung und einem homogenen stetigen Elementeverlauf beeinflussen die Sichtverhältnisse die Sicherheit und Verkehrsqualität einer Straße maßgeblich. Gute Sichtverhältnisse erlauben eine rechtzeitige Antizipation der vorausliegenden Strecke, senken die Beanspruchung der Kraftfahrer und ermöglichen eine frühzeitige Anpassung des Fahrverhaltens. Aus psychologischer Sicht vermieden werden sollten allerdings Sichtdistanzen, die zu einer der Strecken- und Umfeldcharakteristik nicht angemessenen Vorverlagerung des Blickpunktes führen. Denn ein weit voraus gelagerter Blickpunkt „zieht" in der Regel die Geschwindigkeit hoch und engt das Blickfeld im Nahbereich ein. Für das Einzelfahrzeug ist vor allem die Haltesichtweite, für das Fahrzeugkollektiv die Überholsichtweite maßgebend. Die Haltesichtweite entspricht der Strecke, die ein Fahrzeug benötigt, um vor einem unerwartet auftretenden Hindernis gerade noch anhalten zu können (vgl. auch Richter, 2004, in diesem Band). Die Überholsichtweite entspricht der Strecke, die zur sicheren Ausführung eines Überholvorgangs erforderlich ist. Sie setzt sich zusammen aus dem Weg des Überholers, dem Weg des Entgegenkommenden und dem Sicherheitsabstand zwischen diesen beiden am Ende des

Überholvorgangs. Sie wird nur zur Beurteilung der Sichtverhältnisse zweispuriger, im Gegenverkehr betriebener Straßen herangezogen (FGSV, 1979).
Neben der Sichtweite ist eine gute optische Führung Voraussetzung für ausreichende Sicherheit eines Straßenzuges. Mögliche motivationale Effekte einer „guten“ optischen Führung finden in der Planung allerdings bisher kaum Berücksichtigung. So kann eine ausgeprägte optische Führung die subjektive Sicherheit unvorteilhaft erhöhen. Die optische Führung erfolgt zunächst durch die Abbildung des Fahrbahnrandes im Perspektivbild und wird umso deutlicher, je besser die Fahrbahnränder und die Fahrstreifentrennung (Markierung) gekennzeichnet werden. Eine gute optische Führung wird erreicht, wenn der Verlauf der Straße ausreichend überschaubar und somit rechtzeitig erfassbar und eindeutig begreifbar ist. Eine harmonisch geschwungene Trasse wird diesem Idealbild am ehesten gerecht. Längere Geraden verursachen u.a. Blendgefahr und erschweren die Relativschätzung von Entfernungen und Geschwindigkeiten; sie verleiten zudem zu höherer Geschwindigkeit. Auch bei der Überlagerung von Wannen und Lageplankrümmen kann es zu Fehleinschätzungen durch den Kraftfahrer kommen. Bspw. entstehen Fehlerwartungen durch „optisches Springen“, wenn der weitere Streckenverlauf z.B. durch Kuppen nicht sichtbar ist. Insbesondere täuschen Wannen in Lageplankurven dem Kraftfahrer eine großzügigere Linienführung vor als diese tatsächlich ist. Ähnliche Effekte können durch ungünstig angeordnete Bepflanzung und Beschilderung entstehen. Ein Verfahren zur Erkennung und Vermeidung solcher Täuschungseffekte ist bisher in der Praxis noch nicht in Anwendung. Dynamische Effekte, die aus der Bewegung des Beobachters entstehen, werden bisher ebenso wenig berücksichtigt.

2 Das Konzept der selbsterklärenden Straße (SER)

Wie kann der "Trade Off" zwischen Person und Straße bzw. zwischen Verhaltensmöglichkeiten und -präferenzen des Kraftfahrers einerseits und dem von ihm wahrgenommenen Verhaltensangebot der Straße andererseits sicherheitsförderlich gestaltet werden? Vielfach trägt heute das Verhaltensangebot, das spezifische Straßen machen (beispielsweise eine Landstraße mit überbreiter Fahrbahn > 8 m), soweit dies auf eine entsprechende Verhaltensintention des Fahrers trifft (z.B. schnell durchkommen und deshalb auch bei Gegenverkehr überholen wollen), zu unfallbegünstigendem Fahrverhalten bei. Wie deutlich bestimmbare Gestaltungsmerkmale der Straße das Verhalten derselben Personen beeinflussen, belegen u.a. erste Analysen aus Fahrversuchen von Kämpfe, Weller und Schlag (2004, in diesem Band). Insofern erfolgt die Nutzung der Straße keineswegs optimal, oft vielmehr in gefährlicher Weise. Und dies scheint teilweise durch die Straße selbst induziert. So ermöglicht die Straße oft höhere Geschwindigkeiten als unter Verkehrssicherheitsaspekten angemessen ist. Für den Kraftfahrer ist das angemessene Geschwindigkeitsniveau allein aus den Straßen- und Umgebungscharakteristika schwer erkennbar, die Gefahrenkognition und Gefahrenantizipation wird durch die Straßen- und Umfeldgestaltung oft nicht hinreichend unterstützt. Diese mangelnde Deutlichkeit bedingt wenig Verhaltensdetermination in Richtung sicheren Fahrens, gegenläufige andere Motive werden vergleichsweise stärker verhaltensrelevant. Es kommt somit darauf an, Kompatibilität zwischen Person und Straße, "Person – Environment Fit" (Theeuwes und Godthelp, 1995), unter dem Ziel der Herstellung größtmöglicher Verkehrssicherheit zu erreichen.

Mit zunehmender Fahrerfahrung entwickeln Kraftfahrer subjektive Kategorien der jeweiligen Straßenumwelt. Die Art und Weise, wie Nutzer die Umwelt subjektiv kategorisieren, bestimmt, was sie auf den jeweiligen Straßen erwarten. Diese Erwartungen wiederum bestimmen mit hoher Wahrscheinlichkeit nicht nur, was der Fahrer wahrnimmt oder eben auch übersieht respektive verzögert aufnimmt (Selektion und Akzentuierung), sondern im Weiteren auch, wie er sich bei knapper Entscheidungszeit verhält.

Was kennzeichnet eine auf die Fähigkeiten und Bereitschaften der Straßennutzer orientierte Gestaltung (Road User Centered Design)? Orientiert heißt dabei keineswegs, allen möglichen Fahrermotiven nachgebend, sondern vielmehr: diese soweit möglich in Rechnung stellend. Wichtig sind dabei die inhärente Sicherheit des Straßensystems und seine selbsterklärenden Eigenschaften. Unter inhärenter Sicherheit wird die Reduktion von Gefahrenpotentialen durch Fehleinschätzungen und Fehlverhalten verstanden, aber auch Folgenminderung, wie z.B. der Schutz abkommender Fahrzeuge vor einem Anprall an Straßenbäume. Sich selbst erklärend sind Straßen dann, wenn sie mit den Erwartungen der Straßennutzer übereinstimmen bzw. – noch weiter gehend - stimmige Erwartungen produzieren. Selbsterklärende Straßen (SER) sollten deshalb sicheres Verhalten allein durch ihre Gestaltung, ohne weitere externe Intervention (wie Verkehrszeichen), hervorrufen (Theeuwes und Godthelp, 1995). Dazu müssen Verhaltenserwartungen durch die Straßengestaltung eindeutig kommuniziert werden. Unter der Perspektive der Straßenraumgestaltung bedeutet dies beispielsweise, dass jene wahrnehmbaren Aspekte betont werden, die geeignet sind, erwünschtes Verhalten hervorzurufen (Gibson, 1982). Diese Hinweisreize (Cues) sollten wie Prompts wirken und das erwünschte Verhalten unmittelbar evozieren. Ein großes Potential liegt für die Verkehrssicherheit darin, nicht nur die Gefahrenkognition, sondern bereits die Gefahrenantizipation mittels subtiler Hinweisreize zu verbessern. Diese frühzeitigen Hinweisreize können idealerweise ein spezifisches sicheres Verhalten so rechtzeitig hervorrufen, dass die entstehende Gefahr vermieden werden kann. Selbsterklärende Straßen (SER) bieten damit einen integrativen Lösungsansatz, der in spezifischer Weise Wahrnehmung und Verhalten der Kraftfahrer unterstützt und darüber zu einer nachhaltigen Erhöhung der Verkehrssicherheit beitragen kann.

3 Belastung, Beanspruchung, Aufmerksamkeit und Motivation

Die Gestaltung der Straße und des Umfeldes definiert weitgehend die Art der Fahraufgabe, die der Kraftfahrer zu bewältigen hat. Die Fahraufgabe wiederum stellt Anforderungen beispielsweise aus den Bereichen Informationsverarbeitung und Fahrzeugbedienung an den Kraftfahrer. Diese Anforderungen können zunächst als Sollwerte verstanden werden, die zur Aufrechterhaltung einer angemessenen Sicherheit beim Fahren vom Fahrzeugführer erfüllt werden müssen. Aus diesem Grund werden Verhaltensparameter wie die Geschwindigkeit in Form der Entwurfsgeschwindigkeit bzw. 85%-Geschwindigkeit als Eingangsgrößen für die fahrdynamische Bemessung einer Straßenverkehrsanlage eingesetzt. Aus der Straßengestaltung ergeben sich fahrdynamische Anforderungen an das Fahrer-Fahrzeug-System, die beim Fahrzeugführer zu Beanspruchung führen können und die seine Wahrnehmung und Orientierung fordern. Wie er diese Aufgaben bewältigt, ist entscheidend für die Verkehrssicherheit.
In der Vergangenheit wurde bei der Gestaltung von Straßen auf eine möglichst geringe Beanspruchung der Kraftfahrer orientiert (z.B. bei der Entwicklung der Autobahntrassierung). Inzwischen geht man eher von einer Optimierung der Beanspruchung aus, da zu geringe Beanspruchungen, z.B. durch zu lange Geraden, Monotonieerleben und damit erhöhte Unfallhäufigkeiten auf solchen Streckenabschnitten hervorrufen können. Vergleichbar mit der Unterscheidung zwischen Emissionen und Immissionen bezieht sich die Belastung vor allem auf die Stressoren, die auf die Personen einwirken, während Beanspruchung (oder workload) die physischen Belastungswirkungen und das persönliche Belastungsempfinden der Person selbst umfasst. So kommt es beim

Beanspruchungsempfinden nicht nur auf die einwirkenden Stressoren, sondern gleichermaßen auf die persönlichen Bewältigungsmöglichkeiten an. Hohe Anforderungen der Umwelt können bei gleichzeitig hoher wahrgenommener Bewältigungschance positiv empfundenen Eustress erzeugen. Sie haben teilweise einen so hohen Anreizwert, dass sie von Personen gezielt aufgesucht werden (z.B. anspruchsvolle "Rennstrecken" mit in der Folge hoher Unfallbelastung, die von Motorrad- oder Pkw-Fahrern zum Test des eigenen „Könnens" aufgesucht werden). Wir haben es also neben möglichen Überforderungen mit Unterforderungen und mit Fehlanforderungen (in der Relation zwischen Handlungsanforderungen und subjektiven Handlungsfähigkeiten) zu tun. Aus Unterforderung entsteht teilweise eine motivationale Kraft, die Fahrer zur Optimierung ihrer Beanspruchung Nebenaufgaben aufsuchen oder aber die Geschwindigkeit erhöhen lässt. Gefahren der Überforderung und einer zu hohen Beanspruchung entstehen aufgrund der Begrenztheit vor allem visueller und kognitiver, daneben auch motorischer Ressourcen. Als Flaschenhals des Handlungsvollzuges gilt dabei die Aufmerksamkeit. Sie bestimmt, welche Ressourcen einer zentralen Weiterverarbeitung zugeführt werden und welche infolge Ressourcenverknappung abgewiesen werden. Es wird davon ausgegangen, dass die verfügbare Kapazität nicht einem universellen Pool entstammt, sondern aufgabenbezogen von entsprechend spezialisierten Pools abgefordert wird, deren Kapazität begrenzt ist und u.a. mit dem Niveau der biologischen Aktiviertheit variiert. Entscheidend ist dabei, ob Aktivitäten die Kapazität der gleichen Ressource beanspruchen oder ob sie unterschiedliche Ressourcen in Anspruch nehmen. Beanspruchen sie die gleichen Kapazitätsdimensionen, so ist ihre parallele Ausführbarkeit begrenzt. Es empfiehlt sich deshalb beim Autofahren, das am stärksten visuell beansprucht, zur Unterstützung der Fahraufgabe akustische Signale bzw. in Kombination kinästhetische und haptische Reize zu nutzen, und den visuellen Kanal nicht durch weitere Informationen zu belasten. Darüber hinaus ist Information so zu geben, dass sie in ihren Relevanzabstufungen einem an die menschliche Informationsverarbeitung, und hier vor allem an den Flaschenhals der Aufmerksamkeitszuwendung, angepassten Entscheidungsbaum folgt. Fahrzeug- und straßenseitig ist ein Aufmerksamkeitsmanagement notwendig, das die Aufmerksamkeitshöhe (die bspw. bei monotonen monitoring-Aufgaben sinkt), die Verteilung der Aufmerksamkeit und das Situationsbewusstsein des Fahrers (Primat der Fahraufgabe) einschließt (vgl. Gelau, 2004, sowie Krems et al., 2004, in diesem Band).

Aufmerksamkeitszuwendung benötigt jedoch das vorherige Erfassen relevanter Information, die beim Fahren in der Regel aus dem nutzbaren Sehfeld (UFOV - Useful

Field of View) extrahiert wird. Der maximal nutzbare Sehfeldumfang stellt sich bei mittlerer Belastung, z.B. beim Folgen eines anderen Fahrzeuges auf breiter, gerader Strecke, bei etwa 9° um die Fixationsstelle herum ein. Bei hoher Belastung, z.B. bei Gegenverkehr auf schmaler Straße, wie auch bei sehr geringer Belastung, z.B. bei freier Fahrt auf gerader, breiter Strecke, verengt sich das nutzbare Sehfeld. Dies ist bei geringer Belastung auf ein zu geringes Aufmerksamkeitsniveau, bei zu hoher Belastung auf unzureichende visuelle und mentale Verarbeitungskapazitäten zurückzuführen (Cohen, 1984). Bei allgemeiner Ermüdung, Drogen- und Alkoholkonsum wurde ebenfalls eine Verengung des nutzbaren Sehfeldes festgestellt.

In der Verkehrsplanung ist somit zu berücksichtigen, dass Information, wenn sie bemerkt werden soll, innerhalb des nutzbaren Sehfeldes angeordnet werden muss. Dies schließt die Möglichkeit ein, gezielt die Aufmerksamkeit durch bauliche und verkehrsleitende Maßnahmen an kritische Stellen im Verkehrsraum zu lenken. Aufmerksamkeitsmanagement heißt gestalterisch also Informationsdarbietungsmanagement. So darf die zur sicheren Orientierung in einer Kreuzung notwendige Information nicht erst am Punkt des Handelns en bloc gegeben werden, sondern die Information muß gestaffelt und schlüssig aufbauend führen (vgl. z.B. Küting und Krüger, 2002).

Auf der anderen Seite kann die Straßengestaltung zu bestimmten Verhaltensweisen "auffordern". Sie kann bestimmte Motivlagen salient werden lassen, wachrufen, und auf diese Weise zu einem bestimmten (Risiko)Verhalten beitragen. Dies berührt einmal die Erwartungen und Antizipationen der Fahrzeugführer auf dem jeweiligen Streckenabschnitt und zum anderen seine Fahrmotive und mögliche Verhaltensadaptationen. Anforderungen und "Aufforderungen" zusammen sind entscheidend für die Sicherheit des Fahrverhaltens.

Nun können Anforderungen und "Aufforderungen" je nach Straßentyp und Verkehrslage sehr unterschiedlich sein. Die Berücksichtigung auch motivationaler Aspekte des Verhaltens ist dann besonders bedeutsam, wenn man die Verkehrssicherheit auf Außerortsstraßen erhöhen will. Denn Außerortsstraßen erlauben eine relativ ausgeprägte Variabilität des Verhaltens und diese Variabilität wird je nach Motivationslage unterschiedlich genutzt. Das Verhalten ist deshalb auch unter dem Blickwinkel der durch die Fahrumgebung hervorgerufenen Motivationslagen zu untersuchen (Abb. 2).

Während straßenseitige Anforderungen zumindest in Teilen gut untersucht sind, gilt dies für den möglichen Aufforderungsgehalt der Straßengestalt nicht. Gerade hierin liegt jedoch speziell auf Außerortsstraßen mit ihrer relativ großen Verhaltensfreiheit (soweit es um die straßenseitige Verhaltensdetermination geht) ein möglicherweise enormes Sicherheitspotential. Die Analyse der Anforderungen ist deshalb durch eine Analyse des "Aufforderungsgehaltes" der Straße und ihres Umfeldes zu ergänzen. Möglicherweise hat die bisher zu deutliche Zentrierung auf die Seite der Anforderungen mit dem primären Ziel der Belastungsreduktion dazu beigetragen, dass Noland (2003) im Widerspruch zu dem anerkannt großen Sicherheitspotential, das in Infrastrukturverbesserungen liegt (z.B. EU, 2001), nach einer Längsschnittanalyse U.S.-amerikanischer Unfall- und Verkehrsdaten aus 50 Staaten über 14 Jahre kritisch feststellt: „Results strongly refute the hypothesis that infrastructure improvements have been effective at reducing total fatalities and injuries."

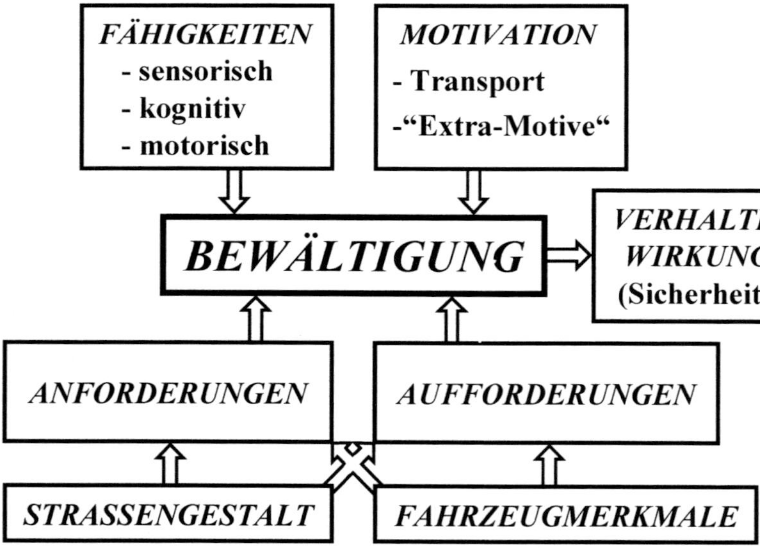

Abb. 2: Bewältigungsverhalten im Spannungsfeld von Anforderungen und Aufforderungen

4 Verkehrssicherheitsmanagement

Menschen machen Fehler. Ähnlich der Unterscheidung zwischen aktiver und passiver Sicherheit in der Fahrzeuggestaltung liegt ein Konzept sicherer Straßengestaltung darin, mit „Forgiving Roads" vor schwerwiegenden Folgen solcher Fehler zu schützen. Dies ist eine erfolgreiche Sicherheitsphilosophie, die jedoch den Nachteil hat, dass wegen der relativen Folgenlosigkeit von Fehlverhalten unter Umständen Falsches gelernt und falsche Erwartungen aufgebaut werden. Zu ergänzen ist sie deshalb durch eine aktive Sicherheitsphilosophie, die Menschen durch geeignete straßenseitige Rahmenbedingungen in ihrem Bestreben unterstützt, sich nicht nur schnell und komfortabel, sondern eben auch sicher zu bewegen. Hilfreich können dabei u.a. 4 Prinzipien guten Designs (vgl. Norman, 1988, 1993) sein, die wir hier auf Self Explaining Roads anwenden:

- Sichtbarkeit und eindeutige Wiedererkennbarkeit
- Mapping: stimmiges mentales Modell und wahrgenommene Verhaltenswirksamkeit (efficacy)
- Einschränkungen (und ihre frühzeitige, eindeutige Kommunikation)
- Feedback (nicht nur optisch, sondern auch haptisch und akustisch).

Wenn Menschen Geräte richtig und sinnvoll nutzen sollen, so müssen deren Funktionen klar erkennbar sein, sie müssen ein stimmiges Abbild vom Gerät aufbauen und bei Bedienung die erwarteten Wirkungen erzielen, bauliche Einschränkungen müssen vor Fehlgebrauch schützen und bei nicht korrektem Gebrauch müssen klare Rückmeldungen erfolgen, aus denen gelernt werden kann. Bei komplexeren „Geräten", bspw. einem Kraftfahrzeug auf der Straße, muss der Systemzustand in jeder Phase erkennbar sein; Errors of Commission, bei denen ein falsches Bild vom Systemzustand falsches Verhalten nahe legt, sind in ihren Auswirkungen genauso problematisch wie Errors of Omission – und sie sind durch angemessenes Design und entsprechende Kommunikation vermeidbar.

Zwei der wirksamsten Verhaltensänderungsstrategien werden hier genutzt: Stimuluskontrolle und Kontingenzmanagement (vgl. u.a. Du Nann Winter, 2000; OECD, 2002; Schlag, 1995/2003). Verhalten lässt sich am wirksamsten dadurch ändern, dass man die Stimuli ändert, die es umgeben: die ihm vorausgehen und die ihm folgen. Stimuluskontrolle zielt auf die diskriminativen Reize, die dem Verhalten vorausgehen und ein bestimmtes Verhalten evozieren können: Cues (Hinweisreize), Prompts, Modelle, Aufforderungen und Instruktionen. Die Software der Verhaltenserwartungen muss der Hardware der Straßengestalt eindeutig erkennbar zugeordnet sein, die Straßengestalt darf nicht bei Fahrern unterschiedliche und teilweise sicherheitsgefährdende Programme abrufen. Über Kontingenzmanagement werden die Verhaltenskonsequenzen beeinflusst (im ersten Schritt manchmal auch nur wahrnehmbar gemacht). Feedbacks, die wahrgenommenen Verstärker, Nutzen und Kos ten unseres Verhaltens lassen uns für zukünftiges Verhalten in ähnlichen Situationen lernen – besonders dann, wenn sie kontingent in räumlich-zeitlicher Nähe zum Verhalten erfolgen. Verstärkt wird gerade im Straßenverkehr allzu oft sicherheitsfeindliches Verhalten: es bringt Vorteile. Ein Beispiel für deutlich wahrnehmbare, kontingente Rückmeldungen, die sicheres Fahren bedingen, sind profilierte Randstreifen (Continuous Shoulder Rumble Strips), die dem Fahrer durch auditive Signale (Rollgeräusch) und Diskomfort (Vibration) ein Abkommen von der Fahrbahn signalisieren: „Slow down. Road bites back" – und zwar rechtzeitig.

Genutzt werden sollten bei nutzerorientierter Straßengestaltung auch Populationsstereotypien, die Menschen in weiten Kulturkreisen teilen und die ihre Erwartungen lenken. Hacker (1996) unterscheidet Abbildungsstereotypien (Leserichtung von links nach rechts, oben nach unten), Interpretationsstereotypien (nach oben bedeutet Zunahme, nach unten Abnahme), Zuordnungsstereotypien von Signalen und Reaktionen (Sinnfälligkeit von Bewegungsrichtungen, z.B.: im Uhrzeigersinn = nach rechts), Erwartungsstereotypien (stärkerer Druck = stärkerer Effekt) und unspezifische Reaktionsstereotypien (Orientierungsreaktionen). Auch gegen Bedeutungserwartungen sollte tunlichst nicht verstoßen werden (z.B. „rot" oder „laut" als Warnsignal).

Nun kann Verkehrssicherheitsmanagement nicht allein eine Angelegenheit von Verkehrsplanung und Straßenentwurf sein. Die Grundlage für ein umfassendes Sicherheitsmanagement bieten vielmehr vier aufeinander abzustimmende Ansätze:

- *Enforcement:* ordnungsrechtliche Maßnahmen, vor allem Gebote und Verbote, die als verhaltenslenkende Vorgaben im Straßenverkehr zur Gewährleistung eines sicheren Ablaufs so differenziert ausgearbeitet sind wie in wenigen anderen Lebensbereichen;
- *Education:* Maßnahmen der Ausbildung, Aufklärung und Information in erster Linie der Fahrzeugführer, des weiteren im Sinne eines umfassenden Mobilitätsmanagements jedoch aller Nutzer unterschiedlicher Verkehrsmittel;
- *Economy (oder Encouragement):* Anreizsysteme, mit denen das Kosten-Nutzen-Kalkül der Verkehrsteilnehmer beeinflusst wird; und eben
- *Engineering*: eine veränderte Umfeldgestaltung, mit der ein verändertes Verhaltensangebot gemacht wird, betreffend sowohl die Verkehrswege wie auch die Verkehrsmittel.

Beim gezielten personenbezogenen Sicherheitsmanagement kommt es darauf an, den Nutzen sicheren Verhaltens zu erhöhen und den Nutzen riskanten Verhaltens zu senken sowie umgekehrt die Kosten sicheren Verhaltens zu senken und die Kosten unsicheren Verhaltens zu erhöhen. Dies kann vorrangig durch *Enforcement* und durch ökonomische Anreizsysteme (*Economy*) geschehen. Tatsächlich liegt jedoch der stärkste Nutzen riskanten Verhaltens und umgekehrt die höchsten Kosten sicheren Verhaltens in wahrgenommenen Vorteilen schnellen Fahrens, die oft straßenseitig induziert werden. Insofern müssen auch straßenseitig die Vorteile sicheren Verhaltens und die Nachteile riskanten Verhaltens wahrnehmbar kommuniziert werden. Dies kann vor allem durch gezielte Rückmeldungen geschehen, die riskantes Verhalten unkomfortabel machen. Zu berücksichtigen ist allerdings, dass ein rationales Kosten-Nutzen-Kalkül nur dann stattfinden kann, wenn möglichst vollständige Informationen über die Verhaltensmöglichkeiten und die Verhaltenskonsequenzen vorliegen. Diese Information muss also im Sinne selbsterklärender Straßen eindeutig und klar einschätzbar im Voraus vermittelt werden. Die systemanalytische Betrachtung der Unfallentstehung zieht also zwangsläufig einen integrierten interdisziplinären Ansatz der Unfallvermeidung nach sich, zu dem aus psychologischer Sicht mindestens 4 Schritte gehören:

1. Verhaltensmöglichkeiten baulich definieren: inhärente Sicherheit
   - Leitprinzip: Führung
   - Hemmprinzip: Barrieren, Restriktionen

2. Verhaltensmöglichkeiten eindeutig kommunizieren (besonders im Vorfeld): self-explaining (Cues – Prompting)

3. Feedback bei Abweichungen, besonders akustisch und haptisch, z.B. Rumble Stripes

4. Ungünstiger Verhaltensadaptation vorbeugen (auch durch gezieltes Feedback).

Wie viel noch zu tun bleibt, beschreibt die EU deutlich in ihrem Weißbuch zur Verkehrssicherheit unter der Zielsetzung einer Reduzierung der Anzahl der Verkehrstoten um 50 % bis 2010: "The sums spent on improving road safety fail to reflect the severity of the situation. Efforts to prevent road accidents are still woefully inadequate, corresponding to less than 5 % of the total cost of those accidents, including the amount the insurance companies spend on compensation and repairs" (EC, 2001, 66).

5 Literatur

Babkov, V. F. (1970). What constitutes a safe road? Traffic Engineering & Control 11, 10, 321-323

Bakaba, E. (2002). Ableitung vereinfachter Modellansätze zur Geschwindigkeitsprognose auf Außerortsstraßen auf der Grundlage der verfügbaren Variablen aus der Straßendatenbank. Dissertation, TU Dresden.

Cohen, A.S. (1984). Einflußgrößen auf das nutzbare Sehfeld. Forschungsbericht der Bundesanstalt für Straßenwesen 100, Bremerhaven: Wirtschaftsverlag NW.

Du Nann Winter, D. (2000). Some big ideas for some big problems. American Psychologist 55, 5, 516-522.

European Commission (2001). White Paper — European transport policy for 2010: Time to decide. Luxembourg: Office for Official Publications of the European Communities.

FGSV (1979). RAL-L-1, Kommentar zu den Richtlinien für die Anlage von Landstraßen, Teil: Linienführung, Abschnitt: Elemente der Linienführung Ausgabe 1973. Köln: FGSV-Verlag.

FGSV (1995). Richtlinien für die Anlage von Straßen, Teil Linienführung. Köln: FGSV-Verlag.

FGSV (2000). Begriffsbestimmungen 220. Köln: FGSV-Verlag.

Fuller, R., Santos, J.A. (2002). Human Factors for Highway Engineers. Amsterdam: Elsevier.

Gelau, Ch. (2004). Fahrerablenkung durch Informations- und Kommunikationssysteme im Fahrzeug: Auswirkungen auf das Fahrverhalten und die Verkehrssicherheit. (in diesem Band)

Gibson, J.J. (1982). Wahrnehmung und Umwelt – Der ökologische Ansatz in der visuellen Wahrnehmung. München: Urban & Schwarzenberg.

Hacker, W. (1996). Handlungsleitende psychische Abbilder (mentale Modelle). In: J. Kuhl und H. Heckhausen (Hrsg.): Motivation, Volition und Handlung. Enzyklopädie der Psychologie C/IV/4, Göttingen: Hogrefe, 769 – 794.

Horst v.d., A.R.A., Hagenzieker, M.P. (2002). Report of the European Workshop on International Human Factors Guidelines for Road Systems. TNO-Report TM-02-D009, Soesterberg.

Kämpfe, B., Weller, G., Schlag, B. (2004). Einfluss verschiedener Verkehrswegegestaltungen auf die Verübung von Fahrfehlern. (in diesem Band).

Krems, J.F., Keinath, A., Baumann, M., Jahn, G. (2004). Die Okklusionsmethode: Ein einfaches und valides Verfahren zur Bewertung der visuellen Beanspruchung von

Zweitaufgaben? (in diesem Band).

Küting, H.J., Krüger, K. (2002). Zukünftige Automobilität älterer Menshen. In: B. Schlag und K. Megel (Eds.): Mobilität und gesellschaftliche Partizipation im Alter. Schriftenreihe des Bundesministeriums für Familie, Senioren, Frauen und Jugend, Band 230. Stuttgart: Kohlhammer, S. 161-172.

Lamm, R. (1975). Straßenentwurf - Geschwindigkeit, Teil 1: Geschichtlicher Rückblick, Teil 2: Geschwindigkeitsbegriffe in den RAL, Teil 3: Streckencharakteristik - Entwurfsgeschwindigkeit. Strassen- und Tiefbau 1, 2 und 3. 8-11, 25-29, 26-32.

Lamm, R., Psarianos, B., Mailänder, T., Choueiri, E., Heger, R., Steyer, R. (1999). Highway Design and Traffic Safety Engineering Handbook. New York: McGraw Hill.

Noland, R.B. (2003). Traffic fatalities and injuries: the effect of changes in infrastructure and other trends. Accident Analysis & Prevention 35, 4 , 599-611.

Norman, D.A. (1988). Dinge des Alltags. Frankfurt/M.: Campus.

Norman, D.A. (1993). Things that make us smart. Reading/Mass.: Addison-Wesley.

OECD (2002). EST – Environmentally Sustainable Transport, Issues Paper – Soft Measures and Transport Behaviour. Workshop: Communicating Environmentally Systainable Transport – The Role of Soft Measures in Achieving EST. Berlin: Umwelt-Bundesamt.

Richter, S. (2004). Untersuchungen zum Reaktions- und Bremsverhalten bei Nebel. (in diesem Band).

Rumar, K. (1985) The role of perceptual and cognitive filters in observed behaviour. In: L. Evans, R.C. Schwing (Eds.), Human behaviour and traffic safety (pp. 151-170), New York: Plenum Press (zitiert nach: van der Horst, A.R.A., und Hagenzieker, M.P. (Eds.). Report of the European Workshop on International Human Factors Guidelines for Road Systems. TNO-Report TM-02-D009, The Netherlands, 2002).

Schlag, B. (1995; 2003^2): Lern- und Leistungsmotivation. Opladen: UTB/Leske & Budrich.

Schlag, B., Heger, R. (2003). Empfehlungen zur Berücksichtigung physiologischer und psychologischer Fähigkeiten und Grenzen der Kraftfahrer bei der Straßenplanung. Düsseldorf: VDI-Verlag. (im Druck).

Theeuwes, J., Godthelp, H. (1995). Self-explaining roads. Safety Science 19, 217 - 225.

Bettina Kämpfe, Gert Weller und Bernhard Schlag

Einfluss verschiedener Verkehrswegegestaltungen auf die Verübung von Fahrfehlern

1 Einleitung

Nach dem generischen Unfallentstehungsmodell von Reichart (2001) geht jedem Unfall ein Fehler voraus. Sollen Unfälle vermieden werden, ist dies am effektivsten über ein Verständnis der Ursachen von Fehlern als erstem Glied in der Kette zu erreichen. Fehlerursachen und deren Verknüpfung mit dem generischen Unfallentstehungsmodell von Reichart sind in Abbildung 1 dargestellt.

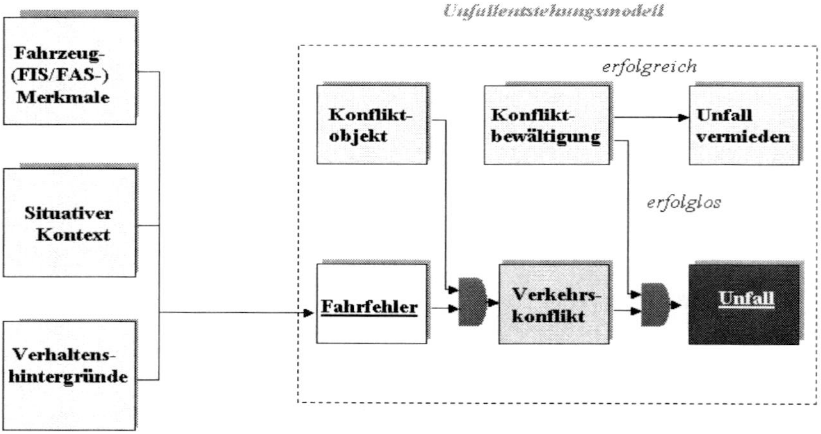

Abb. 1: Erweiterung des generischen Unfallentstehungsmodells um Fehlerursachen

Fehler können sich zum Beispiel aus Merkmalen des Fahrzeugs, der Situation oder der Person ergeben. Eine Vielzahl von Fehlern entsteht dabei aus Interaktionen zwischen Verkehrsbedingungen und personalen Faktoren (vgl. Schlag und Heger, 2004, in diesem Band).

In der vorliegenden Studie wurde der Einfluss unterschiedlicher Gestaltungen von Verkehrswegen (als Teil des situativen Kontextes) auf die Fehlerverübung untersucht. Fahrfehler wurden in Fahrversuchen systematisch erfasst, klassifiziert und verschiedenen Auftretensbedingungen zugeordnet. Mit Hilfe einer derartigen Fehlerklassifikation in Form eines Beobachtungsinstruments können bei Fahrversuchen im

Realverkehr Bedingungen, unter denen es gehäuft zu Fehlern kommt, aufgedeckt werden.

2 Fehlerklassifikation und Entwicklung eines Beobachtungsinstruments

In der Psychologie finden sich verschiedene Modelle zur Fehlerklassifikation (zum Beispiel von Frese und Zapf, 1991; Hacker, 1998; Reason 1994). Diese lassen sich jedoch nur sehr begrenzt in ein Beobachtungsinstrument zur Kategorisierung von Fahrfehlern übersetzen, da sie wesentlich auf nicht beobachtbaren kognitiven Verarbeitungsmechanismen aufbauen. Einem unbeteiligten Beobachter ist es nicht möglich, auf Ursachen, fehlerhafte Regulationsebene oder auf die Intention des Fehlhandelns zu schließen.

Klassifikationen, die aus dem Verkehrsbereich stammen, sind auf der anderen Seite eher unspezifisch (wie das Fehlerprotokoll für die Prüfungsfahrt, wie es von der Bundesvereinigung der Fahrlehrerverbände vorgeschlagen wird) und unterscheiden oft nur grobe Kategorien von Fahrfehlern oder sind aufgrund komplizierter Fehlergewichtungen schwierig anzuwenden (beispielsweise das Regensburger Fahrfehlerbeobachtungsinventar; Dahmen-Zimmer et al., 1999).

Für die Entwicklung eines eigenen Instruments können in erster Näherung die Kenntnisse von Fahrlehrern als Experten verwendet werden, da diese die Regeln der Straßenverkehrsordnung beherrschen und auf viele Erfahrungswerte zurück greifen können. In einer frühen Entwicklungsphase wurden daher zehn Praxis-Fahrstunden (á 45 Minuten bzw. 90 Minuten) verschiedener Fahrschulen begleitet und auf Video aufgezeichnet. Fahrer waren Fahrschüler mit unterschiedlichen Fahrerfahrungen, alle jedoch im Novizenstadium. Die beteiligten Fahrlehrer wurden direkt nach der Fahrstunde zu auffälligen Situationen und Fehlern des Fahrschülers befragt. Aus den gewonnenen Informationen konnte eine Fehlerliste erstellt werden, welche in mehreren Modifikationsschritten verändert und in eine Systematik gebracht wurde. Da Fahrschüler zum Teil andere Fehler als erfahrene Fahrer machen, waren umfangreiche Literaturrecherchen zur Entwicklung eines Instruments nötig. Die Fahrlehrer begutachteten Entwürfe dazu und äußerten Kritik sowie Verbesserungsvorschläge. Es entstand ein Beobachtungsinstrument, das sich aus zehn Fehlerkategorien zusammensetzt, wobei jede dieser Kategorien spezifische Fahrfehler enthält. Tabelle 1 zeigt die Fehlerkategorien mit den einzelnen Fahrfehlern.

Fehlerkategorie	Spezifischer Fahrfehler
1 Geschwindigkeit/ Beschleunigung	Zu schnell
	Zu langsam
	Zu früh beschleunigen
	Zu spät beschleunigen
	Zu früh bremsen
	Zu spät bremsen
2 Abstand/ Spur	Zu gering nach vorn/ dichtes Auffahren
	Zu gering zur Seite
	Spur nicht einhalten/ Kurven schneiden
	Spur zu früh wechseln
	Spur zu spät wechseln
	Falsche Spur wählen
3 Überholen	Nicht erlaubtes Überholen
	Überholen bei zu geringer Sichtweite/ zu wenig Überholraum
	Kein Überholen trotz Möglichkeit und Notwendigkeit
4 Verkehrsbeobachtung	Kein Sichern (Schulter- und Spiegelblick)
	Nicht (ausreichend) schauen
	Nach links statt nach rechts sehen an gleichrangigen Kreuzungen
	An falscher Stelle beobachten
5 Blinken	Gar nicht
	Falsche Seite
	Zu kurz
	Zu lange
	Zu früh
	Zu spät
6 Ampel/ Zeichen der Polizei	Bei Rot/ Halt fahren
	Bei Grün (Gelb) nicht fahren/ zu langsam werden
7 Vorfahrt/ Vorrang	Missachtung der Vorfahrtsregel
	Missachtung der Abbiegeregel gegenüber anderen Kfz
	Behinderung/Gefährdung von Fußgängern/ Radfahrern
8 Stoppfehler	kein Stoppen
	Rollstopp
9 Fehler bei der Fahrzeugbedienung	Zum Beispiel: bei Licht-/ Scheibenwischerbedienung/ mit gezogener Handbremse fahren/ etc.
10 Andere	Restkategorie für alle nicht zuordenbare Fehler

Tab. 1: Fehler bei der Fahrzeugführung

Um einen Fehler handelt es sich dann, wenn gegen die StVO verstoßen wird oder Verkehrsteilnehmer gefährdet bzw. behindert werden.

In den begleiteten Fahrstunden zeigte sich das entwickelte Instrument gut geeignet, Fehler zu erfassen und zu klassifizieren. Einige Ansatzpunkte zur Optimierung konnten dennoch aufgezeigt werden. Die letzte Kategorie ist in der Anwendungspraxis nicht benötigt worden. Der Fehler „nach links statt nach rechts schauen" (an Rechts-vor-links-Kreuzungen) zeigte sich als nicht relevant. Es handelt sich dabei um einen Fehler, der aufgrund der Beobachtungsfahrten in der Voruntersuchung in die Fehlerklassifikation eingegangen war. Es lässt sich vermuten, dass dieser Fehler ein typischer Anfängerfehler ist, der mit gewachsener Fahrerfahrung nicht mehr auftritt. Dafür sollten jedoch die Kategorien „zu starkes (abruptes) Bremsen/ Beschleunigen" und „zu schwaches Bremsen/ Beschleunigen" aufgenommen werden. Der Fehler „nicht (ausreichend) schauen" (Kategorie 4) bezieht sich auf Fehler an Kreuzungen mit Wartepflicht bei Nichtvorhandensein eines vorfahrtberechtigten Fahrzeugs. Hier kann davon ausgegangen werden, dass ein Vorfahrtfehler vorläge, wenn tatsächlich ein Fahrzeug mit Vorrang die Kreuzung befahren hätte. Da aber nicht abzuschätzen ist, ob der Fahrer in diesem Fall noch kurzfristig reagieren würde (plötzliches Bremsen), wird dieser Fehler nicht zu den Vorfahrtfehlern gezählt.

Weiterhin war es oftmals schwierig zu trennen, was eigentlicher Fehler, dessen Ursachen und dessen Folgen waren. Besonders deutlich wurde dies bei der Kategorie Geschwindigkeit/ Beschleunigung. Der Fehler „zu schnell" kann durch „zu frühes Beschleunigen" oder durch „zu spätes Bremsen" (zum Beispiel an Ortsein- und Ausfahrten) bedingt sein. Hier stellt sich die Frage, inwieweit es sinnvoll ist, diese Unterscheidung zu treffen.

Eine angestrebte Fehlergewichtung ließ sich im weiteren nicht umsetzen. Problematisch erwies sich zum einen die Definition harter Kriterien. Dies zeigte sich in den Interviews mit den Fahrlehrern, bei denen deutlich wurde, dass die Bewertung der Fehlerschwere anhand der Gesamtsituation einschließlich des Fahrers geschah. Zum anderen zeigten sich auch zwischen den Fahrlehrern sehr unterschiedliche Bewertungen der entstandenen oder möglicherweise entstehenden Gefahr.

3 Ausgewählte Fahrsituationen und Fahrfehler

Wie sich Fahrer im Straßenverkehr verhalten, ist abhängig von verschiedenen Faktoren, wie Beanspruchung, Wahrnehmung, Erwartungen, Motivation, Adaptation und Einstellungen, die wiederum oft durch situationale Gegebenheiten beeinflusst werden. Folgende Situationen beachteten wir in unseren Fahrversuchen besonders:

- Situative Einflüsse auf die Wahl von Fahrgeschwindigkeit und Beschleunigung,
- Kurvenfahren und
- Schwierigkeiten an Kreuzungen.

Einflüsse auf die Fahrgeschwindigkeit/ Beschleunigung

Die Regulation der Fahrgeschwindigkeit ist abhängig von der geschätzten eigenen und der geschätzten Geschwindigkeit anderer Fahrzeuge. Jedoch sind diese Schätzungen fehlerhaft vor allem dann, wenn Geschwindigkeiten hergestellt werden sollen (Denton, 1966; Häkkinen, 1963; Schmidt und Tiffin, 1969; alle zitiert nach Schlag und Heger, 2002). Michalik (1972, in Schlag und Heger, 2002) zeigte, dass vor allem auf Autobahnen schon kurze Adaptationszeiten (drei Minuten) zu Schätzfehlern führen. Zur Schätzung von Geschwindigkeitsdifferenzen werden vorrangig visuelle Informationen genutzt, während das Geschwindigkeitsniveau auch mit Hilfe akustischer Informationen bestimmt wird (Bubb, 1977, in Schlag und Heger, 2002). Letzteres begründet, weshalb Autofahrer nach einer Verbesserung der Fahrbahnoberfläche mit höheren Geschwindigkeiten fahren, was zu einer erhöhten Unfallschwere führt (Lippard und Meewes, 1994; Schnüll et al., 1997, in Schlag und Heger, 2002). Natürlich stellen schlechte Fahrbahndecken zusätzlich eine Restriktion an den Fahrer. Ihr Befahren mit hohem Tempo wird als unangenehm empfunden. Weiterhin wird auf breiten Straßen und Alleen die Geschwindigkeit vom Fahrer meist unterschätzt, da Orientierungspunkte fehlen oder ein Tunneleffekt mit der Wirkung eines Sogs einsetzt (Zwielich, 2001, in Schlag und Heger, 2002). Der Fahrer lenkt dabei seine Aufmerksamkeit auf den Fluchtpunkt, dies führt einerseits zur (unbewussten) Erhöhung der Geschwindigkeit (der Punkt in der Ferne möchte schnell erreicht werden) und andererseits zu einem eingeengten Sichtfeld.

Kurvenfahren

In Kurven ist oft folgendes Verhalten typisch: Fahrer versuchen die Kurve so schnell wie möglich zu durchfahren, dabei wird der Durchfahrtsradius maximal gestaltet, um die auftretenden Fliehkräfte zu minimieren. Die Kurve wird geschnitten. Dies gilt vor allem für Linkskurven. In welchem Maße dies geschieht, ist neben persönlichen Fahrereigenschaften abhängig von der Gestaltung der Strecke. Größere Kurvenradien und Klothoiden begünstigen die Spurhaltung auch bei hohen Geschwindigkeiten. Dagegen werden Kurven mit kleinen Radien eher geschnitten. Rechtskurven werden indessen oft zu weit mittig angefahren, da hier ein Schneiden meist nicht möglich ist oder sofort zum Verlassen der Fahrbahn nach innen führt. Einen Überblick über Untersuchungen zu diesem Thema geben Schlag und Heger (2002). Anhand von Unfallstatistiken konnte nachgewiesen werden, dass vor allem sehr scharfe Kurven ein großes Unfallrisiko aufweisen. Enge Kurven in Streckenabschnitten, die nur wenige Kurven enthalten, sind gefährlicher als Kurven mit gleichen Radien in kurvenreichen Sektionen (siehe dazu Lamm et al., 1999).

Schwierigkeiten an Kreuzungen

Um sein Fahrzeug sicher durch verschiedene Verkehrssituationen zu führen, muss der Fahrer aus einem kontinuierlichen Informationsstrom die relevanten Informationen aufnehmen und verarbeiten. Besonders an Kreuzungen müssen Informationen aus vielen verschiedenen Informationsquellen schnell erfasst und ausgewertet werden. Dabei fordern vor allem Kreuzungen mit Wartepflicht ein hohes Maß an Aufmerksamkeit (Hering, 1999), was sich auf die Beanspruchung des Fahrers auswirkt. Verschiedene Modelle der kognitiven Informationsverarbeitung postulieren, dass die Beanspruchung mit steigender Informationsdichte zunimmt. Bedenkt man, dass in vielen Verkehrssituationen die Zeit zum Handeln begrenzt ist und Entscheidungen sehr schnell getroffen werden müssen, ist das gehäufte Auftreten von Unsicherheiten und Fehlern an komplexen Kreuzungen verständlich. Dem kann teilweise entgegengewirkt werden, indem die Geschwindigkeit verringert wird und somit mehr Informationen berücksichtigt werden können.

4 Fahrversuche

4.1 Fragestellungen

Um den Einfluss der Streckengestaltung auf die Fehlerverübung zu untersuchen, wurden Fahrversuche im Realverkehr durchgeführt. Dabei wurde die Strecke so gewählt, dass Abschnitte in Ortschaften, auf der Landstraße und auf der Autobahn enthalten waren und jeweils einzelne vergleichbare Streckenabschnitte einander gegenübergestellt werden konnten, für die ein fehlerhaftes und für die ein korrektes Verhalten erwartet wurde. Diese Abschnitte sollten sich weitestgehend ähneln und möglichst nur in dem jeweils zu untersuchenden Merkmal unterscheiden.

Zum Geschwindigkeitsverhalten wurde geprüft, ob Geschwindigkeitsübertretungen auf geraden Strecken abhängen:

- von der Breite der Fahrbahn (sehr gut ausgebaute, doppelspurige Vorfahrtstraße vs. enge, einspurige Vorfahrtstraße),
- von der Fahrbahnoberfläche (zwei Streckenanschnitte mit 30 bzw. 80 km/h erlaubter Höchstgeschwindigkeit mit erneuerter Fahrbahndecke vs. zwei Abschnitte – ebenfalls 30 bzw. 80 km/h Höchstgeschwindigkeit – mit sehr schlechten Fahrbahndecken),
- vom Alleencharakter (Allee vs. keine Allee, beides Landstraßen mit 100 km/h erlaubter Höchstgeschwindigkeit) und
- von der vorangegangenen Fahrdauer mit hohem Tempo (Streckenabschnitt vor vs. nach der Autobahnfahrt, zwei Ortseinfahrten nach länger andauernder, schneller Fahrt vs. zwei Ortseinfahrten nach kurzen bzw. langsambefahrbaren Landstraßenabschnitten).

Häufigere Geschwindigkeitsübertretungen wurden auf breiten Fahrbahnen, auf Straßen mit erneuerter Fahrbahndecke aufgrund mangelnder akustischer und haptischer Rückmeldungen über das Tempo, auf Alleen (Tunneleffekt) und nach lang andauernden Fahrten mit hoher Geschwindigkeit wegen Adaptationsprozessen erwartet.
Für das Durchfahren von Kurven wurde untersucht, ob ein Zusammenhang zwischen Fehlerverübung und Kurvenradius besteht. Da Fahrer in scharfen Kurven oft versuchen, den Radius zu vergrößern, um mit ihrer Wunschgeschwindigkeit fahren zu können, wurden hier mehr Fehler postuliert. Gegenübergestellt wurden zwei scharfe Rechts- sowie eine scharfe Linkskurve zu zwei Rechtskurven und einer Linkskurve mit großem Radius. Auch die Beeinflussung durch die Kurvigkeit der Strecke wurde durch einen Vergleich von zwei scharfen Linkskurven nach bzw. in kurvenarmen Streckenabschnitten mit zwei scharfen Linkskurven in kurvigen Streckenabschnitten geprüft. Die Hypothese dabei war, dass nach und in kurvenarmen Abschnitten eher Fehler verübt werden, da Fahrer nicht auf Kurven eingestellt sind.
Weiterhin wurde ermittelt, ob Komplexität und Übersichtlichkeit von Kreuzungen einen Einfluss auf das Fahrverhalten haben. Dazu wurden zwei übersichtliche, einfache Kreuzungen mit zwei komplexen, unübersichtlichen Kreuzungen verglichen. Aufgrund der höheren Anforderungen an komplizierten Kreuzungen wurden dort mehr Fehler vermutet. Zudem geschah eine Überprüfung, ob sich Erwartungen bezüglich der Vorfahrtsregelung auf die Fehlerverursachung auswirken: Unterscheidet sich das Verhalten hinsichtlich Fehler an zwei Kreuzungen, die nicht den Erwartungen der

Fahrer entsprechen, vom Fahrverhalten an zwei erwartungskonformen Kreuzungen? Annahme war, dass Kreuzungen mit Vorfahrtsregelungen, die nicht den Erwartungen der Fahrer entsprechen, eher zu Fehlern verleiten.

4.2 Erhebungs- und Auswertemethodik

Als Fahrzeug diente ein Versuchsfahrzeug der Robert Bosch GmbH, das für das Projekt SANTOS entwickelt und eingesetzt wurde. Das Auto ist mit Technik zur Aufzeichnung sämtlicher Fahrdaten, wie zum Beispiel angezeigter und tatsächlicher Fahrgeschwindigkeit, Quer- und Längsbeschleunigung, Blinker- und Bremsbetätigung oder Tastenbetätigungen, ausgestattet. Weiterhin waren im und am Fahrzeug vier Kameras angebracht. Diese erfassten die Sicht nach vorn und nach hinten, den Fahrer und die Spurhaltung anhand der rechten Rand- bzw. Spurmarkierung.

An der Untersuchung nahmen 14 erfahrene Fahrer teil, davon drei Frauen. Eine größere Stichprobe ließ sich aus zeitlichen und organisatorischen Gründen nicht realisieren, da das benötigte Versuchsfahrzeug nur für eine begrenzte Zeit dem Lehrstuhl für Verkehrspsychologie der TU Dresden zur Verfügung stand.

	Minimum	Maximum	Mittelwert	Streuung
Alter in Jahren	27	68	39	12
pro Jahr gefahrene km	8000	50000	18714	10936
insgesamt gefahrene km	100000	900000	255000	221420
aktiver Autofahrer seit ... Jahren	9	45	19	12

Tab. 2: Beschreibung der Stichprobe

An einer Versuchsfahrt nahmen immer ein Fahrer, ein Fahrlehrer und der Versuchsleiter teil. Der Fahrer sollte entsprechend seinen Fahrgewohnheiten die Versuchstrecke befahren. Der Fahrlehrer markierte während der Fahrt das Auftreten eines Fehlers sofort durch einen Tastendruck. Die Zeit des Tastendrucks wurde zusammen mit den objektiven Fahrdaten gespeichert. Der Versuchsleiter gab dem Fahrer die Strecke vor; diese war gemeinsam mit einer Gruppe von Fahrlehrern entworfen worden. Bei günstigen Verkehrs- und Wetterbedingungen benötigte man für das Abfahren der Strecke etwa 100 Minuten.

Für die Datenanalysen lagen damit zwei Arten von Fehlererhebungen vor:

a) Benennung durch das Fahrlehrerurteil (Tastendruck) und

b) die objektiven Fahrdaten und Videoaufzeichnungen während der Fahrt.

In einer Nachbesprechung mit dem Fahrlehrer wurde jede Situation, in der ein Tastendruck erfolgt war, mit Hilfe der Videoaufzeichnungen analysiert. Der Fahrlehrer gab das fehlerhafte Verhalten an, das Grund für das Auslösen der Fehlertaste zu diesem Zeitpunk war. In einem nächsten Schritt wurde der Fehler einer der Kategorien der entwickelten Fehlertaxonomie zugeordnet. Da Fahrlehrer selbstverständlich nicht „perfekt" sind und nicht immer alles erfassen können, ihr Urteil zudem auf einer subjektiven Bewertung beruht, war eine zusätzliche Analyse der objektiven Fahrdaten und der Videoaufzeichnungen zur Beantwortung der Fragestellungen notwendig.
Für die statistische Auswertung der Daten wurde für jeden Fahrer und jeden Messabschnitt betrachtet, ob ein relevanter Fehler vorlag oder nicht. Der ursprüngliche Ansatz, Fehlerhäufigkeiten pro Person und Situation zu zählen, schlug fehl. Probleme traten vor allem dann auf, wenn es um Differenzierungen der Art ging, ob ein Fahrer längere Zeit zu schnell fuhr oder mehrmals das Tempolimit übertrat. Bei einem Auszählen der reinen Fehlerhäufigkeiten würde im ersten Fall ein Fehler, im zweiten aber mehrere Fehler gezählt werden. Tatsächlich ist es jedoch wahrscheinlich, dass sich der zweite Fahrer eher an der vorgeschriebenen Geschwindigkeit orientierte als der erste. Handelt es sich um die gleichen Fehler, ist es schwierig zu entscheiden, ob ein oder mehrere Fehler vorlagen. Für Fehler verschiedener Kategorien gilt, dass hier zum einen Fehler, Fehlerursache und Fehlerfolgen schwer zu trennen waren, zum anderen wurden von den Fahrlehrern nur selten mehrere unterschiedliche Fehler angegeben.
Um zu prüfen, ob sich zwei Streckenabschnitte hinsichtlich der Verübung von Fehlern voneinander unterscheiden, wurden Vorzeichen- und McNemar-Test eingesetzt. Dazu wurden für jede Person Messwertpaare gebildet. Die Auswertung geschah nur über die vollständigen Daten, wenn also für eine Person in beiden zu vergleichenden Streckabschnitten gültige Daten vorlagen. Dies war zum Beispiel dann nicht der Fall, wenn wegen vorausfahrenden Fahrzeugen keine freie Fahrt gewährleistet war. Für beide Tests konnten die Voraussetzungen nicht vollständig erfüllt werden. Um mit dem McNemar-Test gesicherte Ergebnisse zu erhalten, lagen zu wenig Daten vor. Für den Vorzeichentest, der auch bei relativ kleinen Stichproben einsetzbar ist, war das Auftreten möglichst weniger Bindungen – also gleiche Werte in den beiden Vergleichssituationen – teilweise verletzt. Vorzeichen- und McNemar-Test lieferten allerdings bei jeder Fragestellung identische Ergebnisse. Man kann damit davon ausge-

hen, dass trotz der Verletzung von (unterschiedlichen) Voraussetzungen korrekte Ergebnisse vorliegen.

4.3 Ergebnisse

Bei Fehlern in der **Geschwindigkeit oder Beschleunigung auf Geraden** handelte es sich vorwiegend um den Fehler „zu schnell fahren". In zwei Fällen wurde von den Fahrlehrern „zu spät bremsen" und einmal „zu früh beschleunigen" angegeben. Aufgrund der oben geschilderten Problematik wurden diese Fehler zusammengefasst.

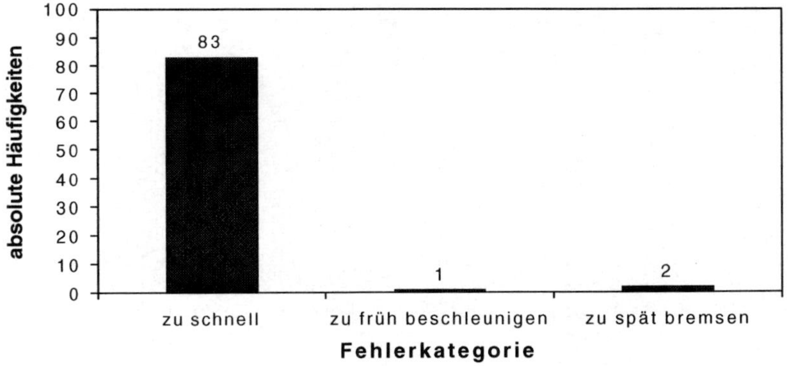

Abb. 2: Anzahl der erfassten Fehler pro Kategorie für Geschwindigkeit und Beschleunigung auf der Geraden

Abbildung 3 zeigt die Fehlerhäufigkeiten in Abhängigkeit von unterschiedlichen Streckenmerkmalen. In jedem Fall traten auf denjenigen Messabschnitten mehr Fehler auf, bei denen dies gegenüber der Vergleichsstrecke erwartet worden war.

Signifikant unterschiedlich war das Geschwindigkeitsverhalten im Zusammenhang mit der Straßenbreite, der Fahrbahnoberfläche und der vorangegangen Fahrtcharakteristik, dies besonders deutlich bei Ortseinfahrten nach langen, schnellen im Vergleich zu kurzen, langsamen Landstraßenabschnitten. So wurde auf breiten Straßen bei 61,5% der Fahrten zu schnell gefahren gegenüber 15,4% auf schmalen Straßen. Bei Fahrbahnen mit einer guten Oberfläche erfolgten bei 61,9% der Fälle Geschwindigkeitsübertretungen, auf schlechten Fahrbahnoberflächen war dies nur bei 19% der Fall. Nach andauernder Fahrt mit hohem Tempo (Autobahn) wurden auf einem anschließenden Landstraßenabschnitt häufiger Fehler verübt (75%) als vor Autobahnfahrten (25%).

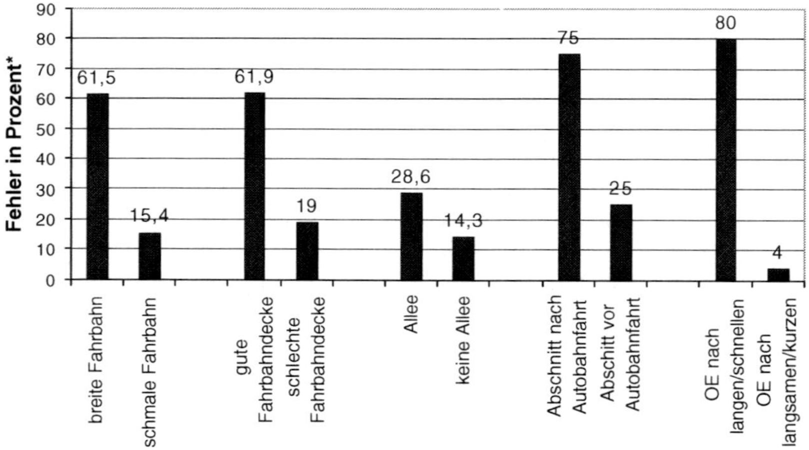

Abb. 3: Geschwindigkeits-/ Beschleunigungsfehler auf Geraden in Abhängigkeit unterschiedlicher Streckengestaltungen, OE = Ortseinfahrt, LS = Landstraße, *Prozentzahl der Fahrten, bei denen Fehler auftraten

Das gleiche gilt für die Einfahrt in Ortschaften: Nach langen/ schnellen Landstraßenabschnitten fuhren 80% der Fahrer zu schnell in eine Ortschaft ein, während nach kurzen/ langsamen Landstraßensektionen nur 4% mit erhöhter Geschwindigkeit fuhren. Allein der Einfluss des Alleencharakters konnte nicht statistisch nachgewiesen werden (28,6%ige Fehlerrate auf Alleen gegenüber 14,3% Fehlerverübung auf Landstraßen ohne Alleencharakter). Die genauen Irrtumswahrscheinlichkeiten sind in Tabelle 3 wiedergegeben.

	Straßenbreite	Alleencharakter	Fahrbahnoberfläche	Autobahnfahrt vor/ nach Streckenabschnitt	Streckencharakter vor Ortseinfahrt
Exakte Signifikanz (1-seitig)	,035*	,500	,018*	,016*	,000***

* signifikant, **sehr signifikant, *** hoch signifikant

Tab. 3: Irrtumswahrscheinlichkeiten für den Einfluss unterschiedlicher Streckenmerkmale auf die Verübung von Geschwindigkeits- und Beschleunigungsfehlern

Bei **Fehlern in Kurven** handelte es sich zumeist um eine fehlerhafte Spurhaltung (Kurvenschneiden), seltener um ein falsches Geschwindigkeits- oder Beschleunigungsverhalten (Abb. 4). Die Hypothesen über das Fehlverhalten in Kurven konnten ganz überwiegend statistisch gesichert werden (Abb. 5). 47,1% der Kurven mit kleinem Radius wurden geschnitten gegenüber 20,6% der Kurven mit großem Radius. Bei Kurven in kurvenarmen Sektionen lag die Fehlerverübung bei 86,4%, in kurvenreichen Abschnitten bei 31,8%. Keine Signifikanz ergab sich für die Teilhypothese über die Abhängigkeit der Fehlerverübung vom Kurvenradius bei Rechtskurven zu. Doch auch hier bestand ein tendenzieller Unterschied in der vermuteten Richtung.

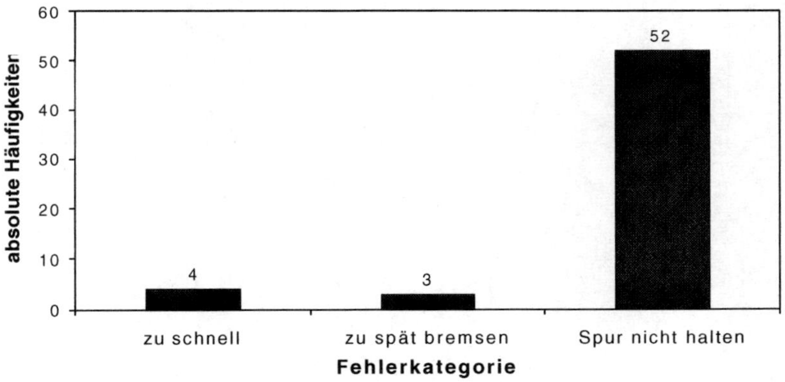

Abb. 4: Anzahl der erfassten Fehler pro Kategorie in Kurven

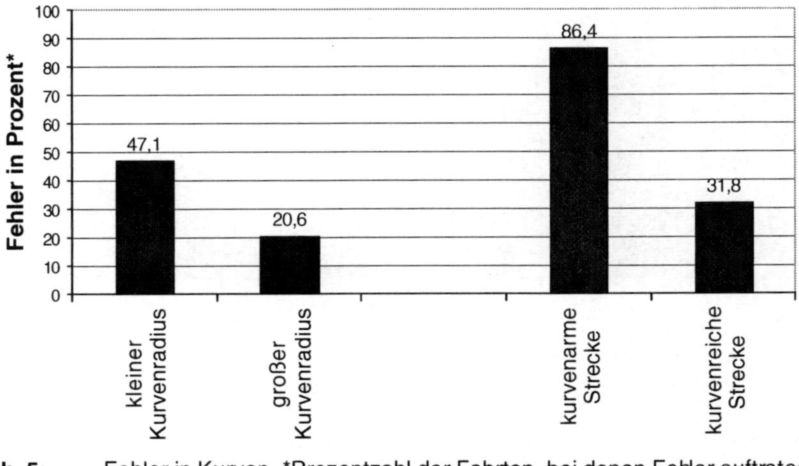

Abb. 5: Fehler in Kurven, *Prozentzahl der Fahrten, bei denen Fehler auftraten

Auch die Hypothesen über die **Fehler an Kreuzungen** konnten bestätigt werden. An komplexen Kreuzungen wurden signifikant mehr Fehler (42,9%) als an einfachen, überschaubaren Kreuzungen (7,1% Fehlerrate) begangen. Häufiger als an erwartungskonformen Kreuzungen (3,6%) kam es auch an Kreuzungen mit Vorfahrtregelungen, die nicht den Erwartungen der Fahrer entsprachen, zu Fahrfehlern (28,6%).

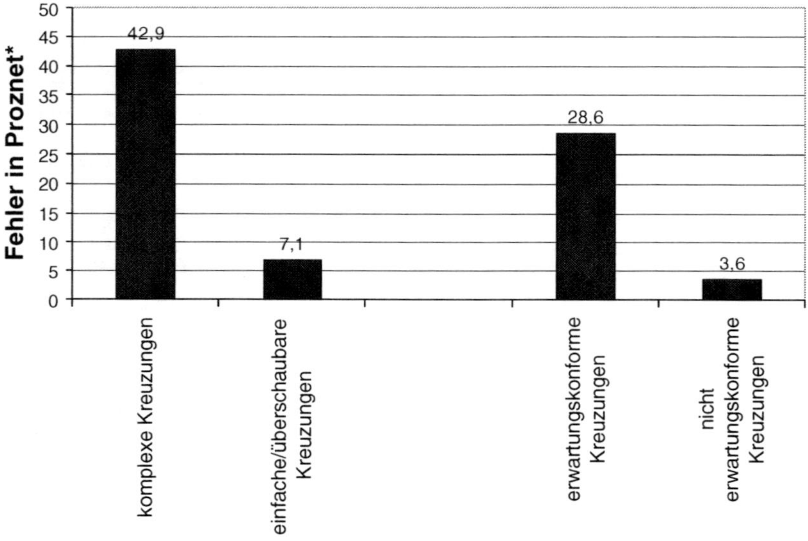

Abb. 6: Fehler an Kreuzungen, *Prozentzahl der Fahrte n mit Fehlern

Folgende Fehler wurden für Kreuzungssituationen erfasst:

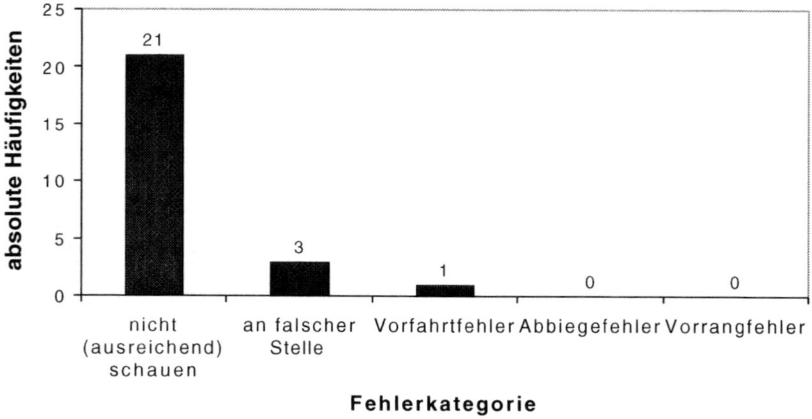

Abb. 7: Anzahl der erfassten Fehler pro Kategorie an Kreuzungen

	Kurven-radius	Kurvigkeit der Strecke	Komplexität von Kreuzungen	Erwartungskonformität von Kreuzungen
Exakte Signifikanz (1-seitig)	,011*	,001***	,003**	,020*

* signifikant, **sehr signifikant, *** hoch signifikant

Tab. 4: Irrtumswahrscheinlichkeiten des Einflusses verschiedener Verkehrswegegestaltungen auf die Fehlerverübung in Kurven und an Kreuzungen

5 Diskussion der Ergebnisse

Die meisten Ergebnisse sind sehr eindeutig und belegen die Abhängigkeit der Fehlerverübung von (insofern ungünstigen) Gestaltungsmerkmalen der Strecke. So konnte ein Einfluss des Ausbauzustands von Straßen auf die Wahl der Geschwindigkeit auf Geraden für die Straßenbreite und für die Fahrbahndecke bestätigt werden. Kein signifikanter Nachweis konnte dafür erbracht werden, dass auf Alleen eine vergleichsweise besonders hohe Fahrgeschwindigkeit gewählt wird. Dort wurde allerdings ebenfalls ein Trend in die vermutete Richtung beobachtet. Die Straßenbreite hatte einen signifikanten Einfluß auf das Geschwindigkeitsverhalten. Breite Straßen werden so wahrgenommen, dass sie eine höhere Geschwindigkeit erlauben oder sogar nahe legen („Aufforderungsgehalt" oder affordances im Sinne von Gibson; vgl. Schlag und Heger, 2004, in diesem Band) und zugleich wird dort das eigene Tempo eher unterschätzt. Neben einer verbesserten Geschwindigkeitswahrnehmung auf schmalen Straßen scheinen diese auch Restriktionen an den Fahrer zu stellen. Das Risiko plötzlich auftauchender Gefahren erscheint den meisten Fahrern hier höher, was ebenfalls die Wahl des Tempos beeinflusst; sie fahren langsamer. Die Abhängigkeit der Fahrgeschwindigkeit von der Fahrbahndecke konnte zwar insgesamt, nicht aber für Strecken mit 30 km/h erlaubter Höchstgeschwindigkeit, belegt werden. Für Fahrten auf der Landstraße traf die Hypothese zu. Eine erneuerte Fahrbahndecke regte zum Schnellerfahren an. Das eigene Tempo wird hier eher unterschätzt, da Rückmeldungen über akustische und haptische Signale zur Wahrnehmung der Geschwindigkeit schwächer waren. Bei Landstraßen mit schlechten Fahrbahnoberflächen waren diese vorhanden, die vorgegebene Geschwindigkeit wurde häufiger eingehalten. Hohe Geschwindigkeiten auf holprigen Straßen werden als unangenehm erlebt. Bei den auf 30 km/h begrenzten Straßen innerhalb der Stadt konnte kein Einfluss der Fahrbahnbeschaffenheit auf die Anzahl der Geschwindigkeitsübertretungen festgestellt werden. Es ist anzunehmen, dass vor allem das als unangenehm empfundene „Holpern“ bei den niedrigen Geschwindigkeiten nicht so stark ausgeprägt ist.

Kein Nachweis konnte erbracht werden für die Hypothese, Alleen würden die Geschwindigkeitswahrnehmung negativ beeinflussen. Der aufgetretene Unterschied tendierte allerdings in die angenommene Richtung. In diesem Fall lagen zur statistischen Auswertung nur acht gültige Wertepaare vor, was die Bestätigung der Forschungshypothese deutlich erschwerte. Eine andere Ursache für die geringen Unterschiede liegt darin, dass zu dieser Jahreszeit die Bäume der Alleen nicht belaubt waren, der postulierte Tunneleffekt daher nicht ausgeprägt war.

Durch längeres Fahren mit hohen Geschwindigkeiten unterschätzten Fahrer ihr Fahrtempo aufgrund von Adaptationsprozessen. Dies führt zu einem unangepassten Bremsverhalten (zu spät oder zu schwach) und zur Überschreitung gesetzlich festgelegter Höchstgeschwindigkeiten in Übergangsbereichen. Besonders deutlich wurde der Effekt beim Einfahren in Ortschaften nach größeren, schnell befahrbaren Landstraßenabschnitten. Dieser Befund betont die im Straßenentwurf viel diskutierte Bedeutung einer sicheren Gestaltung von Übergangsbereichen.

Sowohl der Kurvenradius als auch die Art der Strecke (kurvenarm oder kurvenreich) beeinflussen die Fehlerhäufigkeit in Kurven. Der Einfluss des Kurvenradius´ auf das Verüben von Fehlern ist dabei differenziert zu betrachten. In scharfen Linkskurven wurden mehr Fehler verübt als in leichten, wobei es sich meist um eine fehlerhafte Spurhaltung handelte (Kurvenschneiden). Für Rechtskurven konnte dies nicht bestätigt werden. Dort traten insgesamt weniger Fehler auf: die meisten Rechtskurven lassen sich nicht schneiden. Verlassen der Fahrbahn oder Driften auf die Gegenspur kamen in dieser Untersuchung (glücklicherweise) nicht vor; beides entsteht – anders als das oft bewußte Kurvenschneiden - zumeist aus einem Kontrollverlust.

Die Ergebnisse bestätigten weiterhin eine Abhängigkeit der Fehlerverübung in Kurven von der gesamten Kurvigkeit der Strecke für das Durchfahren von Linkskurven. Für Rechtskurven können keine Aussagen getroffen werden, da hier keine Untersuchungen vorgenommen wurden. Es ist anzunehmen, dass Fahrer in kurvenreichen Strecken auf Kurven vorbereitet sind und ihren Fahrstil daran anpassen. In kurvenarmen Streckenabschnitten werden Kurven dagegen oft nicht erwartet und teilweise falsch eingeschätzt: Erwartungsleitende Übergänge (transitions) fehlen hier meist. Da solche Abschnitte meist mit einem höheren Tempo befahren werden, werden

Bremsvorgänge zu spät und dann zu heftig eingeleitet oder die Kurve wird zu schnell durchfahren – und eben häufiger geschnitten, um den Fahrradius zu vergrößern. Komplexe und unübersichtliche Kreuzungen stellen hohe Anforderungen an Fahrer, entsprechend werden dort häufiger Fehler verübt. Dies geschieht ebenfalls an Kreuzungen, deren Vorfahrtsregelungen nicht mit den Erwartungen der Fahrer übereinstimmen. Fehler wurden auch dann gehäuft verübt, wenn die Kreuzung dem Fahrer nicht bekannt war. In Dresden wurden an einer sehr komplizierten Kreuzung, die aber aufgrund ihrer zentralen Lage vielen Fahrern bekannt war, weniger Fehler verübt als an einer schwierigen, den meisten Personen unbekannten Kreuzung außerhalb der Stadt Dresden. Wenn die Fahrer wussten, welche Schwierigkeiten auf sie zukommen, reduzierten sie meist ihr Tempo rechtzeitig und nahmen mit gesteigerter Aufmerksamkeit die notwendigen Informationen auf, um die Situation zu meistern. Erwartungskonformität und Bekanntheit der Situation können demnach die aus ihrer Komplexität und objektiven Schwierigkeit resultierenden Probleme moderieren.
Auch der Einfluss von Erwartungen auf das korrekte bzw. nicht korrekte Verhalten ließ sich nachweisen. Entspricht die tatsächliche Situation den Vorstellungen des Fahrers, sind Fehler seltener. Treten Widersprüche zwischen Erwartung und Gegebenheiten auf, kommt es gehäuft zu Fehlern. Exemplarisch deutlich wurde dies vor allem in einem als Kreisverkehr wahrgenommenen Knoten, der laut Definition dort jedoch kein Kreisverkehr ist, sondern sich aus Rechts-vor-links-Kreuzungen zusammensetzt. Da sich hier auffällig viele Fehler zeigten, verglichen mit anderen Knoten gleichen Typs, liegt es nahe, dass sich die Fahrer der Besonderheit der Situation nicht bewusst waren. Sie verhielten sich entsprechend der Verkehrsregeln eines Kreisverkehrs, was zwangsläufig zu Fehlern führte. Zusammenfassend hat sich für die Verkehrsplanung und den Straßenentwurf gezeigt, dass *human factors* verstärkt einbezogen werden müssen, wenn Unfälle und fehlerhaftes Verhalten vermieden werden sollen. Beispielsweise können durch bauliche Gestaltungen Restriktionen vorgegeben, die Wahrnehmung von situativen Schwierigkeiten wie auch von Fehlverhaltensweisen verbessert und die Aufmerksamkeit des Fahrers auf bedeutende Signale und Problembereiche gelenkt werden.

6 Literatur

Dahmen-Zimmer, K., Kostka, M., Piechulla, W., Scheufler, I., Zimmer, A. (1999). *KOMI-ZIF. Ko*mpendium für dedizierte *M*ethoden bei der Untersuchung von *i*nformationellen Zusatztätigkeiten im Fahrzeug. Projektbericht. Lehrstuhl für Experimentelle und Angewandte Psychologie, Universität Regensburg: unveröffentlicht.

Frese, M., Zapf, D. (1991). Fehler bei der Arbeit mit dem Computer. Bern: Huber.

Hacker, W. (1998). Allgemeine Arbeitspsychologie: Psychische Regulation von Arbeitstätigkeiten. Bern: Huber.

Hering, K. (1999). Situationsabhängiges Verfahren zur standardisierten Messung der kognitiven Beanspruchung im Straßenverkehr. Literaturübersicht und empirische Felduntersuchung. Aachen: Shaker.

Lamm, R., Psarianos, B., Mailaender, T., Choueiri, E., Heger, R., Steyer, R. (1999). Highway design and traffic safety engineering handbook. New York: McGraw-Hill.

Reason, J. (1994). Menschliches Versagen. Psychologische Risikofaktoren und moderne Technologien. Heidelberg: Spektrum Akad. Verlag.

Reichart, G. (2001). Menschliche Zuverlässigkeit beim Führen von Kraftfahrzeugen. Forschritt-Berichte VDI. Reihe 22 Nr. 7. Düsseldorf: VDI Verlag.

Schlag, B., Heger, R. (2002). Empfehlungen zur Berücksichtigung physiologischer und psychologischer Fähigkeiten und Grenzen der Kraftfahrer bei der Straßenplanung in Brandenburg. 1. Stufe: Systematisierung und Evaluation vorhandener Kenntnisse. Unveröffentlichter Bericht. Dresden: Technische Universität.

Schlag, B., Heger, R. (2004). Ansätze einer psychologisch fundierten Straßengestaltung. (in diesem Band).

Carmen Hagemeister und Anne Schmidt

Erleben des Verkehrsumfelds durch Radfahrer

1 Fragestellungen und theoretischer Hintergrund

Bei der Gestaltung von Radrouten für den Alltagsverkehr sollten die Bedürfnisse der Radfahrerinnen und Radfahrer berücksichtigt werden, damit die Routen auch angenommen werden. Nur wenn die Verkehrsplanung hinreichend nutzerorientiert erfolgt, nutzen die Radfahrer die Routen und Verkehrsflächen, die für sie vorgesehen sind. Um Radverkehrsplanung nutzerorientiert zu gestalten, muss man wissen, welche Kriterien Radfahrern für die Wahl von Radrouten wichtig sind. Wünsche von Radfahrern an Radrouten bzw. Radverkehrsanlagen wurden bisher in Deutschland vor allem in westdeutschen Städten erhoben (Alrutz, Bohle und Willhaus, 1998). In dieser Untersuchung wurde erhoben, als wie wichtig Radfahrerinnen und Radfahrer in Dresden verschiedene Kriterien für ihre Routenwahl erleben. Im Vergleich vor allem zu norddeutschen Städten hat Dresden eine eher geringe Radfahrtradition, geringe Radverkehrsförderung und einen Radverkehrsanteil von nur ca. 10% der Wege. Die Bewertung der Kriterien soll Hinweise darauf geben, welchen Kriterien Radfahrer die Priorität geben, wenn nicht alle Kriterien gleichzeitig erfüllt werden.

In den Niederlanden werden 5 Hauptforderungen an Radverkehrsrouten gestellt, die jeweils mehrere Aspekte umfassen (C.R.O.W., 1995) und die die Grundlage unserer Erhebung bildeten. Da die Kriterien teilweise für Radfahrer wenig erfahrbar sind (z. B. Unfallzahlen) oder einen hohen Standard voraussetzen (z. B. Vollständigkeit des Netzes), wurden die Kriterien teils variiert; teilweise wurden sie auch ergänzt (z. B.: Spaß und Ärger). Die Hauptforderungen werden mit den zugeordneten Unterkriterien hier dargestellt:

Hauptforderung Netzzusammenhang:

- Auffindbarkeit (Wegweisung, Stadtteilpläne),
- einheitlicher Qualitätsstandard,
- Freiheit der Routenwahl (mindestens 2 Alternativrouten),
- Vollständigkeit des Netzes (Anbindung aller Quell- und Zielorte).

Diese Kriterien zeigen ein sehr hohes Niveau von Planung für den Radverkehr, das im Erhebungsort nicht vorlag. Mögliche sinnvoll zu beurteilende Unterkriterien waren:

- Lückenlosigkeit der Radverkehrsführung,
- Übersichtlichkeit an Kreuzungen als Aspekt der Auffindbarkeit.

Hauptforderung Direktheit:

- hohe Entwurfsgeschwindigkeit,
- geringe Zeitverzögerungen - erfragt als Wartezeiten,
- geringe Umwege - erfragt als Direktheit der Route und Länge von Umwegen.

Hauptforderung Attraktivität:

- Sichtbarkeit der Radfahrer (durch Straßenbeleuchtung gewährleistet),
- Übersichtlichkeit,
- Sicherheit im öffentlichen Raum,
- räumliches Erlebnis, also das Erlebnis der Umgebung.

Als Aspekte des räumlichen Erlebnisses wurden eingeschätzt:

- geringer Lärmpegel (was auch Kommunikation mit Mitradlern ermöglicht),
- als gesund erlebte Luft.

Auch Emotionen, die man beim Radfahren erlebt, können die Attraktivität einer Strecke beeinflussen. Es wurden erfragt:

- Ärger,
- Spaß,
- wie wichtig es den Radfahrern ist, dass sie nicht verleitet werden, gegen die Straßenverkehrsordnung (StVO) zu verstoßen.

Hauptforderung Sicherheit:

- möglichst geringe Anzahl von Unfällen mit Personenschaden.

Unfälle sind seltene Ereignisse, aber Radfahrer erleben Konflikte mit anderen Verkehrsteilnehmern. Abhängig von der erlebten Gefährlichkeit und der Zahl der Konflikte müssen sich die Radfahrer ausschließlich auf den Straßenverkehr konzentrieren oder sie können sich auch noch anderem zuwenden. Erfragt wurden Merkmale der Sicherheit, die Radfahrer erleben:

- Ausmaß, in dem Radfahrer sich ausschließlich auf den Straßenverkehr konzentrieren müssen,
- gegenseitige Sichtbarkeit von Verkehrsteilnehmern,
- Einsehbarkeit der Strecke.

Vier Situationen, die Radfahrer als gefährlich erleben können, wurden hinzugefügt:

- Abbiegen und Queren an Kreuzungen,
- Überholabstand von Kfz,
- Geschwindigkeit von Kfz,
- Kfz-Verkehrsstärke.

Hauptforderung Komfort:

- Ebenheit der Strecke im Sinne glatter Oberflächen und geringer Hügeligkeit,
- geringe Verkehrsbehinderungen,
- wenig Fahrtunterbrechungen,
- geringe Witterungshindernisse - erfragt: Wind.

Wir erfragten:

- Hindernisfreiheit allgemein,
- freie Querung an Kreuzungen,
- freie Warteflächen,
- Radwegbreite, da die Wahrscheinlichkeit einer Behinderung um so größer ist, je schmaler dieser ist.

Keiner der Hauptforderungen eindeutig zuzuordnen ist die Trennung von Verkehrsflächen. Die Trennung von Kraft- und Radverkehr mit Radwegen (im Gegensatz zum Mischverkehr) bietet keinen generellen objektiven Sicherheitsgewinn. Bei der subjektiven Sicherheit erleben manche Verkehrsteilnehmer eine Verbesserung, andere erleben das Risiko einer Kollision mit Rechtsabbiegern und fühlen sich gebremst. Außerdem sind Komforteinbußen nicht selten. Die Trennung von Rad- und Fußverkehr wird ebenso unterschiedlich beurteilt, je nach individueller Wahrnehmung und Vorlieben. Auch Zweirichtungsradwege und das indirekte Linksabbiegen können unterschiedlich bewertet werden.

Am Ausgangspunkt, am Ziel und ggf. auch an Zwangspunkten (z. B. Brücken oder Eisenbahnunterführungen) gibt es manchmal keine Alternativen für die Routenwahl. Radfahrer sind sehr umwegempfindlich (Alrutz, Fechtel und Krause, 1991); Umwege werden entweder gemacht, wenn der Umweg sehr viel attraktiver als die kürzeste Strecke oder wenn der Umweg nur gering ist. Gerade auf dem Weg zur Arbeit tolerieren Radfahrer üblicherweise wenig Umwege (Krause, 1984). Antworten auf die Frage, wie wichtig bestimmte Kriterien für die Wahl von Routen im Alltagsverkehr sind, müssen vor diesem Hintergrund interpretiert werden. Als angenehm erlebte Routen haben in der Konsequenz Verstärkungswert, der wiederum Grundlage für eine Habituierung der Fahrradnutzung ist, während als unangenehm erlebte Routen die Fahrradnutzung verringern können. Auch Personen, die gelegentlich auf das Fahrrad steigen, erleben dieselben Qualitätskriterien, allerdings ist es möglich, dass sie diese anders gewichten, wenn und soweit sie andere Bedürfnisse haben als Alltagsradlerinnen und Alltagsradler. Geprüft werden soll auch, wie die eingeschätzte

Wichtigkeit und die erlebte Häufigkeit eines Kriteriums zusammenhängen.
Da bisher keine Ergebnisse vorliegen, wie sich die Art der Befragung auf die genannten bzw. als wichtig beurteilten Kriterien auswirkt, sollten die Befragten sowohl die Möglichkeit zu offenen Antworten bekommen als auch vorgegebene Kriterien beurteilen.

2 Methode

2.1 Befragte

Die Befragten wurden in Dresden durch Kleinanzeigen, Aushänge und einen Artikel in der Zeitung des örtlichen ADFC geworben. 24 Frauen und 50 Männer aus Dresden im Alter von 17 bis 71 Jahren (Mittel 30,3 Jahre, Standardabweichung 9,7 Jahre) füllten den Fragebogen aus. 41 stuften sich als "hartgesottene/r Alltagsradler/in" ein, 28 als "Alltagsradler/in" und 5 als "Schönwetterfahrer/in". Von den 68 Personen, die Angaben zum Bildungsstand machten, hatten 35% ein (Fach-)Hochschulstudium abgeschlossen, 38% studierten, 12% hatten die 10. Klasse abgeschlossen. 91% gaben an, im Besitz eines Führerscheins zu sein. Insgesamt fuhren die Befragten wenig Auto: 36% der Führerscheinbesitzer gaben an, bisher weniger als 10.000 km als Führer eines Pkw zurückgelegt zu haben, 31% bis 50.000 km, 16% bis 100.000 km und 11% über 100.000 km. 32% schätzten ihre Kenntnisse der StVO als "sehr gut" ein, 59% als "gut", 8% als "geht so".
55 Personen machten Angaben über ihre Jahresfahrleistung mit dem Rad. Im Mittel gaben diese Personen an, dass sie auf Alltags- und Freizeitfahrten insgesamt 4717 km pro Jahr zurücklegen. 68% gaben an, ganzjährig täglich bzw. fast täglich mit dem Rad unterwegs zu sein, weitere 3% werktäglich. 22% fahren im Sommerhalbjahr täglich bzw. fast täglich Rad, 5% der Befragten nutzen im Winterhalbjahr ihr Fahrrad nie. In der Stichprobe sind also Alltagsradler, die im ganzen Jahr fahren, besonders stark vertreten.

2.2 Fragebogen: Kriterienorientierte und offene Fragen

Nach der Erhebung von biografischen Daten und Fahrgewohnheiten sollten die Personen im ersten Teil des Fragebogens in einer freien Antwort angeben, welche Aspekte eine attraktive Radfahrstrecke kennzeichnen. Erst nachdem die Personen diesen ersten Teil ausgefüllt hatten, bekamen sie den zweiten Teil vorgelegt, in dem sie um Beurteilungen anhand der oben dargestellten Kriterien gebeten wurden.

Im zweiten Teil des Fragebogens sollten die RadfahrerInnen die 33 oben vorgestellten Kriterien hinsichtlich ihrer Wichtigkeit und ihrer Häufigkeit bewerten. Die konkrete Formulierung der Kriterien findet sich im Ergebnisteil. Zu einem Teil der Kriterien konnten die RadfahrerInnen zusätzlich offene Antworten geben. Abbildung 1 zeigt

Befragungsbogen Teil 2

		Wichtigkeit Wenn Sie sich in der Realität für eine Route oder Strecke entscheiden, wie wichtig ist Ihnen dabei folgendes Kriterium?					**Häufigkeit** Wie häufig finden Sie das Kriterium auf Ihren Radrouten und in Ihrem Umfeld?				
Nr.	**Kriterien - Erläuterung**	**wichtig**	**eher wichtig**	**mittel**	**eher unwichtig**	**unwichtig**	**immer**	**häufig**	**mittel**	**selten**	**nie**
1	**Übersichtlichkeit** Die Führung des Radverkehrs auf der Route ist übersichtlich und eindeutig. Man kann auf den ersten Blick erkennen, wie und wo man fahren soll.	O	O	O	O	O	O	O	O	O	O

einen Ausschnitt des Fragebogens.

Abb. 1: Ausschnitt des Fragebogens

3 Ergebnisse[1]

3.1 Attraktive Radfahrstrecke - offene Antworten

Im ersten Teil des Fragebogens beantworteten die RadfahrerInnen die offene Frage, was eine attraktive Radfahrstrecke kennzeichnet, ohne über die noch folgenden zu beurteilenden Kriterien Bescheid zu wissen. Über 70 verschiedene Kriterien wurden von den Befragten genannt und von uns bei der Auswertung zu Gruppen gleicher Aussage zusammengefasst und ausgezählt. Am häufigsten genannt wurden:

- 44-mal Fahrbahnoberfläche / guter Belag von Radweg oder Fahrbahn (12% der Aussagen),
- 22-mal vollständig/auf Minimalmaß abgesenkte Bordsteinkanten,
- 17-mal separater Radweg,

[1] Die Studienarbeit von Anne Schmidt (Schmidt, 2002) mit den vollständigen Ergebnissen kann bei den Autorinnen als pdf-Datei per Mail angefordert werden.

- 17-mal wenig befahrene Straßen bzw. wenig Autoverkehr,
- 16-mal Radwege, die breit genug zum Überholen und zum Fahren mit Anhänger sind,
- 15-mal direkte Verbindung, keine Umwege,
- 15-mal durchgehende/kontinuierliche Radverkehrsführung,
- 13-mal getrennte Radwege mit farblicher Trennung vom Fußweg,
- 10-mal Radfahrstreifen.

3.2 Netzzusammenhang

In den Abschnitten 3.2 bis 3.6 sind die Beurteilungen der einzelnen Kriterien angegeben. Am Beispiel des Netzzusammenhangs zeigt sich, dass die Wichtigkeit einer durchgehenden Führung für den Radverkehr mit 2,19 (also eher wichtig) beurteilt wurde. Dieses Kriterium wird allerdings eher selten angetroffen, die Beurteilung der Häufigkeit ist 3,91. Beide Kriterien zum Netzzusammenhang werden als eher wichtig eingestuft.

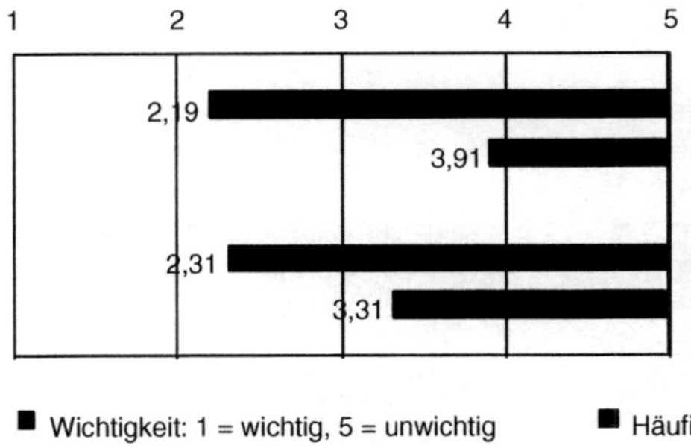

Es gibt eine durchgängige Führung für den Radverkehr, wenn Radwege/Radstreifen/ Angebotsstreifen vorhanden sind. Es gibt nicht abwechselnd Radverkehrsanlagen und dann wieder keine.

Die Führung des Radverkehrs auf der Route ist übersichtlich und eindeutig. Man kann auf den ersten Blick erkennen, wie und wo man fahren soll.

Abb. 2: Bewertung der Wichtigkeit und Häufigkeit der Kriterien für Netzzusammenhang.

3.3 Direktheit

Das wichtigste Kriterium in diesem Bereich ist das zügige Vorankommen, das mit einer mittleren Häufigkeit vorgefunden wird. Die Tatsache, dass die Route keine kleineren oder größeren Umwege enthält, wird als weniger wichtig eingeschätzt.

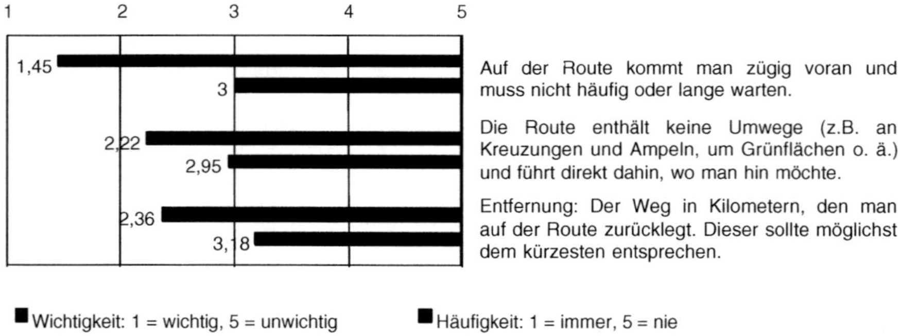

Abb. 3: Bewertung der Wichtigkeit und Häufigkeit der Kriterien für Direktheit

3.4 Attraktivität

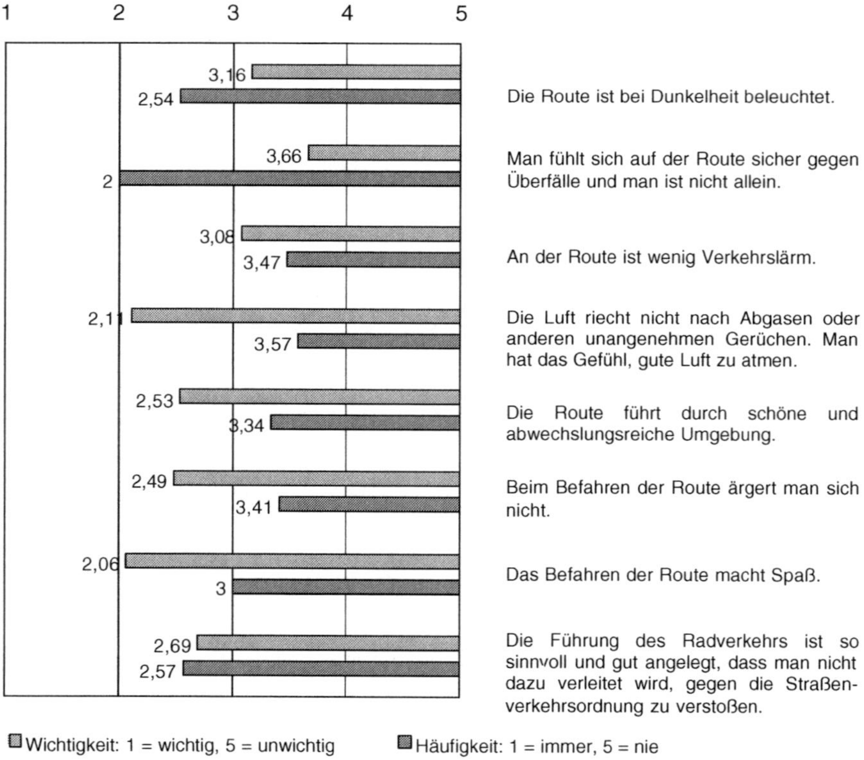

Abb. 4: Bewertung der Wichtigkeit und Häufigkeit der Kriterien für Attraktivität

Wichtigstes Kriterium bei der Attraktivität ist Spaß. Die Antworten auf die weiterführende Frage, wann ihnen das Befahren einer Route Spaß macht, nannten am häufigsten ein Kriterium, das der Direktheit zugeordnet ist, zügiges Fahren: 25 Personen gaben an, dass es ihnen Spaß macht, wenn sie zügig fahren oder rollen, wenig Hindernisse oder geringe Ampelwartezeiten haben. Fast ebenso häufig wurde ein Kriterium genannt, das dem Komfort zugeordnet ist: 24 Personen führten Infrastruktur an, davon 9 glatte Oberflächen, 5 keine Bordsteinkanten. 20 Befragten macht es Spaß, wenn sie konfliktfrei und sicher fahren können bzw. nicht andauernd auf Fehler anderer achten müssen; dieses Kriterium hatten wir der Sicherheit zugeordnet. 19 Befragten macht das Befahren einer Route mit wenig oder ohne Autoverkehr Spaß. Verschiedene Aspekte der Umgebung und Landschaft nannten 16 Personen. 12 nannten Ruhe oder wenig Lärm, 8 Baumbestand oder Grün, 14 Personen gaben Sonstiges an. Der Spaß am Radfahren wird also durch sehr unterschiedliche Qualitätskriterien verursacht.

Sich nicht zu ärgern, ist das drittwichtigste Kriterium der Attraktivität. Auf die Frage "Worüber ärgern Sie sich beim Radfahren besonders?" nannten 48 Personen Kraftfahrzeuge, davon 14 dichtes Überholen (ein Unterkriterium von Sicherheit), 9 Parken auf dem Radweg, 7 rücksichtslose Autofahrer. 6 Personen ärgern sich besonders über andere Radfahrer, 13 Personen über Fußgänger, 8 davon über Fußgänger auf dem Radweg. 43 Befragte ärgern sich über die Infrastruktur, 24 davon über den Belag und 9 über Bordsteinkanten (beides Komfortkriterien), weitere 9 über ungesicherte Radwegenden. 11 Personen ärgern sich über Ampelregelungen, 4 über Baustellen. Andere oder allgemeine Aspekte wurden 12-mal genannt. Ärger wie Spaß hängt also mit sehr unterschiedlichen Kriterien zusammen - beim Spaß sind sie vorhanden, beim Ärger fehlen sie.

Den zweiten Rang unter den Kriterien der Attraktivität nahm das Gefühl ein, gute Luft zu atmen.

3.5 Sicherheit

Unter den Sicherheitskriterien wurden zwei Merkmale von Kreuzungen als am wichtigsten eingestuft, die gute Sichtbarkeit an Kreuzungen mit 1,62 und das ungefährliche Queren und Abbiegen an Kreuzungen mit 1,9. Zusätzlich zur Einschätzung, wie wichtig und häufig es ist, dass das Abbiegen und Queren an Kreuzungen ungefährlich ist, fragten wir offen, was die Radfahrer schwierig und was sie gefährlich finden. 18-mal wurden Kfz als schwierig genannt (7-mal von Kfz nicht beachtet zu werden; 4-mal abbiegende Kfz). 24 Antworten bezogen sich auf die Infrastruktur (6 nannten abgesetzte Radwegfurten oder mangelnde Einsehbarkeit für abbiegende Lkw, 5 Ampelphasen für Radfahrer). 19 Radfahrer fanden das Linksabbiegen schwierig (6 das direkte, 4 das indirekte), 7 das Einordnen oder den Spurwechsel allgemein. Acht Befragte bezeichneten Aspekte des eigenen Verhaltens, wie den Überblick zu behalten, als schwierig.

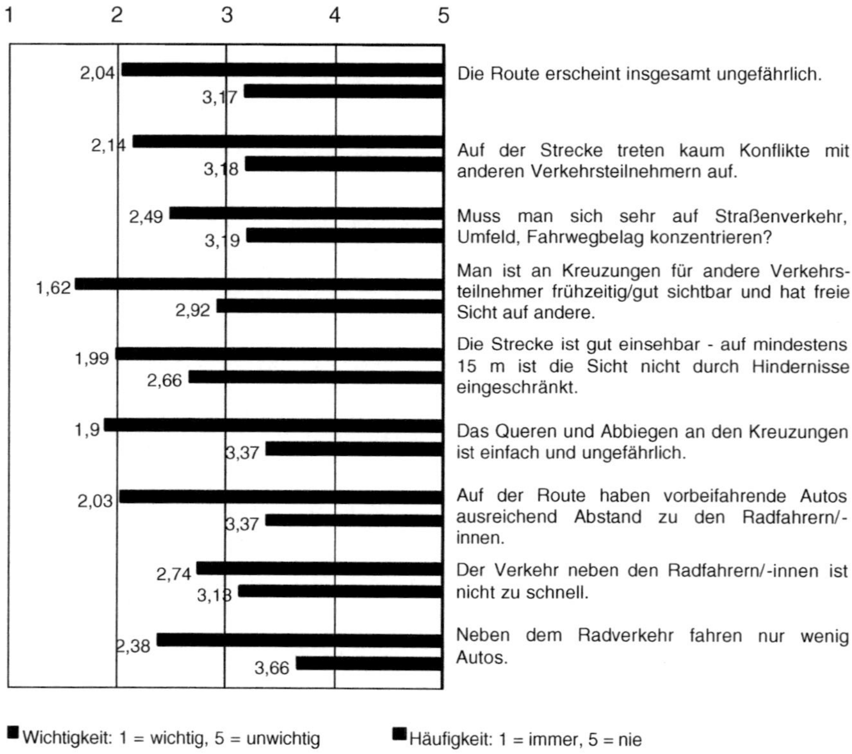

Abb. 5: Bewertung der Wichtigkeit und Häufigkeit der Kriterien für Sicherheit

Als gefährlich nannten 41 Befragte Kfz (19-mal Rechtsabbieger oder Abbieger allgemein, 6-mal dicht überholende Kfz). 17 Radfahrer nannten Gefahren, die von der Infrastruktur ausgehen, davon 7 schlechte Sichtbarkeit der Radfahrer oder abgesetzte Radfurten und 5 Schienen. 10 Personen bezeichneten das Linksabbiegen als gefährlich, 2 das Einordnen. Drei nannten je einen Aspekt eigenen Verhaltens.

Auf den weiteren Rängen folgten mit 1,99 die Einsehbarkeit der Strecke und mit 2,03 ausreichender Überholabstand vorbeifahrender Autofahrer. Dass die Route insgesamt sicher ist, wurde mit einer Wichtigkeit von 2,04 beurteilt.

3.6 Komfort

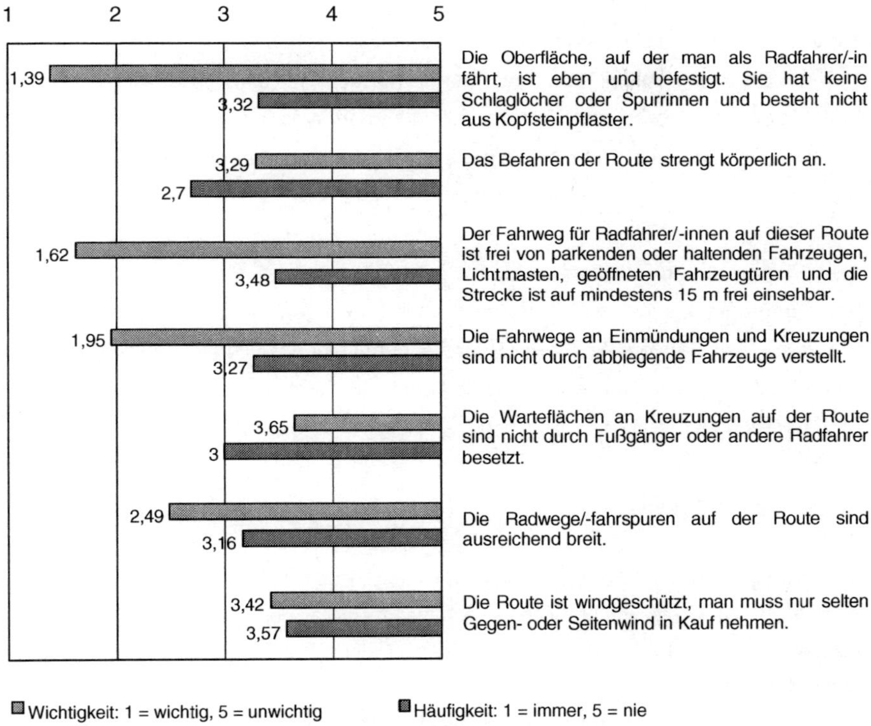

Abb. 6: Bewertung Wichtigkeit und Häufigkeit der Kriterien für Komfort

Als wichtigstes Komfortkriterium wurde die Oberfläche beurteilt, als zweitwichtigstes die Freiheit der Route von Hindernissen, die durch Pkw und Infrastruktur gebildet werden. Beides finden Radfahrer jedoch nur mit einer mittleren Häufigkeit vor.

3.7 Die wichtigsten Kriterien

Die als am wichtigsten beurteilten Kriterien waren:

1. Belag (Wichtigkeit 1,39) - zugeordnet zum Hauptkriterium Komfort,
2. zügige Führung (1,45) - zugeordnet zum Hauptkriterium Direktheit,
3. Rang drei (1,62) teilten sich Sicht an Kreuzungen (zugeordnet zum Hauptkriterium Sicherheit) und Hindernisfreiheit (zugeordnet zum Hauptkriterium Komfort),
4. ungefährliches Abbiegen und Queren an Kreuzungen (1,9) - zugeordnet zum Hauptkriterium Sicherheit,

5. gut einsehbare Strecke (1,99) - zugeordnet zum Hauptkriterium Sicherheit.

Faktorenanalysen der Bewertungen der Wichtigkeit ergaben keine Struktur, in der sich die Struktur der fünf Hauptforderungen (C.R.O.W., 1995) widerspiegelt. Diese fünf Hauptforderungen sind also in der Wahrnehmung der Radfahrer nicht unabhängig voneinander. Es fand sich auch keine Lösung, in der die Hauptforderungen "zügig" und "sicher" klar getrennt waren.

3.8 Trennung von Verkehrsmitteln

Von den Fragen zur Trennung der Verkehrsmitteln werden hier zwei dargestellt.

Die Frage "Der Radverkehr auf der Route ist durch einen Bordstein vom Kraftverkehr getrennt. Was finden Sie besser?" wurde beantwortet mit:

- 50% Trennung,
- 18% egal,
- 32% keine Trennung.

Auf die Frage "Das Linksabbiegen an Kreuzungen kann direkt oder indirekt geregelt sein. Es kann auch gar nichts vorgeschrieben sein, dann entscheiden Sie sich selbst für eine Abbiegevariante. Welche der beiden Möglichkeiten ist Ihnen lieber?" lauteten die Antworten:

27% indirekt bevorzugt:	- 22% ohne Einschränkungen
	- 5% mit Einschränkungen
11% egal:	- 11%
62% direkt bevorzugt:	- 32% ohne Einschränkungen
	- 30% mit Einschränkungen.

Insgesamt wird das direkte dem indirekten Linksabbiegen vorgezogen. Einige Personen bevorzugen nur dort das direkte Linksabbiegen, wo sie genügend Zeit und Lücken zum Einordnen haben. Diejenigen, die das indirekte Linksabbiegen mit Einschränkung bevorzugen, wollen nur auf stark befahrenen Straßen indirekt linksabbiegen oder wenn die Wartezeiten nicht zu lang sind. Auf die Frage, was ihnen an der bevorzugten Variante besser gefalle, gaben die Befürworter des indirekten Linksabbiegens an, dass es sicherer als das direkte Linksabbiegen sei. Die meisten Befürworter des direkten Linksabbiegens gaben an, dass dies schneller sei. Neun Personen gaben an, dass sie beim direkten Linksabbiegen für Kraftfahrer gut sichtbar sind und Unfälle mit Rechtsabbiegern so vermeiden.

3.9 Zusammenhang zwischen Wichtigkeit und Häufigkeit

Bei den meisten Kriterien findet sich eine Nullkorrelation zwischen der Wichtigkeit, die ihnen beigemessen wird, und der Häufigkeit, mit der sie vorgefunden werden. Nur wenige Korrelationen erreichten das Signifikanzniveau von $p < 0,05$. Lückenlose Führung wird als um so wichtiger empfunden, je seltener sie erlebt wird (? = -0,31). Dasselbe gilt für das Gefühl der Sicherheit vor Überfällen: ? = -0,29. Der Zusammenhang ist positiv bei Spaß (? = 0,33) und bei windgeschützten Routen (? = 0,30); beides wird als wichtiger empfunden, wenn es häufiger erlebt wird.

4 Diskussion

4.1 Die wichtigsten Kriterien und Unterschiede zu den Ergebnissen bisheriger Untersuchungen

Diese Untersuchung	**Alrutz et al. (1998)**	**Krause (1984)**
1. Belag (Wichtigkeit 1,39)	1. Existenz von Radwegen bzw. Radfahrstreifen (bei uns indirekt abgefragt unter "Lückenlosigkeit der Führung" mit Rang 13 von 30)	1. schnellster Weg
2. zügige Führung (1,45) - bei Alrutz et al. (1998) "wenige Fahrtbehinderungen" auf Rang 7	2. Belag	2. kürzester Weg (bei uns Rang 14 von 30)
3. Sicht an Kreuzungen (1,62) Hindernisfreiheit (1,62)	3. Lärm (bei uns Rang 23 von 30)/ Abgase (bei uns Rang 10 von 30)	3. Vorhandensein von Radwegen (bei uns indirekt "Lückenlosigkeit der Führung"; Rang 13 von 30)
4. ungefährliches Abbiegen und Queren an Kreuzungen (1,9)	4. Umwegefreiheit (bei uns Rang 14 von 30)	4. wenig Ampeln (bei uns Aspekt der Zügigkeit)

Tab. 1: Rangplätze von Kriterien in dieser und anderen Untersuchungen

Probleme des Fahrbahnbelags haben vermutlich speziell in Dresden (und in anderen ostdeutschen Städten und Regionen) besonders starke Bedeutung gegenüber bisherigen Untersuchungsorten. Im Unterschied zu Alrutz et al. (1998), die Radwege als wichtigstes Kriterium fanden, würden mehr als ein Viertel der von uns Befragten lieber im Mischverkehr auf der Straße fahren statt auf einem separaten Radweg oder einem Geh-/Radweg, was bedeutet, dass diese Personen Radwege ablehnen. Ein großer Unterschied zu unserer Untersuchung liegt in dem, was betrachtet wurde: Alrutz et al. (1998) beschränkten ihre Untersuchung auf die Streckenabschnitte und ließen Knoten nicht bewerten. Die dort positive Beurteilung der Radwege kann dadurch verursacht sein, dass sie auf der Strecke Schutz vor zu dicht überholenden Kraftfahrern und somit einen subjektiven Sicherheitsgewinn bieten. An Knoten zeigen sich die Nachteile von Radwegen deutlich bei den Kriterien Sicherheit und Zügigkeit: Die von uns Befragten nannten Unfälle mit abbiegenden Kfz als Gefahr, Zeitverzögerungen durch längere Räumzeiten für Radfahrer sind leicht zu beobachten. Eine Untersuchung, die Knoten außer Acht lässt, vernachlässigt einen wesentlichen Nachteil von Radwegen, kann also so dazu kommen, dass Radwege erheblich positiver eingeschätzt werden als bei einer Gesamtbetrachtung.

Dass im wesentlichen Nullkorrelationen zwischen der Bewertung der Häufigkeit und der Wichtigkeit gefunden wurden, zeigt, dass beides von den Befragten unterscheidbar beurteilt wird und weist auf eine Unabhängigkeit hin. Allerdings teilen alle Befragten die Erfahrung der Stadt als ganzer. Wie sehr sich allgemein die Gegebenheiten eines Orts darauf auswirken, für wie wichtig welches Kriterium gehalten wird, lässt sich nur erfassen, wenn man in mehreren Orten mit sehr unterschiedlicher Infrastruktur Untersuchungen durchführt, in denen man Häufigkeit und Wichtigkeit erfragt.

4.2 Unterschiede zwischen freien Antworten und Antworten auf die vorgegebenen Kriterien

Zwischen den freien Antworten und der Beurteilung in der Kriterienliste zeigten sich Unterschiede. Das bedeutet, dass sich die Art der Befragung erheblich auf das Ergebnis auswirken kann. In beiden Antwortmodalitäten wurde übereinstimmend als wichtigstes Kriterium für die Attraktivität bzw. Wahl einer Route der Belag genannt. In den Antworten auf die vorgegebenen Kriterien folgten Zügigkeit, Hindernisfreiheit und Sicherheit an Kreuzungen. Bei den freien Antworten nahm Zügigkeit einen der vorderen Plätze ein, die Sicht an Kreuzungen wurde dort hingegen selten genannt. Das zeigt also, dass ein Kriterium, das einem spontan bei einer freien Antwort nicht einfällt, bei der Routenwahl durchaus wichtig sein kann.

Alrutz et al. (1998) behaupteten, dass "Radfahrer bei einer allgemeinen Einstufung der Bedeutung dazu tendieren, alle Merkmale als wichtig herauszustellen" (S. 9); sie führten deshalb Befragungen mit offenen Fragen durch. Die Ergebnisse unserer Untersuchung zeigen, dass auch bei Vorgabe von Kriterien nicht alle Merkmale als gleich wichtig oder gar alle als wichtig für die Wahl von Radrouten beurteilt wurden, sondern es zeigten sich durchaus Unterschiede in der Einstufung der Wichtigkeit. Allerdings muss berücksichtigt werden, dass die Rangfolge davon abhängen kann, ob man offene Fragen stellt oder Kriterien zur Beurteilung vorgibt. Die Vorgabe von Kriterien ermöglicht den Befragten, auch zu Merkmalen Stellung zu nehmen, die ihnen nicht spontan einfallen.

Die Ergebnisse der Faktorenanalysen zeigen, dass die Struktur der Kriterien der Radfahrer nicht mit den Hauptforderungen an Radrouten übereinstimmt. Auch die übergeordneten Aspekte "sicher" und "zügig" finden sich nicht getrennt in der Faktorenstruktur wieder. Bei der Frage zum direkten und indirekten Linksabbiegen betonen zwar einige Radfahrer das sichere und andere das schnelle Fahren. Die Äußerungen zeigen aber auch, dass dieselbe Situation von einigen Befragten als sicher, von anderen als unsicher erlebt wird: Wenn Verkehrsplaner also nicht eine Verhaltensalternative anbieten, die (fast) alle Radfahrer als sowohl sicher als auch zügig erleben, oder gleich die Wahl lassen z.B. zwischen direktem und indirektem Linksabbiegen, muss damit gerechnet werden, dass sich einige so verhalten, wie es nicht vorgesehen ist (Beispiele beschreibt Ketterer, 1990).

4.3 Bedeutung der Infrastruktur

Die Infrastruktur ist nicht nur mittelbar von Bedeutung, indem sie Verhalten beeinflusst. Sie beeinflusst auch direkt, wie Radfahrer das Radfahren erleben. Unter Ursachen des Ärgers steht sie auf Platz zwei gleich hinter Autofahrern. Gerade für Verkehrsteilnehmer, die schlechte Bauausführung am eigenen Körper erleben, geht es also nicht nur um ein gutes soziales Verkehrsklima, sondern auch um eine gute materielle Infrastruktur. Wenn man bedenkt, dass darüber hinaus Konflikte mit Autofahrern durch die Infrastruktur vermindert oder verschärft werden können (vgl. u.a. Schlag und Heger, 2004, in diesem Band), ist eine fahrradfreundliche Planung auch im Detail sehr wichtig, um das Radfahren attraktiv zu machen.

Fahrradfreundliche Verkehrsplanung heißt dabei nicht zwingend Radwegebau, wie die Meinung der befragten Alltagsradlerinnen und Alltagsradler zeigt. Fahrradfreundlich ist ein Radroutennetz mit Führungen für den Alltagsverkehr, die sowohl sicher als auch zügig sind. Die Antworten zu Ärger und Gefahren zeigen, dass über die Infrastruktur hinaus Maßnahmen nötig sind, um das Verhalten und die Einstellung der Kraftfahrerinnen und Kraftfahrer zu verändern, von denen sich die Radfahrerinnen und Radfahrer nicht ohne Grund gefährdet und bedrängt fühlen.

5 Literatur

Alrutz, D., Bohle, W., Willhaus, E. (1998). Bewertung der Attraktivität von Radverkehrsanlagen. Berichte der Bundesanstalt für Straßenwesen, Verkehrstechnik Heft V 56. Bremerhaven: Wirtschaftsverlag NW.

Alrutz, D., Fechtel, H. W., Krause, J. (1991). Dokumentation zur Sicherung des Fahrradverkehrs. Berichte der Bundesanstalt für Straßenwesen, Heft 74.

C.R.O.W. – Institut für Normung und Forschung im Erd-, Wasser- und Straßenbau und in der Verkehrstechnik – Niederlande (Hrsg.). (1995). Radverkehrsplanung von A bis Z – Das niederländische Planungshandbuch für fahrradfreundliche Infrastruktur, 2. Auflage. Ede: C.R.O.W.

Ketterer, W. (1990). Sicherheitsprobleme des Radverkehrs psychologisch betrachtet. Forschungsberichte des Psychologischen Instituts der Albert-Ludwigs-Universität Freiburg.

Krause, J. (1984). Radfahren in der Stadt. Institut für Städtebau, Wohnungswesen und Landesplanung der TU Braunschweig. Braunschweig.

Schlag, B., Heger, R. (2004). Ansätze einer psychologisch fundierten Straßengestaltung (in diesem Band).

Schmidt, A. (2002). Erleben und Konfliktwahrnehmung von Radfahrern und deren Rolle für die Routenwahl im Alltagsverkehr. Studienarbeit an der Fakultät Verkehrswissenschaften „Friedrich List“ der Technischen Universität Dresden.

Straßenverkehrs-Ordnung (StVO). (2001). Dortmund: Verkehrsblatt-Verlag.

B) Mobilitätsmanagement

Katrin Dziekan, Bernhard Schlag und Igor Jünger

Barrieren der Bahnnutzung - Mobilitätshemmnisse und Mobilitätsbedürfnisse

1 Einleitung

Warum nimmt man eigentlich nicht die Bahn? Hinter dieser Frage steckt ein sehr komplexes Wirkungsgefüge, welches sowohl objektive Gründe wie Verfügbarkeit oder Preis als auch sehr viele subjektive, teilweise sogar unbewusste Begründungen enthält. Die bisherigen Investitionskriterien der DB AG: Reisegeschwindigkeit, Taktverdichtung, Direktverbindungen, Komfort und Preis stellen allein keine ausreichend guten Prädiktoren für die Verkehrsmittelwahl dar. Im Rahmen des Forschungsprojekts "progressive“[1], das durch das Forschungs- und Technologiezentrum der DB AG, München, initiiert wurde, wurden in einer ersten Stufe Nutzungshemmnisse des Bahnfahrens und Mobilitätsbedürfnisse untersucht, um Hinweise für fundiertere Investitionsentscheidungen zu erhalten (Megel[2] und Schlag, 2001a, b; 2002a, b).

Für Personen, die keine andere Wahl haben als die Bahn zu benutzen, sogenannte „captive riders“, kann die in diesem Beitrag dargestellte Argumentation nur bedingt angewendet werden. Die sogenannten „Wahlfreien“[3] hingegen haben neben der Bahn andere Alternativen für ihre Mobilität und stellen damit die Zielgruppe für die Analyse der Barrieren des Bahnfahrens dar.

Es sind zahlreiche Nutzungshemmnisse bekannt[4], z.B. Autobesitz, beschwerlicher Gepäcktransport, Abhängigkeit bei Reiseplanung oder schlechtes Image der Bahn (VCD, 2001; Schad, Grotrian und Riedle, 2001). Allerdings können die unterschiedlichsten Arten der Gliederung und Strukturierung solcher Hemmnisse gewählt werden. Problematisch bleibt, dass es nie eine erschöpfende Aufzählung geben kann und dass sich Hemmnisse gegenseitig direkt oder indirekt wie auch einander verstärkend oder kompensierend beeinflussen. Unsicher ist zudem, welche Wertigkeit und hierüber Verhaltensrelevanz das einzelne Hemmnis im Entscheidungsprozess hat und wie das komplexe Zusammenwirken der verschiedenen Hemmnisfaktoren beschreibbar ist.

Dieser Beitrag will über die klassische Hemmnisbetrachtung in der Reisekette (vor, während und nach der Reise) hinausgehen und das Augenmerk auf bisher weniger beachtete Barrieren lenken, die eher in der einzelnen Person selbst zu finden sind.

---

[1] Prognose + Simulation von Verkehrsströmen im Rahmen des Ressourcenmanagements
[2] seit 2002 Dziekan
[3] Wahlfreie besitzen ein Auto und einen Führerschein, weiterhin wird implizit angenommen, dass sie damit zwischen allen Fortbewegungsformen frei wählen können: Autofahren, Bahnfahren, den ÖPNV benutzen, Fahrradfahren oder zu Fußgehen.

Dazu wird in Kapitel 2 ein eklektizistisches psychologisches Hemmnismodell vorgestellt. Es soll der Komplexität der Hauptfragestellung, warum fährt man eigentlich nicht mit der Bahn, gerecht werden und gleichzeitig als Modell eine Strukturierungsmöglichkeit aufzeigen. Das im Kapitel 3 dargestellte Mobilitätsbedürfnis-Kontinuum beleuchtet die einer Reise zugrunde liegenden Mobilitätsbedürfnisse und Motive näher. Diese können Hintergründe zum ersten Teil des Hemmnismodells (Hemmnisse in der Person) mit beleuchten.

Im Rahmen des Projektes „progressive“ konnten zwei Fokusgruppengespräche durchgeführt werden, deren Hauptresultate in Kapitel 4 dargestellt sind. Durch diese qualitative Erhebungsmethode wurden Elemente des psychologischen Hemmnismodells empirisch untersucht und einige neue Anregungen und Sichtweisen gefunden.

2 Ein psychologisches Hemmnismodell

2.1 Begründung

Laut VCD-Bahnkunden-Barometer spielt bei 29 Millionen Menschen in Deutschland die Bahn in der Mobilitätsentscheidung gar keine Rolle. Bei einem Großteil der Bevölkerung kommt es also gar nicht erst zu einer Intentionsbildung „Ich will Bahnfahren“, sie beziehen die Möglichkeit, für einen bestimmten Weg die Bahn zu benutzen, gar nicht mit in ihre Überlegungen ein. Folglich müssen sie sich mit den „Ärgernissen“ vor, während und nach der Bahnfahrt gar nicht auseinander setzen. Diese Menschen müssen noch weit vor ihrer Entscheidung, die Bahn zu benutzen, vor dem sogenannten „Rubikon“ (siehe Heckhausen, 1989, und Erläuterungen in Kapitel 2.2), abgeholt werden. Die Hemmnisse liegen dort in der Person selbst bzw. in ihrer persönlichen Situation.

Bisherige Modelle[5], die das Mobilitätsverhalten beschreiben und prognostizieren, orientieren sich an dem Ansatz, dass es ein Motiv oder einen Anlass gibt und verschiedene Alternativen, um das Ziel der Raumüberwindung zu erreichen. Nach dem rationalen Handlungsmodell, summiert eine Person dabei die Vorteile auf, die ihm Komfort, Kosten, aufzubringende Zeit, Mühsamkeit etc. bringen und entscheidet sich anschließend für die nützlichste Alternative. In diesem Beitrag wird davon

[4] Aus ingenieurwissenschaftlicher Perspektive erfolgte im Forschungsprojekt "progressive" eine umfangreiche Hemmnissammlung von über 150 konkreten Hemmnissen.

[5] Gemeint sind hier vor allem Modelle aus der Familie der „Rational Choice Models“ (vgl. Flade und Wullkopf, 2000).

ausgegangen, dass dem menschlichen Entscheidungsprozess damit nicht hinreichend entsprochen wird, dass vielmehr psychologische Verhaltensmodelle gerade in diesem Anwendungsfall verbesserte Erkenntnisse und Prognosegrundlagen liefern können. Die Modelle und Theorien aus unterschiedlichen Bereichen der Psychologie und der Wirtschaftswissenschaften werden genutzt, um ein integriertes Modell zu erstellen, das sowohl Motive, Bewertungsprozesse und Entscheidungen „in der Person" thematisiert, als auch Erfahrungen der Person in der Reisekette und deren Rückwirkungen aufzeigt.

Das Modell erlaubt eine Integration der objektiven und der subjektiven Hemmnisse und sensibilisiert für den multikausalen Ursprung und die multidimensionale Wirkung einzelner Hemmnisse. Basis dieses anwendungs- und problemlösungsorientierten Ansatzes sind

- die Theorie des geplanten Verhaltens (Theory of planned behaviour, TOPB, von Ajzen,1991), um die frühe Phase der Intentionsbildung darzustellen,
- das Rubikon-Modell und das erweiterte kognitive Motivationsmodell (Heckhausen, 1989) liefern Erklärungsansätze für die einer Entscheidung und einer Handlung zugrunde liegenden motivationalen Prozesse, sowie für die Umsetzung der Intention im Handlungsablauf,
- das Kano-Modell (Bailom, Hinterhuber, Matzler und Sauerwein, 1996) welches erlaubt, bestimmte Komponenten in der Reisekette nach Basis- Leistungs- und Begeisterungsanforderungen einzuteilen,
- und der SERVQUAL-Ansatz aus dem GAP-Modell (Parasuraman, Zeitham und Berry, 1988), welcher die Differenz zwischen erwarteter und tatsächlicher Leistung in der Wahrnehmung des Kunden beleuchtet.

Der Hemmnis-Ansatz (Abbildung 1) ist wie ein Zeitstrahl zu sehen, der gleichzeitig einen Hürdenlauf symbolisiert. Je nachdem, wo bzw. welche Kunden man als Mobilitätsdienstleister gewinnen will, muss man früher oder später in diesem „Hürdenlauf" einsetzen, um die Hemmnisse zu beseitigen. Im folgenden werden die einzelnen Komponenten des Modells näher erläutert und mit Beispielen unterlegt.

2.2 Hemmnisse in der Person

Die Intentionsbildungsprozesse, die dazu führen, dass ein potenzieller Nutzer sich entschließt, einmal mit der Bahn zu fahren, bzw. die motivationalen Grundlagen, die einen regelmäßigen Bahnnutzer dazu bringen, oft die Bahn zu nutzen, werden mit Hilfe der Theorie des geplanten Verhaltens (TOPB) abgebildet. Sie postuliert, dass die Intention, ein Verhalten auszuführen, durch folgende drei unabhängige Konstrukte beeinflusst wird: die Einstellung gegenüber dem in Frage kommenden Verhalten, die subjektive Norm und die wahrgenommene Verhaltenskontrolle (Ajzen, 1991; Frey, Stahlberg und Gollwitzer, 1993; Bamberg und Schmidt, 1993). Diese drei Konstrukte sind abhängig von Überzeugungen bzw. „Glaubenssystemen" (belief systems). Alle Komponenten gehen nach dem Erwartungs- x Wert-Ansatz der TOPB als Produkt aus der Ausprägung der jeweiligen Komponente und ihrer subjektiven Wichtigkeit ein. In Tabelle 1 bis 3 werden Beispiele für positive und negative Ausprägungen aus den als Kontinuum zu verstehenden Komponentenausprägungen gegeben, wobei die negativen Ausprägungen die hier besonders interessierenden Bahn-Nutzungshemmnisse in der Person skizzieren, und „positiv" im Sinne von „gut für die Verhaltensintention Bahnfahren" zu verstehen ist.

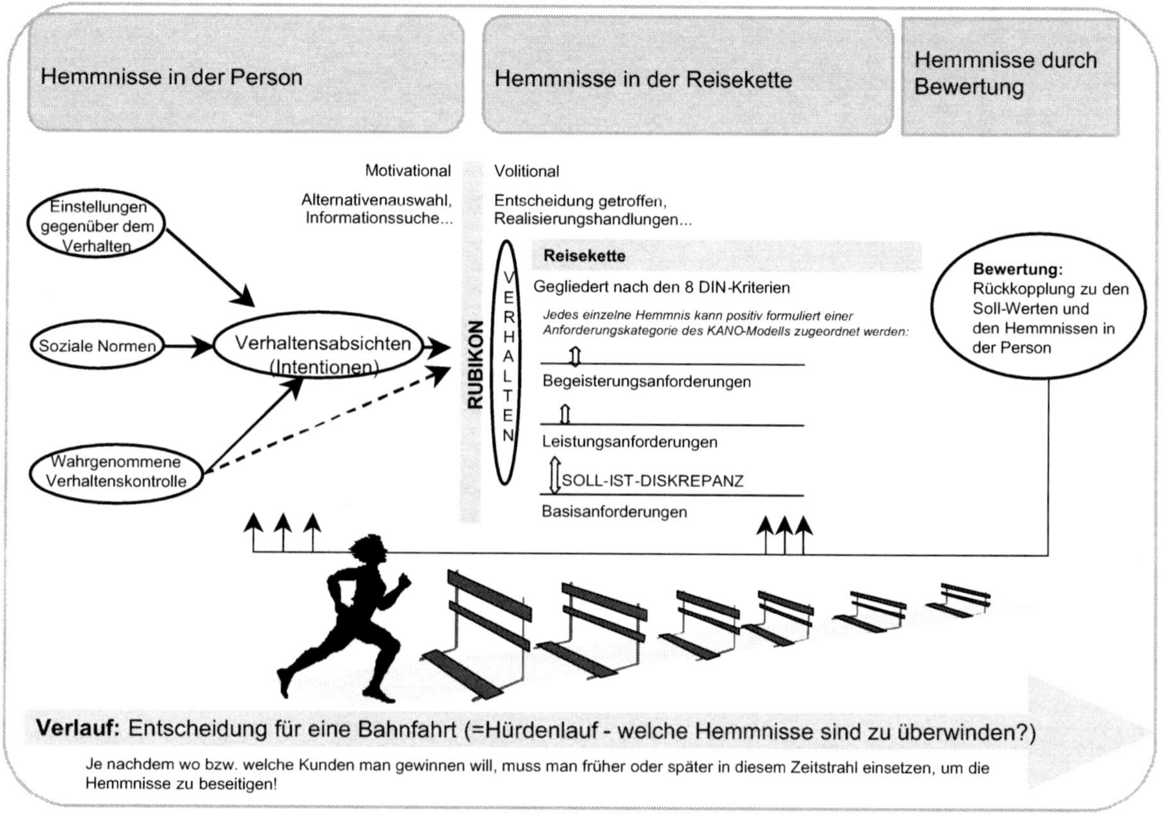

Abb. 1: Psychologisches Hemmnismodell zum Bahnfahren

EINSTELLUNG		
Negativ (HEMMNIS)	***Beispiel-Komponenten***	**Positiv**
Im Zug befürchte ich, belästigt oder überfallen zu werden – Die Zu- und Abwege erscheinen mir besonders unsicher.	*Persönliche Sicherheit*	In der Bahn ist immer ansprechbares Personal anwesend, das mich notfalls vor Übergriffen schützt.
Bahnfahrer sind „Looser", Bahn ist das Verkehrsmittel der Armen, Alten und Erfolglosen.	*Image Bahnfahren*	Bahnfahren macht Spaß und Leute, die Bahn fahren, setzen die richtigen Prioritäten im Leben.
Mit dem Auto fährt man, wohin man will und mit wem man will – bei der Bahn ist man an Strecken und Fahrpläne gebunden.	*Unabhängigkeit/Flexibilität*	Unabhängigkeit vom eigenen Auto, ich muss nicht immer zu meinem Auto zurückkehren (z. B. beim Wandern).
Autos machen Leute – Bahnfahren trägt nicht zur Hebung meines Status oder zur Selbstwertverstärkung bei.	*Status und Prestige*	Mein hochwertiges Laptop/Handy sehen im Zug eine Menge Leute, die man beeindrucken kann.
Im Auto kann ich aktiv „aufs Gas treten", damit ich vorwärts komme – das Auto ist auch Mittel zur Aktivierung und zum Zeitvertreib.	*Aktivität und Passivität*	Ich muss nicht selber auf den Verkehr achten und kann z. B. Zeitung lesen. Ich such mir aus, wann ich aktiv und wann ich passiv sein will.
Schutz der persönlichen Sicherheitszone im Sinne eines „bewegten Heimes" / Rückzug ins eigene Schneckenhaus – Im Zug ist es eng und zu voll.	*Privatheit*	Ich kann, wenn ich es selbst möchte, mich unterhalten und interessante Leute kennenlernen.
Beim Zugfahren riskiert man, unpünktlich oder gar nicht sein Ziel zu erreichen.	*Zuverlässigkeit/Pünktlichkeit*	Bahnfahren ist zuverlässiger und pünktlicher ich riskiere nicht, mit dem Auto im Stau zu stehen.
Bahnfahren war mir immer sehr unangenehm und ich habe mich unwohl gefühlt.	*Erinnerte emotionale Qualitäten*	Bahnfahren war bisher sehr angenehm. Meine positiven Erinnerungen an Bahnfahren überwiegen.

Tab. 1: Beispiele für Einstellungen gegenüber dem Verhalten „Bahnfahren" mit denkbaren positiven und negativen Ausprägungen

SOZIALE NORM		
Negativ (HEMMNIS)	***Beispiel-Komponenten***	**Positiv**
Der Ruf des ÖPNV im Allgemeinen ist sehr schlecht – häufig fallen Fahrten aus oder die Bahn ist unpünktlich.	*Image Bahnfahren*	Positives Image der Bahn durch eigene Erfahrung und/oder Kampagnen der DB AG.
Alle anderen fahren auch immer und zu allen Gelegenheiten Auto.	*Gesellschaftliche Rolle des Verkehrsmittels*	Viele wichtige Personen haben längst erkannt, dass der Bahn die Zukunft gehört und nutzen sie deshalb.
Der „Auto"-Kanzler ist soziales Vorbild.	*Politische Haltungen*	Flexibel zu wählen ist eine Notwendigkeit unserer Zeit.

Tab. 2: Beispiele für Komponenten der Sozialen Norm für das Verhalten „Bahnfahren" mit denkbaren positiven und negativen Ausprägungen

Viele der Einstellungskomponenten lassen sich auf die soziale Norm übertragen, wenn man sie in den Kontext des sozialen Umfeldes der entscheidenden Person setzt.

WAHRGENOMMENE VERHALTENSKONTROLLE		
Negativ (HEMMNIS)	***Beispiel-Komponenten***	**Positiv**
Kontrollverlust durch Passivität des Bahnfahrens.	*Kontrollüberzeugung*	Ich beherrsche das „System Bahn".
Meine bisherigen Nutzungserfahrungen mit der Bahn waren so schlecht, dass ich es in Zukunft vermeide mit der Bahn zu fahren.	*Nutzungserfahrungen*	Positive eigene Erfahrungen mit der Bahn, werden mich auch weiter die Bahn wählen lassen.
Einhalten fester Regeln erzeugt das Gefühl, dem System „ausgeliefert zu sein".	*Systemabhängigkeit*	Einhalten fester Regeln bieten Struktur und Halt, man kann sich darauf verlassen.
Fehlendes Wissen, "wie" man die Bahn benutzt erschwert die Abschätzung/Kalkulation der Reise und des Reiseaufwandes.	*Bahnhandlungswissen*	Als Jugendlicher ist man viel Bahn gefahren und soviel hat sich seitdem im „wie" man die Bahn benutzt nicht geändert.
Eine Bahnfahrt zu organisieren ist sehr aufwändig und verlangt zusätzlich viel Vorwissen.	*Organisationsaufwand*	Organisation einer Bahnfahrt geschieht immer nach bereits bekanntem Schema.

Tab. 3: Beispiele für Komponenten der wahrgenommenen Verhaltenskontrolle für das Verhalten „Bahnfahren" mit denkbaren positiven und negativen Ausprägungen

Sind die eigenen Einstellungen zum Verhalten, die soziale Norm und die wahrgenommene Handlungskontrolle so ausgeprägt, dass eine Verhaltensintention zum Bahnfahren entsteht, überquert der Mensch den „Rubikon" (Abbildung 1). Die Informationssuche und Alternativenauswahl ist abgeschlossen, die Entscheidung Bahnfahren ist gefällt, nun beginnt der volitionale Teil, d.h. es werden aktive Vorbereitungen getroffen, um das Verhalten tatsächlich durchführen zu können (z. B. Fahrkarte kaufen).

2.3 Hemmnisse in der Reisekette

Selbst wenn der Rubikon überschritten ist, der Bahn es also gelungen ist, die Kunden bis zur Anreise, bis zum Fahrkartenkauf zu bewegen, ist es noch ein langer Weg bis zur Gewährleistung, dass die „Rubikonüberquerer" auch das nächste Mal wieder die Bahn nutzen und sich im weiteren gegebenenfalls über vielfache zufriedenstellende Nutzung eine Habituierung einstellt. Konkrete Hemmnisse in der Reisekette selbst sind vielfach benannt, kategorisiert und stellenweise auch bewertet worden (Topp und Menzel, 2001; Schad, Grotrian und Riedle (2001). Sie können nach den 8 Qualitätskriterien der DIN EN 13816 gegliedert werden: Verfügbarkeit,

Zugänglichkeit, Information, Zeit, Kundenbetreuung, Komfort, Sicherheit und Umwelteinflüsse (siehe Abbildung 2). Dargestellt sind in Abb. 2 die Hemmnisse in der Reisekette gegliedert nach Normkriterien der DIN EN 13816 und den Basis-, Leistungs- und Begeisterungsanforderungen des Kano-Modelles, sowie symbolische Bewertung der Soll-Ist-Diskrepanz nach SERVQUAL an Beispielen.

Eine weitere Ebene der Bewertung der Hemmnisse wäre die Zuordnung der (positiv formulierten) Hemmnisse zu den Basis-, Leistungs- und Begeisterungsforderungen des Kano-Modells (Bailom, Hinterhuber, Matzler und Sauerwein, 1996). Allerdings ist die Zuordnung der einzelnen Hemmnisse zu den drei Kategorien des Kano-Modells nur ein erster Vorschlag, weil bisher keine trennscharfe Einteilung möglich ist. Conjoint-Analysen (wie bei Kottenhoff, 1999) könnten hier Aussagen liefern, was vorrangig zu behandeln ist, oder was durch anderes kompensiert werden kann. In der subjektiven Bewertung des einzelnen Hemmnisses in der Reisekette, bildet das SERVQUAL-Modell mittels der Feststellung der Soll-Ist-Diskrepanz ein mögliches Abbild der stattfindenden Bewertungsprozesse (Parasuraman et al., 1988).

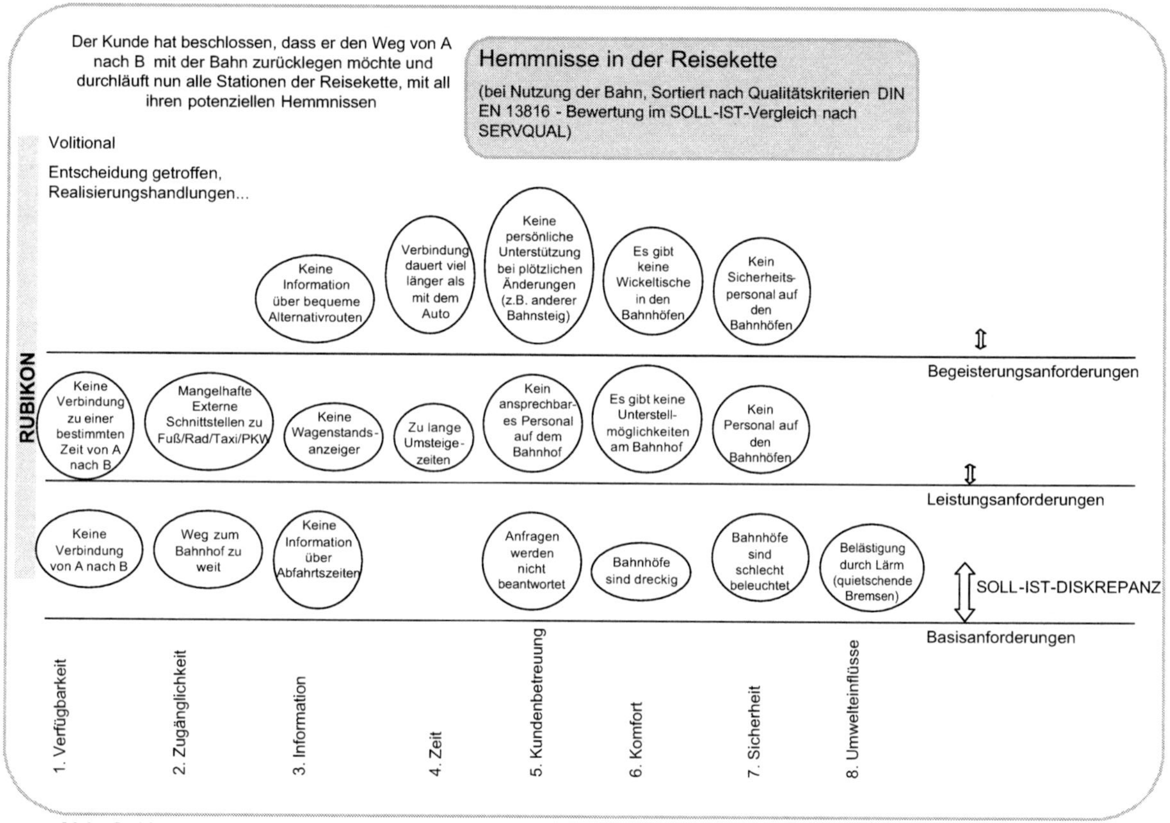

Abb. 2: Hemmnisdarstellung in der Reisekette

2.4 Hemmnisse durch Bewertung

Die Erfahrungen mit bestimmten Handlungen determinieren entscheidend, ob diese zukünftig wieder (oder vermehrt) gewählt oder gemieden werden. Das Erleben von Verstärkung und Bestrafung kann dabei unterschiedliche Formen annehmen (vgl. Schlag, 1995/2003). Nach der Handlung, also am Ende der Reise, findet in jedem Fall eine Bewertung statt, die nicht notwendig explizit sein muss, aber dennoch für zukünftige Mobilitätsentscheidungen richtungsweisend ist. Diese Bewertung der Handlungsfolgen ist im ersten und entscheidenden Zugriff emotionaler Art. Sie ist zudem in aller Regel kontingent mit dem Geschehen verknüpft, was ihre Bedeutung für zukünftiges Handeln noch vermehrt. Diese Bewertungskomponente wirkt sich auf viele Stellgrößen des Modells aus: Die Soll-Werte für bestimmte Leistungen werden beeinflusst, die Einstellungen gegenüber dem Verhalten und auch die wahrgenommene Verhaltenskontrolle durchlaufen in dem Bewertungsprozess eine Modifikation. Beispielsweise wird die Einstellung zum Bahnfahren negativer, wenn man viele negative Soll-Ist-Differenzen während der Reisekette erlebt hat (z. B. Soll: kurze Wartezeiten, freundliche und kompetente Schalterbedienung – Ist: sehr lange Warteschlangen, unfreundliche und inkompetente Bedienung). Summieren sich diese Erlebnisse, kann sich das so negativ auf die Einstellung auswirken, dass im Folgenden die Verhaltensintention Bahnfahren nicht genügend ausgeprägt ist und der „Rubikon" gar nicht mehr überschritten wird.

3 Mobilitätsbedürfnisse

3.1 Definitionsversuch Mobilitätsbedürfnisse

Was treibt den Menschen an, dass er mobil sein möchte, was ist sein Mobilitätsbedürfnis, sein Motiv? Motivation ist das Zusammenwirken unterschiedlicher, eventuell sogar widersprüchlicher Motive und Anreger in einer aktuellen Situation (Schlag, 1995/2003). Abbildung 3 unterscheidet nach Mobilität als primärem (Bewegung an sich) und sekundärem Bedürfnis (Mobilität als Mittel zum Zweck der Raumüberwindung, zur Befriedigung eines anderen primären Bedürfnisses wie z.B. soziale Kontakte oder Essen), was sich auch als Sättigungs- und Wachstumsbedürfnis bezeichnen ließe. Wie durch Mokhtarian und Salomon (2001) angeregt, handelt es sich um ein Kontinuum, da niemals bzw. sehr selten nur ein Bedürfnis den Ausschlag für ein bestimmtes Mobilitätsverhalten gibt. Darüber hinaus wirken häufig Wachstums- und Sättigungsbedürfnisse gleichermaßen.

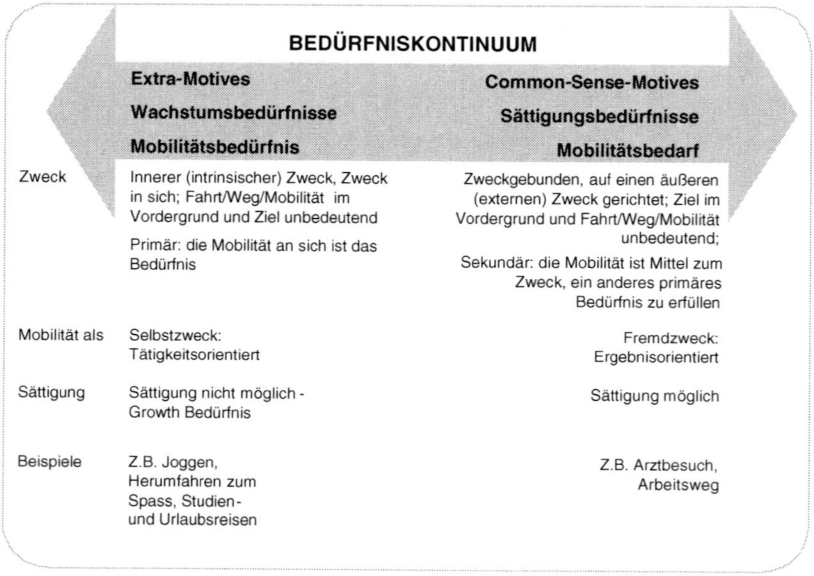

Abb. 3: Mobilitäts-Bedürfniskontinuum

Es ist anzunehmen, dass die Bedeutung der Wachstumsbedürfnisse bisher unterschätzt wurde. Diese lassen sich auch deutlich schwieriger operationalisieren. Neben den relativ klaren Anforderungen an die Mobilität als Sättigungsbedürfnis empfiehlt es sich, die Wachstumsbedürfnisse mehr in die Kundengewinnungs- und Kundenbindungsstrategien im öffentlichen Verkehr mit einzubeziehen, eine Strategie, die die Automobilwerbung längst nutzt. Dabei ist in besonderem Maß auf Zielgruppenorientierung zu achten. Denn selbstverständlich haben Mobilitätsbedürfnisse je nach Zielgruppen unterschiedliche Qualität und Ausprägung (siehe z.B. Flade, Limbourg und Schlag, 2001, für Ältere, oder Flade und Limbourg, 1999, für Frauen).

3.2 Beispiele für Wachstums- und Sättigungsbedürfnisse

Die Literatur verweist auf zahlreiche Gliederungsmöglichkeiten (z.B. Schlag, 1995/ 2003; Ford, 1992; Rheinberg, 2000) von Bedürfnissen.

Wachstumsbedürfnisse	Erläuterung	Bedeutung für die DB AG
Spirituelle Werte und Hedonismus	Genuss der Schönheit des Fahrens, "Freude am Fahren"	• Werte in DB-Image integrieren und an den Kunden kommunizieren. • Die meisten Menschen kennen und genießen die schönen Seiten des Bahnfahrens.
Leistungsbedürfnis	Konkurrieren, schneller sein als andere und sich selbst in der Bewältigung von schwierigen Situationen als kompetent zu beweisen	• Die Herausforderung, schnell und clever zu fahren, also z.B. die billigste oder die schönste Route zu finden, als Leistungsansporn formulieren. • Anreize schaffen, dass Kunden "Experten für Bahnfahren" werden wollen, z.B. durch Wissenswettbewerbe.
Bedürfnis nach Alleinsein	Wahrung der Privatsphäre	• In Zügen und auf Bahnhöfen Rückzugsmöglichkeit schaffen (z.B. Lounge, kleinere Abteile).
Unabhängigkeitsbedürfnis (need autonomy)	Unabhängig von äußeren Gegebenheiten oder auch von anderen Personen agieren können	• Bahnfahren macht immer in gewisser Weise abhängig, allerdings kann man dem Kunden subjektiv vermitteln, dass er an vielen Stellen Kontrolle über die Situation hat bzw. nicht allein gelassen ist.
Neugier	Bedürfnis nach neuartigen Situationen, Erkundung neuer Orte, neuer Dinge und neuer Menschen, auch Migrationsbedürfnis	• Herumziehen und neue Lebensräume suchen – die Bahn kann hierbei ein attraktiver Partner, besonders als Reiseveranstalter sein: Abenteuer, neue Horizonte erschließen, eine "Fahrt ins Blaue ...". • Der Freizeitverkehr kann auf diesem Bedürfnis basierend neue Impulse erfahren.
Sensation seeking	Menschen haben ein intra- und interindividuell unterschiedliches optimales Erregungsniveau, d.h. Einwirkung von Reizen auf die Sinnesorgane	• Optimales Erregungsniveau schaffen, kann einerseits bedeuten, ein Bedürfnis nach Erregung der Sinnesorgane zu stillen (z.B. Musik aus dem Kopfhörer), andererseits aber auch ein Bedürfnis nach Ruhe und Entspannung (z.B. Ruhezonen).
Körperliche Funktionslust	Bewegung, körperlich tätig sein, Gesundheit, Spaß an der Bewegung	• Kopplung Bahn-Fahrrad: Radtouren mit Bahnanreise oder Bahnreise mit Leihfahrrad vor Ort. • Betonung der Fitness in Marketingaktionen.

Tab. 4: Mobilitätsrelevante Wachstumsbedürfnisse und deren Bedeutung für den Mobilitätsdienstleister DB AG (Beispiele)

In einem Literaturreview (Megel und Schlag, 2002a) wurden allgemeine Bedürfnisse und Mobilitätsbedürfnisse im Besonderen beschrieben. In Tabelle 4 und 5 sind ausgewählte Bedürfnisse dargestellt, die jeweils eher dem einen oder anderen Pol des Bedürfniskontinuums aus Abbildung 3 zugeordnet werden können.

Sättigungsbedürfnisse	Erklärung	Bedeutung für die DB AG (Beispiele)
Bedürfnis nach einem reibungslosen Ablauf	Einen Weg ohne Probleme und Hindernisse zurücklegen	• Angebot muss stimmen - reibungslos von A nach B kommen.
Bedürfnis nach einem angemessenen Preis-Leistungs-Verhältnis	Nicht zuviel bezahlen müssen	• Für eine bestimmte Leistung einen angemessenen Preis verlangen bzw. • für einen bestimmten Preis eine entsprechend angemessene Leistung bieten (z.B. durch Zusatzleistungen).
Bedürfnis nach Zeitoptimierung	Möglichst schnell am Ziel ankommen	• Schnelle Verbindungen anbieten (bezogen auf die gesamte Reisekette, also inkl. Zubringer). • aktive Zeitnutzung während der Fahrt offerieren (z.B. Arbeiten, Sprachkurs im Zug).
Bedürfnis nach Sicherheit und Zuverlässigkeit	Sicher und zuverlässig am Ziel ankommen	• Pünktlichkeit. • Sicherheitsvorkehrungen ggf. verbessern aber vor allem wahrnehmbar machen, also dem Kunden kommunizieren.
Informations- und Orientierungsbedürfnis	Gut informiert sein und immer die Orientierung behalten	• Information in allen Stationen der Reisekette. • Orientierungserleichterung durch einfache und aussagestarke Orientierungshilfen (in Bahnhöfen und Zügen).
Körperliche Grundbedürfnisse	Körperliche Unversehrtheit, Erholung, Schlaf, Essen und Trinken, Toilette	• Genug Freiraum in den Fahrzeugen (Sitzabstand, Möglichkeit zum Herumlaufen) • Bequemes Design der Sitze • Sicherheitsvorkehrungen kommunizieren • Evtl. Ruhezonen, in denen geschlafen werden kann • Bordverpflegung und Verpflegungsmöglichkeiten in den Bahnhöfen • Schutz vor Witterungseinflüssen • Körperliche Anstrengungen vermeiden • Bequem nutzbare und saubere Toiletten.
Bedürfnis nach Verfügbarkeit des Verkehrsmittels	Direkter Zugriff, Haltestelle vor der Haustür und ausgedehntes Fahrtangebot zu jeder Tageszeit	• Angebot eines gut ausgebauten Netzes, ggf. flexible Bedienformen als Ergänzung. • Zeitliche Optimierung von Angebot und Nachfrage (besonders in den Abendstunden).

Tab. 5: Mobilitätsrelevante Sättigungsbedürfnisse und deren Bedeutung für den Mobilitätsdienstleister DB AG (Beispiele)

4 Empirische Ergebnisse aus Fokusgruppengesprächen

4.1 Methode

Ein Fokusgruppengespräch ist als qualitative Erhebungsmethode eine geeignete Möglichkeit, mehr über Einstellungen, Bedürfnisse und Verhaltenshintergründe zu einem bestimmten „Fokus" (hier: Mobilität) zu erfahren. Dabei werden Elemente der

Moderation mit Methoden der klassischen Gruppendiskussion verknüpft (Megel, 2002). Die Teilnehmer sollten sich nicht kennen, in einem oder mehreren relevanten Merkmalen homogen sein und besonders zu dem zu diskutierenden Sachverhalt eine ähnliche Beziehung bzw. einen ähnlichen Erfahrungshintergrund haben.

Im Rahmen des Forschungsprojektes "progressive" konzentrierte man sich auf zwei Extremgruppen, was die Nutzungserfahrung mit der DB AG anbelangt: eine Fokusgruppe mit Nicht-Nutzern[6] der Bahn und eine Gruppe mit Nutzern, die mindestens ein Mal pro Monat mit der DB AG fahren. Bei beiden Gruppen wurde der gleiche Gesprächsleitfaden benutzt, was inhaltliche Vergleiche erleichtert. Die Auswahl und Akquise der Teilnehmer erfolgte per telefonischer Zufallsauswahl. Es wurde gebeten, an einem Gespräch zum Thema Mobilität im Allgemeinen teilzunehmen. Je Gruppe nahmen 7 Personen teil.

4.2 Ergebnisse

Die Einstellungen der Nicht-Nutzer und der Nutzer ähneln sich bei der Meinung, dass Autoverfügbarkeit ein ganz wichtiger Grund sei, die Bahn nicht zu benutzen, dass die Bahn zu teuer sei, aber auch, dass Bahnfahren sehr schön sein könne. Darüber hinaus meinten sie, dass für Fernstrecken das Flugzeug unökologisch und das Auto unbequem sei, dass die Bahn als sicher gelte oder dass man in der Bahn unangenehme Mitreisende haben könne, wobei lediglich von den Nutzern auch die positiven Seiten der Mitreisenden gesehen wurden (Kommunikation).

Nutzer berichteten deutlich mehr sowohl positive als auch negative Erlebnisse beim Bahnfahren. Sie überdenken im Gegensatz zu den Nicht-Nutzern ihre Verkehrsmittelwahl-Entscheidungen häufiger, wobei verschiedene Faktoren dabei berücksichtigt werden. Ein gutes Angebot und ein ansprechender Preis führten nach ihrer Meinung zur Bahnnutzung. Die Nutzer denken, die Bahn sei eine sinnvolle Alternative, sie sollte mehr zur Geltung kommen und gegenüber dem motorisierten Individualverkehr (MIV) mehr unterstützt werden. Gerade für Nicht-Nutzer ist die Bahn eine vorstellbare Alternative für Freizeitwege. Negative Erlebnisse von anderen Personen mit der Bahn wurden, im Sinne stellvertretender Erfahrung, nur von Nicht-Nutzern berichtet.

Ungünstig für eine Bahnnutzung, und das nannten die Nicht-Nutzer nachdrücklicher als die Nutzer, seien die Wohnlage/Raumplanung, der Gepäck-/Einkaufs-Transport sowie schwierige, komplizierte und aufwendige Zu- und Abgangswege. Während

[6] fahren weniger als ein Mal im Jahr mit der DB AG

Nicht-Nutzer Flexibilität beim Bahnfahren entbehrten, beklagen die Nutzer, dass die Bahn nicht überall hin fahre. Die vielfältige Anforderungen an eine Person, eine Bahnfahrt zu organisieren, wurden in beiden Gruppen beschrieben. Während die Nicht-Nutzer auf die Schwierigkeit der Organisation der Abgangswege am Ankunftsbahnhof hinwiesen, mahnten die Nutzer, dass unübersichtliche Bahnhöfe zu Ängsten führten. Das Reisebüro wird von allen als komfortabel bewertet, die Möglichkeit, Fahrscheine im Internet zu kaufen, war bekannt und wurde besonders durch regelmäßige Bahnfahrer benutzt. Von einem Kontrollverlust im System Bahn kann man nicht sprechen, dennoch führten die Nutzer nachdrücklich an, dass unerwartete Störungen in der Reise zu Unsicherheit führten und dann eine bessere Kommunikation gewünscht werde. Nicht-Nutzer nannten nachdrücklich solche Bahnnutzungshemmnisse, die sich ganz am Anfang der Reisekette befinden, während Nutzer aus ihrer eigenen Erfahrung zahlreiche Hemmnisse während der Reise zur Sprache gebracht haben. Positive Nutzungserfahrungen bewirken eine wiederholte Nutzung des Systems Bahn, während negative Bahnerfahrungen Vermeidungsverhalten hervor rufen. Diese Zusammenhänge wurden in beiden Fokusgruppen bestätigt. Für Nicht-Nutzer spiele die Überlegung zum Preis keine große Rolle, sie fordern zwar gerechte Tarife, beklagten sich aber nicht nachdrücklich über die Preishöhe. Den Nutzern seien dagegen attraktive Preise und ein gutes Angebot an Verbindungen sehr wichtig. Die Nutzer entwickelten in ihren „Visionen für eine ideale Mobilität" zahlreiche Vorschläge zur Förderung alternativer Mobilitätsangebote wie z.B. Carsharing. Die Nicht-Nutzer forderten zwar den Ausbau von Straßen, gleichzeitig erkannten sie aber auch, dass die Förderung der Bahn notwendig und sinnvoll ist. Im Mittelpunkt stand eine individuelle, schnelle Mobilität, die preiswert und bequem für den Einzelnen ist und eine gewisse Privatsphäre wahren lässt. Das Internet als Informationsmedium ist sehr gut akzeptiert und wird in zunehmenden Maße genutzt, besonders die erfahrenen Nutzer stehen diesem Medium sehr offen gegenüber. Nicht-Nutzer wünschen sich individuelle Auskünfte und Fahrkartenverkäufe, daher bevorzugen sie oft Reisebüros – aber auch ansprechbares Personal in den Zügen und am Bahnhof.

5 Diskussion

Ein psychologisches Hemmnismodell wurde entwickelt, welches besonders auf die Hemmnisse in der Person hinweist, die bei Nicht-Nutzern besonders große Barrieren der Bahnnutzung darstellen. Beim Versuch das große Potenzial (bisheriger) Nicht-Nutzer zu erschließen, muss die Bahn sich erst einmal wieder als Alternative ins Spiel bringen. Dabei sollte man sich auf die Wirkmechanismen vor dem „Rubikon" konzentrieren. Investitionsentscheidungen könnten neben den bisher bekannten Kriterien verstärkt auch auf die Beeinflussung von solchen eher „weichen" Faktoren wie Einstellung, soziale Norm und wahrgenommene Verhaltenskontrolle abzielen.

Für die Nutzer spielt die Qualität der Basisleistung eine wichtige Rolle, sie haben den Rubikon bereits überschritten. Die Bewertung der Reise und damit die Erfüllung der Qualitätserwartungen beeinflusst direkt und indirekt die Wiedernutzung.

Die Hemmnisse in der Person sind wiederum beeinflusst durch Motive und Bedürfnisse. Sättigungsbedürfnisse sind als „Muss" zu verstehen. Sie stellen Grundanforderungen an die Basisleistung eines Verkehrsunternehmens dar. Die Erfüllung der Wachstumsbedürfnisse hingegen kann die Attraktivität des Bahnfahren steigern. „Wahlfreie" sind nur über eine auch im Vergleich zu anderen Verkehrsmitteln höhere Attraktivität der Bahn zu gewinnen. Aus den Wachstumsbedürfnissen können direkt Handlungsanweisungen abgeleitet werden, wie ein Mobilitätsdienstleister sich auf bisher teilweise zu wenig beachtete Bedürfnisse seiner Kunden und potenziellen Kunden einstellen kann.

In den Fokusgruppen wurden deutlich, dass es nicht in erster Linie die klassischen Hemmnisse in der Reisekette sind, die vom Bahnfahren abhalten, sondern vielmehr Aspekte, die sich den dargestellten Hemmnissen in der Person zuordnen lassen. Darüber hinaus wurde die Wichtigkeit des Bewertungsprozesses nach einer Bahnfahrt deutlich gemacht.

Nutzer haben sich schon einmal für die Bahnfahrt entschieden - um sie als treue Kunden zu halten, muss man ihnen guten Service, eine hohe Qualität in der Reisekette sowie gute Verbindungsangebote und attraktive Preise bieten. So erreicht man, dass auch in der Bewertung nach der Reise die Bahn gut abschneidet und diesen Kunden auch für die Zukunft gewinnt.

Nicht-Nutzer müssen vor dem Rubikon abgeholt werden, d.h. die Bahn muss erst einmal in deren Alternativenauswahl (wieder) auftauchen. Aus den Fokusgruppen können wir schlussfolgern, dass Nicht-Nutzer im System Bahn gut geleitet und geführt werden wollen. Nicht-Nutzer-Gewinnung sollte bei den Freizeitwegen anfangen, da diese nicht gewohnheitsmäßig festgelegt sind und dafür gern auch einmal Alternativen gesucht werden.

6 Literatur

Ajzen, I. (1991). The Theory of Planned Behavior. Organizational Behavior and Human Decison Processes, 50, 179-211.

Bailom, F., Hinterhuber, H. H., Matzler, K., Sauerwein, E. (1996). Das Kano-Modell der Kundenzufriedenheit. Marketing ZFP, 18, 117–126.

Bamberg, S., Schmidt, P. (1993). Verkehrsmittelwahl - eine Anwendung der Theorie geplantes Verhalten. Zeitschrift für Sozialpsychologie, 24, 25–37.

DIN Deutsches Institut für Normierung e.V. (2002). DIN EN 13816 Dienstleistungen im Transportwesen, Öffentlicher Personenverkehr, Definition, Festlegung von Leistungszielen und Messung der Servicequalität, Deutsche Fassung, Juli 2002.

Flade, A., Limbourg, M., Schlag, B. (Hrsg.) (2001). Mobilität älterer Menschen. Opladen: Leske + Budrich.

Flade, A., Limbourg, M. (Hrsg.) (1999). Frauen und Männer in der mobilen Gesellschaft. Opladen: Leske + Budrich.

Flade, A., Wullkopf, U. (2000). Theorien und Modelle zur Verkehrsmittelwahl. Darmstadt: Institut Wohnen und Umwelt.

Ford, M. E. (1992). Motivating humans. Goals, Emotions and Personal Agency Beliefs. Newbury Park: Sage.

Frey, D., Stahlberg, D., Gollwitzer, P. M. (1993). Einstellung und Verhalten: Die Theorie des überlegten Handelns und die Theorie des geplanten Verhaltens. In: D. Frey & M. Irle, (Hrsg.), Theorien der Sozialpsychologie - Band I: Kognitive Theorien. 2. Auflage, Bern: Huber, 361–398.

Heckhausen, H. (1989) Motivation und Handeln. Berlin: Springer.

Kottenhoff, K. (1999). Evaluation of passenger train concepts. Methods and results of measuring travellers preferences in relation to costs. Dissertation. Stockholm: KTH.

Megel, K., Schlag, B. (2001a). Erster Forschungsbericht an die DB AG, Forschungs- und Technologiezentrum München. Im Rahmen des Forschungsprogramms „progressive". Stand 30.09.2001. Verkehrspsychologie an der TU Dresden. Unveröffentlicht.

Megel, K., Schlag, B. (2001b). Zweiter Forschungsbericht an die DB AG, Forschungs- und Technologiezentrum München. Im Rahmen des Forschungsprogramms „progressive". Stand 15.12.2001. Verkehrspsychologie an der TU Dresden. Unveröffentlicht.

Megel, K., Schlag, B. (2002a). Dritter Forschungsbericht an die DB AG, Forschungs- und Technologiezentrum München. Im Rahmen des Forschungsprogramms „progressive". Stand 28.02.2002. Verkehrspsychologie an der TU Dresden. Unveröffentlicht.

Megel, K., Schlag, B. (2002b). Vierter Forschungsbericht an die DB AG, Forschungs- und Technologiezentrum München. Im Rahmen des Forschungsprogramms „progressive". Stand 12.04.2002. Verkehrspsychologie an der TU Dresden. Unveröffentlicht.

Megel, K. (2002). Endlich fragt uns 'mal einer. Fokusgruppengespräche als Marktforschungsmethode – ein Fallbeispiel. Umweltpsychologie. 6, 182-193.

Mokhtarian, P. L., Salomon, I. (2001). How derived is the demand for travel? Some conceptual and measurement considerations. Transportation Research Part A. 35, 695-719.

Parasuraman, A., Zeithaml, V., Berry, L. L. (1988). SERVQUAL: A multiple-item scale for measuring consumer perceptions of service quality. Journal of Retailing, 64, 12-40.

Rheinberg, F. (2000). Motivation. 3. Auflage. Stuttgart: Kohlhammer.

Schad, H., Grotrian, J., Riedle, H. (2001). Hemmnisse bei der Benutzung des Systems/Unternehmens Bahn. Endbericht. Beratung der Deutschen Bahn AG, Forschungs- und Technologiezentrum München, im Projekt „progressive". Basel: Prognos AG.

Schlag, B. (1995/2003^2): Lern- und Leistungsmotivation. UTB für Wissenschaft 1855. Opladen: Leske + Budrich.

Topp, H., Menzel, Ch. (2001). Zwischenbericht Projekt "progressive" TP1. Universität Kaiserslautern, Fachgebiet Verkehrswesen. Unveröffentlicht.

VCD (Verkehrsclub Deutschland) e.V. (2001). Das 1. VCD-Bahnkundenbarometer.

Tina Seidel, Jens Schade und Bernhard Schlag

Wirtschaftliche und politische Akzeptanz von Straßenbenutzungsgebühren im städtischen Autoverkehr

1 Einleitung

Straßenbenutzungsgebühren haben im Kraftfahrzeugverkehr bereits eine lange Tradition. So werden beispielsweise Benutzungsentgelte zur Finanzierung und Instandhaltung von Tunneln, Brücken oder Autobahnen europaweit erhoben. Seit Anfang der 90er Jahre wird über die Einführung von Straßenbenutzungsgebühren auch im städtischen Autoverkehr intensiv diskutiert. Dabei werden solche Preissysteme vor allem mit zwei verschiedenen Zielstellungen verknüpft. Zum einen steht der Finanzierungsaspekt der städtischen Infrastruktur im Mittelpunkt. In Zeiten knapper Finanzmittel der öffentlichen Verwaltung sollen durch die Erhebung von Straßenbenutzungsgebühren zusätzliche Einnahmequellen generiert werden. Zum anderen werden Straßenbenutzungsgebühren in zunehmendem Maße auch als Lenkungsabgabe verstanden, die das Verkehrsnachfrageverhalten der Kraftfahrer beeinflussen soll. Mit der Annäherung an die realen Kosten der individuellen Autonutzung soll ein Anreiz geschaffen werden, diese einzuschränken und bspw. auf andere Verkehrsmittel umzusteigen.

Die Implementierung städtischer Straßenbenutzungsgebühren ist ein komplexer, facettenreicher Prozess. Bisherige Forschungsarbeiten konzentrieren sich vorwiegend auf die technische Umsetzung und die öffentliche Akzeptanz. Bei der technischen Umsetzung sind in den letzten Jahren erhebliche Fortschritte erzielt worden. So ist inzwischen eine elektronische Gebührenerfassung möglich, die eine Unterbrechung der Fahrt an einer Mautstation überflüssig macht. Dadurch können auch differenzierte Preissysteme nutzerfreundlich implementiert werden. Des weiteren haben Untersuchungen die Determinanten der öffentlichen Akzeptanz aufgezeigt und Strategien abgeleitet, wie die Akzeptanz der Bürger positiv beeinflusst werden kann (vgl. Schade und Schlag, 2003a; Schade, 2004, in diesem Band).

Die eingesetzte Technologie und die öffentliche Akzeptanz sind jedoch nur zwei wichtige Stellgrößen bei der Implementierung von Straßenbenutzungsgebühren. Darüber hinaus gibt es weitere, oft divergierende Interessen, die bei der Etablierung eines städtischen Preissystems berücksichtigt werden müssen (vgl. Bartley, 1995). Insbesondere die politischen Entscheidungsträger sowie die lokale Wirtschaft und deren Interessensvertreter sind diesbezüglich Schlüsselfiguren. Trotz der Bedeutung, die beide Gruppen für die erfolgreiche Planung und Umsetzung haben, sind sie bis jetzt in empirischen Untersuchungen nur unzureichend betrachtet worden. Jedoch ist

es für den Erfolg einer solchen Preismaßnahme wichtig, alle beteiligten Gruppen, deren Problemwahrnehmung, Motive und Interessen zu analysieren, um sie in den Gestaltungs- und Umsetzungsprozess einbinden zu können (Cartwright, 2001).
In diesem Beitrag steht die Gruppe der politischen Entscheidungsträger sowie die lokal ansässige Wirtschaft und deren Interessenvertreter im Mittelpunkt der Betrachtung. In den Kapiteln 3 und 4 wird ein Überblick über den gegenwärtigen Forschungsstand gegeben. Daraus werden offene Fragen sowie zukünftiges Forschungspotential abgeleitet. Ziel ist es, zukünftig eine umfassendere Analyse städtischer Straßenbenutzungsgebühren anzuregen, die über die öffentliche Akzeptanz und die technische Umsetzung hinausgeht. Vorangestellt wird im Kapitel 2 ein Überblick über städtische Preissysteme, die bereits umgesetzt wurden. In diesen wenigen Fällen ist es gelungen, die verschiedenen Akteure und deren Interessen zusammenzuführen.

2 Beispiele städtischer Straßenbenutzungsgebühren in Europa

Trotz umfangreicher Versuche im Rahmen verschiedener Forschungsprojekte ist die Einführung von Straßenbenutzungsgebühren im städtischen Autoverkehr in Europa auf einige Städte in Norwegen sowie London in Großbritannien begrenzt geblieben. Die städtischen Preismaßnahmen Oslos (Norwegen) und Londons (Großbritannien) werden im Folgenden als Beispiele erfolgreich eingeführter städtischer Straßenbenutzungsgebühren beschrieben.
In Norwegen werden seit langem Preissysteme zur Finanzierung von Investitionen im Straßenverkehr nicht nur in Städten eingesetzt. Die drei Städte Oslo, Trondheim und Bergen, die Anfang der 90er Jahre entsprechende Maßnahmen eingeführt haben, diskutieren im Moment bereits die zweite Generation städtischer Preissysteme.
Oslo verzeichnete Mitte der 80er Jahre ein sehr hohes Verkehrsaufkommen und deshalb wachsende Probleme mit Verkehrsstaus. Damit ging eine Verschlechterung der Umwelt- und Lebensbedingungen einher. Die öffentliche Hand konnte die notwendigen Ausbauarbeiten des Straßennetzes nicht finanzieren. In Zusammenarbeit mit dem umliegenden Landkreis Akershus wurde daher ein Cordon-Mautsystem entwickelt (Langmyhr, 2001). Ziel dieses Mautsystems war es, durch die eingenommenen Straßenbenutzungsgebühren die Kraftfahrer an den Investitions-

kosten zu beteiligen. Dieses System wurde im Februar 1990 nach der Genehmigung durch das norwegische Parlament eingeführt.
Aufgrund der geographischen Lage Oslos lässt sich die Stadt mit dem Auto nur auf drei großen Zufahrtstraßen erreichen. Deshalb ist es möglich, mit 19 personell besetzten Mautstationen praktisch den gesamten Verkehrsfluss zu kontrollieren. Diese Stationen sind zwischen 3 bzw. 8 Kilometer vom Stadtzentrum entfernt. Die Gebühr betrug bei Einführung des Systems NOK 10 (1,20 €) und liegt 2003 bei NOK 15 (1,80 €). Fahrzeuge über 3,5 Tonnen zahlen den doppelten Preis.
Durch die zusätzlichen Einnahmen aus dem Mautsystem konnte die geplante Erneuerung des Verkehrsnetzes von vorher 35 auf 15 Jahre verkürzt werden. Um die öffentliche Akzeptanz sicherzustellen, wurden zeitgleich mit der Einführung des Preissystems die Hauptverkehrsadern von der Oberfläche durch einen Tunnel unter die Stadt verlagert. Damit konnte das Verkehrsaufkommen in der Stadt kurzfristig deutlich gesenkt werden. Weiterhin wurde das Preissystem nur für den Zeitraum bis zum Jahr 2007 implementiert. Damit blieb die Option erhalten, die Gebühren zu einem späteren Zeitpunkt wieder abschaffen zu können. Beide Strategien trugen dazu bei, dass die entsprechenden Maßnahmen auf wesentlich weniger Ablehnung stießen als dies erwartet wurde (Pelzmann, 2000). Die Akzeptanz stieg kontinuierlich von 30% der Befragten vor der Einführung 1990 auf 41% der Befragten nach zwei Jahren. Die Zustimmung erreichte 1997 48% und pegelte sich bis zum Jahr 2000 auf 45% ein. Ähnliche Zustimmungsraten verzeichneten die städtische Preissysteme in Bergen und Trondheim in diesem Zeitraum (Tretvik, 2003).
Obwohl das Osloer Preissystem in erster Linie zur Generierung zusätzlicher Einnahmen konzipiert wurde, konnte auch eine Lenkung der Verkehrsnachfrage nachgewiesen werden. Verschiedene Studien kamen zu dem Ergebnis, dass durch das Mautsystem eine Reduktion des Autoverkehrs in der Innenstadt um 5% erreicht wurde (Tretvik, 2003). Vor allem Fahrten während der Freizeit konnten reduziert und auf andere Verkehrsträger umgeleitet werden.
Dieser Aspekt der Nachfragelenkung tritt, neben der Finanzierung von Investitionen in das Verkehrsnetz, zunehmend in den Mittelpunkt der Diskussion in Norwegen. Die Voraussetzung dafür schaffte 2001 das norwegische Parlament, in dem es eine Gesetzesänderung im Verkehrsrecht verabschiedete. Danach ist es jetzt möglich, städtische Preissysteme zum Zweck der Verkehrsnachfragelenkung zu konzipieren und einzuführen. Auf dieser Basis können nun auch nach Tageszeit differenzierte

Gebühren eingeführt oder die Einnahmen auch für andere Verkehrsträger eingesetzt werden. Verschiedene Studien haben bereits untersucht, wie sich eine nach Tageszeit differenzierte Gebühr auf das Verkehrsaufkommen in Oslo auswirken würde (z. B. Larsen und Østmoe, 2001).

Des weiteren empfiehlt eine Expertenkommission, das Mautsystem auch nach 2007 weiter zu betreiben. Andernfalls drohe ein nicht akzeptables Maß an Verkehrsstaus und Umweltproblemen. Vor diesem Hintergrund entwickelten die städtischen und regionalen Behörden Oslos ein zweites Investitionspaket, welches bereits im November 2001 in Kraft trat. Im Unterschied zum ersten Paket von 1990 wird nicht die Straßeninfrastruktur, sondern ausschließlich der Ausbau des Öffentlichen Nah- und Fernverkehrs durch die Straßenbenutzungsgebühren finanziert. An dieser Finanzierung werden, wenn auch in weitaus geringerem Ausmaß, die Nutzer des ÖPNV durch höhere Tarife beteiligt.

In London ist am 17. Februar 2003 das größte road pricing System der Welt eingeführt worden. Es umfasst die Innenstadt Londons auf einer Fläche von 21 km^2. Von Montag bis Freitag 7 Uhr bis 18.30 Uhr muss sowohl für eine Fahrt in die Innenstadt als auch für eine Fahrt in dem entsprechenden Gebiet jeweils eine Gebühr von £ 5 (ca. 7,50 €) entrichtet werden. Es gibt zahlreiche Ausnahmeregelungen, beispielsweise für Busse und Taxen. Außerdem erhalten Innenstadtbewohner einen Rabatt von 90%. Bezahlt wird im voraus, z.B. in Einzelhandelsgeschäften, über ein eigens eingerichtetes Call Center oder über die Internetseite des Betreibers. Mit Hilfe von Videokameras werden die Nummernschilder der Fahrzeuge erfasst und mit den Nummernschildern verglichen, deren Besitzer die Gebühr bezahlt haben. Gibt es keine Übereinstimmung, so müssen die Fahrer eine Strafgebühr bezahlen, die bis zu £ 120 (ca. 178 €) beträgt.

Die Einführung des Preissystems ist hauptsächlich mit den seit Jahrzehnten schlechten Bedingungen im Stadtverkehr begründet worden. Die Durchschnittsgeschwindigkeit in der Innenstadt Londons war auf unter 12 km/h gesunken. Dies entspricht dem geringsten Wert seit Erfassung der Durchschnittsgeschwindigkeit. Fahrzeuge mussten mit einem zeitlichen Mehraufwand von mehr als zwei Minuten pro gefahrenem Kilometer rechnen. Aktuelle Angaben sind auf der Internetseite des Betreibers www.tfl.gov.uk/tfl (Transport for London, 2003) erhältlich. Das Ziel des Londoner Preissystems ist deshalb in erster Linie die Lenkung der Verkehrsnachfrage, vor allem die Reduzierung des privaten Autoverkehrs in der Innenstadt.

Die Einnahmen fließen zum größten Teil in den Ausbau des ÖPNV, um ihn als eine attraktive Alternative zum Auto weiterzuentwickeln. Langfristig soll damit vor allem die Erneuerung und Erweiterung der Londoner U-Bahn finanziert werden.

Im Gegensatz zu den Preissystemen in den norwegischen Städten hat die Einführung in der Millionenmetropole London die Thematik von Nutzergebühren im städtischen Autoverkehr wieder auf die Agenda der Verkehrspolitiker und in den Mittelpunkt des nationalen und internationalen Interesses gerückt. Nicht zuletzt hat der Londoner Bürgermeister Ken Livingstone mit starkem persönlichen Engagement sein politisches Schicksal an den Erfolg des Preissystems gekoppelt. Dementsprechend hoch sind die Erwartungen. Bei einem Scheitern in London könnte die Entwicklung und Einführung solcher Maßnahmen bis zu 10 Jahre zurückgeworfen werden (POLIS, 2003). Denn große Städte betrachten vor allem angesichts des Londoner Beispiels Straßenbenutzungsgebühren als mögliche Lösung für ihre Verkehrsprobleme oder aber greifen wie zum Beispiel Stockholm ältere Überlegungen zu städtische Preissystemen wieder auf. Die Erfahrungen, die in London gewonnen werden, fördern die Implementierung solche Systeme in vergleichbaren Städten stärker als dies durch theoretische Analysen möglich wäre.

Die ersten Ergebnisse sind ermutigend. Die Einführung in London ist ohne große technische und organisatorische Probleme verlaufen. Die gesetzten Ziele sind ebenfalls zum großen Teil erreicht worden. In den ersten sechs Monaten ist eine Reduzierung des Verkehrs um 16% erreicht worden - angestrebt waren 10 bis 15%. Die Durchschnittsgeschwindigkeit konnte auf 17 km/h erhöht werden (Transport for London, 2003). Im Moment wird sogar befürchtet, dass durch den stärkeren Rückgang des Verkehrs in der Innenstadt die geplanten Einnahmen von £ 130 Millionen (ca. 190 Millionen €) nicht erzielt werden und damit die geplanten Investitionen in den ÖPNV nicht in vollem Umfang umgesetzt werden können – ein bemerkenswerter Zielkonflikt zwischen der Finanzierungs- und Lenkungsfunktion städtischer Preissysteme (CUPID, 2003). Neueste Schätzungen des Betreibers gehen inzwischen von einem Nettogewinn von nur noch £ 68 Millionen aus. Nichtsdestotrotz plant London bereits die Ausweitung des Preissystems um drei Stadtteile für das Jahr 2005.

Ungeachtet der unterschiedlichen geographischen, politischen und institutionellen Voraussetzungen ist es sowohl in Oslo als auch in London gelungen, die Einführung von Straßenbenutzungsgebühren im städtischen Autoverkehr zu verwirklichen. Die

Umsetzung städtischer Preissysteme ist in Europa jedoch auf diese Beispiele begrenzt geblieben. Eine umfassendere Analyse der Motive und Interessen aller beteiligten Akteure wird möglicherweise den Umsetzungsprozess auch in anderen Städten unterstützen.

3 Wirtschaftliche Akzeptanz

Dieses Kapitel beleuchtet die Akzeptanz von städtischen Straßenbenutzungsgebühren durch die lokale Wirtschaft und deren Interessenvertreter. Zur wirtschaftlichen Akzeptanz von Preismaßnahmen in städtischen Autoverkehr liegen derzeit nur einzelne Studien vor (Viegas, et al. 2003). Deshalb kann an dieser Stelle nur ein vorläufiges Bild gezeichnet werden.

Untersuchungen zur öffentlichen Akzeptanz von Straßenbenutzungsgebühren zeigen, dass die Wahrnehmung verkehrsbezogener Probleme eine Voraussetzung ist, damit Maßnahmen zu deren Lösung als wichtig erachtet werden (Steg und Vlek, 1997). Golob und Regan (2000) befragten amerikanische Transportfirmen nach dem Einfluss von Verkehrsproblemen auf ihr Unternehmen. Über zwei Drittel der Befragten sahen Verkehrsstörungen und vor allem Verkehrsstaus als ernstes Problem für ihre eigene Firma an. Ähnliche Resultate fanden Gerrard, Still und Jopson (2001) bei der Befragung britischer Unternehmen. Bei den Unternehmen ist allgemein ein hohes Problembewusstsein in Bezug auf Verkehrsbeeinträchtigungen und deren Folgen vorhanden. In dieser Hinsicht sind die Ergebnisse vergleichbar mit denen zur öffentlichen Akzeptanz (vgl. Schade und Schlag, 2000).

Dieses Problembewustein schlägt sich jedoch nicht auf die wahrgenommene Effektivität von städtischen Preismaßnahmen nieder. Golob und Regan (2000) berichten, dass 60% der Firmen solche Maßnahmen als keinesfalls effektiv in Bezug auf die Staureduktion einschätzen. Nur 30% schätzen sie als neutral oder positiv bezüglich der Effektivität ein. Positiv eingestellt waren vor allem Transportunternehmen, die bedarfsorientiert (just-in-time) liefern, bei denen sich Verkehrsstörungen demnach sofort und erkennbar auswirken. In der Studie von Gerrard et al. (2001) erwartet die Mehrheit der Befragten ebenfalls negative Konsequenzen für ihr Unternehmen. Nach ihren konkreten Befürchtungen gefragt, geben die betroffenen Unternehmen vor allem die höheren Transportkosten, die Wettbewerbsnachteile im Vergleich zu Gebieten ohne Straßenbenutzungsgebühren und den erwarteten

Rückgang der Zahl der Kunden an (Viegas et al., 2000). Einige Unternehmen gehen davon aus, dass der Zugang zu ihren Standorten mit dem Auto so stark eingeschränkt sein wird, dass sie den Standort wechseln müssen (Gerrard et al., 2001). Aus diesen Gründen lehnen Unternehmen mehrheitlich Straßenbenutzungsgebühren im städtischen Autoverkehr ab.

Diesen negativen Erwartungen stehen wenige empirische Studien und reale Erfahrungen der Wirtschaft mit städtischen Preissystemen gegenüber, die ein deutlich positiveres Bild zeichnen. So zeigen Diamond und Spence (1989), dass die Transportkosten durchschnittlich nur 5 bis 6% der Betriebskosten eines Unternehmens ausmachen. Andere Berechnungen gehen sogar von nur 1% der Produktkosten aus. Diamond und Spence (1989) weisen darauf hin, dass die Verantwortlichen in den Unternehmen dem Verkehr bzw. Transport mehr Bedeutung beimessen, als das durch den tatsächlichen Kostenanteil gerechtfertigt wäre.

Bezüglich der möglichen wirtschaftlichen Folgen von Straßenbenutzungsgebühren im städtischen Autoverkehr befragte Whitehead (2002) in einer Studie Firmeninhaber, Wirtschaftsverbände, Immobilienmakler, Behörden und Wissenschaftler in 13 verschiedenen britischen Städten. Im Ergebnis gehen die Befragten davon aus, das sich lediglich beim Einzelhandel Nachteile in größerem Umfang ergeben könnten. Diese negativen Folgen werden jedoch nur in Städten erwartet, deren Einzelhändler schon durch den Wettbewerb mit den Randgebieten geschwächt sind bzw. wo sich die Innenstädte im strukturellen Umbruch befinden. Städte, die ihre Zentren bereits durch entsprechende Verkehrsmaßnahmen sowie ein vielfältiges Angebot an Geschäften und Unterhaltung attraktiv gestaltet haben, werden durch Straßenbenutzungsgebühren im Autoverkehr sogar an Attraktivität gewinnen. So unterstützten beispielsweise im Züricher Stadtzentrum Geschäftsinhaber eine Initiative zur Verkehrsberuhigung nachdem Einzelhändler in anderen, bereits vorhandenen Fußgängerzonen eine deutliche Belebung ihres Geschäftes verzeichnen konnten (Harsman, Pädam und Wijkmark, 2000).

Studien aus Norwegen, die die wirtschaftlichen Konsequenzen von eingeführten städtischen Preismaßnahmen evaluieren konnten, zeigen, dass es nur sehr selten zu Wettbewerbsverzerrungen oder Firmenabwanderungen gekommen ist (z.B. Larsen, 2001). 1991 startete beispielsweise die Handelskammer Trondheims (Norwegen) eine Untersuchung, die mögliche Veränderungen der Firmenumsätze im Zuge der Einführung des städtischen Mautsystems analysieren sollte. Diese Studie kam zu dem Schluss, dass es kaum Veränderungen im Handel gab, die sich auf das Mautsystem zurückführen lassen (Tretvik, 2003).

In London wurde begleitend zur Einführung des Mautsystem ein umfassendes Evaluationsprogramm gestartet, aus dem sich erste Auswirkungen auf die Unternehmen abschätzen lassen (Transport for London, 2003). Danach verzeichneten die Geschäfte in der Innenstadt nach sechs Monaten einen Rückgang des Umsatzes bis zu 7% im Vergleich zu anderen Stadtteilen Londons. Allerdings kommt der Bericht zu dem Schluss, dass durch die Maut nur etwa ein Drittel des Rückgangs erklärt werden kann. Wesentlich stärker wirkten sich die allgemeine wirtschaftliche Abschwächung, der Rückgang des Tourismus sowie die zeitweilige Schließung der zentralen U-Bahn Linie (Central Line) auf den Umsatz der dortigen Einzelhändler aus.

Die bisher dargestellten Studien zur wirtschaftlichen Akzeptanz verdeutlichen eine Diskrepanz zwischen den negativen Erwartungen und der mangelnden Akzeptanz der Firmen auf der einen Seite sowie den in der Tendenz eher neutralen Auswirkungen von städtischen Preissystemen andererseits. Diese Diskrepanz lässt sich mit den bisherigen Befunden nicht vollständig erklären.

Im Folgenden sollen zwei weitere Aspekte betrachtet werden, die möglicherweise der mangelnden Akzeptanz zugrunde liegen. Das ist zum einen die Art und Weise, wie Unternehmen die Konsequenzen städtischer Preissysteme wahrnehmen. Zum anderen sind es die Einflussfaktoren, die die Erwartung der Firmen an solche Preissysteme bestimmen.

Als ein Grund für die mangelnde wirtschaftliche Akzeptanz wird oft angeführt, dass der Nutzen von städtischen Preismaßnahmen für die lokal ansässigen Unternehmen eher indirekt und damit nicht unmittelbar sichtbar ist. Aus diesem Grund werden z.B. indirekte Verbesserungen des Geschäftsumfeldes nicht mit in die Kosten-Nutzen-Kalkulation der Firmen einbezogen. Empfohlen wird daher, diese Vorteile stärker hervorzuheben, um so die wirtschaftliche Akzeptanz zu erhöhen. Dass diese Strategie durchaus erfolgreich sein kann, legen die Ergebnisse von Whitehead (2002) nahe. In dieser Untersuchung werden die ökonomische Effekte von den Befragten durchweg positiver bewertet, wenn die Straßenbenutzungsgebühren zur Verbesserung des ÖPNV sowie der Situation der Radfahrer und Fußgänger im Verkehr eingesetzt werden sollen. Vor allem langfristig wird durch diese Begleitmaßnahmen nicht nur eine Kompensation der Zugangsmöglichkeiten zur Innenstadt erwartet, sondern auch eine Verbesserung der Stadtumgebung und damit eine Erhöhung der Attraktivität der Innenstädte. Entsprechende Zielsetzungen und entsprechendes framing können die Einstellung der Unternehmen gegenüber städtischen Verkehrs-Preissystemen verbessern.

Der zweite denkbare Aspekt geht auf die Erwartungen der Unternehmen ein. Die Erwartungen hinsichtlich eines zukünftigen Ereignisses werden von einer Vielzahl von Faktoren beeinflusst (Westhoff, 1985). In Bezug auf die wirtschaftliche Akzeptanz sind die erwarteten Kosten bzw. der Nutzen für das Unternehmen ein wichtiges Kriterium bei der Beurteilung eines städtisches Preissystem. Allerdings lässt die Diskrepanz zwischen den negativen Erwartungen der Firmen und den tatsächlichen Erfahrungen in Norwegen und London vermuten, dass noch weitere Einflussgrößen von Bedeutung sind. Beispielsweise werden Erwartungen durch Erfahrungen mit dem Ereignis mitbestimmt (Schlag, 1995/2003). Dass Erfahrungen für die Akzeptanz von städtischen Preismaßnahmen tatsächlich eine Rolle spielen könnten, legen die Erkenntnisse des EU-Projektes AFFORD nahe (Schade, Schlag, Beier und Giannouli, 1999). Im Ergebnis dieser Studie unterstützten nur die Wirtschaftsverbände in Oslo, deren Unternehmen bereits Erfahrungen mit preisbasierten Maßnahmen hatten, bedingt diese Strategie. Die Interessenvertreter aller anderen Städte (Athen, Como, Dresden), in denen solche Erfahrungen nicht existierten, lehnten Preismaßnahmen grundsätzlich ab. Erfahrung reduziert die Unsicherheit über die Konsequenzen von Innovationen. Unsicherheit führt ihrerseits meist zu einer vorsichtigeren und oft negativeren Einschätzung.

Empirische Studien über die Erwartungshaltung verschiedener Teile der Wirtschaft in Bezug auf städtische Preismaßnahmen sind noch nicht durchgeführt worden. Solche Erkenntnisse würden es jedoch ermöglichen, schon bei der Planung und schließlich auch bei der Umsetzung differenzierter auf die Unternehmen einzugehen. Damit könnte der vielfach erhobenen Forderung, die Firmen frühzeitiger und umfassender in den Implementierungsprozess einzubeziehen, Rechnung getragen werden.

4 Politische Akzeptanz

Eine Grundvoraussetzung für die erfolgreiche Einführung von Straßenbenutzungsgebühren im städtischen Autoverkehr ist die Unterstützung durch die verantwortlichen Politiker. Sie müssen die Entscheidung über ein städtisches Preissystem treffen und den Implementierungsprozess einleiten. Dieser Gesichtspunkt der Akzeptanz wird im Folgenden als politische Akzeptanz bezeichnet.

Gegenwärtig gibt es keinen allgemein akzeptierten theoretischen Rahmen, mit dessen Hilfe politische Fragen im Verkehrsbereich analysiert werden können. Bisherige Ansätze konzentrieren sich vor allem auf die Determinanten der politischen Akzeptanz. Die Einführung städtischer Preissysteme ist jedoch ein dynamischer Prozess, der durch komplexe Wechselwirkungen zwischen den Akteuren gekennzeichnet ist. Eine umfassende Analyse muss deshalb sowohl die Determinanten der politischen Akzeptanz als auch dieses Wechselwirkungsgefüge berücksichtigen.

Die Befragung von Politikern im EU-Projekt AFFORD zeigte zwei wesentliche Punkte auf (Schlag und Schade, 2000). Zum einen war die persönliche Einstellung der interviewten Politiker zu verschiedenen Preismaßnahmen im städtischen Autoverkehr in allen Städten positiver als das von den Autoren erwartet wurde. Zum anderen gab es eine erhebliche Fehlwahrnehmung der Politiker bezüglich der öffentlichen Akzeptanz. Diese wurde signifikant unterschätzt.

Das EU-Projekt PATS befragte Politiker in 9 europäischen Ländern, unter welchen Bedingungen sie städtische Preismaßnahmen unterstützen würden. Die beiden wichtigsten Kriterien waren die Klarheit der Ziele sowie die Transparenz der Maßnahme. Des weiteren erachteten es die befragten Politiker für nötig, so früh wie möglich detailliert über das Preissystem zu informieren. Außerdem sollte die Effektivität durch eine kontinuierliche Evaluation gewährleistet sein. Diese Bedingungen wurden ebenfalls von der Gruppe der befragten Verkehrsteilnehmer als Voraussetzungen für die Unterstützung von Preismaßnahmen angesehen (Link, 2003).

Frey (2003) identifiziert die fehlende Attribuierung und den Machtverlust auf Seiten der Politiker als Hauptfaktoren, weshalb Preismaßnahmen politisch nicht gefördert werden. Eine wesentliche Motivation für die Unterstützung bestimmter Politiken und Entscheidungen in demokratischen Systemen ist die Aussicht, dafür anerkannt und bei der nächsten Wahl wiedergewählt zu werden. Dafür sind Preismaßnahmen ungeeignet, da deren positiven Folgen den Politikern oft nicht zugeschrieben werden. Direkte Maßnahmen, wie z.B. Gebote und Verbote, sind diesbezüglich wesentlich vorteilhafter. Sie zeigen den Wählern, dass die Regierung entschlossen Maßnahmen ergreift. Deshalb bevorzugen Entscheidungsträger fast immer direkte Strategien im Gegensatz zu anonymen Preismaßnahmen.

Preismaßnahmen zur Lösung der Verkehrsprobleme gehen auch immer mit einem gewissen Grad an Machtverlust für Politiker einher (Frey, 2003). Die Regelung der starken Nachfrage nach Straßenkapazität wird ihnen entzogen und dem Preissystem überlassen. Im Gegensatz dazu haben Politiker bei direkten, z.B. ordnungsrechtlichen Maßnahmen die Möglichkeit, diese für ihre eigenen Ziele einzusetzen. Daher werden städtische Preissysteme oft durch direkte Maßnahmen, beispielsweise in Form von Ausnahmeregelungen, ergänzt. Solche Ausnahmeregelungen führen dazu, dass sich die in Frage kommenden Personengruppen besonders um das Wohlwollen der Entscheidungsträger bemühen. Sie könnten beispielsweise, als Gegenleistung für eine solche Genehmigung, den nächsten Wahlkampf der entsprechenden Regierung oder des Politikers unterstützen.

Diese Studien stellen die persönliche Kosten-Nutzen-Erwartung der Politiker als motivierenden Faktor in den Mittelpunkt der Betrachtung. Politiker setzen sich genau dann für die Einführung von städtischen Preismaßnahmen ein, wenn abzusehen ist, dass diese Maßnahmen ihre Chancen auf eine Wiederwahl nicht beeinträchtigen sondern möglicherweise sogar erhöhen. Dass die persönliche Ergebniserwartung eine wichtige Determinante für die Akzeptanz von Preismaßnahmen in städtischen Autoverkehr ist, zeigen die Ergebnisse zur öffentlichen Akzeptanz (vgl. Schade, 2004, in diesem Band). Allerdings wird durch diese Untersuchungen auch deutlich, dass neben der persönlichen Ergebniserwartung noch weitere Faktoren die Zustimmung beeinflussen, die im Folgenden für die politische Akzeptanz betrachtet werden.

Johansson et al. (2003) untersuchen in einer Interviewstudie in Schweden die Ziele, die Politiker mit Preismaßnahmen verbinden. Die Autoren gehen von der Annahme aus, dass Politiker nicht nur ihre eigenen Ziele verfolgen, sondern auch die Interessen verschiedener Gruppen einbeziehen. Dabei kommt es oft und insbesondere bei Preissystemen in Städten zu Interessenkonflikten, die als ein Grund für eine geringe politische Akzeptanz angesehen werden. Konkret geht es in dieser Studie um den Konflikt zwischen dem Ziel der Reduzierung des Autoverkehrs, vertreten durch die Regierung, und die Sicherstellung der Fairness gegenüber den Bürgern sowie dem Erwirtschaften zusätzlicher Einnahmen seitens der Lokalpolitiker. Im Ergebnis dieser Untersuchung konnte ein Interessenkonflikt nachgewiesen werden, der sich jedoch in Abhängigkeit von der Parteizugehörigkeit unterschiedlich darstellt. So bewerten beispielsweise die Sozialdemokraten die Sicherstellung der Fairness und die effektive Reduzierung des Autoverkehrs als gleich wichtig. Allerdings würde die Umsetzung beider Prinzipien verschiedenartige Preissysteme nach sich ziehen. Die Autoren schlussfolgern daher, dass die Kombination von Zielen darüber entscheidet, ob städtische Preismaßnahmen politisch unterstützt werden oder nicht. Sie führen aus, dass es insbesondere die Kombination von Sicherstellung der eigenen Wiederwahl als auch der Fairness gegenüber den Bürgern unmöglich macht, ein effektives Preissystem einzuführen.

Diese Erkenntnisse werden durch eine Studie von Elvik (2003) gestützt. Er untersucht, warum effektive Politiken im Sinne einer ökonomischen Kosten-Nutzen-Analyse im Verkehrssicherheitsbereich nur unzureichend umgesetzt werden. Dabei sind die Konflikte zwischen verschiedenen, mit den Politiken verknüpften Zielen ein wesentlicher Grund. Des weiteren wird hervorgehoben, dass in vielen Fällen die Maßnahmen zwar effektiv von einer gesellschaftlichen, aber nicht von der individuellen Perspektive aus sind. Dies birgt weiteres Konfliktpotential auf der politischen Ebene. Beispielsweise profitiert die Gesellschaft als Ganzes von einem Tempolimit durch weniger Unfälle, geringere Lärmbelastung und weniger Luftverschmutzung. Es ist allerdings fraglich, ob der Einzelne diese Vorteile auch in die Bewertung seines persönlichen Nutzens einbezieht. Wie die social trap- und die Allmende-Analogien beschreiben, orientiert sich der Einzelne (auch der einzelne Politiker) eher an seinen eigenen kurzfristigen Zielen (Platt, 1973; Hardin, 1968).

Ein anderer Aspekt, der die Diskussionen prägt, ist die Fairness. Politiker sind sich der Tatsache durchaus bewusst, dass Preise als ungerecht im Vergleich zu anderen Verteilungsstrategien angesehen werden (Frey, 1999). Deshalb wird oft die Befürchtung geäußert, dass Preismaßnahmen als eine weitere Art der Steuer von der Öffentlichkeit wahrgenommen werden (Link, 2003): Vor allem einkommensschwache Personengruppen würden dadurch in ihrer Mobilität eingeschränkt werden. Deshalb spielen Überlegungen zur Gerechtigkeit und Fairness in der politischen Debatte eine besonders große Rolle. Empirische Untersuchungen zur öffentlichen Akzeptanz zeigen, dass sich beispielsweise durch Investitionen in den ÖPNV die Zustimmung wesentlich erhöhen lässt. Dadurch könnte ebenfalls eine breitere politische Unterstützung gewährleistet werden.

Zusammengefasst bedeutet dies, dass die Entscheidungssituation von Politikern bezüglich der Einführung von Straßenbenutzungsgebühren im städtischen Autoverkehr vor allem durch ein hohes Maß an Unsicherheit charakterisiert ist. Diese Unsicherheit betrifft auf der einen Seite die gesellschaftlichen Auswirkungen des Preissystems als auch die möglichen Konsequenzen für den Politiker selbst. Im Mobilitätsbereich ist das mehr oder weniger ausbalancierte Gleichgewicht der Verteilung gesellschaftlicher Ressourcen äußerst labil. Innovationen, wie z.B. städtische Preissysteme, gefährden diesen, oft in langen Politikprozessen ausgehandelten Status quo. Bei Veränderungen müssen verschiedene Interessen und beteiligte Gruppen berücksichtigt werden. Der Erfolg bzw. die damit verbundenen Konsequenzen sind dabei für den einzelnen Politiker offen. In einer solchen Situation orientieren sich Menschen in der Regel an ihrer sozialen Umgebung und beziehen die Erwartungen wichtiger Bezugsperson in ihre Entscheidung mit ein. Dieser Gesichtspunkt spiegelt sich im Konzept der sozialen Norm wieder. Als soziale Norm wird die individuelle Einschätzung bezeichnet, ob relevante Bezugspersonen ein bestimmtes Verhalten begrüßen oder ablehnen. Diese Variable erwies sich beispielsweise als eine der wichtigsten bei der Vorhersage der öffentlichen Akzeptanz (Schade und Schlag, 2003b).

Für Politiker spielen soziale Normen durch die mit ihrer Funktion verbundene Öffentlichkeit eine besondere Rolle. Unter dieser Bedingung ist die Aufmerksamkeit einer Person vermehrt auf sich selbst gerichtet (Duval und Wicklund, 1972). Diese Selbstaufmerksamkeit hat zur Folge, dass die wahrgenommenen normativen Erwartungen an das eigene Verhalten sowie die Diskrepanz zwischen den Erwartungen und der Realität viel stärker in das Bewusstsein der Person treten. Die Theorie der Selbstaufmerksamkeit geht nun davon aus, dass Personen bestrebt sind, diese als negativ erlebte Diskrepanz in Richtung des erwarteten Verhaltens zu verringern, dass sie sich also verstärkt gemäß der wahrgenommenen Normen verhalten.

Politiker, deren Entscheidungen im Mittelpunkt der öffentlichen Wahrnehmung stehen, befinden sich in einer solchen Situation der vermehrten Selbstaufmerksamkeit. Deshalb werden die Erwartungen, die wichtige Personen oder Gruppen an sie stellen, einen hohen Stellenwert für das Handeln des Politikers haben. Dies ist möglicherweise auch ein Grund für das starke persönliche Engagement des Londoner Bürgermeisters für das dortige Preissystem. Bereits vor der Amtszeit Ken

Livingstones wurde 1999 von der Kommunalverwaltung Londons ein Gesetz verabschiedet, das dem Bürgermeister die notwendigen Kompetenzen zur Einführung eines städtische Preissystems einräumt. Parallel dazu wurde eine Expertenkommission eingerichtet, die einen Vorschlag zur praktischen Umsetzung der Gesetze erarbeiten sollte (Transport for London, 2003). Das bedeutet, dass bereits vor der Wahl die Weichen in Richtung eines städtischen Preissystems gestellt worden waren. Damit war auch die Erwartung verknüpft, dass der zukünftige Bürgermeister diese Kompetenzen zur Umsetzung auch nutzen würde. Nach seiner Wahl am 4. Mai 2000 übernahm Ken Livingstone die Implementationsstrategie der Expertenkommission. Damit konnte er sich einerseits politisch profilieren und gleichzeitig die an ihn gestellten Erwartungen erfüllen.

Bei Entscheidungen, deren Ausgang und/ oder Konsequenzen unsicher sind, wird auf bestimmte Heuristiken zurückgegriffen. Heuristiken sind Urteilsstrategien, die relativ schnell und mit vergleichsweise geringem kognitiven Aufwand Erklärungen, Schlussfolgerungen und Vorhersagen ermöglichen. Beispielsweise fällt es Menschen in der Regel schwer, gewohnte Vorgehensweisen zugunsten neuer Ansätze aufzugeben (status quo bias). Dies gilt auch für die Verkehrspolitik. Das Aufgeben des Bewährten wiegt dabei schwerer als der Gewinn der durch neue Herangehensweisen entstehen könnte (Baron und Bazerman, 2001). Ein weiteres Beispiel bezieht sich auf die Bewertung von Konsequenzen einer Handlung. Bei der Bewertung von (nicht nur politischen) Entscheidungen stehen Menschen gewöhnlich aktiven Handlungen mit negativen Konsequenzen ablehnender gegenüber als Unterlassungen, die die gleichen oder schlimmere Folgen nach sich ziehen (ommission bias).

Diese Entscheidungsregeln, die normalerweise unbewusst ablaufen, tragen dazu bei, dass es neue und innovative Maßnahmen im politischen Entscheidungsprozess besonders schwer haben. So wird durch die Nutzung von Urteilsheuristiken das Potential dieser Maßnahmen unterschätzt. Weil sie auf dieser Grundlage nicht eingeführt werden, gibt es auch keine Fakten, die diese impliziten Annahmen widerlegen könnten.

5 Fazit

Die bisherigen europäischen Forschungen zur Akzeptanz von Preismaßnahmen im städtischen Autoverkehr haben zu einer Vielzahl wichtiger Erkenntnisse vor allem in Bezug auf die öffentliche Akzeptanz geführt (vgl. Schade, 2004, in diesem Band). Allerdings schlagen sich diese Ergebnisse nicht in einer flächendeckenden Einführung von städtischen Preissystemen nieder. In Europa kann einzig Norwegen auf eine längere Tradition und Erfahrung mit dieser Art von Maßnahmen verweisen. Die meisten Preismaßnahmen werden im Rahmen von Demonstrationsprojekten umgesetzt, die allerdings oft nicht über die Pilotphase hinaus weitergeführt werden (z.B. PRoGR€SS, 2002).

Die bereits realisierten städtischen Preismaßnahmen zeigen allerdings, dass die öffentliche Akzeptanz nur ein Gesichtspunkt bei der Einführung solcher Politiken ist. Auf politischer Ebene muss ebenfalls eine entsprechende Unterstützung vorhanden sein. Das gleiche trifft für die lokale Wirtschaft zu. Zwar zeigen erste Evaluationsstudien nur ein sehr geringes Ausmaß an Wettbewerbsverzerrungen oder Abwanderung von Unternehmen, aber die Erwartungen sind weitaus negativer.

Obwohl bei Politikern wie auch in den Unternehmen ein ausgeprägtes Problembewusstsein bezüglich der Verkehrssituation vorhanden ist, gibt es kaum Unterstützung auf politischer Ebene für städtische Preissysteme. Es zeigt sich, dass Politiker mit einer Vielzahl von Zielen, Interessen und Akteuren im Entscheidungsprozess konfrontiert sind. Dabei treten Konzepte in den Vordergrund wie z.B. die wahrgenommene Fairness oder die soziale Norm, die sich schon in den Untersuchungen zur öffentlichen Akzeptanz als wichtige Determinanten erwiesen haben. Möglicherweise kann die Einbeziehung dieser Faktoren einen wichtigen Beitrag zur Analyse der politischen Akzeptanz leisten. Eine wesentliche Rolle spielt dabei die Analyse der Rolle von Institutionen in gesellschaftlichen Innovationsprozessen (Niskanen et al., 2003). Institutionen sind dabei nicht nur formell zu verstehen, wie Verwaltungen, Unternehmen, Gesetze und Verordnungen. Sie umfassen vielmehr alle Regeln, Arrangements und Normen, die menschliches Verhalten beeinflussen, so auch soziale Normen, Traditionen, Gepflogenheiten und informelle Übereinkünfte.

6 Literatur

Baron, J., Bazerman, M. H. (2001). Enlarging the pie by accepting small losses for large gains. In: R. Gowda, J. C. Fox (Eds.), Judgments, Decisions, and Public Policy. Cambridge: Cambridge University Press.

Bartley, B. (1995). Mobility Impacts, Reactions and Options. Traffic demand management options in Europe: The MIRO Project: Traffic and Engineering Control. 36, 596-603.

Cartwright, R. (2001). Communicating Road User Charging Schemes. Vortrag zum CUPID-PROGRESS Workshop „Legal Obstacles & PR Issues“, Helsinki, 25. September 2001. Verfügbar unter: http://www.transport-pricing.net/reports22.html.

CUPID (2003). European Transport Pricing Initiative Newsletter. Issue 5, Verfügbar unter: http://www.transport-pricing.net/news22.html.

Diamond, D., Spence, N. (1989). Infrastructure and Industrial Costs in British Industry. HMSO: London.

Duval, S., Wicklund, R. A. (1972). A theory of objective self-awareness. New York: Academic Press.

Elvik, R. (2003). How would setting policy priorities according to cost-benefit analyses affect the provision of road safety? Accident Analysis and Prevention. 35, 557-570.

Frey, B. S. (2003). Why are efficient transport policy instruments so seldom used?. In: J. Schade, B. Schlag (Eds.), Acceptability of transport pricing strategies. Oxford: Elsevier, 63-76.

Frey, B. S. (1999). Economics as a Science of Human Behavior. Towards a New Social Science Paradigm. Boston: Kluwer Academic Publishers.

Gerrard, B., Still, B., Jopson, A. (2001). The impact of road pricing and workplace parking levies on the urban economy: results from a survey of business attitudes. Environment and Planning A. 33, 1985-2002.

Golob, T. F., Regan, A. C. (2000). Freight industry attitudes towards policies to reduce congestion. Transportation Research: Part E. 36, 55-77.

Hardin, G. (1968). The tragedy of the commons. Science, 162, 1243 – 1248.

Harsman, B., Pädam, S., Wijkmark, B. (2000). Ways and Means to Increase the Acceptance of Urban Road Pricing. Deliverable D4. EU-Projekt PRIMA, gefördert durch die Europäische Kommission, 4. Forschungsrahmenprogramm.

Johansson, L. O., Falkemark, G., Gärling, T., Gustafsson, M., Johansson-Stenman, O. (2003). Political Acceptance of Road Pricing: Goal Conflicts in Municipality

Decision Making. In: J. Schade, B. Schlag (Eds.), Acceptability of transport pricing strategies. Oxford: Elsevier, 269-278.

Langmyhr, T. (2001). The rationality of transport investment packages. Transportation. 28, 157-178.

Langmyhr, T. (2003). Lessons from Norwegian road pricing schemes. Vortrag zum CUPID-ProGR€SS Workshop „Trials, Consultation and the Trondheim Road Pricing Scheme“, Genua, 9. Mai 2003. Verfügbar unter: http://www.transport-pricing.net/reports22.html.

Larsen, O. (2001). Implementing congestion pricing. Vortrag zum CUPID-PROGRESS Workshop „Social Equity in Transport Pricing“, Trondheim, 3. April, 2001. Verfügbar unter: http://www.transport-pricing.net/reports22.html.

Larsen, O. I., Østmoe, K. (2001). The experience of urban toll cordons in Norway. Journal of Transport Economics and Policy, 35, 457-471.

Link, H. (2003). Public and Political Acceptability of Transport Pricing: Are There Differences? In: J. Schade, B. Schlag (Eds.), Acceptability of Transport Pricing Strategies . Oxford: Elsevier, 295-312.

Niskanen, E., de Palma, A., Kallioinen, J., Lindsey, R., Matthews, B., May, T., Moilanen, P., Tegner, H., Wieland, B., Zografos, K. (2003). TIPP approach to analysing institutional issues in transport policy implementation. Deliverable 1. EU-projekt TIPP, gefördert durch die Europäische Kommission, 5. Forschungsrahmen-programm.

Pelzmann, L. (2000). Wirtschaftspsychologie. Behavioral Economics. Behavioral Finance. Wien: Springer.

Platt, J. (1973) Social traps. American Psychologist, 28, 641-651.

POLIS (2003). First days show positive results for Congestion Charging in London. Positionspapier. http://www.polis-online.org.

ProGR€SS (2002). Demonstration scheme specification. Deliverable 3. EU-Projekt ProGR€SS, gefördert durch die Europäische Kommission, 5. Forschungs-rahmenprogramm.

Schade, J.(2004). Prädiktoren der Akzeptanz von Preisinstrumenten im Verkehrsbereich. (in diesem Band).

Schade, J., Schlag, B. (Eds.) (2003a). Acceptability of transport pricing strategies. Oxford: Elsevier Science Publ.

Schade, J., Schlag, B. (2003b). Acceptability of urban transport pricing strategies. Transportation Research Part F. 6, 45-61.

Schade, J., Schlag, B. (2000). Acceptability of urban transport pricing. Helsinki: VATT Research Report No 72.

Schade, J., Schlag, B., Beier, A., Giannouli, I. (1999). Acceptability of marginal cost road pricing. Deliverable 2c. EU-Projekt AFFORD, gefördert durch die Europäische Kommission, 4. Forschungsrahmenprogramm.

Schlag, B. (1995/2003^2). Lern- und Leistungsmotivation. UTB für Wissenschaft 1855.
Steg, L., Vlek, C. (1997). The Role of Problem Awareness in Willingness-to-Change Car-Use and in Evaluating Relevant Policy Measures. In: T. Rothengatter, E.C. Vaya (Hrsg.), Traffic and Transport Psychology. Amsterdam: Pergamon, 465-475.

Transport for London (2003). Congestion charging. Fact sheets. http://www.tfl.gov.uk/ tfl/cc_fact_sheet.shtml.

Tretvik, T. (2003). Urban road pricing in Norway: Public acceptability and travel behaviour. In: J. Schade, B. Schlag (Eds.), Acceptability of transport pricing strategies. Oxford: Elsevier, 77-92.

Viegas, J., Macario, R. Goller, L., Raux, C., Link, H. et al. (2000). Empirical Studies on Price Acceptability. Deliverable D3. EU-Projekt PATS, gefördert durch die Europäische Kommission, 4. Forschungsrahmenprogramm.

Westhoff, K. (1985). Erwartungen und Entscheidungen. Berlin: Springer.

Whitehead, T. (2002). Road user charging and business performance: identifying the processes of economic changes. Transport Policy, 9, 221-240.

Jens Schade

Prädiktoren der Akzeptanz von Preisinstrumenten im Verkehrsbereich

1 Einleitung

Straßenbenutzungsgebühren werden in der Literatur immer wieder als effektive Maßnahmen zur Verminderung der negativen Folgen des motorisierten Individualverkehrs aufgeführt (z.B. Verhoef, 1996). Trotz der akademischen Popularität sind bis auf wenige Ausnahmen Straßenbenutzungsgebühren in der Praxis allerdings kaum umgesetzt worden. Dies wird vor allem auf die geringe öffentliche Akzeptanz dieser Maßnahmen zurückgeführt, die dazu führt, dass der Versuch einer Einführung von Preisinstrumenten im Verkehr von politischer Seite kaum gestartet wird (Schade und Schlag, 2003). Zahlreiche Umfragen belegen, dass ein Großteil der Bevölkerung Maßnahmen zur Verteuerung des Autoverkehrs entschieden zurückweist (z.B. Jones, 1991; Schlag und Schade, 2000).

Akzeptanz politischer Entscheidungen spielt in einer demokratischen Gesellschaft eine herausragende Rolle. Gesellschaftliche und politische Innovationen müssen sich über den demokratischen Diskurs und im Wettbewerb mit alternativen Innovationen durchsetzen und können in der Regel nicht mehr öffentlich verordnet werden (vgl. Frey und Eichenberger, 1999). Zudem stärkt der Akzeptanzbegriff die Nutzerperspektive. Zwar mögen technologisch-politische Innovationen auf der gesellschaftlichen Ebene mehr Nutzen als Kosten bringen, doch sind dabei oft nicht die Sichtweisen und Interessen der einzelnen Betroffenen berücksichtigt (Messick und Brewer, 1983). Dies kann zu Widerstand bei bestimmten Akteuren und letztlich zum Scheitern einer an sich nützlichen Innovation führen.

Fehlende Akzeptanz kann verschiedene Konsequenzen haben. Zum einen kann sie dazu führen, dass politische Entscheider, aufgrund z.B. erwarteter eigener Nachteile, schon in der Planungs- und Konzeptionsphase von einer weiteren Verfolgung einer innovativen Maßnahme Abstand nehmen. Hier sind vergleichsweise wenig Investitionskosten angefallen. Der deutlich ungünstigere Fall ist der aktive Widerstand gesellschaftlicher Gruppen gegenüber eingeführten (technologischen) Innovationen. Es sind zahlreiche Beispiele aus Bereichen wie der Nuklear-, Informations- und Biotechnologie und auch aus dem Verkehrsbereich vorhanden, die die Wirksamkeit von Widerstand eindrucksvoll demonstrieren (Bauer, 1995; Crest, Klaerr-Blanchard und Ellenberg, 1999; Davis, 1993; Renn, 1998). Demzufolge wird angenommen, dass die Akzeptanz von neuen

Technologien eine wichtige Vorbedingung für deren spätere Effektivität ist (Van der Laan, 1998). Allerdings gibt es auch kritische Stimmen, die den deskriptiven Akzeptanzansatz, der auf das gegenwärtige bzw. angenommene zukünftige Akzeptanzniveau für eine Technologie ausgerichtet ist, für anti-innovativ halten, weil damit nur schrittweise Neuerungen und keine Innovationssprünge realisiert werden könnten (Grunwald, 1999).

Ziel dieses Beitrags ist es, die kognitiven Bedingungen der Akzeptanz von Straßenbenutzungsgebühren zu untersuchen. Er ist wie folgt aufgebaut: In Abschnitt 2 werden zentrale Determinanten der Akzeptanz von Straßenbenutzungsgebühren kurz dargestellt. Anschließend werden Ansatz und Ergebnisse einer Studie berichtet, in der die Akzeptanz von Preismaßnahmen in vier europäischen Städten untersucht worden ist. Im letzten Abschnitt werden Schlußfolgerungen gezogen und auf einige offene Fragen hingewiesen.

2 Theoretischer Hintergrund

Das heuristische Modell von Schlag und anderen (Schade, 1999; Schade und Schlag, 2000; Schlag, 1998; Schlag und Teubel, 1997) identifiziert sieben Determinanten der Akzeptanz von Straßenbenutzungsgebühren, die im Folgenden kurz dargestellt werden.

2.1 Problembewusstsein

Die Wahrnehmung von verkehrsbezogenen Problemen ist eine Voraussetzung, damit Maßnahmen für deren Lösung als wichtig eingeschätzt werden (Steg und Vlek, 1997). Sie nehmen an, dass ein hohes Problembewusstsein zu einer größeren Bereitschaft führt, Lösungsoptionen für die wahrgenommenen Probleme zu akzeptieren. Während einige Studien diese Annahme bestätigen (Rienstra, Rietveld und Verhoef, 1999), zeigen andere, dass es möglicherweise zwei unterschiedliche Wahrnehmungsmuster geben könnte. So finden Harsman, Pädam und Wijkmark (2000) und Schade (1999), dass Personen, die v. a. verkehrsbezogene Probleme wie Stau oder ungenügenden Parkraum als besonders relevant betrachten, dazu tendieren, road pricing stärker abzulehnen. Wer hingegen v.a. umweltbezogene Probleme wie Luftverschmutzung oder Lärm wahrnimmt, ist eher bereit, restriktive (und Preis-) Maßnahmen zu akzeptieren.

2.2 Verantwortungsattribution

Die Verantwortung für die Lösung (und nicht nur für die Entstehung) der wahrgenommenen Probleme lässt sich zum eine external und zum anderen internal zuschreiben (Kals, 1996). Wird die eigene Person als (mit-)verantwortlich für die Lösung der Probleme gesehen, dann sollte dies zu erhöhter Zustimmung zu Maßnahmen führen, die den Autogebrauch verteuern oder einschränken. Werden aber nur externale Instanzen als verantwortlich für die Lösung der Verkehrsprobleme gesehen, dann sollte sich das negativ auf die Zustimmung von road pricing-Maßnahmen auswirken.

2.3 Zielvorstellungen

In Anlehnung an das sozial-ökologische Dilemma (Dawes, 1980) wird zwischen sozial und persönlich relevanten Mobilitätszielen unterschieden. Dabei wird angenommen, dass soziale, ressourcen- und gruppenorientierte Zielvorstellungen in Einklang mit den Zielen von Straßenbenutzungsgebühren stehen, während gewinnmaximierende, persönliche Zielvorstellungen mit den Zielen von road pricing konkurrieren. Daraus lässt sich ableiten, dass die höhere Bewertung allgemeiner, gesellschaftlicher Ziele positiv in Zusammenhang mit der Akzeptanz von Straßenbenutzungsgebühren steht. Die Verfolgung persönlicher, Gewinn maximierender Ziele hingegen führt dazu, dass road pricing stärker abgelehnt wird (Van Vugt, 1997).

2.4 Mobilitätsrelevante soziale Normen

Aufbauend auf Festingers (1954) Theorie sozialer Vergleichsprozesse wird angenommen, dass Personen ihre eigenen Meinungen mit denen anderer (ihnen wichtigen) Personen vergleichen. Dieser soziale Vergleich wird um so bedeutsamer, je weniger objektive Kriterien (z.B. aufgrund fehlender Information) zur Meinungsbildung zur Verfügung stehen. Operationalisiert wird die soziale Norm sensu Ajzen (1991) als die wahrgenommene Erwartung wichtiger anderer Personen, die vorgestellten Preismaßnahmen zu akzeptieren oder nicht. Je positiver die wahrgenommene soziale Norm in Bezug auf die Preismaßnahmen ist, desto höher sollte demnach die Akzeptanz ausfallen.

2.5 Wissen über Lösungsoptionen

Aus der Umweltbewusstseinsforschung ist bekannt, dass Wissen um richtiges Handeln für den Umweltschutz eine notwendige, aber keine hinreichende Bedingung für umweltgerechtes Verhalten ist (z.B. Schahn, 1993). Dies wird auch für die Akzeptanz angenommen (Schlag, 1998). Bisherige Untersuchungen zeigen, dass bekanntere Travel Demand Management-Maßnahmen höhere Zustimmungsraten erhalten als unbekannte (Franzen, 1997; Schlag und Schade, 2000). Dabei wird meist angenommen, dass eine höhere Bekanntheit zu einer verbesserten Effektivitätsbeurteilung für die jeweilige Maßnahme führt, die wiederum Einfluss auf die Akzeptanz hat.

2.6 Wahrgenommene Effektivität

Zur Verringerung der Verkehrsprobleme in Innenstädten lassen sich verschiedene Maßnahmen einsetzen, die sich nach dem Grad der Zielerreichung (Effektivität) unterscheiden. So dürften urbane Straßenbenutzungspreise zu einem deutlicheren Rückgang von Pkw-Fahrten führen als z.B. eine Informationskampagne, die die negativen Folgen des Autoverkehrs thematisiert. Die eingeschätzte Effektivität von Maßnahmen wird in der Literatur zumeist als ein Prädiktor für die jeweilige Akzeptanz der Maßnahmen gesehen (MIRO, 1995). Wird eine Maßnahme als wirksam z.B. zur Verringerung von Verkehrsproblemen wahrgenommen, so sollte die Akzeptanz der Maßnahme höher sein. Eine andere Hypothese dagegen behauptet, dass umgekehrt die Akzeptanz der Maßnahme einen Einfluss auf die Einschätzung ihrer Effektivität hat. So halten Rienstra et al. (1999, S. 190) es für möglich, dass *'strategic responses on perceived effectiveness may occur when respondents try to justify their rejection of painful policy measures by claiming that they perceive them as ineffective'*. D.h. wird eine Maßnahme abgelehnt, so sollte dies zu einem konsistenten Effektivitäts-Urteil (i.S. der Dissonanztheorie) führen: die Maßnahme wird als unwirksam eingeschätzt. Dies lässt sich als strategisches Antwortverhalten bezeichnen, da die Befragten mit ihrem Antwortverhalten möglicherweise die Strategie verfolgen, eine unbeliebte Maßnahme generell abzuwerten. Allerdings ist die Frage der Kausalität zweifelsfrei nur im Experiment zu klären, so dass in dieser Feldstudie eine erste Annäherung an das Problem mittels Brückenannahmen versucht werden muss. Die Überlegung ist, dass Personen die hauptsächlich Nachteile für sich aus der Maßnahme erwarten, diese signifikant als ineffektiver bewerten, um ihre Ablehnung hierüber zu begründen. Das heißt, wenn die persönliche Ergebniserwartung die Beziehung zwischen der eingeschätzten Effektivität und Akzeptanz der Maßnahme moderiert, so ließe sich das als *strategic response* betrachten.

2.7 Wahrgenommene Gerechtigkeit

Wahrgenommene (Un-)Gerechtigkeit kann sowohl distributiver als auch prozeduraler Art sein. Hier wird sie auf die wahrgenommene Verteilung von Kosten und Nutzen bezogen (Giuliano, 1994). Schlag (1998) unterscheidet intrapersonale und interpersonale Aspekte von Gerechtigkeit. „Intrapersonal" bezieht sich auf das persönliche Ergebnis-Beitrags-Verhältnis vor und nach der Einführung der Maßnahme. Der interpersonale Aspekt bezeichnet den Vergleich von Ergebnis-Beitrags-Verhältnissen mit (relevanten) anderen Personen. Wichtig ist die persönliche Wahrnehmung von Kosten und Nutzen, die im Vergleich mit versus ohne road pricing resultieren. Je mehr eigene Vorteile aus der Implementation von Straßenbenutzungsgebühren antizipiert werden - so die Annahme - desto höher wird auch die Akzeptanz sein. Operational ist damit eine befragungstechnisch praktikable und zugleich theoretisch relevante Annäherung an equity gewählt, die die persönlichen Ergebniserwartungen in den Mittelpunkt stellen (vgl. Viegas und Macário, 2003).

2.8 Weitere Untersuchungsfragen und Hypothesen

2.8.1 Sozioökonomische Einflüsse

Aus der ökonomischen Theorie menschlichen Verhaltens lässt sich ableiten, dass die Zustimmung zu road pricing je nach sozioökonomischen Hintergrund der befragten Personen unterschiedlich ausfällt (Becker, 1982; Rienstra et al., 1999). D.h. Geringverdiener sollten Straßenbenutzungsgebühren wegen ihres höheren Grenznutzen des Geldes und ihrer geringeren Bereitschaft, für Externalitäten zu bezahlen, stärker ablehnen. Auf der anderen Seite sollten Straßenbenutzungsgebühren von Höherverdienenden mehr Unterstützung erhalten, da sie Zeitkosten höher bewerten und der Grenznutzen des Einkommens im allgemeinen niedriger ist. Rienstra et al. (1999) fanden jedoch in ihrer Untersuchung, dass die Einkommenshöhe keinen Einfluss auf die Akzeptanz von road pricing hat. Weiterhin konnten sie nur geringe Zusammenhänge zwischen sozioökonomischen

Variablen und Modellvariablen wie Problembewusstsein, wahrgenommener Effektivität und Akzeptanz finden. Obwohl Jakobsson, Fujii und Gärling (2000) einen über Fairneß und wahrgenommene Freiheitseinschränkung vermittelten Einkommenseffekt auf die Akzeptanz von road pricing feststellen, wird angenommen, dass im Gegensatz zur ökonomischen Theorie das Einkommen und andere sozioökonomischen Merkmale nur einen geringen Einfluss auf die Akzeptanz von Straßenbenutzungsgebühren haben.

2.8.2 Verhaltensimplikationen

Akzeptanz als ein Einstellungskonstrukt (vgl. Schade, 1999) ist nur dann sinnvoll, wenn es mit irgendeiner Form von Verhalten in Beziehung steht. Die wichtige Frage ist, ob Akzeptanz als positive oder negative Einstellung zu road pricing einen Einfluss auf damit in Zusammenhang stehende Verhaltensweisen hat. Allerdings gibt es methodische Schwierigkeiten, die die Messung von Einstellungs- und Verhaltensbeziehungen erschweren (vgl. Ajzen und Fishbein, 1977). Im vorliegenden Fall ist es nahezu unmöglich, Verhalten zu messen, da Straßenbenutzungsgebühren fast nirgendwo eingeführt sind. Einen ersten Zugang stellt die Erhebung von Verhaltensintentionen dar, d.h. es wird untersucht, welche Verhaltensabsichten die Befragten präferieren, wenn Straßenbenutzungsgebühren eingeführt werden würden. Obwohl dies eine recht hypothetische Konstruktion ist, da niemand der Befragten Erfahrungen mit den konfrontierten Preismaßnahmen haben kann, ist dies dennoch eine erste Annäherung an die Einstellungs- und Verhaltensrelation. Grundsätzlich sind zahlreiche Verhaltensreaktionen auf road pricing möglich. Straßenbenutzungsgebühren können einen Einfluss auf direkte Verkehrsentscheidungen (z.B. Verkehrsmittelwahl, Strecke, Zeit, Häufigkeit etc.) als auch auf eher indirekte Entscheidungen wie Wohnortwahl oder politisches Stimmverhalten haben. Es sind daher keine einzelnen hohen Korrelationen zwischen der geäußerten Akzeptanz und speziellen Intentionen zu erwarten. Darüber hinaus ist zu beachten, dass bei einer tatsächlichen Einführung von Straßenbenutzungsgebühren je nach Situation und Gestaltung des Systems veränderte Verhaltensreaktionen die Folge sein können (Golob, 2001).

Zusammenfassend lassen sich folgende Forschungsfragen und Hypothesen ableiten:

- Bestehen die postulierten Beziehungen zwischen den dargestellten Prädiktoren (subjektives Wissen, wahrgenommene Effektivität, persönliche Ergebniserwartungen und der wahrgenommene soziale Druck, die jeweilige Preismaßnahme zu akzeptieren, sowie die Prädiktorvariablenpaare verkehrs- vs. umweltbezogenes Problembewusstsein, soziale vs. persönliche Zielvorstellungen und internale vs. externale Verantwortungsattributionen) und der Akzeptanz und fallen sie in der erwarteten Richtung aus? D.h. führt ein höheres umweltbezogenes Problembewusstsein zu einer höheren Akzeptanz der Preismaßnahmen. Geht Wissen über road pricing mit einer höheren Akzeptanz einher etc.?
- Wieviel Erklärungswert besitzen ökonomische Annahmen, denen zufolge höheres Einkommen zu einer höheren Akzeptanz führt?
- Lässt sich ein verzerrendes strategisches Antwortverhalten feststellen, in dem die Befragten durch Infragestellung z.B. der Effektivität der Maßnahme versuchen, ihre Ablehnung gegenüber Preisinstrumenten zu „rationalisieren“?
- Hat Akzeptanz als positive oder negative Einstellung gegenüber road pricing einen Einfluss auf damit in Zusammenhang stehende Verhaltensintentionen?

3 Methode

Es wurde eine Fragebogenstudie in Athen (Griechenland), Como (Italien), Dresden (Deutschland) und Oslo (Norwegen) durchgeführt. Der Fragebogen umfasst die im vorigen Abschnitt dargestellten Variablen des Akzeptanzmodells.

3.1 Itembeispiele

Alle Modellvariablen wurden über vierstufige Rating-Skalen erhoben (1 = z.B. kein Problem oder keine Information bis 4 = großes Problem, viel Information). Eine Ausnahme bildete die Variable "persönliche Ergebniserwartung“, die dreistufig erfasst wurde (-1= erwarte mehr Nachteile, 0=keine Änderung, +1=erwarte mehr Vorteile). Im Folgenden wird die deutschsprachige Version des Fragebogens dargestellt.

Problembewusstsein. Auf die Frage „Was denken Sie persönlich über die Verkehrsprobleme in Dresden?“ sollten folgende sechs Items auf einer vierstufige Rating-Skala (1 = ‚überhaupt kein Problem’ bis 4 = ‚ein sehr großes Problem’) bewertet werden: Verkehrsstau, nicht genügend Parkplätze, unzureichender öffentlicher Nahverkehr, Luftverschmutzung durch Kraftfahrzeuge, Verkehrslärm, und mangelnde Verkehrssicherheit.

Verantwortungsattribution. Auf die Frage „Wer ist Ihrer Meinung nach verantwortlich für die Lösung der Verkehrsprobleme in Dresden?" sollten 8 Items auf einer vierstufigen Rating-Skala (1 = ‚absolut nicht verantwortlich' bis 4 = ‚sehr verantwortlich') eingeschätzt werden: Autofahrer, Stadtrat (Kommune), Staat, Wissenschaftler, ich selbst, Wirtschaft, Automobilclubs und Unternehmen des Öffentlichen Personennahverkehrs.

Wahrgenommene Effektivität. Die Frage „Wie wirksam wäre Ihrer Meinung nach diese Maßnahme auf die Reduzierung des Innenstadtverkehrs von Dresden?" musste auf einer Skala von 1= ‚sehr unwirksam' bis 4 = ‚sehr wirksam' eingeschätzt werden.

Persönliche Ergebniserwartung. Diese Variable wurde dreistufig erfasst: „Wenn Sie es mit der heutigen Situation vergleichen, was würden Sie dann für sich ganz allgemein erwarten, wenn oben genannte Maßnahme eingeführt würde?" (-1= erwarte mehr Nachteile, 0=keine Änderung, +1=erwarte mehr Vorteile).

Akzeptanz Die Frage „Bitte geben Sie an, in welchem Ausmaß Sie selbst mit der Einführung dieser Maßnahme in Dresden einverstanden wären" musste auf einer Skala von 1= ‚überhaupt nicht einverstanden' bis 4 = ‚absolut einverstanden' eingeschätzt werden.

3.2 Stichprobe

Die Stichprobe besteht ausschließlich aus Autofahrern, so dass vermutet werden kann, dass eher jener Teil der Bevölkerung repräsentiert ist, der in Bezug auf die gestellten Fragen konservativere Einstellungen hat (vgl. Schade und Schlag, 2001).

Bei der Auswahl wurden demografische Kriterien wie Alter, Geschlecht, Beruf und Wohnort berücksichtigt. Die Untersuchung wurde zwischen Dezember 1998 und Januar 1999 durchgeführt. Die Gesamtstichprobe für die einzelnen Städte ist nicht repräsentativ. Allerdings gibt sie die Verteilung der autofahrenden Bevölkerung in den vier Städten recht gut wieder, so auch bei der – im Vergleich zur Gesamtbevölkerung – Überrepräsentation der Männer, die sich im autofahrenden Bevölkerungsanteil genau in dieser Proportion findet (Tab. 1).

	Gesamt	Athen	Como	Dresden	Oslo
N	954	150	238	281	285
Geschlecht (männlich)	61.9%	61.7	64.9	64.5	56.9
Alter (Jahre)	M= 44.3	36.5	45.6	45.4	46.3
	SD = 14.6	11,5	13,6	15,5	14,7

Tab. 1: Charakteristik der Stichprobe

Die zu bewertenden Nachfragemanagement- und Preismaßnahmen wurden im Rahmen des EU-Projekts AFFORD entwickelt (für eine ausführliche Herleitung siehe Milne, Niskanen und Verhoef, 2000, 71-79), in dem die ökonomischen Grundlagen für das Design von Preismaßnahmen nach dem Konzept der sozialen Grenzkosten und Beispiele von Preispaketen erforscht wurden. Die Preismaßnahmen umfassten ein zeitdifferenziertes Cordon pricing, eine Erhöhung der Parkgebühren und der Benzinsteuer und eine Einnahmenverwendung, die in Teilen der ökologischen Steuerreform folgt (z.B. verringerte Lohnnebenkosten, Verbesserungen im öffentlichen Verkehr).

4 Ergebnisse

4.1 Modellprädiktoren

Im folgenden werden die Ergebnisse von Regressionsanalysen zur Ermittlung relevanter Prädiktoren dargestellt. Eine zweistufige Auswertungsprozedur wurde gewählt. Zuerst wurden die umfangreichen Daten über Faktorenanalysen reduziert (vgl. Tab. 2). Viele der verwendeten Skalen (Problembewusstsein, Zielvorstellungen, Verantwortungszuschreibung) basieren auf mehreren Items, die nicht alle einzeln in ihrer Beziehung zur Akzeptanz untersucht werden können (Schade, 1999). Die Ergebnisse der Faktorenanalysen waren zufriedenstellend und sind ausführlich in Schade und Schlag (2000) dargestellt.

Skala	Item-anzahl	Interne Konsistenz (a)	Mittel-wert	SD	Erklärte Varianz
-Verkehrsbezogenes Problembewusstsein	2	∇=.58	3,18	,68	60,83%
-Umweltbezogenes Problembewusstsein	4	∇=.72	3,01	,63	
-Allgemeine Zielvorstellungen	5	∇=.60	3.30	,53	44.97%
-Persönliche Zielvorstellungen	4	∇=.58	2.84	,63	
-Interne Verantwortungsattribution	2	∇=.74	2.48	,80	56.37%
-Externe Verantwortungsattribution	4	∇=.53	3.21	,55	

Tab. 2: Faktorenanalytisch gebildete Variablen (ungewichtet gemittelt) und ihre deskriptiven Werte

In einem zweiten Schritt wurden die gebildeten Skalen mit Regressionsanalysen hinsichtlich ihres Erklärungswerts für die Akzeptanz untersucht. Die Analysen wurden linear und schrittweise an der Gesamtstichprobe durchgeführt. Die Vorhersagekraft folgender unabhängiger Variablen wurde untersucht: das subjektive Wissen, die wahrgenommene Effektivität, die persönlichen Ergebniserwartungen und der wahrgenommene soziale Druck, die jeweilige Preismaßnahme zu akzeptieren, sowie die Prädiktorvariablenpaare verkehrs- vs. umweltbezogenes Problembewusstsein, soziale vs. persönliche Zielvorstellungen und internale vs. externale Verantwortungsattributionen.

Die regressionsanalytischen Befunde ergeben, dass eine höhere Akzeptanz v.a. dann zu erwarten ist, wenn sozialer Druck wahrgenommen wird, die Maßnahme zu akzeptieren, wenn persönliche Vorteile durch die Einführung der Maßnahme erwartet werden und wenn die Maßnahme als effektiv wahrgenommen wird, die städtischen Verkehrsprobleme zu verringern. Diese Variablen klären 34 % der Kriteriumsvarianz auf (Tab. 3).

Die dominierende Wahrnehmung von verkehrsbezogenen Problemen hat einen negativen Effekt auf die Akzeptanz. D.h. wer v.a. Probleme wie Stau oder ungenügenden Parkraum als besonders relevant betrachtet, lehnt signifikant häufiger Straßenbenutzungsgebühren ab (Schade, 1999). Darüber hinaus zeigen die höhere Bewertung von sozialen Zielen wie auch die internale Zuschreibung von Verantwortung für die Lösung der Probleme einen positiven Effekt auf die Akzeptanz. Der Grad des subjektiven Wissens verbessert die Gleichung nur unwesentlich, obwohl der Einfluss dieser Variable signifikant ist.

Prädiktorvariablen#	R^2	B	ß
Soziale Norm	.236	.269**	.274
Persönliche Ergebniserwartungen	.317	.296**	.270
Wahrgenommene Effektivität	.343	.164**	.170
Verkehrsbezogenes Problembewusstsein	.359	-.179*	-.123
Soziale Zielvorstellungen	.369	.113**	.083
Internale Verantwortungszuschreibung	.376	.078**	.088
Wissen	.380	.068*	.065
Konstante		.320	
F total =80.34**; df =7/918			

* .01 < p <.05 **p < .01
# Eingegangene Variablen siehe Text. Folgende Prädiktoren wurden nicht signifikant und sind deshalb nicht aufgeführt: umweltbezogenes Problembewusstsein, persönliche Zielvorstellungen und externale Verantwortungsattributionen.

Tab. 3: Schrittweise multiple Regression auf die Akzeptanz von Straßenbenutzungsgebühren

4.2 Sozioökonomische Einflüsse

Die ökonomische Annahme ist, dass die Zustimmung zu road pricing je nach sozioökonomischen Hintergrund der Personen unterschiedlich ausfällt. Die folgenden sozioökonomischen Variablen wurden in die Regressionsanalysen aufgenommen: Geschlecht, Alter, Anzahl der im Haushalt lebenden Personen, Haushaltseinkommen, Personen unter 17 Jahren im Haushalt, Beruf, jährliche gefahrene Kilometer, Mitgliedschaft in einem Automobilclub und übliches Verkehrsmittel bei dem Weg zur Arbeit. Der sozioökonomische Einfluss auf alle wesentlichen Variablen wurde untersucht (vgl. Schade und Schlag, 2000). Die Ergebnisse zeigen eindeutig, dass die Wahrnehmungen, Einstellungen und Bewertungen der Preismaßnahmen nur zu einem äußerst geringen Ausmaß durch die sozioökonomischen Eigenschaften der Befragten beeinflusst werden. Bezüglich der Akzeptanz der Preismaßnahmen qualifizieren sich nur zwei Dummys der Variable "übliches Verkehrsmittel zur Arbeit": Personen, die hauptsächlich mit dem öffentlichen Nahverkehr oder mit dem Fahrrad zur Arbeit fahren, unterstützen die Preismaßnahmen stärker als Personen, die v.a. mit dem Auto zur Arbeit fahren. Alle anderen sozioökonomischen Variablen haben keinen erklärenden Wert auf die Akzeptanzvariable. Insgesamt liegt die erklärte Kriteriumsvarianz für alle diese Variablen bei 2 %. Dennoch gibt es interessante Detailergebnisse.

Die Hypothese, dass höhere Einkommensgruppen Straßenbenutzungsgebühren eher akzeptieren, konnte zwar nicht bestätigt werden, jedoch zeigte sich, dass diese Gruppe eher Vorteile aus den Gebühren erwartet als Nachteile. Hingegen erwarteten niedrigere Einkommensgruppen deutlich mehr Nachteile.

4.3 Strategisches Antwortverhalten

Bei Akzeptanzuntersuchungen zu Preisveränderungen erscheint es möglich, dass ein strategisches Antwortverhalten auftreten kann. Die Untersuchung dieses Problems hat sich bisher auf die Beziehung zwischen wahrgenommener Effektivität und der Akzeptanz konzentriert. Die Annahme ist, dass Personen die hauptsächlich Nachteile für sich aus der Maßnahme erwarten, diese signifikant als ineffektiver bewerten, um ihre Ablehnung hierüber zu begründen. Die Prüfung ergibt, dass es zwar eine Beziehung zwischen der Erwartung von Nachteilen und einer als gering eingeschätzten Effektivität gibt (r = .18**), jedoch ist die Korrelation deutlich geringer als diejenige zwischen Ergebniserwartung und Akzeptanz (r = .47**) und zwischen Effektivität und Akzeptanz (r = .32**). Führt man eine partielle Korrelation durch, die den Einfluss der persönlichen Ergebniserwartung ausschließt, ergibt sich eine Korrelation von r = .27** zwischen Akzeptanz und eingeschätzter Effektivität. D.h. die Beziehung zwischen Effektivität und Akzeptanz wird nur zu einem äußerst geringen Ausmaß von der Erwartung von Vor- und Nachteilen aus der Maßnahme moderiert. Dies lässt sich als Hinweis werten, dass ein strategisches Antwortverhalten bezüglich der Effektivität in der vorliegenden Untersuchung nicht wahrscheinlich ist. Eine explizite Prüfung der ‚*strategic response*'-Hypothese steht aber noch aus.

4.4 Von der Akzeptanz zum Verhalten

Welchen Einfluss hat die Akzeptanz von Straßenbenutzungsgebühren auf Verhaltensintentionen bezüglich z.B. Verkehrsmittelwahl, Gebührenzahlung oder auch Widerstand? Aus methodischen Gründen sind keine hohen Einzelkorrelationen zu erwarten. Dies wird durch die Ergebnisse bestätigt (Tab. 4). Generell liegt die aufgeklärte Intentionsvarianz unter 5 %. Jedoch erweisen sich alle Regressionskoeffizienten als signifikant und zeigen eine plausible Richtung an. Eine höhere Akzeptanz geht im Falle einer Einführung von road pricing mit der Bereitschaft einher, mehr öffentliche Verkehrsmittel zu nutzen, Fahrgemeinschaften zu bilden oder öfters Park & Ride-Einrichtungen zu nutzen. Dagegen besteht nicht die Absicht, auf Strecken auszuweichen, auf denen keine Gebühren erhoben werden. Interessanterweise wird die Varianz eines eher indirekten Items vergleichsweise gut aufgeklärt: Personen, die Straßenbenutzungsgebühren ablehnen, äußern stärker die Absicht, eine Pro-Autoinitiative zu unterstützen, welche versucht, die geplanten Maßnahmen zu stoppen. Dieser Befund weist darauf hin, dass unter bestimmten Bedingungen Reaktanz auftreten könnte, welche allerdings bisher nicht klar sind (vgl. Crest et al., 1999).

Intentionen	R^2	B	ß
- weniger mit dem Auto fahren	.016**	.16**	.13
- mehr die öffentlichen Verkehrsmittel nutzen	.052**	.31**	.23
- mehr Fahrrad fahren bzw. zu Fuß gehen	.022**	.22**	.15
- die Gebühren bezahlen, um weiterhin mit dem Auto fahren zu können wie bisher	.014**	.15**	.12
- Strecken fahren, auf denen keine Gebühren bezahlt werden müssen	.046**	-.30**	-.22
- Fahrgemeinschaften bilden	.010**	.12**	.10
- eine Pro-Autoinitiative unterstützen, welche versucht, die geplante Maßnahmen zu stoppen	.156**	-.57**	-.40
- Park & Ride öfters benutzen	.014**	.17**	.12

* .01 < p <.05 **p < .01

Tab. 4: Einfache Regressionsanalysen der Akzeptanz auf verschiedene Intentionen

5 Diskussion

Straßenbenutzungsgebühren sind vielfach als sinnvoll und wünschenswert vor allem zur Lösung der zahlreichen Verkehrsprobleme in städtischen Ballungsräumen begründet worden. Zahlreiche Untersuchungen belegen jedoch, dass ein Großteil der Bevölkerung Maßnahmen, die eine Verteuerung der Autonutzung bewirken, entschieden ablehnt. Es werden die Gründe für die Ablehnung identifiziert und näher untersucht.

Die multivariaten Ergebnisse dieser Untersuchung bestätigen die aus dem psychologischen Akzeptanzmodell hergeleiteten Hypothesen größtenteils. Sie können hingegen nicht die vorherrschende ökonomische Auffassung bestätigen, dass sozioökonomische Parameter, und hierunter vor allem das verfügbare Einkommen, die Akzeptanz von Preismaßnahmen im Straßenverkehr zureichend vorhersagen könnten. Die Regressionsanalysen ergeben, dass sich die Akzeptanz v.a. durch die Variablen "Soziale Norm", "Persönliche Ergebniserwartungen" und "Wahrgenommene Effektivität" erklären lässt: Je höher der wahrgenommene soziale Druck ist, eine Maßnahme zu akzeptieren, je höher des weiteren die Effektivität der Maßnahme eingeschätzt wird, und je stärker persönliche Vorteile aus der Implementation der Maßnahme erwartet werden, desto höher ist die Akzeptanz der jeweiligen Preismaßnahme. Bemerkenswert ist der hohe prädiktive Wert der sozialen Norm, der sich in nahezu allen Analysen ergeben hat. Er weist u.a. darauf hin, dass in unsicheren Situationen aufgrund fehlender persönlicher Erfahrung und Information mit den präsentierten Preismaßnahmen eine verstärkte Orientierung an der sozialen Umwelt stattfindet. In einem schlecht definierten, aber als relevant erlebten Bereich kann daraus die Bemühung resultieren, sich um Übereinstimmung zwischen (möglicherweise noch wenig elaborierten) eigenen Präferenzen und denen von wichtigen anderen zu bemühen. Das Streben nach sozialer Integration und konsonanten Einschätzungen unterlegt die Bedeutung sozialer Normen, gerade wenn es um die Einführung innovativer Maßnahmen geht. Können soziale Normen, bspw. über proaktive Medieninformation, die das vorhandene Problembewusstsein nutzen, zugunsten von Straßenbenutzungsgebühren gestaltet werden, so können auf individueller Ebene entsprechende Anpassungen der Einstellungen und Verhaltensbereitschaften erwartet werden. Allerdings kann der Einfluss wahrgenommener sozialer Erwartungen in beide Richtungen verlaufen, pro und contra Preismaßnahmen. Heute scheint er vor allem im Straßenverkehr vorrangig gegen Preismaßnahmen gerichtet.

Neben der sozialen Norm haben sich erwartungsgemäß die wahrgenommenen Ergebniserwartungen als einflussreicher Prädiktor der Akzeptanz gezeigt. Dieser Befund kann nicht überraschen. Allerdings hängt es unter anderem vom Einkommen ab, ob eher Vorteile oder eher Nachteile wahrgenommen werden. Das Einkommen wirkt demnach zwar nicht direkt auf die Akzeptanz, jedoch möglicherweise vermittelt über die Ergebniserwartungen (Jakobsson et al., 2000). Darüber hinaus kann die Einschätzung der Effektivität einer Maßnahme ihre Akzeptanz teilweise voraussagen. Dies weist darauf hin, dass pro-soziale Orientierungen durchaus dazu beitragen, gewisse Einschränkungen zu akzeptieren (Van Vugt, 1997). Dies wird durch Faktoren wie die soziale Zielvorstellungen und die internale Verantwortungszuschreibung bestätigt, obwohl sie in dieser Untersuchung vergleichsweise wenig zur Varianzaufklärung beitragen. Die vorliegende Studie hat nicht alle Faktoren untersucht, die einen Einfluss auf die Akzeptanz von Straßenbenutzungsgebühren haben können. So sind v.a. Aspekte des Akzeptanzobjekts wie Gebührenhöhe, Zweck, Art der Gebührenerhebung und Einnahmenverwendung nur über modellhaft eingeführte Maßnahmenpakete untersucht worden. Daneben deuten die Ergebnisse an, dass weitere Einflüsse auf die Akzeptanz wirken, die bisher nicht ausreichend berücksichtigt sind. Emotionale Variablen (z.B. Ärger, Wut) und deren Verhaltenswirkungen (z.B. Reaktanz, Aggression) könnten möglicherweise zu einer Verbesserung der Akzeptanzvorhersage auch für innovative Preismaßnahmen beitragen. Darüber hinaus ist bei korrelativen Studien zu beachten, dass keine Aussagen über die Richtung der Zusammenhänge gemacht werden können. Dennoch zeigt das beschriebene mobilitätsbezogene Akzeptanzmodell eine hohe Anwendungsgüte und darüber hinaus ergibt sich mit überraschender Deutlichkeit ein dominierender Einfluss psychologischer Faktoren auf die Akzeptanz von Preisinstrumenten im Verkehrsbereich.

Danksagung

Die berichtete empirische Untersuchung ist im Rahmen des durch die Europäische Kommission geförderten Projekts AFFORD (Acceptability of Fiscal and Financial Measures & Organisational Requirements for Demand Management) durchgeführt worden. Ich danke alle Partnern, die zum Gelingen der Untersuchung beigetragen haben. Dank gilt darüber hinaus einem anonymen Reviewer, der einen wichtigen Hinweis gegeben hat.

6 Literatur

Ajzen, I. (1991). The Theory of Planned Behavior. Organizational Behavior and Human Decison Prozesses, 50, 179-211.

Ajzen, I., Fishbein, M. (1977). Attitude-behavior relations: a theoretical analysis and review of empirical research. Psychological Bulletin, 84, 888-918.

Bauer, M. (1995). Resistance to new technology: nuclear power, information technology and biotechnology. Cambridge: Cambridge Univ. Press.

Becker, G.S. (1982). Der ökonomische Ansatz zur Erklärung menschlichen Verhaltens. Tübingen: Mohr (Siebeck).

Crest, T., Klaerr-Blanchard, G., Ellenberg, M. (1999). Comparison of Transport System in Case Cities and State of the Art Regarding Acceptability and Barriers. Deliverable D1. EU-project PRIMA, funded by the European Commission, 4th Framework Transport RTD.

Davis, F. D. (1993). User acceptance of information technology: system characteristics, user perceptions and behavioral impacts. Man-Machine Studies, 38, 475-487.

Dawes, R.M. (1980). Social dilemmas. Annual Review of Psychology, 31, 169-193.

Festinger, L. (1954). A theory of social comparison processes. Human Relations, 7, 117-140.

Franzen, A. (1997). Umweltbewusstsein und Verkehrsverhalten - Empirische Analysen zur Verkehrsmittelwahl und der Akzeptanz umweltpolitischer Maßnahmen. Chur/Zürich: Verlag Rüegger.

Frey, B. S., Eichenberger, R. (1999). The New Democratic Federalism for Europe: Functional Overlapping and Competing Jurisdictions. Edward Elgar, Cheltenham, UK.

Giuliano, G. (1994). Equity and Fairness Considerations of Congestion Pricing. In Curbing Gridlock, Vol. 2, National Research Council. Special report 242, 250-279, Washington D.C.

Golob, T. F. (2001). Joint models of attitudes and behavior in evaluation of the San Diego I-15 congestion pricing project. Transportation Research Part A, 35, 495-514.

Grunwald, A. (1999). Technologiepolitik: Von Akzeptanz zu Akzeptierbarkeit. IPTS Report, 34, 25-32.

Harsman, B., Pädam, S., Wijkmark, B. (2000). Ways and Means to Increase the Acceptance of Urban Road Pricing, Deliverable D4. EU-project PRIMA, funded by the European Commission, 4th Framework Transport RTD.

Jakobsson, C., Fujii, S., Gärling, T. (2000). Determinants of private car users' acceptance of road pricing. Transport Policy, 7, 153-158.

Jones, P.M. (1991). UK Public Attitudes to Urban Traffic Problems and Possible Countermeasures: a Poll of Polls. Environment and Planning C: Government and Policy, 9, 245-256.

Kals, E. (1996). Verantwortliches Umweltverhalten. Weinheim: PVU.

Messick, D. M., Brewer, M. B. (1983). Solving social dilemmas: A review. In: L. Wheeler & P. Shaver (Hrsg.), Review of Personality and Social Psychology: Vol. 4. Beverly Hills, CA: Sage, 11-44.

Milne, D., Niskanen, E., Verhoef, E. (2000). Operationalisation of Marginal Cost Pricing within Urban Transport. Helsinki: VATT Research Reports, 63.

MIRO (1995). MIRO Final Report. Deliverable 8 to Commission of the European Communities, DG XIII DRIVE Programme. Brussels.

Renn, O. (1998). Three decades of risk research: accomplishments and new challenges. Journal of Risk Research, 1, 49-71.

Rienstra, S. A., Rietveld, P., Verhoef, E.T. (1999). The Social Support for Policy Measures in Passenger Transport. A statistical analysis for the Netherlands. Transportation Research Part D, 4, 181-200.

Schade, J. (1999). Individuelle Akzeptanz von Straßenbenutzungsentgelten. In B. Schlag (Hrsg.), Empirische Verkehrspsychologie. Lengerich: Pabst Science Publishers, 227-244.

Schade, J., Schlag, B. (2000). Acceptability of urban transport pricing. Helsinki: VATT Research Reports, 72.

Schade, J., Schlag, B. (2001). Akzeptierbarkeit von Nachfragemanagement- und Preismaßnahmen in europäischen Städten. Internationales Verkehrswesen, 53, 72-77.

Schade, J., Schlag, B. (Hrsg.) (2003). Acceptability of transport pricing strategies. Oxford: Elsevier.

Schahn, J. (1993). Die Kluft zwischen Einstellung und Verhalten beim individuellen Umweltschutz. In: J. Schahn und T. Giesinger (Hrsg.), Psychologie für den Umweltschutz. Weinheim: PVU, 29-50.

Schlag, B. (1998). Zur Akzeptanz von Straßenbenutzungsentgelten. Internationales Verkehrswesen, 50, 308-312.

Schlag, B., Schade, J. (2000). Public acceptability of traffic demand management in Europe. Traffic Engineering + Control, 41, 314-318.

Schlag, B., Teubel, U. (1997). Public Acceptability of Transport Pricing. IATSS Research, 21, 134-142.

Steg, L., Vlek, C. (1997). The Role of Problem Awareness in Willingness-to-Change Car-Use and in Evaluating Relevant Policy Measures. In: T. Rothengatter, E.C. Vaya (Hrsg.), Traffic and Transport Psychology. Amsterdam: Pergamon, 465-475.

Van der Laan, J. D. (1998). Acceptance of Automatic Violation-Registration Systems. Groningen: H. van Burg.

Van Vugt, M. (1997). Why the privatisation of public goods might fail: A social dilemma approach. Social Psychology Quarterly, 63, 355-366.

Verhoef, E. T. (1996). The Economics of Regulating Road Transport. Cheltenham: Edward Elgar.

Viegas, J. M., Macário, R. (2003). Acceptability of price changes in urban mobility. In: J. Schade, B. Schlag (Hrsg.), Acceptability of transport pricing strategies. Oxford: Elsevier, 169-184.

Carmen Hagemeister und Frank Fiedler

Einstellung von Schülerinnen und Schülern zum Radfahren

1 Ziele und theoretischer Hintergrund

In dieser Untersuchung wurden die Einstellungen von Schülerinnen und Schülern zum Radfahren erhoben, um daraus Potenziale für den Schülerradverkehr abzuleiten.[1] Radfahren ist eine gesundheitsfördernde, leise und stadtverträgliche Fortbewegungsart. Ärzte klagen über den Bewegungsmangel schon von SchülerInnen, der die motorische Entwicklung jüngerer Kinder beeinträchtigt und bei älteren Kindern zu gesundheitlichen Beeinträchtigungen führt. Gewohnheiten und Erfahrungen wirken sich darauf aus, wie sich die Kinder und Jugendlichen ihre Verkehrsmittelwahl als Erwachsene vorstellen (Limbourg, Flade und Schönharting, 2000). In jungen Jahren werden Verhaltensmuster und Verhaltenserwartungen (für die Zeit nach dem Fahrerlaubniserwerb) aufgebaut, die später schwer zu ändern sind. Ökologische und urbane Vorteile des Radfahrens, wie die Emissionsfreiheit und der geringere Flächenbedarf, werden dann nicht mehr genutzt: Auf einem Straßenquerschnitt von 3,5 m Breite können 14.000 RadfahrerInnen pro Stunde fahren, aber nur 2.000 Pkw, ohne dass dabei deren Parkplatzbedarf berücksichtigt wäre (Europäische Kommission, 2000).

Das Image des Fahrrads hat sich in den letzten Jahren verändert. Große Zahlen von Menschen, die ausschließlich am Wochenende auf das Rad steigen und fernab des dichten Verkehrs unterwegs sind, belegen, dass Radfahren für einen großen Teil der Menschen attraktiv ist - als Freizeitvergnügen, aber nicht im Alltag. Das kann zahlreiche Ursachen haben, von denen einige in dieser Untersuchung betrachtet werden sollen, und zwar exemplarisch für eine Nutzergruppe, die noch nicht über einen eigenen Pkw verfügt: Schülerinnen und Schüler auf dem Schulweg mit dem Fahrrad.

Um die Radverkehrsplanung zu verbessern, sollte es darum gehen, die Meinungen und Wünsche der NutzerInnen und der potenziellen NutzerInnen zu erfassen. Diese können dann in die Planung einfließen.

Um den Erfahrungshintergrund der SchülerInnen zu erfassen, fragten wir sie nach der Nutzung des Rads. Dazu müssen sie eines besitzen und die Eltern müssen einverstanden sein, dass sie mit dem Rad in die Schule fahren. Die Entscheidung für ein Verkehrsmittel wird auch durch dessen erlebte Schnelligkeit, Bequemlichkeit, Sicherheit und seinen Preis bestimmt. Außerdem fragten wir nach der Einschätzung

[1] Über den hier berichteten Ausschnitt hinaus wurden noch weitergehende Analysen zu Unfällen durchgeführt und ortskonkrete Planungsvorschläge gemacht. Die Diplomarbeit von Frank Fiedler (Fiedler, 2001) kann bei den AutorInnen als pdf-Datei per Mail angefordert werden.

der Unabhängigkeit, die wir als Vorteil des Fahrrads gegenüber Öffentlichen Verkehrsmitteln und der Automitnahme erwarteten.
Auch SchülerInnen, die nicht mit dem Rad zur Schule kommen, erleben Radverkehr: zu anderen Zeiten, an anderen Orten und/oder als BeobachterInnen ihrer MitschülerInnen. Was verhindert, dass SchülerInnen mit dem Rad zur Schule kommen? Welche Schwierigkeiten erleben diejenigen, die mit dem Rad kommen?
Ein Problem des Radfahrens ist die Verkehrssicherheit. Möglicherweise ist dies sogar der einzige Aspekt des Radfahrens, den SchülerInnen jemals im Unterricht besprechen, nämlich im Verkehrserziehungsunterricht im 3. und 4. Schuljahr. Die SchülerInnen wurden gefragt, als wie sicher sie ihren Schulweg allgemein empfinden, wobei wir von einer insgesamt positiven Bewertung ausgingen: Gewöhnung erhöht das subjektive Sicherheitsempfinden (Bundesanstalt für Straßenwesen, 1987). Um dem entgegenzuwirken, dass man das eigene Unfallrisiko optimistisch einschätzt (DeJoy, 1989), fragten wir danach, was für andere RadfahrerInnen gefährlich ist. Erfragt wurde auch, an welchen Orten auf dem Schulweg Gefahren für Radfahrer gesehen werden.

2 Methode

2.1 Versuchspersonen

In einem Gymnasium in Dresden wurden die insgesamt 58 Schülerinnen und 56 Schüler je einer Klasse der Stufen 5 bis 9 im Alter von 10 bis 16 Jahren befragt. Ihre Eltern hatten ihr Einverständnis dazu erklärt. Die SchülerInnen wurden in der anschließenden Auswertung in Nutzergruppen aufgeteilt. Als RadfahrerInnen galten diejenigen, die am Befragungstag oder mindestens 4-mal pro Woche zur Schule mit dem Rad kamen.

2.2 Fragebogen und Befragung

Den SchülerInnen wurde ein Fragebogen mit Fragen zur Person, zu Fahrradbesitz, Nutzungshäufigkeit, Einschätzungen verschiedener Verkehrsmittel und verschiedenen Aussagen zum Radfahren vorgelegt. Die Befragung dauerte zwischen 20 Minuten (9. Klasse) und 35 Minuten (5. Klasse). Sie wurde an zwei Tagen Ende Januar und Anfang Februar 2001 durchgeführt.

An einem Tag war es zu der Zeit, zu der die SchülerInnen ungefähr zuhause losgegangen waren, trocken bei 5°C, am anderen Tag fiel bei 1°C etwas Schnee.

3 Ergebnisse

3.1 Verkehrsmittelnutzung

34% der befragten SchülerInnen gehen auf dem Weg zur Schule üblicherweise zu Fuß, 8% nutzen das Rad (2 Mädchen und 7 Jungen), 36% den Öffentlichen Verkehr, 15% werden mit dem Auto gebracht (der Großteil dieser 15% fährt mit Öffentlichen Verkehrsmitteln nach Hause, die übrigen gehen zu Fuß). 94% der SchülerInnen gaben an, ein Fahrrad zu besitzen oder nutzen zu können. Sie nutzen es vorwiegend "selten" oder "nie"; wenn sie es nutzen, dann zum "Freunde besuchen" oder zum "einfach nur rumfahren".

Beide Eltern oder ein Elternteil der SchülerInnen fahren in 52% der Fälle "nie oder sehr, sehr selten“ mit dem Fahrrad, 26% "höchstens 1-mal pro Woche“, 9% "2-4-mal pro Woche“ und 13% "mehr als 4-mal pro Woche“. 50% der Eltern erlauben ihrem Kind, mit dem Rad zur Schule zu fahren, 20% erlauben es nicht, und 30% der SchülerInnen haben mit ihren Eltern nie darüber gesprochen.

3.2 Bewertung der Verkehrsmittel

	Schnelligkeit	Bequemlichkeit	Sicherheit	Preis	Unabhängigkeit
Zu-Fuß-Gehen	3,4	3,4	2,3	**1,0**	**1,2**
Fahrrad	2,0	2,4	2,8	1,8	1,6
Bus und Bahn	2,0	1,8	**1,6**	3,2	3,2
Auto	**1,4**	**1,2**	1,8	3,0	2,5

Tab. 1: Bewertung der Verkehrsmittel in Schulnoten (Mittelwert). N = 114. Die beste Note pro Kriterium ist jeweils fett gedruckt.

Die SchülerInnen vergaben Schulnoten für Schnelligkeit, Bequemlichkeit, Sicherheit, Preis und Unabhängigkeit der Verkehrsmittel (Tab. 1). Das Fahrrad schnitt bei Preis und Unabhängigkeit gut, bei der Sicherheit jedoch vergleichsweise schlecht ab.

3.3 Wünsche zum Radfahren

Kategorie	Wünsche zum Umsteigen aufs Rad (231 Nennungen)	Wünsche zum besseren Radfahren (14 Nennungen)
	% der N = 105 Nicht-RadfahrerInnen	% der N = 9 RadfahrerInnen
mehr bzw. bessere Radwege	35,2%	22,2%
kürzerer Weg zur Schule	21,9%	0%
zu kurzer Weg zum Radfahren	20,0%	0%
weniger Straßenverkehr	17,1%	33,3%
besseres Wetter	16,2%	11,1%
bessere Technik	14,3%	33,3%
höhere Sicherheit im Verkehr	13,3%	0%
mehr Bequemlichkeit bzw. Komfort	13,3%	11,1%
Verkehrsregelung verändern	12,4%	0%
mehr Rücksichtnahme	10,5%	22,2%
bessere Oberfläche der Verkehrswege	8,6%	0%
günstigere Topographie	7,6%	0%
soziale Aspekte	7,6%	0%
weniger öffentlicher Verkehr	5,7%	0%
leichteres Schulgepäck	5,7%	0%
bessere Beherrschung des Fahrrades	3,8%	0%
persönliche Unversehrtheit	2,9%	0%
Abstellanlagen / Verwahrungssicherheit	2,9%	11,1%
Sonstiges	1,0%	0%
weniger Überwachung	0%	11,1%

Tab. 2: Wünsche zum besseren Radfahren bzw. Umsteigen aufs Rad

Die SchülerInnen konnten auf die Fragen "Wenn du normalerweise NICHT mit dem Fahrrad zur Schule fährst: Was müsste sich ändern, damit du es öfters tun würdest?" bzw. "Wenn du normalerweise MIT dem Fahrrad zur Schule fährst: Was wünschst du dir, damit du in Zukunft noch lieber mit dem Rad fährst?" freie Antworten beliebiger Anzahl eintragen (Häufigkeit der Kategorien in Tab. 2). Die Nicht-RadfahrerInnen wünschten sich vor allem "mehr und bessere Radwege", einen "kürzeren Weg zur Schule", "weniger Straßenverkehr" und "besseres Wetter".

Die Kategorie "zu kurzer Weg zum Radfahren" wurde eingeführt, weil viele SchülerInnen einen sehr kurzen Schulweg haben und erst bei einem längeren Weg auf das Rad umsteigen würden. Die RadfahrerInnen wünschten sich vor allem "weniger Straßenverkehr", "bessere Technik", forderten "mehr Rücksichtnahme" und "mehr und bessere Radwege".

3.4 Vor- und Nachteile des Radfahrens

Es macht Spaß und hält mich fit und gesund.	108 (1)	Radfahren verschmutzt nicht die Umwelt.	90 (2)
Es kostet wenig Geld.	83 (4)	Ich kann allein bestimmen, wohin ich fahre.	81 (5)
Ich habe ein tolles Fahrrad.	57 (8)	Meine Freunde / Freundinnen fahren auch Rad.	58 (7)
Mit dem Rad bin ich schnell, wo ich hin will.	85 (3)	Ich kann es in Straßenbahn, Zug o. Bus mitnehmen.	28 (9)
Es macht mich unabhängig.	68 (6)	Es ist cool und ziemlich angesagt.	21 (10)

Tab. 3: Ankreuzungen auf die Frage "Was findest du am Fahrrad fahren gut?", N= 114. Jeweils Anzahl der Nennungen und Rangplatz in Klammern.

Zu den Fragen "Was findest du am Fahrrad fahren gut? Kreuze alles an, was auf dich zutrifft!" und "Was findest du am Fahrrad fahren schlecht? " gab es doppelt so viel positive Ankreuzungen (690) wie negative (361). Bei den Positivnennungen standen die Aspekte Spaß/Fitness, Umweltschutz und Schnelligkeit obenan. 10 SchülerInnen nutzten die freie Kategorie, niemand kreuzte "Nichts" an. Tabelle 3 gibt einen Überblick über die Antworthäufigkeiten. Tabelle 4 gibt einen Überblick über die Negativnennungen. Bei den Nachteilen des Radfahrens kreuzten die SchülerInnen am häufigsten ungünstiges Wetter, Anstiege und Autoabgase an; je 5 SchülerInnen nutzten die freie Antwort bzw. finden "Nichts" schlecht. RadfahrerInnen klagten nicht über lange Schulwege, wobei sich hier auch eine Selbstselektion zeigen kann: Bei langem Schulweg kann die Schule gut mit Bus und Bahn erreichen werden.

Es macht bei schlechtem Wetter keinen Spaß.	74 (1)	Ich wohne so, dass ich viel bergauf fahren muss.	39 (2)
Mit den Klamotten, die ich oft anziehe, kann man nicht mit dem Rad fahren.	31 (5)	Man schwitzt beim Rad fahren.	24 (8)
Mit meinem Rad kann ich mich nicht sehen lassen.	5 (9)	Ich habe Angst, dass mein Fahrrad gestohlen oder kaputt gemacht wird.	26 (7)
Ich habe Angst vor einem Unfall.	29 (6)	Meine Eltern haben Angst, dass mir etwas passiert.	31 (5)
Es geht oft etwas am Fahrrad kaputt.	18 (8)	Ich muss beim Rad fahren immer die Abgase der Autos einatmen.	38 (3)
Ich muss einen Helm tragen.	36 (4)	Es ist uncool.	0 (10)

Tab. 4: Ankreuzungen auf die Frage "Was findest du am Fahrrad fahren schlecht?", N = 114. Jeweils Anzahl der Nennungen und Rangplatz in Klammern.

3.5 Sicherheitsgefühl

3.5.1 Sicherheit des Schulwegs

Die Mehrheit der SchülerInnen beantwortet die Frage "Wie sicher fühlst du dich auf deinem Schulweg?' mit "sicher" (66,7%) oder "sehr sicher" (28,1%). Bestimmt werden sollte der Zusammenhang zwischen der Einschätzung der Sicherheit des Schulwegs und der Sicherheit des genutzten Verkehrsmittels. Dazu wurde die Einschätzung der Sicherheit des Verkehrsmittels, mit dem die SchülerInnen ihren Schulweg zurücklegen berechnet (also Schulnote für Sicherheit des Zu-Fuß-Gehens bei Fußgängern usw.). Die Korrelation der Schulnote für das eigene Verkehrsmittel mit der Einschätzung, wie sicher die SchülerInnen sich auf dem Schulweg fühlen beträgt für die Gesamtgruppe $\rho = -0{,}30$ (N = 113); die Schüler, die sich unsicherer fühlen, geben also eher eine schlechte Schulnote. In den verschiedenen Nutzergruppen zeigte sich ein Zusammenhang in dieselbe Richtung nur noch bei den Nutzern Öffentlicher Verkehrsmittel: $\rho = -0{,}37$ (N = 42).

3.5.2 Gefahrenbeurteilung für andere Radfahrer

Die SchülerInnen sollten aus vorgegebenen Antwortmöglichkeiten drei ankreuzen, was für andere Radfahrer am gefährlichsten ist. 5 der 10 vorgegebenen Möglichkeiten waren selbstverursachte Sicherheitsrisiken für Radfahrer (linke Spalte) und 5 fremdverursachte Sicherheitsrisiken für Radfahrer (rechte Spalte) (Tab. 5).

Bei Rot über die Ampel zu fahren.	47 (3)	Viel Verkehr auf der Straße.	16 (8)
Mit einem Rad zu fahren, das nicht verkehrstauglich ist (kein Licht, schlechte Bremsen).	62 (1)	Schlechte Straßen oder zu wenige Radwege.	20 (7)
Bei Schnee oder Eis zu fahren.	52 (2)	Autos, die auf Radwegen parken.	15 (9)
Auf Radwegen in die falsche Richtung zu fahren.	7 (10)	An Kreuzungen leicht übersehen zu werden.	46 (4)
Beim Radfahren unaufmerksam zu sein.	25 (6)	Autos, die zu dicht überholen.	38 (5)

Tab. 5: Schülerantworten zu den Gefahren im Radverkehr für Andere. N = 114. Anzahl der Nennungen und Rangplatz in Klammern.

Die ersten 3 Ränge belegen eigenverursachte Gefahren: Überfahren roter Ampeln, Fahren mit einem nicht verkehrstauglichen Rad und Fahren bei Glätte. Auf Rang 4 folgt als erstes fremdverursachtes Risiko, an Kreuzungen übersehen zu werden.

3.5.3 Veränderung der Gefahrenbeurteilung mit dem Alter

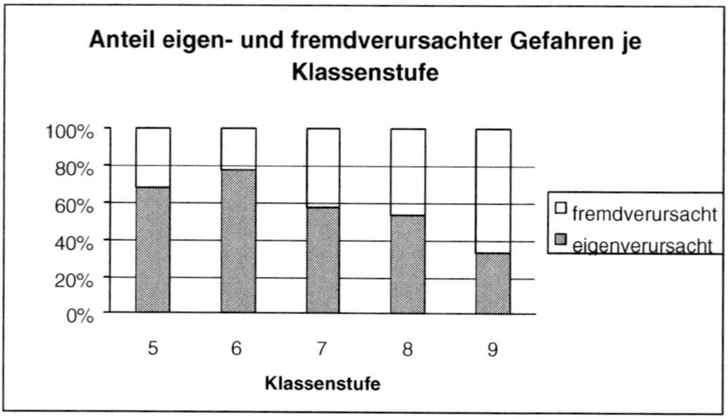

Abb.1: Anteil eigen- und fremdverursachter Gefahren im Radverkehr Anderer pro Klassenstufe. Die Prozente geben an, wie viel Prozent der Nennungen in einer Klasse auf fremd- bzw. eigenverursachte Gefahren entfielen.

Mit dem Alter ändert sich die Einschätzung dessen, was gefährlich ist: Wir fanden zwei signifikante Veränderungen: Von den Klassenstufen 6 zu 7 sowie 8 zu 9 werden jeweils weniger selbst- und mehr fremdverursachte Risiken angegeben. Während in der 6. Klasse 77% der Gefahren als eigenverursacht angesehen werden, sind es in der 7. Klasse 58% ($p < 0,05$). Von der 8. zur 9. Klassenstufe verringern sich nochmals die angegebenen eigenverursachten Risiken von 54% auf 33% ($p < 0,05$). Im selben Maß steigt das fremdverursachte Risiko in der Bedeutung für die Schüler, da diese beiden Werte direkt voneinander abhängen. Abbildung 1 zeigt die Anteile eigen- und fremdverursachter Gefahren pro Klassenstufe.

3.5.4 Sicherheitsempfinden in bestimmten Situationen

Die SchülerInnen, die überhaupt mit dem Rad fahren, wurden aufgefordert anzukreuzen, wie sicher sie sich in verschiedenen Situationen fühlen, wenn sie mit dem Rad fahren. Die SchülerInnen konnten ihre Antworten auf einer 4-stufigen Skala von "sehr unsicher" bis "sehr sicher" angeben. Als größtenteils sehr unsicher wird das Radfahren bei Glätte angesehen (Modalwert), als ziemlich unsicher das Nutzen großer Hauptstraßen und parkende Kfz auf Radwegen. Sicher ist nach überwiegender Meinung der Schüler das Rad fahren auf dem Radweg, dem kombinierten

Rad/Fußweg und dem Fußweg sowie auf Nebenstraßen und ohne Helm. Als "sehr sicher" wird keine Situation bewertet (Tab. 6).

Ich fühle mich dabei:	Sehr unsicher	Ziemlich unsicher	Sicher	Sehr sicher	Weiß nicht
Radfahren auf einem Radweg	0,9%	2,8%	58,9%	37,4%	0%
Radfahren auf einer großen Hauptstraße mit viel Verkehr, wo aber keine Autos parken	10,3%	50,5%	30,8%	4,7%	3,7%
Radfahren auf einer kleinen Nebenstraße mit wenig Verkehr, wo aber auch Autos parken	0,9%	18,7%	58,9%	15,9%	5,6%
Radfahren auf einem Radweg, den Radfahrer und Fußgänger gemeinsam benutzen dürfen	0,9%	18,7%	57,9%	12,1%	9,3%
Auf dem Radweg parken Autos - die Radfahrer müssen deshalb auf die Straße ausweichen	16,8%	57,9%	16,8%	0,9%	7,4%
Radfahren bei Schnee oder Eis auf der Straße	43,0%	40,1%	10,3%	1,9%	4,7%
Radfahren auf einem normalen Fußweg	1,9%	10,3%	67,3%	18,7%	1,9%
Radfahren ohne Helm	14,0%	29,0%	36,4%	15,9%	4,7%

Tab. 6: Sicherheitsgefühl der Schüler als Radfahrer in bestimmten Verkehrssituationen. N = 107 SchülerInnen, die über ein Rad verfügen

3.5.5 Gefahrenpunkte und Unfälle

Die SchülerInnen sollten in einen Kartenausschnitt des Gebiets um die Schule ihren Schulweg einzeichnen und Orte markieren, von denen sie glaubten, dass sie für Radfahrer gefährlich seien. Es wurden 65 Gefahrenpunkte benannt, die meisten an Hauptverkehrsknoten. Im Hauptnetz am Rande des Gebiets wurden doppelt so viele Gefahrenpunkte angegeben wie im Gebiet.

Um festzustellen, wie viele Unfälle in dem Gebiet mit Radfahrern stattgefunden hatten, wurden mehrere Quellen zugezogen. Im Unfallbuch der Schule waren für die Jahre 1999 und 2000 11 Radfahrunfälle verzeichnet, davon 7 Alleinunfälle durch Balanceverlust, hauptsächlich aufgrund von schlechter Fahrbahnoberfläche (Fritz-Löffler-Gymnasium Dresden, 2001); man kann annehmen, dass weitere Stürze, die weder Personen- noch Sachschaden verursachten, nicht gemeldet wurden. Von den 11 Radfahrunfällen passierten 7 im untersuchten Gebiet, davon 5 im Inneren des Gebiets und 2 im Hauptnetz am Rand. Nach der Unfallstatistik der Polizei (Polizei Dresden, 2001) für das untersuchte Gebiet treten dort vornehmlich auf den mit Radwegen ausgestatteten Hauptrouten am Rand des Gebiets Unfälle auf. Nur einer der Schülerunfälle fand sich auch in der Polizeistatistik wieder. Von allen in den Statistiken der Polizei und der Schule erfassten Unfällen zusammen fanden viermal so viel im Hauptnetz wie innerhalb des Gebiets statt.

4 Diskussion

Alle Befragten finden Radfahren gut, aber die SchülerInnen fahren selbst nur selten Rad. Einer positiven Einstellung steht also eine geringe Nutzung gegenüber, obwohl dem weitaus größten Anteil der SchülerInnen ein Rad zur Verfügung steht.

4.1 Vor- und Nachteile des Radfahrens

Das Radfahren hat bei fast allen SchülerInnen ein positives Image: Es macht Spaß und hält fit, ist umweltfreundlich und schnell. Diese Vorteile weisen ein hohes Nutzungspotenzial hin, das aktuell jedoch nicht umgesetzt wird.
Als Nachteile wurden von zwei Dritteln der Befragten genannt, dass Radfahren bei schlechtem Wetter keinen Spaß macht. Ein Drittel muss viel bergauf fahren, was an den zum Teil erheblichen langen Steigungen (zumeist auf dem Heimweg) im Einzugsgebiet der Schule liegt. Ein Drittel bemängelte, dass sie Autoabgase einatmen müssen - Radrouten im Nebennetz wären für diese SchülerInnen ein attraktives Angebot. Der von einem Viertel der SchülerInnen genannten Diebstahl- und Vandalismusgefahr kann man durch geeignete Abstellanlagen mindestens in der Schule begegnen.

4.2 Wünsche zum Radfahren

Ein Drittel der Nicht-RadfahrerInnen wünschten sich mehr Radwege, was zu der Einschätzung passt, dass Radwege zum größten Teil als sicher erlebt werden. RadfahrerInnen weichen der erlebten Bedrohung durch Kfz oft aus, indem sie dort, wo es keine Radwege gibt, auf dem Gehweg fahren (und hier teilweise Konflikte mit Fußgängern verursachen - Beispiele für Planungen, die solches Verhalten verursachen, geben Alrutz, Fechtel und Krause, 1989).

Die Tatsache, dass die Befragung im Winter durchgeführt wurde, spiegelt sich darin wider, dass 16% der SchülerInnen sich besseres Wetter wünschen zum Radfahren.

Die Witterung hat allgemein jedoch nur einen geringen Einfluss auf die Nichtbenutzung des Fahrrads (Europäische Kommission, 2000). Eine Untersuchung in Umeå in Schweden (Nyberg, Björnstig und Bygren, 1996) ergab, dass die Hälfte der Alleinunfälle von Radfahrern durch schlechte Oberflächen verursacht waren. Mit besserem Unterhalt (Winterdienst und Entfernung von Laub und Schotter) hätte man die Zahl der Unfälle wahrscheinlich reduzieren können. Die Unfälle mit schwereren Folgen waren allerdings vor allem auf Bordsteinkanten und dauerhafte Mängel in der Oberfläche zurückzuführen. Diesem Befund entspricht, dass 7 von 11 Radfahrunfällen im Unfallbuch der Schule Alleinunfälle durch Balanceverlust waren, hauptsächlich aufgrund von schlechter Fahrbahnoberfläche (Fritz-Löffler-Gymnasium Dresden, 2001). Dieses Risiko macht Radfahren nicht nur aufgrund der Stöße und Vibration unattraktiv, sondern auch gefährlich.
In der Gesamtstichprobe wünschten sich 16% bessere Technik; bei den RadfahrerInnen steht dieser Wunsch jedoch auf Rang 1, durchaus in Widerspiegelung der reparaturanfälligen Technik.

4.3 Verkehrssicherheit

95% der SchülerInnen fühlen sich auf ihrem Schulweg sicher, was Forschungsergebnissen entspricht, dass Gewöhnung allgemein die subjektive Sicherheit erhöht (Bundesanstalt für Straßenwesen, 1987). Es besteht ein mäßiger, aber signifikanter Zusammenhang in der Gesamtgruppe von $\rho = -0{,}3$ mit der Schulnote, die die Schüler dem Verkehrsmittel geben, das sie selbst auf dem Weg zur Schule nutzen.
Radwege, kombinierte Rad/Fußwege und selbst das Fahren auf dem Fußweg werden als sicherheitsfördernd für den Radverkehr angesehen. Da die Sicherheit das Kriterium ist, bei dem das Fahrrad im Vergleich mit allen anderen Verkehrsmitteln bei den SchülerInnen am schlechtesten abschneidet, sind zur Erschließung des hohen Radfahrpotenzials vor allem sicherere Radverkehrsführungen nötig.
Die Einschätzungen der SchülerInnen, wo es gefährlich für RadfahrerInnen ist, entsprechen nur bedingt den Unfalldaten. Nach den Unfalldaten ereignen sich 4-mal so viel Unfälle am Rand des Gebiets wie innerhalb, nach den Einschätzungen der SchülerInnen gibt es 2-mal so viele Gefahrenpunkte am Rand des Gebiets wie innerhalb. Der Vergleich der Gefahrenpunkte, die die SchülerInnen auf einer Karte eintrugen, und den Unfallorten zeigte noch weit geringe Übereinstimmung. Das kann daran liegen, dass die SchülerInnen, die ja zum großen Teil nicht mit dem Rad zur

Schule kommen, nicht imstande sind, die Perspektive eines Radfahrers einzunehmen. Dafür spricht, dass Gefahren gehäuft an einer Lichtsignalanlage genannt wurden, die für Fußgänger sehr problematisch ist. Erwachsene AlltagsradlerInnen sehen die tatsächlichen Unfallrisiken offenbar genauer (vgl. Hagemeister und Schmidt, 2003). Da keine Expositionsdaten für bestimmte Wege vorliegen, lassen sich im untersuchten Gebiet Unfallrisiken, z.B. für Strecken mit Radweg am Hauptnetz und ohne Radweg im Nebennetz, nicht vergleichen. Frühere Studien wiesen darauf hin, dass Radwege eine hohe subjektive Sicherheit bieten, aber oft zu einem höheren Unfallrisiko an Knoten führen (Bach, Rosbach und Jörgensen, 1988; Bundesminister für Verkehr, 1991).

Neben verkehrsplanerischen und -gestalterischen Maßnahmen, um die Sicherheit von Radverkehrsführungen zu erhöhen, ist es nötig, über die tatsächlichen Gefahrenpotenziale im Radverkehr zu informieren. Allerdings trägt solche Aufklärung das Risiko in sich, die Noch-Nicht-RadfahrerInnen oder Wenig-RadfahrerInnen abzuschrecken, da diese meist allein Radwege für sicher halten und zum Teil Hauptstraßen nur befahren, wenn Radwege vorhanden sind (Krause, 1984). RadfahrerInnen müssen sich oft zwischen den beiden Situationen entscheiden, die die SchülerInnen als die häufigsten fremdverursachten Sicherheitsrisiken bezeichneten: An Kreuzungen leicht übersehen zu werden - mit Radweg - (genannt von 46 SchülerInnen) und: Autos, die zu dicht überholen - ohne Radweg - (genannt von 38 SchülerInnen). Einen Ausweg aus diesem Konflikt kann nur ein Radroutennetz auf Nebenstraßen bieten, das auf die Bedürfnisse und Ziele des Schülerverkehrs abgestimmt ist. Wo Hauptstraßen die kürzesten Verbindungen für zahlreiche RadfahrerInnen sind, müssen zudem Maßnahmen zur Verringerung der Konflikte getroffen werden: Die StVO-Kriterien für Radwege, die als benutzungspflichtig ausgeschildert werden dürfen, müssen konsequent umgesetzt werden. Auf Hauptstraßen, wo Schülerradverkehr in großem Ausmaß stattfindet, können Teilaufpflasterungen (Empfehlungen für Radverkehrsanlagen, 1995, Abschnitt 6.1.4) dazu beitragen, dass einbiegende Kfz-FahrerInnen vermehrt nach RadfahrerInnen schauen. Summala, Pasanen, Räsänen und Sievanen (1996) fanden in einer Untersuchung in Finnland, dass die Farbmarkierung eines Radwegs keinen Effekt hatte, wohl aber eine Teilaufpflasterung; sie erhöht nach den Ergebnisse dieser Untersuchung auch die Sicherheit von Zweirichtungsradwegen.

Wenn man Radverkehrsanlagen baut, ist die Gefahr, dass abbiegende Kraftfahrer

Radfahrer übersehen, erheblich geringer, wenn der Radverkehr kontinuierlich im Blickfeld des Kraftverkehrs geführt wird. Öffentlichkeitsarbeit, um den Schulterblick beim Abbiegen wieder in Erinnerung zu bringen, könnte ebenfalls die Sicherheit verbessern helfen.

Zahlreiche Kfz fuhren bei Unfällen mit RadfahrerInnen innerorts schneller als 50 km/h (Alrutz und Otte, 1986); bei geringeren Geschwindigkeiten ließen sich sowohl Unfälle vermeiden als auch deren Folgen verringern. Wenn man also objektive und subjektive Sicherheit des Radverkehrs erhöhen will, sind Geschwindigkeitskontrollen ein sinnvolles Mittel. Das zu dichte Überholen von RadfahrerInnen ist zwar bußgeldbewehrt (Straßenverkehrs-Ordnung, 2001, § 5 Abs. 4 Satz 2-4, § 49 Abs. 1 Nr. 5), wird jedoch nicht kontrolliert. Hierin liegt eine weitere Möglichkeit, die Sicherheit von RadfahrerInnen zu erhöhen. Diese verschiedenen Kontrollen in Kombination mit Öffentlichkeitsarbeit können auch verdeutlichen, dass in einer Stadt Radfahren erwünscht ist und unterstützt wird. Wie fahrradfreundlich eine Stadt erlebt wird, beeinflusst, wie gut Schülerinnen und Schüler Fahrradfahren finden und wie sie sich ihre Mobilität als Erwachsene vorstellen (Limbourg et al., 2000).

4.4 Altersverlauf der Gefahreneinschätzung

Mit zunehmendem Alter halten SchülerInnen weniger eigen- und mehr fremdverursachte Gefahren für am gefährlichsten für andere RadfahrerInnen. Je älter die SchülerInnen werden, desto realistischer schätzen sie die wirkliche Gefahrensituation im Radverkehr ein. Nach Ellinghaus und Steinbrecher (1993) sind nur 35% der Unfälle mit Radbeteiligung von RadfahrerInnen selbst verschuldet. Im Untersuchungsgebiet waren es sogar nur 21% (Polizei Dresden, 2001). Auch wenn jüngere SchülerInnen tendenziell mehr Fehler machen, bleibt zu fragen, ob sich hier die Verkehrserziehung in der Grundschule auswirkt, die in diesem Punkt möglicherweise einseitige Information vermittelt.

RadfahrerInnen sind sehr umwegempfindlich, was heißt, dass sie mit dem Rad meist den kürzesten Weg befahren (Krause, 1984). Wenn man bestimmte Wege, die man als gefährlich erlebt, meidet, um sich zu schützen, und dafür Umwege machen muss, wird Radfahren weniger attraktiv. Das Fahrrad ist nur dann ein erstrebenswertes Verkehrsmittel im Schul- und Erwachsenenalter, wenn es mit der Erfahrung verknüpft wird, dass man auf dem Rad ernst genommen und von den Autofahrern als gleichberechtigt behandelt wird. Wer erlebt, dass sich beim Abbiegen entgegen der

Straßenverkehrsordnung der abbiegende Kraftfahrer gegenüber dem geradeaus fahrenden Radfahrer durchsetzt, erlebt das als Bestrafung für das Radfahren und fährt weniger gern (Limbourg et al., 2000).

Um das Fahrrad im Schülerverkehr zu einem attraktiven Verkehrsmittel zu machen, sind außer Maßnahmen an Schulen (z.B. Abstellanlagen, Spinde zur Aufbewahrung schweren oder sperrigen Schulgepäcks) planerische Maßnahmen nötig, Kontrollen von Kraft- und Radfahrern und Öffentlichkeitsarbeit, die aufeinander abgestimmt werden müssen. Dies muss sowohl an Orten passieren, an denen es zu Unfällen kommt, als auch an Orten, die für gefährlich gehalten werden. Dann kann man das Potenzial des Schülerradverkehrs nutzen und dafür sorgen, dass die SchülerInnen es als Verkehrsmittel erleben, das auch für Erwachsene attraktiv ist.

5 Literatur

Alrutz, D., Fechtel, H. W., Krause, J. (1998). Dokumentation zur Sicherung des Fahrradverkehrs. Berichte der Bundesanstalt für Straßenwesen, Heft 74.

Alrutz, D., Otte, D. (1986). Unfallsituationen und -folgen von Fahrradfahrern. Auswertung von Erhebungen am Unfallort. Forschungsberichte Bundesanstalt für Straßenwesen, Bereich Unfallforschung, 140.

Bach, O., Rosbach O., Jörgensen, E. (1988). Die Verkehrssicherheit von Radwegen in dänischen Städten. In: ADFC Hessen, J. Wolf (Hrsg.), Fahrrad Stadt Verkehr. Sammelband zum internationalen Kongreß vom 2. und 3. April 1987 in Frankfurt a. M. Darmstadt: Heinrich Anthes Buchdruckerei.

Bundesanstalt für Straßenwesen. (1987). Situationsbezogene Sicherheitskriterien im Straßenverkehr, Projektgruppenberichte der BASt, Bereich Unfallforschung.

Bundesminister für Verkehr (Hrsg.). (1991). Zusammenfassende Auswertung von Forschungsergebnissen zum Radverkehr in der Stadt. Reihe Forschung Stadtverkehr: Reihe Auswertungen; A 7.

DeJoy, D. M. (1989). The optimism bias and traffic accident risk perception. Accident Analysis and Prevention 21, 333-340.

Ellinghaus, D., Steinbrecher, J. (1993). Radfahrer – Jäger und Gejagte. Köln: Gesellschaft für angewandte Sozialforschung und Planung mbH und Uniroyal-Englebert Reifen GmbH.

Empfehlungen für Radverkehrsanlagen, ERA 95. (1995). Herausgegeben von der Forschungsgesellschaft für Straßen- und Verkehrswesen Arbeitsgruppe Straßenentwurf und der Beratungsstelle für Schadensverhütung beim Verband der Schadenversicherer. Köln.

Europäische Kommission (2000). Fahrradfreundliche Städte: Vorwärts im Sattel. Luxemburg: Amt für amtliche Veröffentlichungen der Europäischen Kommission.

Fiedler, F. (2001). Konfliktwahrnehmung im Radverkehr von Schülern. Ein Ansatz zur nutzerorientierten Verkehrsplanung. Unveröffentlichte Diplomarbeit, Technische Universität Dresden, Verkehrspsychologie.

Fritz-Löffler-Gymnasium Dresden. (2001). Unfallbuch. Unveröffentlicht.

Hagemeister, C., Schmidt, A. (2003). Wie wichtig sind welche Kriterien für die Routenwahl von Alltagsradfahrern? Straßenverkehrstechnik 47, 313-321.

Krause, J. (1984). Radfahren in der Stadt. Institut für Städtebau, Wohnungswesen und Landesplanung der TU Braunschweig. Braunschweig.

Limbourg, M., Flade, A., Schönharting, J. (2000). Mobilität im Kindes- und Jugendalter. Opladen: Leske und Budrich.

Nyberg, P., Björnstig, U., Bygren, L.-O. (1996). Road characteristics and bicyle accidents. Scandinavian Journal of Social Medicine, 24, 293-301.

Polizei Dresden (2001). Polizeiliche Unfalldaten für Fuß- und Radverkehr im untersuchten Gebiet 1999/2000. Unveröffentlicht.

Straßenverkehrs-Ordnung. (2001) vom 16. November 1970, zuletzt geändert am 14. Dezember 2001.

Summala, H., Pasanen, E., Räsänen, M., Sievanen, J. (1996). Bicycle accidents and drivers' visual search at left and right turns. Accident Analysis and Prevention 28, 147-153.

C) Unfallprävention - Verkehrssicherheit

Bernhard Schlag und Susann Richter

unter Mitarbeit von Astrid Schupp, Kerstin Hippius und Maritta Schneider

Psychologische Bedingungen der Unfallentstehung bei Kindern und Jugendlichen

1 Entstehungsbedingungen von Unfällen bei Kindern und Jugendlichen - eine Modellvorstellung

Das Wahrnehmen und Erleben der Umwelt und das Verhalten von Kindern und Jugendlichen in dieser Umwelt ist abhängig von ihren individuellen Fähigkeiten und Fertigkeiten und ihren Erfahrungen. Wenn Kinderunfälle jedoch einseitig mit kindlichen Fehlhandlungen erklärt und so auf Entwicklungs- und Lerndefizite des Kindes zurückgeführt werden, so ist oft die starke Abhängigkeit des Erlebens und Verhaltens von den jeweiligen Umfeldbedingungen nicht hinreichend berücksichtigt. Im physischen und sozialen Umfeld der Kinder und Jugendlichen liegen möglicherweise entscheidende Risikofaktoren. Gerade für jüngere Kinder bis in das Grundschulalter besteht eine erhebliche Diskrepanz zwischen den Verhaltensanforderungen einerseits, die die Umweltgegebenheiten an das Kind stellen, und ihren Verhaltensfertigkeiten und allgemeinen Fähigkeiten andererseits. Im späteren Grundschulalter lernt das Kind u.a. zunehmend, sich von der anschauungsgebundenen Auffassung der Wirklichkeit zu lösen und Handlungsabläufe mit ihren Konsequenzen gedanklich vorwegzunehmen, damit auch mögliche Gefahren zu antizipieren. Im Jugendalter bilden neben körperlichen Veränderungen die für die Identitätsentwicklung wesentlichen sozialen Vergleichs- und Integrationsprozesse und die damit verbunden Differenzierungsprozesse im Selbstbild eine zentrale Entwicklungsaufgabe. Die Heranwachsenden beginnen, ihre Geschlechterrolle aktiv auszugestalten, Eigenständigkeit, Eigenwilligkeit, Eigenverantwortlichkeit anzustreben und werden dazu auch Grenzen austesten und Risiken eingehen. So lassen sich in den einzelnen Entwicklungsphasen charakteristische Unterschiede hinsichtlich u.a. der Entwicklung der Aufmerksamkeit, der Aktivität (motorische Entwicklung), Komponenten der sozialen Entwicklung, des Gefahrenbewusstseins und des Risikoverhaltens feststellen. Deren große Bedeutung für die Unfallentstehung, für Häufigkeit, Art und Folgen von Unfällen, wird allgemein angenommen, sie ist allerdings bisher nur wenig empirisch untersucht. Der Unfall im Kindes- und Jugendalter stellt sich demnach als Resultat vielfältiger personaler sowie situationaler Faktoren dar, die in Wechselbeziehung zueinander stehen. Abbildung 1 zeigt die personen- und situationsbezogenen Faktoren, die bei der Entstehung von Unfällen bei Kindern und Jugendlichen im Freizeit-, Schul- und Haushaltsbereich sowie im Straßenverkehr bedeutsam sind.

1. Personale Bedingungen des Kindes/ Jugendlichen

psychologische Bedingungen:
kognitive, motivationale und dispositionelle Voraussetzungen
emotionale Voraussetzungen
physiologische Bedingungen:
motorische Entwicklung
körperliche Beeinträchtigungen
Aktivitäten, Nutzungsinteressen

2. Kindbezogene soziale Bedingungen
unabhängig von der Tätigkeit im Unfallbereich:
Übungs-, Lernmöglichkeiten/ Erziehung, soziales Umfeld, Bewegungsspielraum
bei der konkreten (Unfall)Tätigkeit
Anwesenheit anderer/ Aufsicht
konkrete Übungen/ Lernerfahrungen
Normen, Regeln, Ziele der Tätigkeit

Unfälle von Kindern und Jugendlichen in
Schule
Freizeit
Haushalt
Straßenverkehr

3. Kindbezogene natürliche und künstliche Umgebungsbedingungen
Wohnverhältnisse:
Wohnungsgröße, eigenes Zimmer, Familiengröße, Wohnumfeld
Gestaltung des Lebensumfeldes:
Aufenthalts- und Spielmöglichkeiten, sicherheitsgerechte Ausgestaltung, Schutzmaßnahmen

4. Charakterisierung der anderen Sozialpartner

psychologische und physiologische Bedingungen

soziale Bedingungen

Aktivitäten, Nutzungskonflikte

Abb. 1: Entstehungsbedingungen von Unfällen bei Kindern und Jugendlichen (Schlag, Schupp, 2000)

Unfälle können als die extremsten Auswirkungen von Diskrepanzen zwischen Handlungsmöglichkeiten und Handlungswünschen von Kindern und Jugendlichen auf der einen und einschränkenden und / oder gefährdenden Umfeldbedingungen auf der anderen Seite aufgefasst werden. Analysiert wurden in den Dresdner Public Health-Studien personenbezogene Faktoren und Faktoren, die das konkrete Unfallgeschehen betreffen. Damit sollte vor allem Aufschluss gewonnen werden über denjenigen Teil der Ursachen von Unfällen im Kindes- und Jugendalter, der in der Person selbst liegt. Keine Aussage kann damit über weitere unfallrelevante situative Bedingungen gemacht werden, wie z.B. ein für Kinder ungünstiges, oft sehr stark verkehrsbestimmtes Umfeld. Auch Aussagen über die jeweiligen Varianzanteile bei der Aufklärung der Unfallursachen, die auf personale oder auf situative Parameter oder auch auf eine ungünstige Interaktion zwischen beiden zurückgehen, sind hieraus nicht zu begründen. Allerdings finden sich deutliche Hinweise auf psychologische und psychophysische Bedingungen auf Seiten verunfallter Kinder, die teilweise von den Erwartungs- und Normwerten für die entsprechende Altersgruppe abweichen und die selbst von den Eltern als problematisch beschrieben werden, die auf der anderen Seite jedoch auch beeinflussbar scheinen und somit gezielter Prävention zugänglich wären.

2 Datengrundlage

In drei miteinander verknüpften empirischen Teilen wurde im Dresdner Public Health-Projekt „Unfälle von Kindern und Jugendlichen" (Schlag, Roesner, Zwipp, 2001) eine differenzierte Analyse des regionalen Unfallgeschehens geleistet:

a) **Dresdner Schulstichprobe** (N= 2325): Befragung von 1710 Kindern (und ihren Eltern) und 615 Jugendlichen an 32 Schulen des Regierungsbezirks Dresden (Alter: 6 bis 17 Jahre, damit eines umfassenden Querschnitts der Normalbevölkerung dieses Alters. Befragungszeitraum: 2. Quartal 1999) zum Freizeitverhalten und zu den Lebens- und Wohnbedingungen sowie zum Unfallgeschehen in den letzten drei Jahren.

b) **Medizinische Erhebungen** (N=3645): Erhebung und differenzierte Befragung der im Zeitraum vom 1.1. 1998 bis 31.12. 1999 in 2 Kliniken (Kinderchirurgie und Unfall- und Wiederherstellungschirurgie der Medizinischen Fakultät der TU Dresden) vorgestellten verunfallten Kinder und Jugendlichen – eine umfangreiche, aber – u.a. da es sich um Kliniken der Maximalversorgung handelt – nicht in allen Punkten repräsentative Totalerhebung von unfallspezifischen Merkmalen (u.a. Unfallart, -ort, Schutzmaßnahmen), medizinischen Daten (Verletzungsart, -schwere, Dauer) sowie persönlichen Angaben.

c) **Psychologische Untersuchungen**: Drei unterschiedlich große Teilstichproben, wobei die Verunfallten aus der Stichprobe der medizinischen Erhebungen rekrutiert wurden: 1. Elterneinschätzungen ihrer verunfallten Kinder und Jugendlichen (N=3585), gewonnen über quantitative Auswertungen des psychologischen Teils des ärztlichen Erfassungsbogens. 2. Durch psychologische Einzelinterviews (N=129) mit den verunfallten Kindern und Jugendlichen wurden kognitive, motivationale, motorische und emotionale Voraussetzungen bei den Kindern und Jugendlichen sowie die sozialen und situationalen Gegebenheiten allgemein und beim

Unfallereignis erfasst. Dabei wurden soweit möglich standardisierte psychologische Testverfahren eingesetzt. 3. Paarvergleich von verunfallten und nicht verunfallten Kindern und Jugendlichen zur Gefahrenkognition (N=52).

BEREICHE	VARIABLEN	Interview	HAWIE/K	Eltern-FB	SSK	PF 11-14	HANES KJ	FKK
Kognitive Voraussetzungen	Gefahrenkognition	X						
	Konzentrationsfähigkeit			X				
	Allgemeine psychomotorische Geschwindigkeit		X					
Motivationale und dispositionelle Voraussetzungen	Extraversion						X	
	Neurotizismus						X	
	Risikobereitschaft			X				
	Selbständigkeit			X				
	Selbstwirksamkeit							X
	Kontrollüberzeugung							X
Motorische Voraussetzungen	Konkrete Fertigkeiten in der beim Unfall ausgeführten Tätigkeit	X						
	Geschicklichkeit			X				
	Körperliche Beeinträchtigungen			X				
Emotionale Voraussetzungen	Emotionale Belastung					X		
	Stressbewältigungsstrategien				X			
Soziale Gegebenheiten	Übungs- und Lernmöglichkeiten	X						
	Bewegungsspielraum	X						
	Wohnverhältnisse			X				
	Unfallhäufigkeit in der Familie und frühere Unfälle			X				
	Schutzmaßnahmen in der Freizeit	X						
	Ergriffene Schutzmaßnahmen			X				
	Das Unfallgeschehen beeinflussende Umstände	X						

FKK= Fragebogen zu Kompetenz- und Kontrollüberzeugungen (Krampen, 1991); SSK= Fragebogen zur Erhebung von Stresserleben und Stressbewältigung im Kindesalter (Lohaus et al., 1996).

Abb. 2: Variablenplan und Untersuchungsverfahren

Abbildung 2 gibt einen Überblick über die in den psychologischen Untersuchungsteilen erhobenen Variablen und das jeweils gewählte Erhebungsvorgehen bzw. das eingesetzte Testverfahren. Da die eingesetzten Testverfahren für unterschiedliche Altersgruppen konzipiert sind, konnten sie auch in unserer Untersuchung nur für den altersgleichen Ausschnitt der Stichprobe eingesetzt werden, somit differiert das „N“ bei den einzelnen Auswertungen.

3 Ergebnisse

3.1 Einfluss psychologischer und physischer Bedingungen auf die Unfallhäufigkeit

Die elterlichen Einschätzungen ihrer Kinder im Hinblick auf möglicherweise unfallrelevante Variablen sind in Tabelle 1 deskriptiv wiedergegeben. Deutlich wird, dass die Eltern ihre verunfallten Kinder insgesamt eher günstig und konform zu möglicherweise wahrgenommenen sozialen Erwartungen einschätzten.
Berücksichtigt man dies, so fallen allerdings einzelne Einschätzungen der Eltern auf: So wurden die verunfallten Kinder zu einem recht hohen Teil (ca. 58%) als sehr oder etwas risikobereit und zu einem noch höheren Anteil (ca. 68%) als lebhaft oder sehr lebhaft eingeschätzt. Jeweils über die Hälfte der Eltern bezeichneten ihre verunfallten Kinder auch als sehr oder etwas ablenkbar (ca. 52%) sowie als erregt und sehr erregt, wenn Probleme auftreten (ca. 55%). Positiv sehen sie ein hohes Maß an Selbständigkeit. Geübtheit und Geschicklichkeit in der Tätigkeit, bei der der Unfall erlitten wurde, werden nicht in Frage gestellt. Die Kinder werden demnach durchaus als kompetent in der jeweiligen Unfalltätigkeit angesehen, aber sie scheinen in besonderem Maße anfällig für Ablenkungen, bei einem zugleich hohen Maße an Lebhaftigkeit und Risikobereitschaft. Gerade diese Probleme, die in gewissem Maß charakteristisch für die elterliche Beschreibung verunfallter Kinder sind, fanden sich überzufällig häufig zudem bei männlichen Verunfallten. Teilweise fällt die Nähe zu Beschreibungen des Aufmerksamkeits-Defizit-Syndroms (ADS) auf. Sowohl alters- als auch geschlechtsbedingte Unterschiede waren hinsichtlich der Variablen Konzentrationsfähigkeit, Selbständigkeit, Aktivität, Verhalten bei Schwierigkeiten und Attributionsstil festzustellen, während die Risikobereitschaft der untersuchten Kinder und Jugendlichen nur mit dem Geschlecht zusammenhing. Die Einschätzungen der Variablen emotionale Beeinträchtigung, Geschicklichkeit und Geübtheit in der Unfalltätigkeit waren dabei weder vom Alter noch vom Geschlecht der untersuchten Kinder und Jugendlichen beeinflusst.

Abhängige Variablen	Bedeutung der Skalen	N	(%)
Konzentrationsfähigkeit vs. Ablenkbarkeit (N=2736)	(1) sehr konzentrationsfähig (2) etwas konzentrationsfähig (3) etwas ablenkbar (4) sehr ablenkbar	567 727 1117 325	20.7 26.6 40.8 11.9
Risikobereitschaft (N=2771)	(1) sehr risikobereit (2) etwas risikobereit (3) weniger risikobereit (4) überhaupt nicht risikobereit	288 1304 1023 156	10.4 47.1 36.9 5.6
Selbständigkeit (N=2820)	(1) sehr selbständig (2) etwas selbständig (3) weniger selbständig (4) überhaupt nicht selbständig	1630 1059 120 11	57.8 29.5 4.3 0.4
Aktivität: ruhig vs. lebhaft (N=2818)	(1) sehr ruhig (2) ruhig (3) lebhaft (4) sehr lebhaft	52 857 1518 391	1.8 30.4 53.9 13.9
Reaktion auf Schwierigkeiten: erregt vs. besonnen (N=2734)	(1) sehr erregt (2) erregt (3) besonnen (4) sehr besonnen	211 1302 1148 73	7.7 47.6 42.0 2.7

Tab. 1: Elterliche Beschreibung ihrer verunfallten Kinder und Jugendlichen

Tabelle 2 fasst die Resultate der varianzanalytischen Auswertung zur Untersuchung des Einflusses der Faktoren Konzentrationsfähigkeit, Risikobereitschaft, Selbständigkeit, Aktivität, Verhalten beim Auftreten von Schwierigkeiten, Attributionsstil bei Misserfolgen und emotionale Beeinträchtigung durch Probleme (alles gemäß elterlicher Einschätzung) auf die **Unfallhäufigkeit** zusammen. Die Tabelle zeigt die gerundeten Ergebnisse der F-Tests und der Signifikanzprüfungen.

Einfluss psychologischer Bedingungen auf Unfallhäufigkeit			N
Konzentration	F = 0.80	p = 0,50	2245
Risikobereitschaft	F = 7.28	**p = 0,00**	2272
Selbständigkeit	F = 7.83	**p = 0,00**	2315
Aktivität	F = 3.46	**p = 0,02**	2309
Verhalten beim Auftreten von Schwierigkeiten	F = 3.34	**p = 0,02**	2251
Attributionsstil	F = 0.71	p = 0,40	2108
Emotionale Beeinträchtigung	F = 0.26	p = 0,85	2092

Tab. 2: Varianzanalytische Untersuchung des Einflusses der psychologischen Bedingungen auf die Unfallhäufigkeit

Zu erkennen ist, dass die Variablen Risikobereitschaft und Selbständigkeit einen hoch signifikanten ($p \leq 0.01$) und die Variablen Aktivität und Reaktion auf Schwierigkeiten einen signifikanten ($p \leq 0.05$) Einfluss auf die Unfallhäufigkeit besitzen: Kinder und Jugendliche, die von ihren Eltern als hoch risikobereit beschrieben wurden, hatten bereits bedeutend mehr behandlungsbedürftige Unfälle erlitten als Kinder und Jugendliche mit einer geringen Risikobereitschaft. Außerdem war feststellbar, dass die von den befragten Eltern als `überhaupt nicht selbständig´ beurteilten Kinder und Jugendlichen eine deutlich erhöhte Unfallhäufigkeit aufweisen. Die Betrachtung des Einflusses der Variablen Aktivität zeigt, dass sowohl die als sehr lebhaft als auch die als sehr ruhig beschriebenen Kinder und Jugendlichen eine höhere Anzahl behandlungsbedürftiger Unfälle erlitten haben. Hinsichtlich der Variablen „Verhalten beim Auftreten von Schwierigkeiten“ findet sich die höchste Unfallhäufigkeit bei den auf Schwierigkeiten sehr erregt reagierenden, die niedrigste Unfallhäufigkeit bei den besonnen reagierenden Kindern. Ein Effekt der Variablen Konzentrationsfähigkeit, Attributionsstil bei Misserfolgen und emotionale Beeinträchtigung durch Probleme war nicht nachweisbar. Diese Faktoren haben demnach hier keinen Einfluss auf die Unfallhäufigkeit.

Tabelle 3 gibt einen Überblick der varianzanalytischen Auswertung zur Untersuchung der physischen Einflussgrößen Geschicklichkeit, Geübtheit in der Unfalltätigkeit, Probleme beim Hören, Probleme beim Sehen und chronische Erkrankungen auf die Unfallhäufigkeit. Dargestellt sind wiederum die gerundeten Ergebnisse der F-Tests und der Signifikanzprüfungen.

Einfluss physischer Bedingungen auf die Unfallhäufigkeit			**N**
Geschicklichkeit	F = 4.42	p = 0,00	2295
Geübtheit	F = 0.33	p = 0,81	1767
Hören	F = 0.37	p = 0,54	2295
Sehen	F = 5.51	p = 0,02	2316
Chronische Erkrankungen	F = 0.36	p = 0,55	2311

Tab. 3: Varianzanalytische Untersuchung des Einflusses physischer Bedingungen auf die Unfallhäufigkeit

Kinder und Jugendliche mit Problemen beim Sehen haben im Mittel mehr behandlungsbedürftige Unfälle erlitten als solche ohne Sehprobleme. Weiterhin zeigte sich, dass insbesondere die von ihren Eltern als „überhaupt nicht geschickt" beschriebenen Kinder und Jugendlichen vermehrt behandlungsbedürftige Unfälle erlitten haben. Geschlechtsspezifische Einflüsse waren bei keiner dieser physischen Variablen nachweisbar.

3.2 Ergebnisse der psychologischen Testverfahren

Im Folgenden sind die Ergebnisse der eingesetzten standardisierten psychologischen Testverfahren dargestellt. Tabelle 4 gibt die Mittelwerte an, die für die verunfallten Kinder und Jugendlichen auf einer normierten Stanine-Skala (1 – 9) mit dem Standardmittelwert 5 gelten. Statistisch signifikant unterscheiden sich die verunfallten Kinder und Jugendlichen von der jeweiligen Normstichprobe des Tests in den Bereichen:

- Stressbewältigungsstrategien
- Neurotizismus und
- Extraversion.

Psychologische Variablen (Testverfahren)	**N**	**Mittelwert**	**T-Test**	**Gruppenunterschiede Chi^2-Test**	
				Alter	**Geschlecht**
Selbstwirksamkeit (FKK)	21	4,86	T=-0,4; df=20 ns	-	-
Fatalistische Externalität (FKK)	21	5,62	T=0,65; df=20 ns	-	-
Internalität vs. Externalität (FKK)	21	5,29	T=1,0; df=20 ns	-	-
Suche nach sozialer Unterstützung (SSK)	64	5,66	**T=3,29; df=63 ss**	ns	ns
Problemlösendes Handeln (SSK)	64	5,81	**T=3,44; df=63 ss**	ns	ns
Emotionsregulierende Aktivitäten (SSK)	64	4,67	T=-1,3; df= 63 ns	-	-
Neurotizismus (HANES KJ)	105	5,66	**T=3,6; df=104 ss**	ns	Chi^2= 14,14 T
Extraversion (HANES KJ)	105	6,53	**T=8,0; df=104 ss**	Chi^2= 21,14 T	ns

Tab. 4: Normabweichungen verunfallter Kinder und Jugendlicher sowie Unterschiede zwischen Altersgruppen und Geschlecht

Die **Stressbewältigungsstrategie** „Suche nach sozialer Unterstützung" wurde von der Stichprobe der Verunfallten signifikant häufiger eingesetzt als aufgrund der Verteilung in der Normstichprobe zu erwarten gewesen wäre. Ähnliches gilt für die Stressbewältigungsstrategie „Problemlösendes Handeln": Auch hier neigten die verunfallten 9- bis 12-jährigen Kinder zu einer häufigeren Verwendung dieser Strategie. Dies weist darauf hin, dass die untersuchten 9- bis 12-jährigen verunfallten Kinder in problemhaltigen Situationen im Vergleich zur Norm sozial besonders engagiert und sehr kontaktsuchend sind und dass sie zudem mehr als erwartet bestrebt sind, individuelle Probleme aktiv handelnd zu lösen.

Das Konstrukt **Neurotizismus** verweist in der Form, wie es im Testverfahren HANES- KJ (Buggle, Baumgärtel, 1975) verwendet wird, nicht auf klinisch problematische Verhaltensweisen, sondern auf im Alltag festzustellende neurotische Tendenzen, wie z.B. innere Unruhe und Nervosität, Ängstlichkeit und erhöhte emotionale Verletzbarkeit. Hier zeigten sich die Verunfallten übermäßig ängstlich, innerlich unruhig und empfindlich. Dies gilt vor allem für ein Drittel der Verunfallten, die sich als in diesem Sinne zu neurotischen Verhaltensweisen neigend beschrieben. Hierbei zeigten die weiblichen Verunfallten tendenziell überdurchschnittliche Merkmalsausprägungen.

Extraversion fand sich bei den verunfallten Kindern und Jugendlichen ebenfalls in signifikant stärkerem Ausmaß als in der Normstichprobe. 53,3% der Verunfallten beschrieben sich als in diesem Sinne extravertiert, als besonders lebhaft und kontaktfreudig. Vor allem die älteren Verunfallten von 10 bis 17 Jahren äußerten über Erwarten häufig extravertierte Verhaltensweisen.

In Bezug auf die anderen gemessenen Skalen (vor allem zu Kompetenz- und Kontrollüberzeugungen) ließen sich keine statistisch signifikanten Unterschiede feststellen. Dies mag zum Teil daran liegen, dass mit diesem Fragebogen allein die Altersgruppe der 14- bis 17-Jährigen und damit nur eine vergleichsweise kleine Stichprobe untersucht werden konnte.

3.3 Gefahrenkognition

Zur Erfassung des Entwicklungsstandes der Gefahrenkognition verunfallter Kinder und Jugendlicher im Vergleich zu nicht verunfallten Kindern und Jugendlichen wurde ein eigens konstruierter Gefahrenerkennungstest (Schlag, Schupp, 2000) eingesetzt. Bereits bei der Erhebung wurde ein Paar-Matching vorgenommen, bei dem 52 verunfallte Kinder bzw. Jugendliche ebenfalls 52 nach Alter und Geschlecht entsprechenden nicht verunfallten Kindern und Jugendlichen zugeordnet wurden (Leyh, Müller, 2001). Ausgewertet wurden die Gefahrennennungen[1] insgesamt und getrennt für die in Anlehnung an Piaget (1983) unterschiedenen Stufen 1 (konkret-operatorisch) und 2 (formal-operatorisch). Diese Gefahrennennungen wurden als Summe über alle erkannten Gefahren zu vier gezeigten Bildern zusammengefasst. Abbildung 3 zeigt die durchschnittliche Anzahl der erkannten Gefahren für die beiden Stufen der Entwicklung der Gefahrenkognition verunfallter und nicht verunfallter Kindern und Jugendlichen (N=2*52).

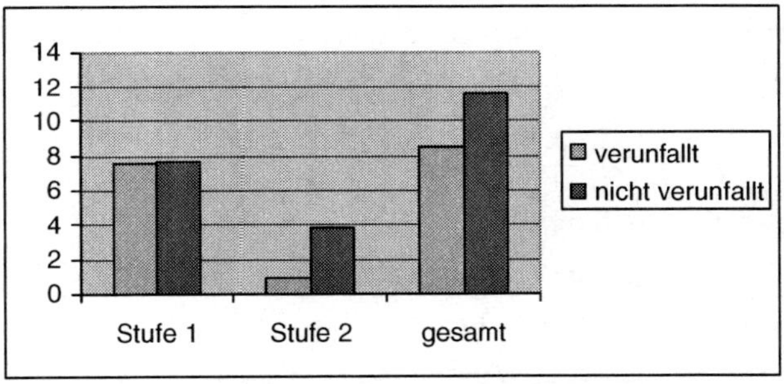

Stufe 1 = konkret-operatorische Stufe der Gefahrenerkennung
Stufe 2 = formal-operatorische Stufe der Gefahrenerkennung

Abb. 3: Anzahl erkannter Gefahrenpunkte

Im Durchschnitt wurden von den verunfallten Kindern und Jugendlichen (N=52) 8,52 Gefahren identifiziert: 7,60 auf der konkret-operatorischen Stufe (Stufe 1), jedoch nur 0,90 auf der formal-operatorischen Stufe (Stufe 2) der Gefahrenerkennung. Die alters- und geschlechtsgleichen nicht verunfallten Kinder und Jugendlichen dagegen erkannten bei einem Mittelwert von 11,54 über alle Gefahrennennungen insgesamt deutlich mehr Gefahrenpotentiale. Mit 7,69 Gefahren erkannten sie auf der konkret-operatorischen Stufe (Stufe 1) zwar genau so viele Gefahrenpunkte wie die verunfallten Kinder und Jugendlichen; ein deutlicher Unterschied zeigte sich jedoch auf der formal-operatorischen Stufe (Stufe 2) der Gefahrenerkennung: Hier erkannten die nicht verunfallten Kinder und Jugendlichen mit durchschnittlich 3,85

[1] Auf jedem Bild waren 4 Gefahren identifizierbar, die der konkret-operatorischen Stufe zuzuordnen sind. Die Anzahl der erkannten Gefahren auf der formal-operatorischen Stufe der Gefahrenerkennung ist hingegen abhängig von der Fähigkeit der Kinder und Jugendlichen, auf den Bildern nicht unmittelbar dargestellte Gefahren, die mit dem Bildinhalt im Zusammenhang stehen, zu abstrahieren.

fast vier mal so viele Gefahren wie die verunfallten Kinder und Jugendlichen. Direkt aus der Situation wahrnehmbare Gefahren erkennen also verunfallte wie nicht verunfallte gleichermaßen. Schwierigkeiten dagegen haben Kinder und Jugendliche, die bereits einen oder mehrere Unfälle hatten, mit der Erkennung von Risiken, die sie nur durch vorausschauendes Denken antizipieren können. Zwischen Jungen und Mädchen zeigte sich in der Gefahrenerkennung kein Unterschied. Wohl aber hinsichtlich des Alters: Während nicht verunfallte Kinder und Jugendliche mit zunehmendem Alter auch mehr Gefahrenpunkte erkannten – vor allem auf der formal-operatorischen Stufe, blieb bei den verunfallten Kindern und Jugendlichen die Anzahl nahezu konstant. Somit stellt die ungenügend ausgebildete Fähigkeit, die Entwicklung gefährlicher Situationen zu antizipieren, eine Ursache für Unfälle im Kindes- und Jugendalter dar.

3.4 Fehlerarten und Unfallentstehung

In der differenzierten Auswertung eines selbst konstruierten Fragebogens zur Erfassung von Fehlern (Kategorisierung nach Reason, 1994) wurde der Einfluss von allgemeinen und unfallspezifischen Fehlern und Verstößen auf die Selbstwahrnehmung von Fehlverhalten und deren möglicherweise unfallrelevante Wirkung untersucht (Schneider, 2001). Reason unterscheidet je nach Grad der kognitiven und/ oder volitiven Beteiligung bei der Entstehung von Fehlhandlungen verschiedene Fehlertypen: Patzer, Schnitzer, Fehler oder Verstoß (Abbildung 4).
Zunächst ließ sich zeigen, dass im Zusammenhang mit Unfällen bei Kindern und Jugendlichen im Alter von 6 bis 17 Jahren überzufällig häufig (mit einer Häufigkeit von 65%) Fehler und Verstöße aufgetreten waren. Bei allen Altersgruppen war in nahezu 100% ein regel- oder wissensbasierter Fehler am Unfall beteiligt. Schnitzer bzw. Patzer beim Unfall wurden mit 50% bis 65% angegeben. Verstöße beim Unfall wurden dagegen mit 43% bis 50% angeführt. Unfälle wurden also nicht allein auf äußere Umstände zurückgeführt. Der eigene Anteil an der Verunfallung war den Kindern und Jugendlichen in allen Altersgruppen durchaus bewusst. Weiterhin zeigte sich ein signifikant positiver Zusammenhang zwischen dem Alter der Kinder und Jugendlichen und allgemeinen wissensbasierten Fehlern. So gaben jüngere Kinder mehr allgemeine wissensbasierte Fehler an.

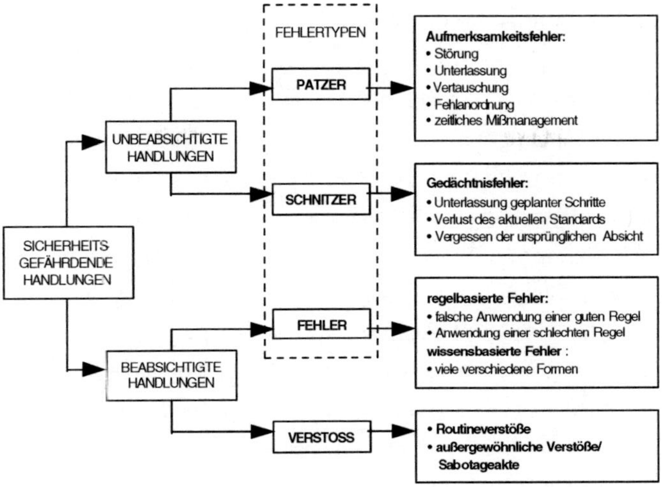

Abb. 4: Fehler und Verstöße und ihre Ursachen (Reason, 1994)

Ältere Kinder gaben signifikant mehr allgemeine Verstöße an. Wissensbasierte Fehler beim Unfall standen in negativem Zusammenhang mit dem Maß an erinnerter unfallpräventiver Erziehung: Je häufiger sich die Kinder und Jugendlichen an unfallpräventive Gespräche oder Übungen erinnern konnten, umso seltener traten wissensbasierte Fehler auf. Ein höheres Maß an unfallpräventiver Erziehung stand weiterhin in signifikantem Zusammenhang mit einem höheren Wert im Fragebogen zur Gefahrenkognition. Geschlechtsunterschiede zeigten sich bei Fehlern nicht.

		6 bis 9 Jahre		**10 bis 13 Jahre**		**14 bis 17 Jahre**	
		Nein (%)	**Ja (%)**	**Nein (%)**	**Ja (%)**	**Nein (%)**	**Ja (%)**
Schnitzer/ Patzer	allgemein	30,5	69,5	41,5	58,5	10,0	90,0
	beim Unfall	34,8	65,2	45,0	55,0	50,0	50,0
Regel- und wissens-basierte Fehler	allgemein	21,7	78,3	26,8	73,2	40,0	60,0
	beim Unfall	0	100,0	2,5	97,5	0	100,0
Verstöße	allgemein	34,8	65,2	29,3	70,7	10,0	90,0
	beim Unfall	56,5	43,4	55,0	45,0	50,0	50,0

Tab. 5: Prozentuale Häufigkeiten für Fehler und Verstöße nach Altersgruppen

4 Zusammenfassende Diskussion

Unfälle von Kindern und Jugendlichen werden multifaktoriell verursacht. Nachgewiesen werden konnten neben situationalen Faktoren sowohl physische als auch psychische Einflussgrößen. So bestätigten sich vor allem zwei bei verunfallten Kindern häufiger anzutreffende Verhaltensmuster: Einmal scheint ein wesentlicher Teil der Verunfallten deutlich extravertiert, in seinem Handeln und Erleben auf andere gerichtet, lebhaft und kontaktfreudig zu sein – er weist somit überwiegend positiv gewertete Verhaltenstendenzen auf, die allerdings entweder zu verstärkter Risikoexposition und/oder zu vermehrt risikoreichem Verhalten führen können. Ein zweites Verhaltensmuster bei verunfallten Kindern und Jugendlichen, das sich vermehrt bei Mädchen findet, ist gekennzeichnet durch eine erhöhte Ängstlichkeit, innere Unruhe und Empfindlichkeit. Dies dürfte weniger die Risikoexposition, die bei dieser Gruppe eher niedriger sein wird, als viel mehr das Bewältigungsverhalten in gefährlichen Situationen ungünstig beeinflussen. Die Fähigkeit zur Antizipation von gefährlichen Situationen setzt eine adäquate Gefahrenkognition und –bewertung voraus. Kinder und Jugendliche mit Defiziten hinsichtlich dieser Kompetenzen haben ein größeres Risiko zu verunfallen.

Bei den jüngeren Kindern führen häufig Unerfahrenheit und Wissensdefizite zu gefährlichen Situationen. Die unfallpräventive Erziehung führt hier über eine gezielte Aufklärung und eine verbesserte Gefahrenkognition und -antizipation zu weniger Fehlern bei der Handlungsausführung. Hier sind vor allem Eltern, Lehrer und Übungsleiter im Sport gefragt. Eine weitere Strategie kann das bewusste und freiwillige Nutzen von Protektoren sein. Wie sich zeigte, vermindert das Tragen von Helm oder Knie-/Ellenbogenschützer nicht nur die spezifische Verletzungsgefahr, es ist auch mit einem niedrigeren Verunfallungsrisiko insgesamt verbunden (Schlag, Roesner, Zwipp, 2001). Im Vergleich dazu kommen bei älteren Kindern und Jugendlichen gehäuft (bewusste) Verstöße als Unfallursachen hinzu. Jugendliche wollen ihre Fähigkeiten austesten und wählen auch solche Handlungsabläufe, die gewohnte Normen und Regeln u.U. außer Acht lassen. So kommt es bei Jugendlichen eher darauf an, das Risikopotential einer Tätigkeit oder Sportart realistisch und vor allem unter Beachtung der eigenen Ressourcen einschätzen zu lernen, um sich entsprechend unabhängig und selbstbewusst im Rahmen von peer groups bewegen zu können.

5 Literatur

Buggle, F., Baumgärtel, F. (1975). Hamburger Neutrotizismus- und Extraversionsskala für Kinder und Jugendliche (HANES KJ). Göttingen: Hogrefe Verlag für Psychologie.

Bundesanstalt für Arbeitsschutz und Arbeitsmedizin (BauA, nach Henter, 2000). Unfalltote und Unfallverletzte 1998 in Deutschland. (http://www.baua.de)

Bundesverband der Unfallkassen (1999, 2000). Daten zum Schülerunfallgeschehen in der Bundesrepublik Deutschland 1997, 1998, 1999. (unveröffentlicht).

Gruner, E.-M., Richter, S. (2000). Unfallbeteiligung und Freizeitverhalten von Kindern und Jugendlichen. Die Dresdner Schulstichprobe. In: Schlag, B., Roesner, D., Zwipp, H. (Hrsg.): Unfälle von Kindern und Jugendlichen. Regensburg: Roderer Verlag, 13-36.

Krampen, D. (1991). Fragebogen zur Kompetenz- und Kontrollüberzeugung. Handanweisung. Göttingen: Hogrefe Verlag für Psychologie.

Leyh, A., Müller, K. (2001). Gefahrenkognition. Forschungsarbeit, TU Dresden, Professur für Verkehrspsychologie (unveröffentlicht).

Lohaus, A., Fleer, B., Freytag, P., Klein-Heßling, J. (1996). Fragebogen zur Erhebung von Stresserleben und Stressbewältigung im Kindesalter (SSK). Göttingen: Hogrefe Verlag für Psychologie.

Piaget, J. (1983). Meine Theorie der geistigen Entwicklung. Frankfurt: Fischer-Verlag.

Reason, J. (1994). Menschliches Versagen. Heidelberg: Spektrum.

Schlag, B., Roesner, D., Zwipp, H. (Hrsg., 2000). Unfälle von Kindern und Jugendlichen. Regensburg: Roderer Verlag.

Schlag, B., Roesner, D., Zwipp, H. (Hrsg., 2001). Unfälle von Kindern und Jugendlichen. Abschlußbericht des Public-Health-Forschungsprojektes. Dresden: Eigendruck.

Schlag, B., Schupp, A. (2000). Psychologische Untersuchungen von verunfallten Kinden und Jugendlichen. In: Schlag, B., Roesner, D, Zwipp, H. (Hrsg.): Unfälle von Kindern und Jugendlichen. Regensburg: Roderer Verlag, 53 – 74.

Schneider, C. M. (2001). Eine Analyse von Kinder- und Jugendunfällen unter Berücksichtigung von Alter und Kognition. Diplomarbeit FU Berlin, FB Psychologie (unveröffentlicht).

Statistisches Bundesamt (Hrsg., 1999). Statistisches Jahrbuch für die Bundesrepublik Deutschland, 1998. Stuttgart: Metzel-Poeschel Verlag.

Wechsler, D. (1991). Hamburg-Wechsler-Intelligenztest für Erwachsene – Revision 1991. Bern: Huber-Verlag.

Wechsler, D. (1983). Hamburg-Wechsler-Intelligenztest für Kinder – Revision 1983. Bern: Huber-Verlag.

Westhoff, K., Geusen-Asenbaum, Chr., Leutner, D., Schmidt, M. (1982). Problemfragebogen für 11- bis 14jährige. Westermann Test. Braunschweig: Georg Westermann Verlag.

Malte Mienert

Entwicklungsaufgabe Automobilität

1 Vorbemerkungen

Der Übergang in das Erwachsenenalter zählt zu den wichtigsten Herausforderungen, die Jugendliche in der Zeit um den 18. Geburtstag wahrnehmen müssen. Die Entwicklungspsychologie hat sich dieser Transitionsphase unter verschiedenen Gesichtspunkten intensiv gewidmet. Das Konzept der Entwicklungsaufgaben (Havighurst, 1972) wird dazu herangezogen, die Fähigkeiten zu beschreiben, deren Besitz Jugendliche nachweisen sollen, um von der Gesellschaft als Erwachsene anerkannt zu werden. Fragt man Jugendliche jedoch selbst nach den Wünschen und Herausforderungen, deren Realisierung sie mit dem Erwachsensein verbinden, so offenbaren sich einige bemerkenswerte Diskrepanzen zwischen dem, was Psychologen und Soziologen als Entwicklungsaufgaben Jugendlicher benennen, und dem, was Jugendliche als entwicklungsrelevant empfinden: Jugendliche achter Klassen haben sich im Rahmen eines Projekttages gegenseitig zu ihren Vorstellungen vom eigenen Erwachsensein befragt (Der Tagesspiegel, 1.2.2001, 12). So sollten die Achtklässler jeweils zustimmen, ob genannte Ereignisse zu ihren Wünschen gehören, "wenn ihr erwachsen seid". 49 % von ihnen würden als Erwachsene wählen gehen, 54 % würden zur Bundeswehr gehen, 59 % würden später Kinder haben wollen und 78 % sagen von sich, später heiraten zu wollen. Die Zustimmung zu einem Ereignis überragt jedoch die anderen Zustimmungen deutlich: 88 % der Achtklässler sagen von sich, "Wenn ich erwachsen bin, will ich einen Führerschein machen".

Auch in entwicklungspsychologischen und soziologischen Untersuchungen, die sich mit den Herausforderungen und Fixpunkten der Jugendbiografie beschäftigen, tauchen der Führerscheinerwerb oder das erste eigene Auto auf, zumindest wenn Jugendliche selbst nach dem gefragt werden, was sie für sich als entwicklungsrelevant empfinden (Dreher und Dreher, 1991; Jugendwerk der Deutschen Shell AG, 1981). In den Katalog der normativen Entwicklungsaufgaben, also der Herausforderungen und Fähigkeiten, die Jugendliche im Übergang ins Erwachsenenalter wahrzunehmen und zu bewältigen haben, hat der Übergang in die Automobilität bisher jedoch keine Aufnahme gefunden. Entwicklungspsychologische Arbeiten, die sich mit den Ursachen des starken Führerscheinwunsches Heranwachsender beschäftigen, sind bisher rar (s.a. Mienert, 2003a).

Das vorliegende Kapitel beschreibt zunächst das Konzept der Entwicklungsaufgaben. Der Übergang in die Automobilität wird in diesen Kontext eingeordnet und als normative Entwicklungsaufgabe Heranwachsender gekennzeichnet. Vorteile und Konsequenzen dieser Kennzeichnung werden dargestellt. Die berichteten empirischen Befunde sind einem Forschungsprojekt entnommen, in dem 16-Jährige und ihre Eltern 1997 querschnittlich zu ihren führerschein- und autobezogenen Einstellungen befragt wurden[1].

2 Das Konzept der Entwicklungsaufgaben

Schon 1948 hat Havighurst, ein amerikanischer Soziologe, die Herausforderungen und Übergänge gekennzeichnet, denen sich alle Individuen einer Kultur in einem bestimmten Alter gegenübergestellt sehen. Solche Entwicklungsaufgaben sind als Lernaufgaben konzipiert, die aus dem Spannungsfeld zwischen biologisch-genetischen Reifungsprozessen, normativ-gesellschaftlichen Erwartungen und individuellen Zielen und Wünschen resultieren. Schon Kleinstkinder stehen beispielsweise vor Entwicklungsaufgaben wie der Herausforderung, laufen zu lernen, Kinder im Schulalter haben die Kulturtechniken zu erwerben, Erwachsene das Leben in Partnerschaften und Familien zu lernen und Kinder zu versorgen. Gemeinsam ist diesen Herausforderungen, dass ihre Bewältigung von nahezu allen Individuen einer Kultur in einem bestimmten Alter erwartet wird und dass ihre Nichtbewältigung nicht nur auf Ablehnung durch die Umwelt stößt, sondern auch die Bewältigung anderer Entwicklungsaufgaben erschwert, da diese untereinander sowohl parallel (bei gleichzeitigen Aufgaben) als auch zeitlich (bei Vorgänger- und Nachfolgeraufgaben) verknüpft sind.

Obwohl Havighurst (1972) biologische Vorgänge, individuelle Ziele und gesellschaftliche Vorstellungen gleichermaßen als Quellen von Entwicklungsaufgaben benennt, dominiert in seinem Katalog die normative gesellschaftliche Sicht auf die Idealentwicklung des amerikanischen Mittelstands. In Deutschland hat dies seit Beginn der 80er Jahre eine Reihe von Forschungsarbeiten nach sich gezogen, da mit der sogenannten "kognitiven Wende" verstärktes Interesse an dem erwacht ist, was unabhängig von gesellschaftlichen Vorgaben Individuen selbst als die

---

[1] Das Projekt "Autofahren schon ab 16 Jahren?" wurde als Gemeinschaftsprojekt der Lehrstühle Entwicklungs- und Sozialpsychologie der Humboldt-Universität in Zusammenarbeit mit einem Partner der Fahrzeugindustrie durchgeführt. Herzlicher Dank für Anmerkungen und die Unterstützung zur vorliegenden Arbeit geht an Herrn Prof. Dr. H. Sydow.

Herausforderungen und Wünsche empfinden, die sie als aktive Gestalter ihres Lebens realisieren wollen. "Entwicklung als Handeln im Kontext", so beschreiben Silbereisen und Eyferth (1985) diesen Fokus auf der Eigenaktivität des Individuums, das seine Entwicklung unter gegebenen gesellschaftlichen und biologisch-genetischen Rahmenbedingungen gestaltet. Nach Dreher und Dreher (1985) sind es der Aufbau von Peerbeziehungen, die Übernahme der Geschlechtsrolle, die Akzeptanz der körperlichen Veränderungen, die Ablösung vom Elternhaus, die Vorbereitung auf den eigenen Beruf, der Aufbau von Werten, Zukunftsorientierungen, die Aufnahme intimer Partnerschaften sowie die Identitätssuche, die von deutschen Jugendlichen im Alter von 12 bis 18 Jahren als Entwicklungsaufgaben wahrgenommen werden. Andere Autoren haben das Lernen des Umgangs mit dem Konsumwarenmarkt (Hurrelmann, 1994) sowie den Erwerb schulischer Bildung und den Aufbau politischer Orientierungen (Fend, 2001) als normative Entwicklungsaufgaben Heranwachsender ergänzt. Die Bewältigung dieser Entwicklungsaufgaben gilt als gesellschaftliche Eintrittskarte in das Erwachsenenalter in unserer Kultur (Flammer, 1993), d.h. ihnen wird eine ähnliche Funktion wie den Initiationsriten bei Naturvölkern beigemessen: Ihre Bewältigung belegt den Besitz von Kompetenzen, die für den neuen Status als Erwachsene erforderlich sind und erwartet werden.

3 Automobilität als Entwicklungsaufgabe

Mienert (2003a), der das Schema Fends (2001) zur Charakterisierung von Entwicklungsaufgaben auf den Übergang in die Automobilität anwendet, weist darauf hin, dass es der Bedeutung des Führerscheins nicht gerecht wird, seinen Erwerb nur als individuelles Ereignis der Jugendbiografie ohne entwicklungspsychologische Relevanz zu betrachten. Den Übergang in die selbstbestimmte Mobilität als normative Entwicklungsaufgabe Jugendlicher anzuerkennen, bedeutet, diesen Übergang als Teil der Normalbiografie zu verstehen, dessen Wahrnehmung und Bewältigung in unserer Kultur nicht nur ein Wunsch Heranwachsender, sondern gesellschaftliche Normalität (und somit gesellschaftliche Norm) geworden ist. Der Erwerb des Führerscheins ist dabei mehr als nur ein Schritt innerhalb der Ausdehnung der selbständigen Mobilität. Die Erwartungen, die speziell mit dem Autofahren von den Jugendlichen verbunden werden, gehen über eine bloße Ausweitung mobiler Möglichkeiten hinaus. Keine andere Mobilitätsmöglichkeit kennzeichnet für Heranwachsende so sehr den vollzogenen Übergang in das Erwachsenenalter wie das Autofahren. Somit erscheint es gerechtfertigt, spezifisch dem Übergang in die Automobilität den Rang einer normativen Entwicklungsaufgabe zuzuordnen. Die von den Jugendlichen in diesem Übergang in die Automobilität zu bewältigende Herausforderung, d.h. die *Entwicklungsaufgabe* Automobilität, ist dabei nicht der Führerscheinerwerb an sich. Für alle Jugendlichen eröffnet sich mit dem 18. Geburtstag die Möglichkeit, in die Automobilität überzutreten. Alle Jugendlichen sind aufgefordert, sich mit dieser Chance auseinander zu setzen und die mir ihr verbundenen Risiken abzuwägen. Sie sollen sich die Möglichkeit und die Fähigkeit aneignen, automobil zu sein und diese Mobilitätsform in ihre Lebensplanung integrieren. Wie bei allen Entwicklungsaufgaben gibt es auch hier keine eindeutige Lösung dieser Aufgabe. Dass für die überwiegende Mehrzahl Heranwachsender der Erwerb des PKW-Führerscheins zur Bewältigung der Entwicklungsaufgabe Automobilität gehört, verdeutlichen jedoch die statistischen Daten, nach denen schon zum 19. Geburtstag ca. 95 % aller Heranwachsenden über den Führerschein Klasse B verfügen (Tully, 1998). Wie entsteht dieser starke Wunsch nach einem Führerschein bei Heranwachsenden? Den Übergang in die Automobilität als normative Entwicklungsaufgabe zu kennzeichnen, lenkt den Blick auf die kontextuell-gesellschaftlichen Ursachen des Führerscheinwunsches einerseits und die spezifische Lebenssituation, in der sich Jugendliche zum Zeitpunkt dieser Entwicklungsaufgabe befinden, andererseits. Autofahren verspricht Freiheit und ist zugleich gesellschaftliche Notwendigkeit. Die Automobilität dominiert in unserer Kultur über alle anderen Mobilitätsformen. Diese Dominanz angesichts der zahlreichen Risiken des Autoverkehrs (Umweltrisiken, hohe Kosten, Unfälle usw.) allein mit der Fortbewegungs- und Transportfunktion des Autos erklären zu wollen, greift zu kurz. Viel mehr sind mit dem Autofahren psychische Erwartungen (Extramotive) verbunden, die andere Mobilitätsformen so nicht befriedigen können (Mienert, 2002a; Schulz, Kerwien und Gresch, 2000). Schon Kinder beobachten die intensive Autobindung Erwachsener, zunächst insbesondere ihrer Eltern, später auch als Mitfahrer bei autofahrenden Freunden und Bekannten. Der starke Wunsch von Kindern nach späterer Automobilität (s.a. Flade und Limbourg, 1997) resultiert aus dem Beobachten einerseits (Schönhammer, 1992) und dem Erleben eigener Unterlegenheit mit den kindlichen Mobilitätsmöglichkeiten andererseits. Diese Rahmenbedingungen lassen den Wunsch nach eigener Automobilität bei Heranwachsenden entstehen. Spezifische psychische Erwartungen an den Führerschein bei Jugendlichen, die in dieser Form für ältere Fahrer nicht mehr relevant sein werden, erwachsen jedoch aus der Übergangssituation, in der sich Jugendliche befinden: Dem Autofahren kommt im Vollzug des Übergangs in das Erwachsenenalter aus zweierlei Gründen eine besondere Bedeutung zu: es dient einerseits als Mittel, das die Bewältigung anderer jugendtypischer Entwicklungsaufgaben erleichtert, und andererseits als eigenständiges Symbol des vollzogenen Übergangs in die Erwachsenenwelt. Einige Beispiele mögen diese Verknüpfung verdeutlichen: So kann das Auto die Funktion des "Ablösungs- und Befreiungsvehikels" (Schlag, 1987, 87) erfüllen, wenn Jugendliche die Ablösung und zunehmende Autonomie vom Elternhaus üben, ihm kommen wichtige Funktionen als Kommunikations- und Identifikationsangebot bei der Intensivierung von Peerkontakten zu, Automobilität unterstützt die Vorbereitung auf die eigene Berufstätigkeit, Auto und Automobilität stellen Konsumgüter genauso wie politische Bewertungsobjekte dar, zu denen spezifische Einstellungen erarbeitet werden müssen. Bemerkenswert ist jedoch insbesondere der Beitrag, den der Führerschein auch unabhängig von solchen unterstützenden Funktionen bei anderen Entwicklungsaufgaben psychisch für Jugendliche zur Kennzeichnung des vollzogenen Übergangs in das Erwachsenenalter zu leisten vermag.

In den vorherigen Abschnitten wurden Entwicklungsaufgaben als zu erwerbende Fähigkeiten und Kompetenzen gekennzeichnet, die Jugendliche nachweisen sollen, um gesellschaftlich als Erwachsene anerkannt zu werden. Flammer (1993, 127) bezeichnet dies als die "gesellschaftliche Entwicklungspflicht". Der gesellschaftlichen Forderung an Jugendliche "Werdet endlich erwachsen!" steht jedoch die jugendliche Unsicherheit "Wann bin ich endlich erwachsen?" gegenüber. Selbst für die Erfüllung der gesellschaftlichen Entwicklungspflicht gibt es in unserer Kultur kein abschließendes Anerkennungsmerkmal. Die Gesellschaft fordert von den Jugendlichen, erwachsen zu werden, sie verdeutlicht ihnen jedoch nicht, wann sie tatsächlich erwachsen geworden sind. Jugendliche, denen es schwer fällt, die subtilen Reifemerkmale Erwachsener (s.a. Hudson, 1999) nachzuweisen, sind verstärkt auf Prozesse symbolischer Selbstergänzung (Wicklund und Gollwitzer, 1985) angewiesen. Sie sind versucht, durch das Zurschaustellen von Symbolen des Erwachsenseins das Erreichen dieses Status nach außen hin beweisen zu wollen. Rauchen und Trinken in der Öffentlichkeit, demonstrative Lässigkeit, der Besuch von

Spielsalons, aber auch die Wahrnehmung des Wahlrechts sind solche Symbole des Erwachsenenstatus, allerdings fehlt es ihnen zum Teil an Sichtbarkeit, zum Teil an zeitlich exklusiver Verknüpfung mit dem Erwachsenenalter, um als Erwachsenensymbole zu überzeugen. In unserer Kultur gibt es nur ein Symbol, das gleichzeitig öffentlich gut wahrnehmbar und exklusiv mit dem Erwachsenenalter verknüpft ist: Das Autofahren. Auch dadurch wird die hohe Bedeutung, die der Führerscheinerwerb für viele Heranwachsende besitzt, erklärbar.

4 Konsequenzen der entwicklungspsychologischen Betrachtung für die Gestaltung des Fahranfangs

Verkehrsunfälle gehören zu den Haupttodesursachen im Jugendalter. Unter den 6842 Menschen, die allein im Jahr 2002 im Straßenverkehr ums Leben kamen, befanden sich 1550 junge Leute im Alter zwischen 18 und 24 Jahren. Setzt man diese Zahl zum Anteil dieser Altersgruppe an der Gesamtbevölkerung ins Verhältnis, so zeigt sich, dass das Risiko, im Straßenverkehr zu sterben, bei den 18- bis 24-Jährigen mehr als dreimal so hoch ist wie bei den 25- bis 64-Jährigen (Statistisches Bundesamt, 2003). Den Übergang in die Automobilität zu vollziehen, gehört somit zu den risikoreichsten Entwicklungsaufgaben, die Jugendliche zu bewältigen haben. Welche Möglichkeiten gibt es, bisherige Verkehrssicherheitskonzepte entwicklungspsychologisch zu ergänzen? In der Verkehrspsychologie dominiert die Einschätzung, beim Übergang in die Automobilität handelt es sich um einen individuellen Wunsch, d.h. um ein selbstgesetztes Ziel, das sich Menschen setzen. Dieser individuelle Wunsch realisiert sich in einer für die Persönlichkeitsentwicklung des Menschen kritischen Lebensphase, dem Jugendalter. Jugendliche bringen die mit ihrer Lebensphase verknüpften "jugendtypischen" Verhaltensweisen auch in den Straßenverkehr ein. Dort manifestieren sich solche Verhaltensbesonderheiten als sogenanntes Jugendlichkeitsrisiko, das neben dem alle Fahranfänger betreffenden Anfängerrisiko Ursache der hohen Unfallzahlen in der Gruppe der 18- bis 24-jährigen Autofahrer ist (Limbourg, Raithel und Reiter, 2001; Raithel, 1999). Den Übergang in die Automobilität entwicklungspsychologisch zu betrachten und als normative Entwicklungsaufgabe dieses Altersabschnitts zu charakterisieren, erweitert die bisherige Sichtweise. Aus dem individuellen Wunsch nach dem Führerschein ist ein normativer Schritt innerhalb der Normalbiografie Heranwachsender geworden, der schon vor seiner Realisierung wahrzunehmen und hinsichtlich seiner Bewältigung einzuschätzen ist. Für die Gesellschaft, die Heranwachsenden den Übergang in die Automobilität direkt und indirekt nahe legt, ergibt sich daher die Notwendigkeit, Heranwachsende in diesem Übergang zu begleiten und vor den Risiken, die dabei auftreten können, zu schützen. Dabei ist der Begriff des Risikos in seiner bisher dominierenden Fassung als "Verkehrsrisiko" um den Begriff des "Entwicklungsrisikos" zu ergänzen. Verkehrsrisiken können aus situationalen, personalen, interaktionalen und transaktionalen Bedingungen resultieren (Kastner, 1987). Personale Risiken drohen u.a., wenn das Autofahren als Mittel zur Kompensation von Stresserleben, als Instrument für Wettbewerb, zum Ausagieren und Austesten der eigenen Grenzen sowie als demonstratives Symbol eines gewünschten Status missbraucht wird, wenn Verkehrsrisiken negiert und Verkehrsregeln missachtet werden. Solche Phänomene sind nicht jugendtypisch, auch autofahrende Erwachsene sind gegen solches Verhalten nicht gefeit. Ein jugendspezifisches Entwicklungsrisiko entsteht erst, wenn den jugendspezifischen Entwicklungsaufgaben nur ungenügende adäquate Bewältigungsformen gegenüberstehen. In diesem Moment droht eine missbräuchliche Nutzung des Autofahrens bzw. der symbolischen Funktionen des Autos. Als besonders gefährlich erweist sich dabei die Kombination fehlender personaler Ressourcen mit dem nahezu jugendtypischen Anfängerrisiko und den bei Jugendlichen vorherrschenden Fahrsituationen wie Nacht- und Diskofahrten mit mehreren Gleichaltrigen (s.a. Raithel, 1999). Da Anfängerrisiko und mit Einschränkungen auch die vorherrschenden Fahrsituationen nahezu alle jugendlichen Fahrer betreffen, sind die Merkmale von risikofahrenden Jugendlichen insbesondere auf der Ebene personaler Ressourcen und Einstellungen zu suchen. Wie hoch der Anteil einer spezifischen Risikogruppe unter den heranwachsenden Autofahrern ist, darüber existieren unterschiedliche Schätzungen, die je nach gewähltem Kriterium ca. 16 % (lt. mündlicher Auskunft vom Bundesverband der Fahrlehrer) bis hin zu 66 % (Schulze, 1996) ausmachen. Verkehrssicherheitsmaßnahmen zielen bisher darauf ab, dem Anfängerrisiko durch bessere Schulung entgegenzuwirken (u.a. Führerschein ab 17 im Zuge begleiteten Fahrens und eine zweite Phase der Fahrausbildung) bzw. Jugendliche vom Fahren abzuhalten (die Altersgrenze von 18 Jahren stellt eine solche jugendspezifische Restriktion dar). Neben der Diskussion der Akzeptanz von Verkehrssicherheitsmaßnahmen bei jugendlichen Fahrern (Mienert, 2002b; Stern und Schlag, 2001) ist zukünftig verstärkt zu prüfen, welche Sicherheitsmaßnahmen spezifisch bei jugendlichen und erwachsenen Risikofahrern wirksam werden können, d.h. an der Auslebe- und Selbstdarstellungstendenz dieser Fahrer ansetzen.

5 Die Untersuchung Autofahren schon ab 16 Jahren

Bisherige Untersuchungen zur Automobilität Jugendlicher haben sich nahezu ausschließlich über 18-Jährigen gewidmet, also Heranwachsenden, die den Übergang in die Automobilität mehrheitlich bereits vollzogen haben. Wenig ist darüber bekannt, wie der zukünftige Übergang in die Automobilität von Heranwachsenden vor dem 18. Geburtstag wahrgenommen wird. Welche Wünsche und Pläne haben Jugendliche im Hinblick auf den Führerschein? Wie dringend wird der Führerscheinwunsch empfunden? Welche Erwartungen verbinden sie mit seiner Erfüllung? Die Antwort auf diese Fragen kann die Diskussion um die Neugestaltung des Fahranfangs (auch die Möglichkeit einer Vorverlagerung des Führerscheinalters) um die bisher fehlende Einschätzung der unter 18-Jährigen selbst ergänzen. Ohne dass der Wunsch Jugendlicher nach einem frühen Führerschein selbst der Maßstab für dessen Realisierung sein muss, lässt sich doch durch die Antwort auf diese Fragen der Bedarf nach einem frühen Führerschein abschätzen. Aus entwicklungspsychologischer Sicht sind damit die Fragen nach differenziellen Unterschieden verknüpft: Welche Jugendlichen empfinden den Führerscheinwunsch besonders dringlich? Lassen sich Unterschiede in den psychischen Erwartungen an den Führerschein auch aus unterschiedlichen Lebenssituationen Jugendlicher erklären? Inwiefern können soziodemografische Variablen wie Geschlecht, finanzielle Situation der Familien und Wohnort bzw. psychologische Variablen wie individuelle Werte und Persönlichkeitseigenschaften Unterschiede zwischen den Jugendlichen erklären? Von besonderem Interesse für die Gestaltung von Verkehrssicherheitsmaßnahmen für jugendliche Fahrer ist die Frage nach dem Vorhandensein eines spezifischen Jugendlichkeitsrisikos. Welche verkehrsbezogenen Einstellungen sind bei Jugendlichen vor dem Führerscheinerwerb ausgebildet und werden somit von ihnen nach dem 18. Geburtstag in die Automobilität mit eingebracht? Lässt sich schon bei Heranwachsenden vor dem Führerscheinerwerb eine Gruppe identifizieren, die den Übergang in die Automobilität mit hoch risikoreichen Einstellungen avisiert und Zielgruppe spezifischer Verkehrssicherheitsmaßnahmen sein könnte? Für die Beantwortung dieser Fragen wird auf Daten eines Forschungsprojekts zurückgegriffen, das im Jahr 1997, also vor der im Jahr 2003 aktuellen Diskussion um die Neugestaltung des Fahranfangs in Deutschland durch eine Vorverlagerung des Führerscheinalters durch Begleitetes Fahren und eine zweite Phase der Fahrausbildung, durchgeführt wurde. 16-Jährige wurden zu ihrer Wahrnehmung der Entwicklungsaufgabe Automobilität und zu ihren Plänen der eigenen Bewältigung dieser Entwicklungsaufgabe befragt. In verschiedener Hinsicht stellt diese Studie ein Novum in der bisherigen Mobilitätsforschung dar: Zum einen wurden erstmalig Jugendliche *vor* dem Führerscheinerwerb zu ihren auto- und verkehrsbezogenen Einstellungen befragt. Somit lassen sich die Einstellungen Jugendlicher abbilden, die von ihnen in die eigene Automobilität mit eingebracht werden. Zum anderen wurden auch die Eltern der Jugendlichen in die Untersuchung mit einbezogen. Bisher existieren nur Vermutungen über den intrafamilialen Transfer in fahr- und fahrzeugbezogenen sowie potenziell risikoreichen verkehrsbezogenen Einstellungen. Durch die Gegenüberstellung der Einstellungen Jugendlicher und ihrer Eltern lassen sich solche Transfereffekte prüfen und mittlere Ausprägungen in verkehrsbezogenen Einstellungen bei Jugendlichen und Erwachsenen gegenüberstellen. 263 16-Jährige aus Berlin, Brandenburg, Thüringen sowie Würzburg und Franken wurden mit einem breiten Inventar aus Skalen zu fahr- und verkehrsbezogenen Einstellungen, ihren Führerscheinplänen sowie zu einer Reihe von personalen Merkmalen wie Persönlichkeitseigenschaften, individuellen Werten und dem psychosozialen Entwicklungsstand (Grad der Bearbeitung jugendtypischer Entwicklungsaufgaben) und soziodemografischen Merkmalen wie dem Geschlecht, der regionalen Herkunft, dem Geburtsland (Tab. 1) und der finanziellen Situation der Familien befragt.

	weiblich			männlich			
	Land	Kleinstadt	Großstadt	Land	Kleinstadt	Großstadt	gesamt
BRD	7	6	34	18	8	30	105
DDR	19	15	39	17	12	50	152
anderes				1		2	3
gesamt	26	21	73	36	20	83	263

Tab. 1: Zusammensetzung der Stichprobe (N=263) bezüglich der Schichtungsvariablen Geburtsland, regionale Herkunft und Geschlecht

Von 88 % der befragten Jugendlichen liegen auch Daten mindestens eines Elternteils oder beider Eltern vor. Bei 56.7 % der Jugendlichen (N=149) bearbeiteten beide Elternteile den Fragebogen, 22.1 % der Jugendlichen (N=58) gewannen allein ihre Mutter für die Untersuchung und von 8.7 % der Jugendlichen (N=23) beantwortete nur der Vater den Elternfragebogen. 92.5 % der befragten Mütter und 98.8 % der Väter verfügen über einen PKW-Führerschein. Die Mütter haben den Führerschein im Mittel seit 17 Jahren (SD˜8 Jahre), die Väter seit 24 Jahren (SD˜8 Jahre). Weitere Angaben zur Stichprobe und zur Untersuchungsmethodik finden sich bei Mienert (2003b).

6 Die Befunde der Untersuchung

6.1 Wichtigkeit und Notwendigkeit des Führerscheins aus Sicht 16-Jähriger

Welche Pläne haben 16-Jährige zwei Jahre vor dem tatsächlichen Führerscheinalter im Hinblick auf die eigene Automobilität? Wie wichtig ist Jugendlichen ein früher Führerschein? Zur Beantwortung dieser Fragen seien zunächst zwei aussagekräftige Einzelitembefunde dargestellt. Abb. 1 zeigt die Zustimmung zu einem Item, das in relativ drastischer Formulierung dem Wunsch Jugendlicher nach einem Führerschein Ausdruck verleiht. Die Jugendlichen stimmen mehrheitlich der Aussage zu, dass der Führerscheinerwerb für sie absolut wichtig sei. Befragt nach der Notwendigkeit des Führerscheins aufgrund objektiver Bedingungen zeigt sich ein abweichendes Bild (Abb. 2).

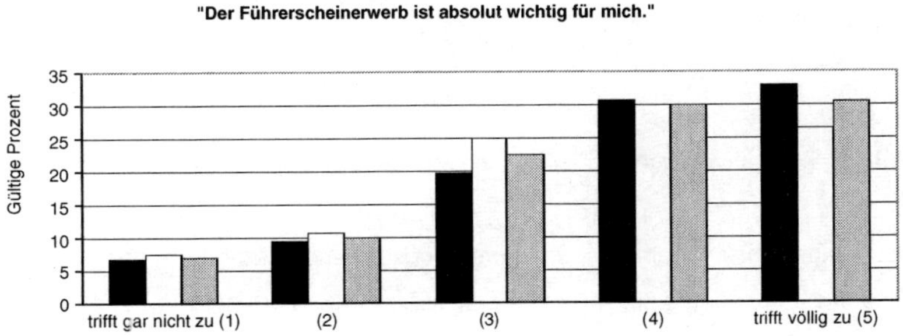

	(1)	(2)	(3)	(4)	(5)
Männlich	6,6	9,6	19,9	30,9	33,1
Weiblich	7,5	10,8	25,0	30,0	26,7
Gesamt	7,0	10,0	22,4	30,1	30,5

Abb. 1: Subjektive Bedeutung des Führerscheins für 16-jährige Jugendliche

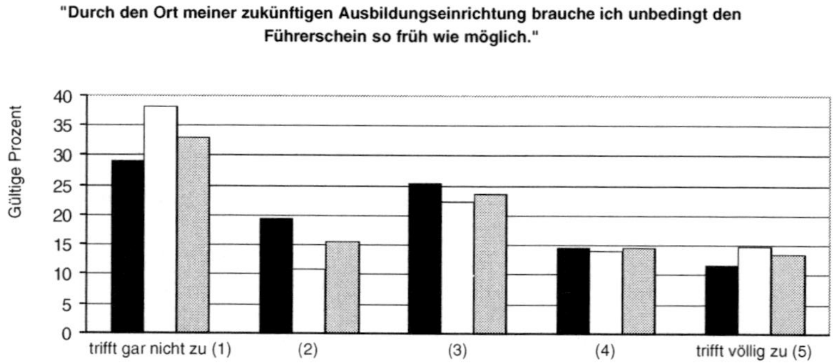

	trifft gar nicht zu (1)	(2)	(3)	(4)	trifft völlig zu (5)
■ Männlich	29,0	19,6	25,4	14,5	11,6
□ Weiblich	38,0	10,7	22,3	14,1	14,9
▩ Gesamt	32,8	15,7	23,7	14,5	13,4

Abb. 2: Objektive Notwendigkeit des Führerscheins für 16-jährige Jugendliche

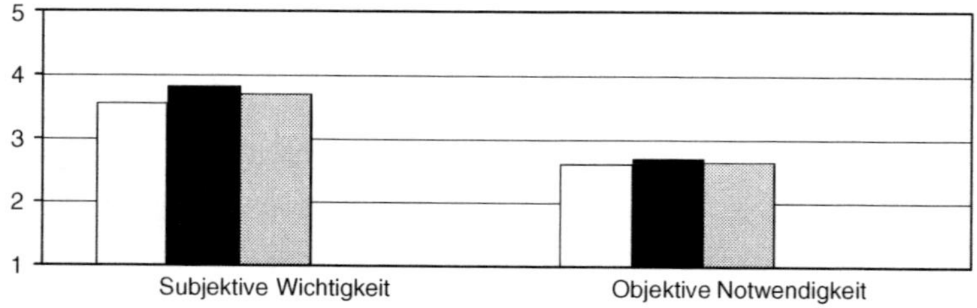

	Subjektive Wichtigkeit	Objektive Notwendigkeit
□ Weiblich	3,55	2,6
■ Männlich	3,82	2,7
▩ gesamt	3,69	2,65
T (df)	-1.88 (253)	-0.62 (257)
p	.06	.54

Abb. 3: Subjektive Wichtigkeit und Objektive Notwendigkeit des Führerscheins

Dass ein Führerschein "so früh wie möglich" auch aufgrund objektiver Kriterien tatsächlich notwendig sei, wird von der Mehrheit der Jugendlichen eher verneint. Die Differenzierung zwischen subjektiver Wichtigkeit und objektiver Notwendigkeit[2] eines frühen Führerscheins verdeutlichen auch die mittleren Befunde zu den aggregierten

[2] Tatsächlich stellt auch die Einschätzung der Objektiven Notwendigkeit kein vollständig objektives Maß dar, da sie ebenfalls vom Individuum subjektiv generiert wird und mit der Subjektiven Wichtigkeit des Führerscheins korreliert ist, $r=.46$, $p<.001$.

Skalen (Abb. 3). In beiden Skalen wurden jeweils zwei Items aggregiert (Cronbachs Alpha *Subjektive Wichtigkeit* α=.81, *Objektive Notwendigkeit* α=.65). Der in der Abbildung ersichtliche mittlere Geschlechterunterschied ist in beiden Skalen statistisch nicht bedeutsam. Dies signalisiert, dass der Führerscheinwunsch für Jungen keine höhere Dringlichkeit besitzt als für Mädchen. Differenzielle Unterschiede in beiden Skalen finden sich jedoch, wenn personale und andere soziodemografische Variablen zu ihnen in Beziehung gesetzt werden. Der Führerschein wird von denjenigen Jugendlichen als besonders wichtig empfunden, die bildungsbürgerliche Werte wie Humanismus weniger wichtig erachten sowie weniger offen für neue intellektuelle Erfahrungen sind. Einer der stärksten Prädiktoren einer hohen Wichtigkeit des Führerscheins ist jedoch die Einschätzung der finanziellen Situation der Familien. Jugendliche aus nach eigener Einschätzung finanzschwächeren Familien messen dem Führerschein weniger Wichtigkeit bei als ihre Altersgefährten. Interessant erscheint hier, dass diese Einschätzung von der tatsächlichen finanziellen Situation der Familien (dem Haushaltsnettoeinkommen) unabhängig ist. Soziodemografische Faktoren bestimmen eher die Einschätzung der objektiven Notwendigkeit des Führerscheins. Jugendliche aus ländlichen Gegenden mit schlechter Anbindung an den ÖPNV schätzen den Führerschein als notwendiger ein. Notwendiger wird er auch von ostdeutschen Jugendlichen erachtet, ein Befund, der möglicherweise die schwierige Ausbildungs- und Berufssituation ostdeutscher Jugendlicher reflektiert.

6.2 Psychische Funktionen des PKW-Führerscheins

Den Führerscheinwunsch Jugendlicher nur aus seiner Funktion als "Fahrerlaubnis für PKW" erklären zu wollen, greift zu kurz. Drei psychische Erwartungen an den Führerschein konnten bei den befragten 16-Jährigen identifiziert werden. Mit differenziellen Unterschieden sind die Erwartungen eines Zugewinns an Unabhängigkeit/ Mobilität, eines Zuwachses an Sozialer Anerkennung, aber auch ein mit dem Führerschein verknüpftes Mehr an Verantwortung und Pflichten beobachtbar[3]. In der Abb. 4 sind die mittleren Ausprägungen in diesen drei

[3] Die internen Konsistenzen der Skalen betragen α=.76 (5 Items Unabhängigkeit/ Mobilität), α=.59 (4 Items Verantwortung/ Pflichten) und α=.75 (5 Items Soziale Anerkennung).

psychischen Funktionen, jeweils auch aufgeschlüsselt nach dem Geschlecht der Befragten, aufgeführt.

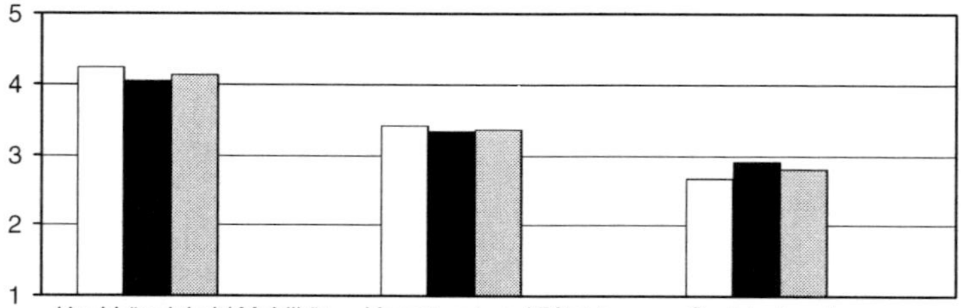

	Unabhängigkeit/ Mobilität	Verantwortung/ Pflichten	Soziale Anerkennung
□ Weiblich	4,24	3,43	2,69
■ Männlich	4,07	3,34	2,91
▨ Gesamt	4,15	3,38	2,81
T(df)	1.99 (256)	0.88 (256)	-1.97 (256)
p	.05	.38	.05

Abb. 4: Beurteilung der psychischen Funktionen des Führerscheins, mittlere Ratings.

Im Mittel am stärksten ist die Erwartung der Jugendlichen, mit dem Führerschein sei ein Zugewinn an Unabhängigkeit/ Mobilität verbunden. Dass mit dem Führerschein auch Verantwortung/ Pflichten und Soziale Anerkennung verbunden sind, wird im Mittel ebenfalls wahrgenommen. Allerdings zeigen sich in allen drei psychischen Funktionen des Führerscheins interindividuelle Unterschiede, die sich durch Gesamtmittelwerte nicht abbilden lassen. Ein mit dem Führerschein verknüpfter Wunsch nach Unabhängigkeit/ Mobilität wird noch stärker von ostdeutschen Jugendlichen und von Jugendlichen aus Kleinstädten betont. Auch eine höhere Leistungsorientierung in den individuellen Werten und ein starkes Autonomiestreben sind Prädiktoren dieser psychischen Funktion. Den mit dem Führerschein verknüpften Zuwachs an Verantwortung und Pflichten sehen Landjugendliche und angepasste Jugendliche, denen die Freunde besonders wichtig sind, eher noch als ihre Gleichaltrigen. Von besonderem Interesse für die Verkehrssicherheitsforschung ist jedoch die dritte Funktion, der mit dem Führerschein verknüpfte Wunsch nach sozialer Anerkennung, einem Statuszugewinn und dem Gefühl, etwas Wichtiges im Leben geschafft zu haben. Diese Funktion, die eher von ostdeutschen und Jugendlichen aus Kleinstädten sowie von machtorientierten Jugendlichen, die bildungsbürgerliche Positionen ablehnen, betont wird, erweist sich als eng verknüpft mit potenziell risikoreichen verkehrsbezogenen Einstellungen. Peerorientierte

Jugendliche betonen diese Funktion insbesondere dann stark, wenn sie stark autoorientierte Freunde haben. Geschlechterunterschiede sind in den Funktionen Unabhängigkeit/ Mobilität und Soziale Anerkennung tendenziell, aber nicht überzufällig zu beobachten.

6.3 Potenziell risikoreiche verkehrsbezogene Einstellungen bei 16-Jährigen

Der Übergang in die Automobilität gehört zu den risikoreichsten Entwicklungsaufgaben im Jugendalter. Die Daten der Untersuchung, hier insbesondere der Eltern-Kind-Vergleich, aber auch die mittleren Aussagen der Jugendlichen weisen differenzierend darauf hin, dass es ein Jugendlichkeitsrisiko in der Form, dass risikoreiche Verkehrssituationen von Jugendlichen angestrebt und Verkehrsregeln relativiert werden - Schlag (1994, 137) bezeichnet dies als Tendenz, die Verkehrsteilnahme "als Möglichkeit der Ablenkung, des Spannungsgewinns und der Selbstbewährung" aufzufassen -, nicht bei allen Jugendlichen gibt. Allerdings lässt sich schon unter den 16-Jährigen eine Gruppe identifizieren, die den eigenen Übergang in die Automobilität mit hoch risikoreichen Einstellungen avisiert. Illustriert werden diese Aussagen durch einige ausgewählte Skalenbefunde. Wie beurteilen Jugendliche Risiko und Unsicherheit im Leben und speziell im Straßenverkehr?
Abb. 5 zeigt die mittleren Zustimmungen zu entsprechenden Aussagen. Während Risiko und Unsicherheit im Leben bei den Jugendlichen durchaus auf Zustimmung stoßen und auch der private Wert Risiko/ Stimulation eher als wichtig erachtet wird, wird verkehrsbezogene Risikobereitschaft von den Jugendlichen überwiegend deutlich abgelehnt.

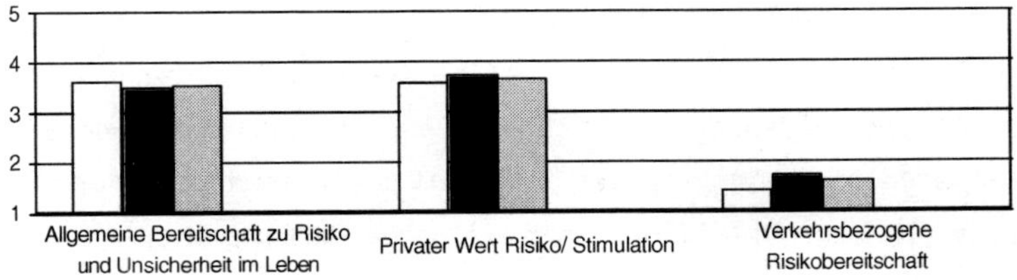

	Allgemeine Bereitschaft zu Risiko und Unsicherheit im Leben	Privater Wert Risiko/ Stimulation	Verkehrsbezogene Risikobereitschaft
□ Weiblich	3.63	3.59	1.43
■ Männlich	3.5	3.72	1.69
▨ Gesamt	3.56	3.66	1.57
T(df)	1.99 (256)	0.88 (256)	-1.97 (256)
p	.05	.38	.05

Abb. 5: Mittlere Ausprägungen der Variablen der Risikobereitschaft Jugendlicher

Der Geschlechterunterschied in dieser Skala ändert nichts an dem Befund, dass auch Jungen im Mittel einem erhöhten Verkehrsrisiko ablehnend gegenüberstehen. Gibt es eine jugendspezifische Ablehnung von Verkehrsregeln, die mit einer generell erhöhten Skepsis gegenüber Regeln korrespondiert? Abb. 6 verdeutlicht durch den Eltern-Kind-Vergleich, dass es eine solche jugendspezifische Regelablehnung nicht gibt.

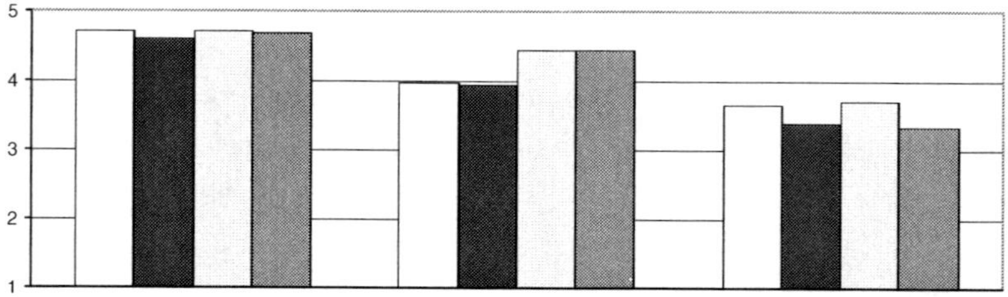

	Allgemeine Akzeptanz von Verkehrsregeln	Allgemeine Akzeptanz von Normen und Regeln im Leben	Persönliche Akzeptanz von Verkehrsregeln in konkreten Situationen
Mädchen	4.72	3.98	3.66
Jungen	4.61	3.96	3.39
Mütter	4.72	4.45	3.71
Väter	4.68	4.44	3.35

Abb. 6: Die mittlere Akzeptanz von Regeln bei Jugendlichen und ihren Eltern

Die Akzeptanz von Normen und Regeln im Leben ist bei Jugendlichen etwas geringer als bei den erwachsenen Eltern. In Bezug auf die Akzeptanz der allgemeinen Straßenverkehrsordnung findet sich ein solcher Generationenunterschied jedoch nicht, diese Regeln werden von Jugendlichen und Erwachsenen gleichermaßen anerkannt. Befragt danach, ob sie tatsächlich auch in konkret beschriebenen Verkehrssituationen (Geschwindigkeit auf Autobahnen oder außerorts, Parken im Parkverbot usw.) die Verkehrsregeln tatsächlich immer einhalten bzw. einhalten wollen, offenbart sich kein Generationen-, sondern ein Geschlechterunterschied: Männer äußern eher als Frauen die Bereitschaft, Verkehrsregeln auch mal brechen zu wollen. Ein jugendspezifisches Risiko lässt sich aufgrund dieser Selbstauskünfte weder in der verkehrsbezogenen Risikobereitschaft noch in der verkehrsbezogenen Regelakzeptanz identifizieren. Während die mittleren Übereinstimmungen zwischen den Generationen hoch sind, zeigen sich zumindest in der verkehrsbezogenen Regelakzeptanz kaum korrelative Beziehungen zwischen Jugendlichen und ihren Eltern, die stärkste Korrelation beträgt hier r=.21, p=.05 (Väter~Söhne, Persönliche Akzeptanz von Verkehrsregeln in konkreten Situationen).

Für die häufig vermutete Vorbildwirkung der Eltern in diesen Einstellungen finden sich hier kaum empirischen Belege. Clusteranalytisch konnte eine Gruppe von Jugendlichen ermittelt werden, die in drei verkehrsbezogenen Einstellungen, die als eng mit einem bewussten Fahrrisiko verknüpft angesehen werden (einer intensiven Autobindung, operationalisiert durch das autobezogene Extramotiv Imponieren, Fahrspaß, Fahrzeugleistung, α=.91 mit 14 Items, einer hohen verkehrsbezogenen Risikobereitschaft, α=.77 mit 7 Items und einer niedrigen Akzeptanz von Verkehrsregeln in konkreten Situationen, α=.67 mit 8 Items), Ausprägungen außerhalb des Normbereichs einer Standardabweichung aufweist. Diese Gruppe, die als potenzielle Risikofahrer bezeichnet werden sollen, wird in Abb.7 zwei anderen Gruppen Jugendlicher gegenübergestellt, die risikoarme verkehrsbezogene Einstellungen im Sinne einer Ideal- oder Normalentwicklung bei der Bewältigung der Entwicklungsaufgabe Automobilität antizipieren. Nach dieser Clusterlösung lassen sich 14.8 % der befragten 16-Jährigen als potenzielle Risikofahrer klassifizieren. Diese Zahl weicht von den meisten Schätzungen potenzieller Risikofahrer im Jugendalter nach unten ab. Dies beruht u.a. auf der Art der Gruppenbildung, die auf verkehrsbezogene Einstellungen abzielt, über deren Zusammenhang mit dem tatsächlichen Unfallrisiko in der Literatur unterschiedliche Auffassungen herrschen. Während Schlag, Ellinghaus und Steinbrecher (1986) über keine Zusammenhänge zwischen risikoreichen Einstellungen und risikoreichem Verkehrsverhalten berichten, zeigen Prasse und Mienert (2002) längsschnittlich solche Zusammenhänge auf, die allerdings in ihrer absoluten Höhe gering sind.

Vorrangiges Ziel der hier vorgestellten Clusterung ist es jedoch nicht, längsschnittlich aus Einstellungen 16-Jähriger tatsächliches Fahrverhalten vorherzusagen[4], sondern durch Zusammenhangsmaße zu anderen personalen Merkmalen und führerscheinbezogenen Einstellungen die enge Verknüpfung zwischen der persönlichen Lebenswelt und dem Lebensbereich Automobilität bei einigen Jugendlichen zu verdeutlichen.

[4] Die dafür notwendigen längsschnittlichen Daten einer Nacherhebung der hier befragten 16-Jährigen fehlen bisher.

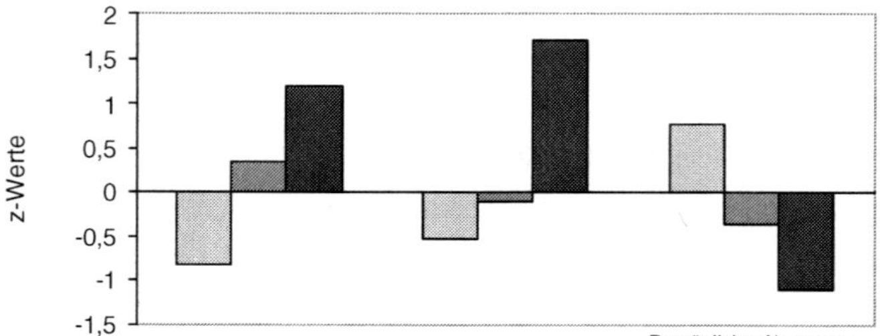

	Imponieren, Fahrspaß, Fahrzeugleistung	Verkehrsbezogene Risikobereitschaft	Persönliche Akzeptanz von Verkehrsregeln in konkreten Situationen
"Vorsichtige" (N=105)	-0,83	-0,53	0,78
"Ausgewogene" (N=113)	0,35	-0,11	-0,35
"Potenziell Risikoreiche" (N=38)	1,19	1,7	-1,1

Abb.7: Mittelwerte der drei Cluster zum potenziellen Risikofahrverhalten

In ihren soziodemografischen Merkmalen ist die Gruppe potenzieller Risikofahrer unauffällig, Mädchen sind in ihr ebenso vertreten wie Jungen. In den personalen Merkmalen, Persönlichkeitseigenschaften und individuellen Werten zeigen sich jedoch deutliche Unterschiede zwischen potenziellen Risikofahrern und Jugendlichen der anderen beiden Gruppen.

Für einen Führerschein ab 16 würde ich die Einschränkung .... akzeptieren

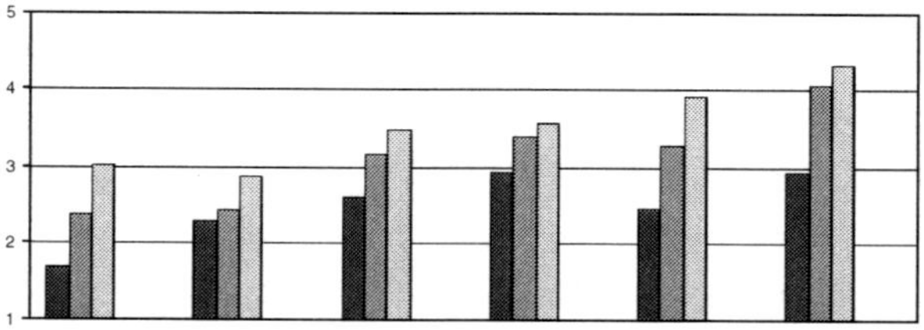

	Unter 80 kmh	Fahrten-schreiber	Abstand-warner	Spurhalter	Anfänger-Kennzeichen	Alkoholtester
"Potenziell Risikoreiche" (N=38)	1,68	2,3	2,62	2,92	2,46	2,92
"Ausgewogene" (N=113)	2,37	2,45	3,16	3,41	3,28	4,07
"Vorsichtige" (N=105)	3,01	2,88	3,48	3,56	3,93	4,32
F(df)	16.14 (2,252)	4.39 (2,252)	6.44 (2,252)	3.53 (2,252)	19.6 (2,252)	21.11 (2,252)
p	<.001	.04	.002	.03	<.001	<.001

Abb. 8: Unterschiede in der Beurteilung von Verkehrssicherheitsmaßnahmen bei unauffälligen und risikoreichen 16-Jährigen

Potenzielle Risikofahrer sind macht- und gruppenorientierter als ihre Gleichaltrigen, sie sind maskuliner (instrumenteller) und äußern sich eher bereit, Konflikte mit körperlicher Gewalt "lösen" zu wollen. Humanistische Werte werden weniger wichtig eingeschätzt, sie äußern sich auch weniger kulturell interessiert und weniger offen für neue Erfahrungen. Ein früher Führerschein ist diesen Jugendlichen noch wichtiger als den anderen; deutlich stärker versprechen sich potenzielle Risikofahrer vom Führerschein einen Zugewinn an sozialer Anerkennung. Ihren Wunsch nach Anerkennung und Gleichwertigkeit versuchen diese Heranwachsenden über das eigene Fahrzeug zu realisieren.

Eine solche drohende missbräuchliche Nutzung des Autos durch die potenziellen Risikofahrer findet eine Entsprechung in den Angaben der Jugendlichen zur Akzeptanz bzw. Nichtakzeptanz von verschiedenen Verkehrssicherheitsmaßnahmen, die mit einem frühen Führerschein verknüpft werden könnten. In Abb. 8 sind nur die Maßnahmen aufgeführt, bei denen es zwischen den Gruppen signifikante Unterschiede im Grad der Zustimmung gab. Von potenziellen Risikofahrern besonders stark abgelehnt werden alle technisch-restriktiven Maßnahmen, die bewusst risikoreiches und dominanzorientiertes Fahrverhalten einschränken würden (siehe auch Mienert, 2002b). Dies verdeutlicht, wie konkret die Absichten zum eigenen Fahrverhalten schon bei 16-Jährigen ohne eigene Fahrerfahrung sein können. Den deutlichsten Beleg für die enge Verknüpfung zwischen psychischen Funktionen des PKW-Führerscheins und spezifischen verkehrsbezogenen Risikoeinstellungen bei einigen Jugendlichen stellt jedoch die starke Ablehnung eines obligatorischen Anfängerkennzeichens durch die potenziellen Risikofahrer dar. Ein solches Anfängerkennzeichen würde den Symbolwert des Autos als Instrument für einen Zuwachs an sozialer Anerkennung mindern. Zum demonstrativen Ausagieren und Zertifizieren des eigenen Status wäre ein derart gekennzeichnetes Fahrzeug offensichtlich ungeeignet.

7 Zusammenfassung der Hauptergebnisse

Der Übergang in die Automobilität gehört zu den Ereignissen, die Heranwachsende am stärksten mit dem eigenen Erwachsensein verbinden. Dieser Übergang besitzt in unserer Kultur den Rang einer normativen Entwicklungsaufgabe und zählt somit zu den von nahezu allen Jugendlichen der entsprechenden Altersgruppe wahrzunehmenden und zu bewältigenden Herausforderungen der Normalbiografie. An einer ausgewählten Stichprobe von 16-jährigen Jugendlichen wurde ermittelt, wie diese

Entwicklungsaufgabe vor dem Führerscheinalter wahrgenommen wird und welche Pläne Jugendliche bezüglich ihres eigenen Übergangs in die Automobilität haben. Schon zwei Jahre vor dem Führerscheinerwerb sind führerschein- und mobilitätsbezogene Einstellungen bei Heranwachsenden konsistent erfassbar und differenziell deutlich unterschiedlich ausgeprägt. Einem Führerschein "so bald wie möglich" messen 16-Jährige eine hohe subjektive Wichtigkeit bei. Dass der Führerschein demgegenüber tatsächlich auch objektiv notwendig sei, wird von den Jugendlichen überwiegend verneint. Mit starken differenziellen Unterschieden werden an den Führerschein die Erwartungen von mehr Unabhängigkeit/ Mobilität, eines Zuwachses an Verantwortung und Pflichten sowie eines Gewinns an Sozialer Anerkennung geknüpft. Insbesondere die Funktion Soziale Anerkennung steht in Beziehung zu potenziell risikoreichen verkehrsbezogenen Einstellungen Jugendlicher. Dass es jedoch ein Jugendlichkeitsrisiko in der Form einer jugendtypischen Tendenz, risikoreiche Verkehrssituationen anzustreben oder Verkehrsregeln zu missachten, gibt, lässt sich im Mittel nicht bestätigen. Vergleiche zu den ebenfalls befragten Eltern zeugen von hoher mittlerer Übereinstimmung zwischen den Generationen, während intrafamiliale Transfereffekte eher gering sind. Unter den 16-Jährigen konnte eine Gruppe potenzieller Risikofahrer identifiziert werden, die den eigenen Übergang in die Automobilität mit hoch risikoreichen verkehrsbezogenen Einstellungen avisiert. Durch ihre personalen Merkmale sind diese Jugendlichen als macht- und gruppenorientiert sowie kulturell und intellektuell weniger interessiert zu kennzeichnen. Die spezifische Ablehnung restriktiver Verkehrssicherheitsmaßnahmen durch die potenziellen Risikofahrer verdeutlicht die inhaltliche Validität der Clusterung. Die darüber hinaus zu beobachtende Ablehnung eines Anfängerkennzeichens durch die potenziellen Risikofahrer verdeutlicht die enge Verknüpfung zwischen psychischen Funktionen des Führerscheins und psychischem Missbrauch des Autos für einige Jugendliche im schwierigen Übergang zwischen Kindheit und Erwachsensein.

8 Literatur

Dreher, E., Dreher, M. (1985). Wahrnehmung und Bewältigung von Entwicklungsaufgaben im Jugendalter: Fragen, Ergebnisse und Hypothesen zum Konzept einer Entwicklungs- und Pädagogischen Psychologie des Jugendalters. In: R. Oerter (Hrsg.), Lebensbewältigung im Jugendalter. Weinheim: Edition Psychologie VCH, 30-61.

Dreher, E., Dreher, M. (1991). Entwicklungsrelevante Ereignisse aus der Sicht von Jugendlichen. Schweizer Zeitschrift für Psychologie, 50 (1), 24-33.

Fend, H. (2001). Entwicklungspsychologie des Jugendalters (2. Aufl.). Opladen: Leske & Budrich.

Flade, A., Limbourg, M. (1997). Das Hineinwachsen in die motorisierte Gesellschaft. Darmstadt: Institut Wohnen und Umwelt.

Flammer, A. (1993). Entwicklungsaufgaben als gesellschaftliche Eintrittskarten. In: H. Mandl, M. Dreher, H.-J. Kornadt (Hrsg.), Entwicklung und Denken im kulturellen Kontext. Göttingen: Hogrefe, 119-128.

Havighurst, R. J. (1972). Developmental tasks and education (3rd ed.). New York: David McKay.

Hudson, F. M. (1999). The adult years: Mastering the art of self-renewal. San Francisco: Jessey-Bass.

Hurrelmann, K. (1994). Lebensphase Jugend: Eine Einführung in die sozialwissenschaftliche Jugendforschung. München: Juventa.

Jugendwerk der Deutschen Shell AG (1981). Jugend '81: Lebensentwürfe, Alltagskulturen, Zukunftsbilder. Hamburg: Jugendwerk der Deutschen Shell.

Kastner, M. (1987). Überlegungen zu einem Vorentwurf eines psychologischen Verkehrssicherheitskonzeptes. In: H. Häcker (Hrsg.), Fortschritte der Verkehrspsychologie (2), Reihe Mensch-Fahrzeug-Umwelt, Band 16. Bonn: Deutscher Psychologen Verlag.

Limbourg, M., Raithel, J., Reiter, K. (2001). In: J. Raithel (Hrsg.), Risikoverhalten im Jugendalter. Opladen: Leske+Budrich, 201-216.

Mienert, M. (2002a). Fahr- und fahrzeugbezogene Werthaltungen. In W. Scholl & H. Sydow (Hrsg.), Mobilität im Jugend- und Erwachsenenalter (S. 292-328). Münster: Waxmann.

Mienert, M. (2002b). Merkmale potenzieller Risikofahrer vor dem Führerschein-erwerb. Zeitschrift für Verkehrssicherheit 48 (4), 145-150.

Mienert, M. (2003a). Entwicklungsaufgabe Automobilität – Psychische Funktionen des PKW-Führerscheins für Jugendliche im Übergang ins Erwachsenenalter (Teil 1). Zeitschrift für Verkehrssicherheit 49 (1), 26-48.

Mienert, M. (2003b). Entwicklungsaufgabe Automobilität – Psychische Funktionen des PKW-Führerscheins für Jugendliche im Übergang ins Erwachsenenalter (Teil 2). Zeitschrift für Verkehrssicherheit 49 (2), 75-99.

Prasse, D., Mienert, M. (2002). Risikobereitschaft und mangelnde Gelassenheit bei jugendlichen Fahranfängern: Entwicklungsverläufe und ursächliche Bedingungen. In:

W. Scholl & H. Sydow (Hrsg.), Mobilität im Jugend- und Erwachsenenalter. Münster: Waxmann, 329-386.

Raithel, J. (1999). Unfallursache: Jugendliches Risikoverhalten. Verkehrsgefährdung Jugendlicher, psychosoziale Belastungen und Prävention. Weinheim: Juventa.

Schlag, B. (1987). "In meinem Alter fährt man an sich recht zügig" - Untersuchungen zu Risikoverhalten und Risikobereitschaft junger Fahrer. Unveröffentlichte Habilitationsschrift, Universität Essen.

Schlag, B. (1994). Risikoverhalten im Straßenverkehr. In A. Flade (Hrsg.), Mobilitätsverhalten. Bedingungen und Veränderungsmöglichkeiten aus umweltpsychologischer Sicht. Weinheim: PVU, 131-138.

Schlag, B., Ellinghaus, D., Steinbrecher, J. (1986). Risikobereitschaft junger Fahrer. Schriftenreihe Unfall- und Sicherheitsforschung Straßenverkehr der BASt, 58. Bremerhaven: Verlag Neue Wissenschaft.

Schönhammer, R. (1992). Aufwachsen mit dem Automobil. Report Psychologie, 17 (10), 17-23.

Schulz, U., Kerwien, H., Gresch, H. (2000). Motivationale und emotionale Aspekte des Autofahrens. Zeitschrift für Verkehrssicherheit 46 (2), 49-56.

Schulze, H. (1996). Lebensstil und Verkehrsverhalten junger Fahrer und Fahrerinnen. Berichte der Bundesanstalt für Straßenwesen. Mensch und Sicherheit, M 56. Bremerhaven: Verlag Neue Wissenschaft.

Silbereisen, R. K., Eyferth, K. (Eds.,1985). Development as action in context. Berlin: Springer.

Statistisches Bundesamt (2003). Verkehr Deutschland - Verkehrsunfälle. [online-Dokument]. Verfügbar unter: http://www.destatis.de/basis/d/verk/verktab6.htm [10.7.2003].

Stern, J., Schlag, B. (2001). Akzeptanz von Verkehrssicherheitsmaßnahmen durch 18-24jährige Autofahrer. Zeitschrift für Verkehrssicherheit, 47 (1), 22-29.

Tully, C. J. (1998). Rot, cool und was unter der Haube. Jugendliche und ihr Verhältnis zu Auto und Umwelt. München: Aktuell im Olzog.

Wicklund, R. A., Gollwitzer, P. M. (1985). Symbolische Selbstergänzung. In: D. Frey, M. Irle (Hrsg.), Theorien der Sozialpsychologie. Band 3: Motivations- und Informationsverarbeitungstheorien. Bern: Hans Huber, 31-55.

Philipp Yorck Herzberg

Aggression im Straßenverkehr

1 Einleitung

Diskussionen um Gewalt in den Medien, Berichte von Überfällen, blutigen Attentaten, Schüler, die ihre Lehrer und Mitschüler angreifen... kaum ein anderes psychologisches Konstrukt bewegt die Öffentlichkeit so sehr wie das Thema Gewalt. Zahlreiche Autoren verweisen denn auch darauf: „Das Thema Gewalt und Aggression ist von zentraler Bedeutung für menschliches Zusammenleben“ (Bierhoff, Wagner, 1998, 2). Geen (1990, 1) betont die Bedeutung, die Aggressionen in unserem täglichen Leben haben: „Few people would deny that „aggression“ is commonplace in contemporary society.“

Eine Form der Aggression, die trotz ihrer hohen Präsenz in der öffentlichen Diskussion nur wenig wissenschaftliche Aufmerksamkeit erfahren hat, sind aggressive Verhaltensweisen im Straßenverkehr. Dies verwundert, da nach Klebelsberg (1982) Verkehrsverhalten als maßstabsgerechte Verkleinerung einer Gesamtsituation aufzufassen ist. Folglich ist das Verhalten im Straßenverkehr in gewissem Sinne repräsentativ für die generelle Aggressions- und Gewaltbereitschaft einer Gesellschaft.

2 Begriffsbestimmungen

Gemessen an der Vielzahl der Publikationen zu den Themen Aggression und Aggressivität ist die Zahl der wissenschaftlichen Veröffentlichungen, die sich speziell mit der Domäne Straßenverkehr beschäftigen, gering[1]. Dabei ist die persönliche und gesellschaftliche Relevanz, die sich aus den Folgen aggressiver Verhaltensweisen im Straßenverkehr ergibt, enorm.

Das Spektrum von Gewalttaten und aggressiven Verhaltensweisen im Straßenverkehr umfasst neben spektakulären[2], aber eher seltenen Fällen, auch relativ oft auftretende Verhaltensweisen wie Nötigungen, Beschimpfungen, dichtes Auffahren, bewusste Provokation durch langsames Fahren, das dichte Einscheren vor andere Fahrzeuge etc., die von Kraftfahrern als rücksichtslos empfunden werden (Ellinghaus, 1986). Joint (1997) berichtet, dass von 526 befragten Fahrern einer Stu-

[1] Eine Recherche in der Literaturdatenbank PsychInfo (Dezember 2002) gibt für den Suchbegriff aggress* (wildcard-Suchbefehl sucht alle Veröffentlichungen, in denen Wörter mit diesem Wortstamm z. B. aggressiv, Aggression, Aggressivität etc. enthalten sind) fast 34 000 Veröffentlichungen an. Für die Kombination der Suchbegriffe aggress* mit driving behavior werden acht Veröffentlichungen, für die Kombination aggress* mit traffic wird keine Veröffentlichung aufgeführt.

die im Auftrag der American-Automobile-Foundation for Traffic Safety 62% mit aggressivem dichten Auffahren, 59% mit Lichthupenzeichen, 48% mit aggressiven Gesten konfrontiert wurden. 21% wurden absichtlich beim Fahren behindert, 16% verbal beschimpft und 1% körperlich angegriffen. Nur 12% erlebten keine der aufgeführten Verhaltensweisen. Auf die Frage, ob diese Verhaltensweisen ebenfalls selber gezeigt wurden, gaben 45% der Befragten an, die Lichthupe einzusetzen, 22% führten aggressive Gesten aus, 12% verbale Beleidigungen, 6% aggressives dichtes Auffahren und 5% behinderten absichtlich andere Fahrer. 40% gaben an, keine dieser Verhaltensweisen ausgeführt zu haben. Ein hoher Prozentsatz aus zwei unabhängigen Studien, die Novaco (1991) zitiert, gibt ebenfalls an, diese Verhaltensweisen selbst schon ausgeführt zu haben. Die Verhältnisse auf deutschen Straßen unterscheiden sich davon kaum (siehe z.B. die Studie von Psychonomics, 1997). Die Vielzahl solcher Beispiele systematisiert Novaco (1991) in einer Typologie aggressiver Verhaltensweisen im Straßenverkehr, die in Tabelle 1 wiedergegeben ist.

	Target Location	Aggressor Location	Target Identity	Temporal Interval	Intentional Quality	Traffic Relevance
Roadway Shooting/ Throwing	inside (typically)	inside	anonymous	immediate	impulsive	yes
Assault with vehicle	inside or outside	inside	anonymous or personal	immediate or delayed	impulsive	yes or no
"Sniper"/ Robber	inside	outside	anonymous	delayed	premeditated	yes
Drive-By Shootings	outside (typically)	inside	personal	Delayed (typically)	premeditated	no
Suicide/ Murder Crashes	inside	inside	personal	delayed	premeditated	no
Roadside Confrontations	outside	outside	anonymous	immediate	impulsive	yes

Tab. 1: Typologie aggressiver Verhaltensweisen im Straßenverkehr nach Novaco (1991, 291)

Diese Typologie ist allerdings kaum auf die Verhältnisse in Deutschland zu übertragen, da zum einen der Besitz von Schußwaffen in Deutschland streng geregelt ist, so dass die Kategorien „Roadway shooting“ und „Drive by shooting“ auf hiesige Verhältnisse nicht zutreffen. Raubüberfälle auf Autofahrer sind im Gebiet der europäischen

[2] Eine Sammlung spektakulärer Beispiele aus den USA gibt Novaco (1991).

Union ebenfalls sehr selten (IRTAD, 2000). Weiterhin ist die Typologie nicht empirisch untermauert; als einzige verkehrsrelevante Kategorie bleiben die „Roadside confrontations". Die anderen Kategorien sind unter dem Begriff „road rage" zu subsummieren. Der Begriff „road rage" beinhaltet extreme Formen von Aggressionen, wie z.B. körperliche Angriffe bzw. Tötungsdelikte zwischen Fahrzeugfahrern (Brewer, 2000; Joint, 1997). Der Unterschied zur Aggression im Straßenverkehr im engeren Sinne liegt in der Anwendung der geltenden Rechtsvorschriften. Diejenigen Verhaltensweisen, die zur Kategorie „road rage" gehören, fallen unter den Einfluss des Strafgesetzbuches. Verhaltensweisen, die zur Aggression im Straßenverkehr gehören, sind Gegenstand des Verkehrsrechts. Konträr zu dieser Aufteilung versteht Shinar (1998) „road rage" als feindseliges Verhalten im Straßenverkehr, welches absichtlich auf die Schädigung anderer Verkehrsteilnehmer gerichtet ist. Allerdings ist die Intention, andere zu schädigen, ein wichtiges Bestimmungsstück zur Festlegung, welche Verhaltensweisen als aggressiv zu werten sind, so dass Shinar´s (1998) Definition von „road rage" keine konzeptionelle Klarheit bringt. Mizell (1997) berichtet ein kontinuierliches Anwachsen von „road rage"-Zwischenfällen, die mindestens 218 getötete Personen und 12.610 Verletzte in den Vereinigten Staaten im Zeitraum von 1990 bis 1996 zur Folge hatten (siehe auch Wells-Parker et al., 2002).

Die Kategorie „Roadside confrontations" aus Tabelle 1, die aggressive Verhaltensweisen im Straßenverkehr im engeren Sinne umfasst, muss auf der anderen Seite erweitert werden: Die Spalte der intendierten Qualität sollte neben impulsiven auch instrumentelle Verhaltensweisen beinhalten.

Damit ergibt sich eine Einschränkung der Verhaltensweisen, die tatsächlich als aggressives Verhalten im Straßenverkehr zu werten sind. Als aggressiv gelten Verhaltensweisen, die mindestens folgende drei Bestimmungsstücke erfüllen (Geen, 1990):

1. Aggression consists of the delivery of noxious stimuli by one organism to another.
2. The noxious stimuli are delivered with the intend to harm the victim.
3. The aggressor expects that the noxious stimuli will have their intended effect.

Übertragen auf den Straßenverkehr wäre es ein aggressives Verhalten, wenn

1. die Verhaltensweise einen anderen Verkehrsteilnehmer schädigt. Dabei darf das Opfer nicht mit der Verhaltensweise der anderen Person einverstanden sein.

2. die Ausübung der Verhaltensweise intendiert erfolgt, das heißt die Schädigung anderer Verkehrsteilnehmer gewollt ist oder in Kauf genommen wird.
3. die diese Verhaltensweise ausführende Person erwartet, dass ihr Verhalten den intendierten Effekt der Schädigung tatsächlich hat.

Zum weiteren Überblick über Probleme der Definition von Aggressionen siehe z.B. Bierhoff und Wagner (1998), Mummendey (1982), Selg (1982).
Die Etikettierung von Verhaltensweisen im Straßenverkehr als aggressiv ist jedoch nicht immer eindeutig. Viele Verhaltensweisen im Straßenverkehr, die als aggressiv bezeichnet werden und zum Beispiel in Studien zur Operationalisierung aggressiver Verhaltensweisen im Straßenverkehr eingesetzt wurden, wie etwas das Hupverhalten (Deaux, 1971; Doob, Gross, 1968; Ellison, Govern, Petri, Figler, 1995; Sarris, 1995; Turner, Layton, Simons, 1975) sind nicht a priori aggressiver Natur. Das Betätigen der Hupe kann neben dem Ausdruck von Ärger auch Aufforderungscharakter haben oder als Gruß gelten. Bösser (1987, 57) argumentiert, „dass die als aggressiv bezeichneten Verhaltensweisen im Straßenverkehr eine hohe Übereinstimmung mit den Verhaltensweisen aufweisen, die als gefährlich bezeichnet werden". Selbst das Bestimmungsstück der schädigenden Absicht, die sich „unter den anonymen Bedingungen des Straßenverkehrs aber nicht gegen ein Individuum [richtet]" (Bösser, 1987, 60), erscheint hier von zweifelhaftem Nutzen.
Trotz dieser Einschränkungen sprechen zwei Gründe für die Klassifizierung bestimmter Verhaltensweisen als "aggressiv":
Erstens der Aspekt der Deduktion: Die bisherige Aggressionsforschung umfasst eine Reihe wichtiger Konzepte und Ergebnisse, die sich sinnvoll auf den Straßenverkehr übertragen lässt. So ist der Straßenverkehr u.a. durch einen hohen Grad an Anonymität, Dichte, Lärm, Luftverschmutzung, insgesamt ein hohes Potential frustrationsauslösender Bedingungen gekennzeichnet. Anonymität, Enge, Lärm und Frustration sind gut untersuchte Antezedenzien aggressiver Verhaltensweisen.
Zweitens der Aspekt der wissenschaftlichen Kommunikation: Forschungsarbeiten, die sich mit regelwidrigem Fahrverhalten beschäftigen, nutzen die Etikettierung „aggressiv", z.B. die Skala „Driving aggression" des international am häufigsten eingesetzten Fahrverhaltensfragebogens (Glendon et al, 1993).
Die von Bösser (1987, 60) bemängelte Problematik, dass eine Schädigung nicht immer intendiert ist, „sondern diese Schädigung lediglich als Begleiterscheinung bei der Verfolgung anderer Ziele (Bequemlichkeit, Zeitverlust vermeiden) auf[tritt]", lässt sich

durch eine Unterscheidung von affektiver und instrumenteller Aggression auflösen. Diese Unterscheidung ist zentral: Es ist gerade im Straßenverkehr häufiger nicht die Intention zu schädigen, sondern die Intention, für sich Vorteile zu erzielen, wofür die Schädigung Anderer in Kauf genommen wird.

3 Affektive und instrumentelle Aggression

Aggressives Verhalten im Straßenverkehr kann einerseits die Folge bestimmter antezedenter Bedingungen sein. Andererseits kann es auch einem bestimmten Zweck dienen. Eine der wenigen expliziten spezifischen Definitionen von Aggression im Kontext Straßenverkehr geben Kaba et al. (1997, 25): „Aggression im Straßenverkehr ist nicht primär die Schädigung des anderen Verkehrsteilnehmers, sondern auf die Wiedergewinnung der verlorenen Freiheit ausgerichtet .... und ist daher als instrumentelle Aggression anzusehen". Unter der Vielzahl der Möglichkeiten, aggressive Verhaltensweisen einzuteilen (siehe Selg, Mees, Berg, 1997) stellt die Unterscheidung zwischen affektiver und instrumenteller Aggression die gebräuchlichste und ökonomischste dar; die meisten anderen Arten von Aggressionen lassen sich unter beiden Begriffen subsumieren (Geen, 1990). Allerdings könnten nach Kleiter (1997) viele Aggressionen Mischformen sein, so gibt es bspw. affektive und instrumentelle Aggression zugleich.
Affektive Aggressionen sind nach Berkowitz (1993) oft von sehr negativen emotionalen Zuständen und Ärger begleitet. Diese negativen emotionalen Zustände sind meist durch Provokationen induziert und Ziel dieser Aggression ist es, den Provokateur zu schädigen oder zu verletzen („the primary objective is to do harm", 11). Unter instrumenteller Aggression versteht man dagegen „Versuche, mit dem Instrument Aggression Aufgaben oder Probleme zu lösen" (Selg et al., 1997, 13). Mit Hilfe instrumenteller Aggression wird ein Ziel angestrebt, wobei die physische und psychische Schädigung nicht intendiert ist, aber auch nicht vermieden wird. Berkowitz (1993) versteht unter instrumenteller Aggression Verhaltensweisen (Angriffe) als Mittel, um ein Objekt zu erhalten, oder allgemeiner, ein Ziel zu erreichen, das dem Angreifer wichtiger ist als die Unversehrtheit des Opfers, wenn das primäre Ziel nicht die Verletzung des Opfers ist.
Es existiert eine umfangreiche Forschungstradition zur affektiven Aggression (Geen, 1990). Neben den Triebtheorien und der Frustrations-Aggressions-Theorie wurden in den letzten Jahren weitere Modelle zur Entstehung affektiver Aggression entwickelt.

Ein neueres Modell, das einen Teil der unterschiedlichen Modelle integriert und explizit interindividuelle Unterschiede bei der Aggressionsentstehung berücksichtigt, ist das allgemeine Rahmenmodell affektiver Aggression von Anderson, Anderson und Deuser (1996) bzw. in modifizierter Form von Dill, Anderson und Anderson (1997). Dieses Modell lässt sich sinnvoll zur Erklärung der Entstehung aggressiver Verhaltensweisen im Straßenverkehr nutzen, da es sowohl situative und personenbezogene Merkmale berücksichtigt (Abb. 1). Ausgehend von den Eingangsvariablen lassen sich mindestens drei Routen innerhalb des Modells ausmachen, die durchlaufen werden können. Beispielsweise umfasst die kognitive Route feindselige Gedanken und aggressive Skripts, die durch die Eingangsvariablen aktiviert werden können. Die Routen werden nicht unabhängig voneinander durchlaufen, wie durch die gestrichelten Verbindungen angedeutet ist.

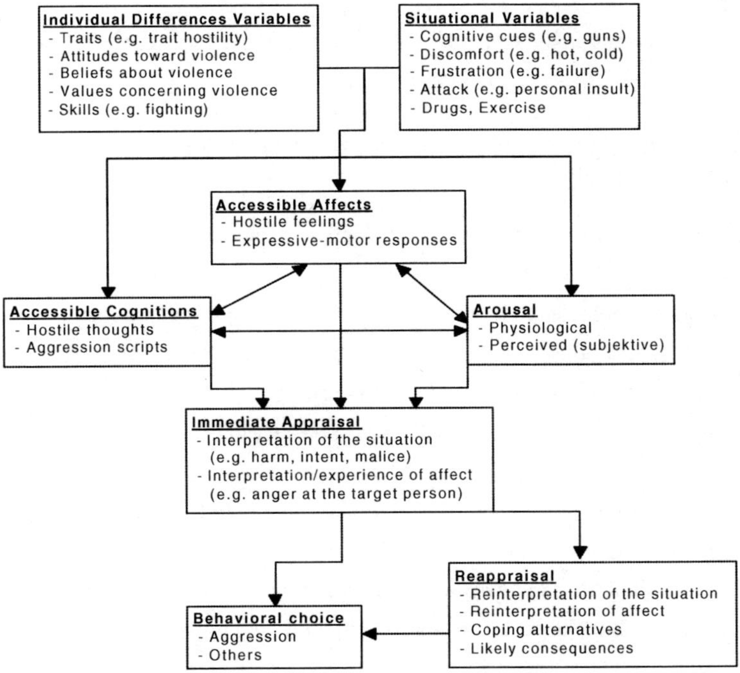

Anmerkung. Die gestrichelten Linien deuten Interaktionen zwischen den Hauptrouten an.

Abb. 1: Allgemeines Rahmenmodell affektiver Aggression (modifiziert nach Anderson et al., 1996; Dill et al., 1997).

Vergleichbare Modelle wie die zur Entstehung affektiver Aggressionen sind für die instrumentelle Aggression nicht ausgearbeitet worden. Als Forschungsrahmen zur gezielten Analyse instrumenteller Aggressionen ließen sich aber andere Modelle wie z.B. die Theorie des geplanten Verhaltens von Ajzen (1988) adaptieren.

Für den Straßenverkehr ist anzunehmen, dass beide Formen der Aggression auftreten. Für die Intervention bei auffälligen Fahrern ist die Unterscheidung dieser Aggressionsarten relevant. Stehen bei den affektiven Aggressionen eher Emotionskontrolle, Ärgerverarbeitung und die Bearbeitung des „hostile attribution bias[3]" (Nasby, Hayden, DePaulo, 1979) im Vordergrund, so ist bei eher instrumentell orientierter Aggression der relative Egozentrismus durch Aufzeigen der Folgen des eigenen Verhaltens im Empathie-Training zu problematisieren. Viele instrumentelle Verhaltensweisen können im Fahrstil habituiert sein, so dass sie dem Fahrer zum Teil gar nicht mehr bewusst sind. Doch selbst in diesem Fall sind andere Interventionen als bei affektiven Reaktionen notwendig (siehe z.B. Galovski, Blanchard, 2002a).

4 Einflussfaktoren und Moderatoren aggressiven Verhaltens im Straßenverkehr

Der Straßenverkehr scheint ein idealer Kontext zu sein, persönliche Dispositionen aggressiver Verhaltensweisen auszuagieren, die sonst einer Vielzahl sozialer Beschränkungen unterliegen. Im Straßenverkehr kommt es zu einem Zusammenwirken ungünstiger Bedingungen, die in anderen Lebensbereichen meist nur vereinzelt vorliegen. So massieren sich im Straßenverkehr folgende Einflussgrößen, deren Zusammenhang zu aggressiven Verhaltensweisen in vielen psychologischen Studien untersucht wurde:

- Unspezifische physiologische und kortikale Erregung kann, wenn sie in Kombination mit Provokation auftritt oder aggressive Hinweisreize vorliegen, die Bereitschaft zu aggressiven Verhaltensweisen erhöhen (Geen, 1990). Autofahren, insbesondere schnelles Fahren führt zu einer erhöhten kortikalen Aktivierung (Bartl, 1995). Aber auch andere Einflüsse aus dem System Straßen-

[3] „Hostile attribution bias" ist eine überdauernde aggressive Disposition, uneindeutige Verhaltensweisen und Fehler anderer Personen als aggressiv intendiert wahrzunehmen und zu bewerten. Gerade im Straßenverkehr, wo viele Verhaltensweisen nicht aggressiv intendiert sein müssen, können diese häufig als vermeintlich aggressiv eingestuft werden, z. B. ein Fahrer, der versucht, den Sicherheitsabstand zum vorausfahrenden Fahrzeug einzuhalten, wird als absichtlicher Bummler wahrgenommen.

verkehr wie z.B. Lärm und laute Musik steigern das Ausmaß der allgemeinen physiologischen Erregung. Darüber hinaus können der direkten Teilnahme am Straßenverkehr vorausgegangene Bedingungen (z.B. Ärger auf Arbeit) im Sinne der Erregungsübertragungstheorie von Zillmann (1971) zu einer residualen Erregung führen. Diese kann in einer neuen, vielleicht sogar harmlosen Erregungssituation zu einer Addierung beider Erregungspotentiale führen und unangemessene aggressive Verhaltensweisen hervorrufen.

- Die Vielzahl potentiell frustrierender Situationen im Straßenverkehr, z.B. Stau, lange Wartezeiten an Ampeln, das Verhalten anderer Verkehrsteilnehmer, kurz, alle Bedingungen im Straßenverkehr, die die momentanen Verhaltensziele des Autofahrers unterbrechen, werden als förderlich für aggressive Verhaltensweisen im Straßenverkehr angesehen (Michon, 1980; Shinar, 1998). Obwohl, der Frustrations-Aggressions-Hypothese (Dollard, Doob, Miller, Mowrer, Sears, 1939) folgend, in vielen verkehrspsychologischen Studien Frustration als direkt aggressionsauslösend angenommen wird (z.B. Deaux, 1971; Doob, Gross, 1968; Psychonomics, 1997), muss die direkte Kopplung von Frustration und Aggression als überholt angesehen werden (Kornadt, 1982). Spätestens seit der Kritik und Neuformulierung der Frustrations-Aggressions-Hypothese durch Berkowitz (1989) wird Ärger als vermittelnder affektiver Reaktion auf Frustration eine besondere Rolle bei der Entstehung aggressiver Verhaltensweisen eingeräumt. Der postulierte enge Zusammenhang zwischen Ärger und Aggression wird jedoch in neueren Forschungsarbeiten als weitverbreitetes Stereotyp kritisiert. Ärger ist im Allgemeinen mit einer erhöhten physiologischen Aktivierung verbunden, die jedoch nicht zwangsläufig zu aggressiven Verhaltensweisen führt. Prinzipiell können zur Regulation von Ärger eine Vielzahl unterschiedlicher Reaktionen ausgeführt werden, welches Verhalten tatsächlich gezeigt wird, ist sowohl von der individuellen Lerngeschichte als auch den situativen Gegebenheiten abhängig (Weber, 1999). Allerdings zeigen neuere verkehrspsychologische Studien, dass Fahrer mit hoher habitueller Ärgerausprägung häufiger aggressive Verhaltensweisen im Straßenverkehr zeigen. So berichten sie mehr Verkehrsverstöße und zeigen kompetitive Verhaltensweisen beim Autofahren (Galovski, Blanchard, 2002a). Sie fahren riskanter, zeigen ein hohes Ausmaß an aggressiven Verhaltensweisen gegenüber anderen Fahrern (z.B. drängeln, schneiden) aber auch gegenüber dem eigenen Fahrzeug (z.B. gegen die Tür treten), zum Überblick siehe Deffenbacher et al. (2002).

- Auswirkungen räumlicher Dichte bzw. Enge: Räumliche Enge erhöht die kortikale Erregung, dabei kann diese Erregung als angenehm, z.B. in einer Disco, oder als unangenehm, z.B. in einer überfüllten U-Bahn, erlebt werden. Überfüllte Straßen dürften eher als unangenehm erlebt werden. Die erhöhte kortikale Erregung kann über die oben dargestellten Wirkmechanismen aggressive Verhaltensweisen begünstigen. So führt Shinar (1998) die Zunahme aggressiver Verhaltensweisen im Straßenverkehr auf die steigende Verkehrsdichte zurück. Entsprechend dieser Annahme sollten in größeren Städten mit mehr Fahrzeugen pro Straßenkilometer mehr aggressive Verhaltensweisen auftreten als in kleineren Städten mit weniger Fahrzeugen pro Straßenkilometer. Shinar (1998) bestätigt die Hypothese, dass in einer kleineren Stadt weniger häufig rote Ampeln überfahren werden als in einer großen Stadt.
- Das Eindringen in den persönlichen Raum wird als unangenehm erlebt und führt zu dem Wunsch nach Wiederherstellung einer akzeptablen Distanz (Worchel, Teddlie, 1976). Im Straßenverkehr wird der Sicherheitsabstand sehr häufig unterschritten (Bösser, 1987). Dicht auffahrende Autos werden als rücksichtslos eingestuft (Ellinghaus, 1986), ebenso dicht vor dem eigenen Fahrzeug einscherende Fahrzeuge. Die Wiederherstellung des persönlichen Raumes kann auch unter reaktanztheoretischer Perspektive betrachtet werden. Kinzel (1970, zit. nach Geen, 1990) zeigt, dass Personen, die als aggressiv eingestuft waren, einen größeren persönlichen Raum für sich beanspruchen und auf Verletzung ihres persönlichen Raumes aggressiver reagieren.
- Anonymität erhöht die Chance, für deviante Verhaltensweisen straffrei zu bleiben. Straßenverkehr ist ein „ideales“ Feld für „minor social deviances“, die hier sogar informell toleriert sind, auch wenn sie kodifizierte Normen verletzen. Weiterhin vermittelt die Isoliertheit in einem Fahrzeug das Gefühl der Sicherheit und bietet somit eine Chance, für eigene aggressive Verhaltensweisen nicht mit Gegenaggressionen bestraft werden zu können. Ellison et al. (1995) zeigten in einer Feldstudie, dass Fahrer unter der Anonymitätsbedingung (das Verdeck der Cabriolets bzw. der Jeeps war verschlossen, so das die Fahrer weniger gut sichtbar waren) wesentlich schneller, häufiger und lang anhalten-

der hupen als Personen, deren Verdeck geöffnet war und die somit gut sichtbar waren, wenn ein Auto an der Kreuzung bei Wechsel der Ampel auf Grün nicht losfuhr, sondern stehen blieb.

- Das Phänomen der „Hackordnung" (Kaba et al., 1997). Die Rolle des Autos als Statussymbol, wie es in der Werbung aktiv vermittelt und bereits sehr früh repräsentiert wird (Schulze, 1996), führt zu einer Fahrzeughierarchie, die von den Fahrern auch als solche wahrgenommen wird (Ellinghaus, 1986). Auseinandersetzungen zwischen den und innerhalb verschiedener Hierachiestufen führen zu Rivalitäten und können in aggressive Verhaltensweisen münden (Ellinghaus, 1986). Doob und Gross (1968) zeigen, dass Autos mit einem geringeren Status eher angehupt werden, wenn sie an einer Ampel nicht losfahren als PKW mit hohem Statuswert.
- Lärm erhöht die Auftretenswahrscheinlichkeit aggressiver Verhaltensweisen, wenn eine latente Bereitschaft für aggressives Handeln bereits gegeben ist, z.B. durch Provokation (Donnerstein, Wilson, 1976). Beispiele für aggressive Verhaltensweisen durch Lärm im Straßenverkehr geben Conell und Joint (1997) und Mizell (1997).
- Das Vorhandensein aggressiver Hinweisreize kann bei emotionaler Erregung Aggression auslösen (Berkowitz, 1964; Berkowitz, LePage, 1971). Bestimmte PKW-Marken oder Modelle haben bei bestimmten Fahrergruppen „Feindbildcharakter" (Psychonomics, 1997) und können als aggressive Hinweisreize aufgefasst werden. Auch Gestaltungselemente von PKW werden als aggressiv eingestuft, z.B. Scheinwerfer, die wie Augen drohen (Böcher, 1985). Eine Adaptation der Studien zu Waffeneffekten für den Bereich Straßenverkehr haben Turner, Layton und Simons (1975) vorgelegt. Das Vorhandensein eines Gewehrs (in einem Gewehrständer gut sichtbar) in der Ablage eines Autos, das an einer auf grün wechselnden Ampel nicht losfährt, provoziert mehr Hupsignale, allerdings nur unter der Bedingung, dass der Fahrer selbst nicht gut sichtbar war.
- Stark eingeengte Kommunikations- und Interaktionsmöglichkeiten sind charakteristisch für das System Straßenverkehr. Kommunikation im Straßenverkehr ist nur eingeschränkt möglich und wird auch nicht gewünscht (Kaba et al., 1997). Während im alltäglichen Umgang Mimik, Gestik, Lautstärke, Stimmhöhe etc. eine wesentliche Rolle bei der Informationsvermittlung und

Regelung sozialer Interaktionen haben, ist im Straßenverkehr ein solcher Austausch nicht möglich. Verhaltensweisen, die von anderen als aggressiv wahrgenommen werden, aber nicht intendiert waren, z.B. Missverständnisse bei uneindeutigen Vorfahrtssituationen, können nicht bzw. nur sehr eingeschränkt kommunikativ gelöst werden. Als Konsequenz dieser Bedingungen ergeben sich kommunikative Fehlinterpretationen, die aggressive Verhaltensweisen begünstigen können.

- Zeitdruck ist eine wichtige Variable im Verkehrsalltag. Zeitdruckexponierte Fahrer fahren höhere Geschwindigkeiten, zeigen einen unvorsichtigeren, stärker am eigenen Vorankommen orientierten Fahrstil und beachten weniger die Verkehrsvorschriften (Hess, 1984). Ebbesen und Haney (1973, zitiert nach Ellinghaus, 1986) zeigen, dass mit zunehmender Wartezeit an einer Vorfahrtsstraße die Bereitschaft wächst, immer kürzere Einfahrtabstände zu akzeptieren und damit Schädigungen anderer Verkehrsteilnehmer in Kauf nehmen.

Folgende vorausgehende Bedingungen oder Moderatoren aggressiver Verhaltensweisen treten ebenfalls im Straßenverkehr auf:

- Nach Stephan (1988, zitiert nach Kaba et al., 1997) sieht sich ein beträchtlicher Teil der Kraftfahrer berechtigt oder gar gezwungen, durch Nötigungshandlungen eigene Ansprüche durchzusetzen; „nicht selten wird eine entsprechende Handlung als pädagogisch notwendig zur Erziehung anderer Verkehrsteilnehmer angesehen" (a.a.O., 21).
- Subkulturelle Vermittlung aggressiver Verhaltensweisen: Die höchsten Quoten aggressiven Verhaltens finden sich laut Bandura (1979) in Umgebungen, in denen reichlich aggressive Modelle vorhanden sind und in denen dieses Verhalten positiv verstärkt wird. Da das Risiko, im Straßenverkehr bestraft zu werden, relativ gering ist (Kaba et al., 1997), ist im Sinne des Modellernens und der operanten Konditionierung Aggression als erfolgsversprechende Handlungsweise im Straßenverkehr eine attraktive Verhaltensoption. V. Hebenstreit (1996) kritisiert in diesem Zusammenhang die Automobilwerbung, deren verkaufsfördernde Argumente oft im Gegensatz zu verkehrsicherheitsbezogenen Argumenten stehen und aggressive Fahrstile idealisieren.

Wie die Übersicht zeigt, wurden eine Vielzahl psychologischer Theorien für die Erklärung aggressiver Verhaltensweisen im Straßenverkehr adaptiert. In vielen Studien zur Aggression werden allerdings keine expliziten Aussagen über die theoretischen Annahmen zur Aggressionsentstehung getroffen oder es werden „Zusammenführungen der allgemeinpsychologischen Theorien" präferiert (Kaba et al., 1997, 25; v. Hebenstreit, 1996). Instinkttheoretische und evolutionsbiologische Erklärungen für aggressives Autofahren gibt z.B. Atzwanger (1997) anhand der Konkurrenz jüngerer Männer um Status in der Partnerwahl.

Psychoanalytische Erklärungen zur aggressiven Verhaltensweisen von Autofahrern gibt Hilgers (1992). Nach Hilgers (1992) werden Größenphantasien im Auto ausgelebt, das erwachsene Ich regrediert auf frühere Organisationsformen der Bindungs- und Grenzenlosigkeit, in deren Folge Wahrnehmung und Verhalten infantilisieren und aggressive Verhaltensweisen ausgelebt werden können. Das Auto hat bei vielen Besitzern Fetischcharakter und dient der Kompensation unbefriedigender Lebensumstände. Die vermeintliche oder versehentliche Bedrohung des Fahrzeuges kann den Autofahrer zum Amokläufer werden lassen, wie Hilgers (1992) anhand von Zeitungsmeldungen und Interviewaussagen untermauert.

Das Kölner Institut Rheingold hat in einer Studie „75 Autofahrer für mehrstündige Tiefeninterviews auf die Couch gelegt und dabei neun verschiedene Fahrertypen festgestellt" (Marszk, 1999, 1). Der Fahrstil wird laut dieser Studie als Spiegelbild der Seele aufgefasst und drückt indirekt eigene Motive im Wunsch nach Anerkennung und Profilierung aus.

5 Bedeutung aggressiver Verhaltensweisen im Straßenverkehr

Welche gesellschaftliche Bedeutung hat das Phänomen Aggressivität im Straßenverkehr? Whitlock (1971) gehört zu den Autoren, die aggressive Verhaltensweisen als Hauptunfallursache beschreiben. Seiner Meinung nach sind ca. 85% aller Verkehrsunfälle in Großbritannien die Folge aggressiver Verhaltensweisen.

Nur vergleichsweise wenige Unfälle werden dagegen auf rein technisches Versagen zurückgeführt. Unterscheidet man als die drei Komponenten des Straßenverkehrsgeschehens den Fahrer, die Straße und das Fahrzeug, so fallen die auf die jeweilige Systemkomponente anzurechnenden Unfallverursachungsanteile sehr unterschiedlich aus. Nach Schlag und Heger (2004, in diesem Band) entfallen allein auf den Fahrer Unfallverursachungsanteile von 60 % und auf die Interaktionen zwischen Fahrer und Straße respektive Fahrzeug weitere 33%.

Beim Fahrer lassen sich zwei Komponenten unterscheiden, die für das Führen eines Fahrzeuges wichtig sind, die Fahrkompetenz und der Fahrstil. Die Fahrkompetenz umfasst die Fähigkeitskomponenten Intelligenz, visuelle Wahrnehmung, Reaktionsverhalten, Aufmerksamkeit und Sensomotorik, die zur technischen Beherrschung eines Kraftfahrzeuges notwendig sind (Wottawa, Hossiep, 1997). Die Ausprägungen dieser Fähigkeitskomponenten können aber keine Informationen darüber geben, ob ein Kraftfahrer seine Fähigkeiten tatsächlich im Sinne der Verkehrssicherheit einsetzt.

Der Fahrstil ist die Art und Weise, wie eine Person ihr Fahrzeug fährt und umfasst charakteristische Fahrgewohnheiten, die sich im Laufe der Zeit herausbilden (Elander, West, French, 1993). Dazu gehören die Wahl der Geschwindigkeit, die Schwelle für Überholmanöver, die Neigung, Verkehrsverstöße zu begehen etc.. Es wird angenommen, dass der Fahrstil von Einstellungen und Meinungen zum Straßenverkehr, aber auch von generellen Bedürfnissen und Werten mitbestimmt wird (Elander et al., 1993).

Der jeweilige Anteil an Fahrkompetenz und Fahrstil am Zustandekommen von selbstverschuldeten Unfällen kann möglicherweise als eine Funktion des Alters und der Fahrerfahrung angenommen werden. So ist bekannt, dass die Arten der Unfälle, die von älteren Verkehrsteilnehmern verursacht werden, sich von den Unfallarten jüngerer Verkehrsteilnehmer unterscheiden. Ältere Fahrer verursachen häufiger Unfälle mit Seitenkollisionen, die auf Vorfahrtsfehler, Fehler in der visuellen Aufmerksamkeit oder Wahrnehmungsfehler zurückzuführen sind (zum Überblick siehe Elander et al., 1993; Schlag, Ellinghaus, Steinbrecher, 1986). Diese Bereiche sind eher der Fahrkompetenz bzw. den mit der Fahrkompetenz verbundenen Basisprozessen zugeordnet. Jüngere Fahrer verursachen häufiger u.a. Alleinunfälle durch Abkommen von der Fahrbahn, die auf überhöhte Geschwindigkeit und riskante Fahrmanöver zurückzuführen sind (Elander et al., 1993; Schlag et al., 1986). Damit spielt der Fahrstil bei jugendlichen Autofahrern eine entscheidende Rolle in Bezug auf die Unfallverwicklung. Auch Hoppe (1997) argumentiert, das Phänomen der überproportional hohen Unfallbeteiligung bei Jugendlichen „allein mit dem plausibel erscheinenden Argument der geringen Verkehrserfahrung bzw. Fahrpraxis (Fehleinschätzung der fahrphysikalischen Gegebenheiten etc.) erklären zu wollen, wäre kaum zureichend“ (a.a.O., 7). Tatsächlich bilden die Jugendlichen keine homogene Gruppe. Laut Schulze (1996) sind ca. zwei Drittel der jungen Fahrer unauffällig. Allerdings lassen sich 37.5 % der 18- bis 24-jährigen Fahrer und 30.5 % der 25- bis 34-Jährigen einem besonderen Risikokollektiv zuordnen, das durch seine negativen Einstellungen und Verhaltensweisen ein hohes Sicherheitsrisiko im Straßenverkehr darstellt (Schulze, 1996; siehe auch Deery und Fildes, 1999; und Mienert, 2004, in diesem Band). Parker, Lajunen und Stradling (1998) kommen in einer Zusammenfassung eigener Forschungsarbeiten zu dem Schluss, dass Fahrer, die häufiger in Unfälle verwickelt sind, „ tend to commit relatively high levels of violations, but are no more error prone than other drivers" (a.a.O., 12). Demnach spielen vor allem die motivationalen Faktoren des Fahrens für die Verkehrssicherheit des Fahrers in Bezug auf selbstverschuldete Unfälle und Verkehrsstrafen eine entscheidende Rolle. Auch die Wahl des Fahrzeugs wird neben finanziellen Aspekten von den Motiven des Fahrens entscheidend mitbestimmt. Rücksichtslosigkeit und aggressives Fahren sind neben Alkohol am Steuer der häufigste Grund für den Führerscheinentzug in Deutschland.

Jonah (1990) zeigt in einer Studie mit fast 10.000 Teilnehmern, dass die Altersgruppe der 20 – 24-Jährigen die höchste Ausprägung aggressiver Verhaltensweisen im Straßenverkehr angibt. Mit zunehmendem Alter sinkt die Ausprägung aggressiver Verhaltensweisen. Dieses Ergebnis steht im Einklang mit den Befunden der allgemeinen Aggressionsforschung (Zumkley, 1984; 1992). Anzumerken ist, dass nicht die Gruppe der 16 -19-Jährigen, also die Fahranfänger, die höchste Ausprägung an aggressiven Verhaltensweisen zeigt, sondern dass erst ein gewisses Maß an Fahrerfahrung und Fahrzeugbeherrschung erworben werden muss, um aggressive Verhaltensweisen im Straßenverkehr überhaupt ausführen zu können (Jonah, 1990).

Explizit untersucht wurde der Zusammenhang zwischen Aggression im Straßenverkehr zu Verkehrsunfällen, Verwarnungen und Bußgeldern sowie zum Punktestand von Herzberg (2001). Dort fand sich zwischen Aggression im Straßenverkehr und der Anzahl der Unfälle ein signifikanter Zusammenhang von $\beta = .29$, wobei insbesondere die selbstverschuldeten Unfälle für diesen Zusammenhang wichtig sind. Aggressive Verhaltensweisen im Straßenverkehr weißen ebenfalls auch signifikante Zusammenhänge zu Verwarnungen und Bußgeldern ($\beta = .42$) sowie zur Anzahl der Punkte ($\beta = .19$) auf.

6 Zusammenfassung

Anliegen des Beitrages war, einen kurzen Überblick über das Thema Aggression im Straßenverkehr zu geben und dabei eine Begriffsbestimmung für den Kontext Straßenverkehr vorzunehmen. Neben einem Überblick über Einflussgrößen und Moderatoren aggressiven Verhaltens im Straßenverkehr wurde die Bedeutung aggressiver Verhaltensweisen in diesem Kontext dargestellt. Für eine zukünftige Beschäftigung mit diesem Thema, seinen Entstehungsbedingungen, Auswirkungen und möglichen Interventionsansätzen sollte ein konzeptioneller Rahmen für zukünftige Forschungsanstrengungen vorgestellt werden. Erste Schritte sind beispielsweise die Entwicklung eines reliablen und validen Methodeninventars zur Erfassung aggressiver Verhaltensweisen (Herzberg, 2003; Herzberg, Guthke, 2001) und die Entwicklung spezifischer Interventionsprogramme (Deffenbacher et al., 2002; Galovski, Blanchard, 2002b; Hagenow & Hoppe, 1998).

7 Literatur

Ajzen, I. (1988). Attitudes, personality and behavior. Milton Keynes: Open University Press.

Anderson, C. A., Anderson, K. B., Deuser, W. E. (1996). Examining an affective aggression framework: weapon and temperature effects on aggressive thougths, affect, and attitudes. Personality and Social Psychology Bulletin, 22, 366-376.

Atzwanger, K. (1997). Biopsychische Aspekte aggressiven Autofahrens am Beispiel des Auffahrverhaltens. In: U. Schulz (Hg.), Wahrnehmungs-, Entscheidungs- und Handlungsprozesse beim Führen eines Kraftfahrzeuges, Münster: LitVerlag. 131-155.

Bandura, A. (1979). Aggression. Eine sozial-lerntheoretische Analyse. Stuttgart: Klett Cotta.

Bartl, G. (1995). Die Psychophysiologie des Schnellfahrens (Band 31). Wien: Kuratorium für Verkehrssicherheit.

Berkowitz, L. (1964). Aggressive cues in aggressive behavior and hostility catharsis. Psychological Revue, 71, 104-122.

Berkowitz, L. (1989). Frustration-aggression hypothesis: Examination and reformulation. Psychological Bulletin, 106, 59-73.

Berkowitz, L. (1993). Aggression. Its causes, consequences, and control. New York: McGraw-Hill.

Berkowitz, L., LePage, A. (1971). Waffen als aggressionsauslösende Reize. In: A. Schmidt-Mummendey, H. D. Schmidt (Hrsg.), Aggressives Verhalten. Neue Ergebnisse der psychologischen Forschung. München: Juventa.,131-145.

Böcher, W. (1985). DVW e.V. (Hrsg.). Aggression im Straßenverkehr.
Band 1: Aggressionsentstehung und -beeinflussung in umfassender Sicht. Bonn.

Bösser, T. (1987). Gefährliche und aggressive Verhaltensweisen des Fahrers bei der Regelung des Abstandes auf der Autobahn (Bd. 3). Köln: TÜV Rheinland.

Brewer, A.M. (2000). Road rage: Who, when, where and how? Transport Reviews, 20, 49-64.

Conell, D., Joint, M. (1997). Driver aggression. Washington D.C.: AAA Foundation for traffic safety.

Deaux, K. K. (1971). Honking at the intersection. Journal of Social Psychology, 84, 159-160.

Deffenbacher, J. L., Filetti, L. B., Lynch, R. S., Dahlen, E. R., Oetting, E. R. (2002). Cognitive-behavioral treatment of high anger drivers. Behaviour Research and Therapy, 40, 895-910.

Deery, H. A., Fildes, B. N. (1999). Young novice driver subtypes: relationship to high-risk behavior, traffic accident record, and simulator driving performance. Human Factors, 41(4), 628-643.

Dill, K. E., Anderson, C. A., Anderson, K. B. (1997). Effects of aggressive personality on social expectations and social perception. Journal of Research in Personality, 31, 272-292.

Dollard, J., Doob, L. W., Miller, N. E., Mowrer, O. H., Sears, R. R. (1939). Frustration and aggression. New Haven: Yale University Press.

Donnerstein, E., Wilson, D. W. (1976). The effects of noise and perceived control upon ongoing and subsequent aggressive behavior. Journal of Personality and Social Psychology, 22, 236-245.

Doob, A. N., Gross, A. E. (1968). Status of frustator as an inhibitor of horn-honking responses. The Journal of Social Psychology, 76, 213-218.

Elander, J., West, R., French, D. (1993). Behavioral correlates of individual differences in road-traffic crash risk: An examination of methods and findings. Psychological Bulletin, 113, 279-294.

Ellinghaus, D. (1986). Rücksichtslosigkeit und Partnerschaft. Eine sozialpsychologische Untersuchung über den Umgang unter Kraftfahrern im Straßenverkehr. Uniroyal Verkehrsuntersuchung, Aachen/Köln.

Ellison, P. A., Govern, J. M., Petri, H. L., Figler, M. H. (1995). Anonymity and aggressive driving behavior: A field study. Journal of Social Behavior and Personality, 10, 265-272.

Galovski, T., Blanchard, E. B. (2002a). Psychological characteristics of aggressive drivers with and without intermittend explosive disorder. Behaviour Reserach and Therapy, 40, 1157-1168.

Galovski, T., Blanchard, E. B. (2002b). The effectiveness of a brief psychological intervention on court-referred and self-referred aggressive drivers. Behaviour Reserach and Therapy, 40, 1385-1402.

Geen, R. G. (1990). Human aggression. Milton Keynes: Open University Press.

Glendon, A. I., Dorn, L., Matthews, G., Gullian, E., Davies, D. R., Debney, L. M. (1993). Reliability of the driving behavior inventory. Ergonomics, 36, 719-726.

Hagenow, F., Hoppe, R. (1998). Verkehrssicherheitsarbeit nach dem Konzept der personalen Kommunikation. Zeitschrift für Verkehrssicherheit 44, 80-82.

Hebenstreit, v., B. (1996). Aggression im Straßenverkehr. München: Heinrich Vogel.

Herzberg, P. Y. (2003). Der Fragebogen zur Erfassung aggressiver Verhaltensweisen im Straßenverkehr (AViS). Zeitschrift für Differentielle und Diagnostische Psychologie, 24, 45-55.

Herzberg, P. Y. (2001). Entwicklung und Validierung eines psychodiagnostischen Verfahrens zur Erfassung aggressiver Verhaltensweisen im Straßenverkehr (AViS). Unveröffentlichte Dissertation, Universität Leipzig.

Herzberg, P. Y., Guthke, J. (2001). Aggressive Verhaltensweisen im Straßenverkehr (AViS). [Computertest]. Mödlingen: Schuhfried GmbH.

Hess, E. (1984). Einstellung, Fahrverhalten und Geschwindigkeitsgestaltung unter Zeitdruck. Bern: Schweizerische Beratungsstelle für Unfallverhütung.

Hilgers, M. (1992). Total abgefahren. Psychoanalyse des Autofahrens. Freiburg: Herder.

Hoppe, R. (1997). Junge Fahrer in Risiko: Differentielle Ursachen erfordern differentielle Interventionen. In: U. Schulz (Hg.), Wahrnehmungs-, Entscheidungs- und Handlungsprozesse beim Führen eines Kraftfahrzeuges. Münster: LitVerlag, 7-15.

IRTAD (2000). News (37): International Road Traffic and Accident Database.

Joint, M. (1997). Road rage. Washington D.C.: AAA Foundation for traffic safety.

Jonah, B. A. (1990). Age differences in risky driving. Health Education Research, 5, 139-149.

Kaba, A., Ebenbichler, R., Brandstätter, C. (1997). Aggression im Straßenverkehr (Projektendbericht). Wien: Institut für Verkehrspsychologie.

Klebelsberg, D. (1982). Verkehrspsychologie. Berlin: Springer.

Kleiter, E. F. (1997). Film und Aggression - Aggressionspsychologie. Weinheim: Deutscher Studien Verlag.

Kornadt, H.-J. (1982). Die Entwicklung der Frustrations- und der Aggressionsforschung. In: H.-J. Kornadt (Hrsg.), Aggression und Frustration als psychologisches Problem. Darmstadt: Wissenschaftliche Buchgesellschaft, 3-59.

Marszk, D. (1999). Achtung, hier komm ich: Auto-Fahrstil Spiegelbild der Seele. Bild der Wissenschaft.

Michon, J. A. (1980). Telling road users who they are and what they do: can they profit? Applied Psychology, 29, 399-413.

Mienert, M. (2004). Entwicklungsaufgabe Automobilität. (in diesem Band).

Mizell, L. (1997). Aggressive driving. Washington D.C.: AAA Foundation for traffic safety.

Mummendey, A. (1982). Zum Nutzen des Aggressionsbegriffes für die psychologische Aggressionsforschung. In: R. Hilke, W. Kempf (Hrsg.), Aggression. Naturwissenschaftliche und kulturwissenschaftliche Perspektiven der Aggressionsforschung. Bern: Huber, 317-333.

Nasby, W., Hayden, B., DePaulo, B. M. (1979). Attributional bias among aggressive boys to interpret unambiguous social stimuli as displays of hostility. Journal of Abnormal Psychology, 89, 459-468.

Novaco, R. W. (1991). Aggression on roadways. In: R. Baenninger (Ed.), Targets of violence and aggression. Amsterdam: Elsevier, 253-326.

Parker, S., Lajunen, T., Stradling, (1998). Attitudinal predictors of interpersonally aggressive violations on the road. Transportation Research Part F: Traffic Psychology and Behaviour, 1, 11-24.

Psychonomics. (1997). Autofahrer-Typen auf Deutschlands Straßen. Dreieich: AXA Direkt Versicherungs-AG.

Sarris, V. (1995). Hupverhalten und Aggression im Straßenverkehr. In: V. Sarris (Hrsg.), Experimentalpsychologisches Praktikum (Bd. 3, 109-127). Lengerich: Pabst Science Publishers.

Schlag, B., Heger, R. (2004). Ansätze einer psychologisch fundierten Straßengestaltung. (in diesem Band).

Schlag, B., Ellinghaus, D., Steinbrecher, J. (1986). Risikobereitschaft junger Fahrer. Schriftenreihe Unfall- und Sicherheitsforschung der Bundesanstalt für Straßenwesen, Bd. 58. Bremerhaven: Verlag Neue Wissenschaft.

Schulze, H. (1996). Lebensstil und Verkehrsverhalten junger Fahrer und Fahrerinnen (Bd. M 56). Bergisch Gladbach: Bundesanstalt für Straßenwesen.

Shinar, D. (1998). Aggressive driving: the contribution of the drivers and the situation. Transportation Research Part F 1, 137-160.

Selg, H. (1982). Aggressionsdefinitionen - und kein Ende? In: R. Hilke, W. Kempf (Hrsg.), Aggression. Naturwissenschaftliche und kulturwissenschaftliche Perspektiven der Aggressionsforschung. Bern: Huber, Bd. 3, 351-354.

Selg, H., Mees, U. , Berg, D. (1997). Psychologie der Aggressivität (2. Aufl.). Göttingen: Hogrefe.

Turner, C. W., Layton, J. F. & Simons, L.(1975). Naturalistic studies of aggressive behavior: Aggressive stimuli, victim visibility, and horn honking. Journal of Personality and Social Psychology, 31, 1098-1107.

Weber, H. (1999). Ärger und Aggression. Zeitschrift für Sozialpsychologie, 30, 139-150.

Wells-Parker, E., Ceminsky, J., V. Hallberg, R. W. S., Dunaway, G., Guiling, S., Williams, M., Anderson, B. (2002). An exploratory study of the relationship between road rage and crash experience in a representative sample of US drivers. Accident Analysis & Prevention, 34, 271-278.

Whitlock, F. A. (1971). Death on the road. London: Tavistock.

Worchel, S., Teddlie, C. (1976). The experience of crowding: A two-factor theory. Journal of Personality and Social Psychology, 34, 30-40.

Wottawa, H., Hossiep, R. (1997). Anwendungsfelder psychologischer Diagnostik. Göttingen: Hogrefe.

Zillmann, D. (1971). Excitation transfer in communication-mediated aggressive behavior. Journal of Experimental Social Psychology, 7, 419-434.

Zumkley, H. (1984). Individual differences and aggressive interactions. In: A. Mummendey (Ed.), Social psychology of aggression. Berlin: Springer, 33-49.

Zumkley, H. (1992). Stability of individual differences in aggression. In: A. Fraczek und H. Zumkley (Eds.), Socialization and Aggression. Berlin: Springer, 45-57.

Willi Seitz und Joachim Wittkowski

Diagnostische Aufklärung des alkoholauffälligen Fahrens in Gutachten medizinisch-psychologischer Untersuchungsstellen

1 Einleitung

Im Bereich der Begutachtung der Kraftfahreignung (Bundesministerium für Verkehr, 1996; Förderation Deutscher Psychologenvereinigungen, 1988; Gemeinsamer Beirat für Verkehrsmedizin beim BMVBW und BMG, 2000) hat sich die Psychologie in einem Maße etabliert, wie es in anderen Bereichen der Psychologie bisher nicht erreicht ist. Dabei kommt den Ergebnissen der betreffenden psychologischen Tätigkeit eine hohe Bedeutung zu, einerseits im Hinblick auf gesellschaftliche Anliegen (Schutz der Allgemeinheit vor Gefahren im Straßenverkehr), andererseits im Hinblick auf individuelle Anliegen des einzelnen Kraftfahrers (Mobilität in Beruf und Freizeit). Im Falle fehlender Fahreignung lassen sich beide Anliegen nicht vereinbaren. Bei dieser Sachlage liegt es in der Verantwortung und auch im Interesse des Berufsstandes der Psychologen, dass die Praxis der psychologischen Begutachtung der Fahreignung in höchstem Maße den daran zu stellenden wissenschaftlichen Ansprüchen gerecht wird.

Von Probanden wird häufig – vor allem im Falle einer negativen Beurteilung der Fahreignung – Kritik an der Praxis der Eignungsbegutachtung der medizinisch-psychologischen Untersuchungsstellen geübt. Dabei wird besonders ein Mangel der Nachvollziehbarkeit und Nachprüfbarkeit der im Gutachten getroffenen Aussagen beanstandet. Auch in der Fachliteratur finden sich kritische Kommentare. Sie richten sich etwa darauf, dass häufig die Eignungs-Prognose für den Einzelfall von gruppenstatistischen Erfahrungswerten abgeleitet wird und eine hinreichende Untersuchung des Einzelfalls zu kurz kommt (vgl. dazu Kürti, 1986; Lewrenz, 1992; Maukisch, 1992), dass sich die Beurteilung der Persönlichkeit des Probanden an den medizinisch-psychologischen Untersuchungsstellen neuerdings nur noch auf das Explorationsgespräch stütze (vgl. dazu Weinand, 1994, 27f.) und darauf, dass häufig nicht erkennbar ist, durch welche Fragen des Explorationsgesprächs der Gutachter zu den Ergebnissen gekommen ist, die er seinen Schlussfolgerungen zugrunde legt (vgl. Lewrenz, 1992).

Für andere Bereiche der angewandten Diagnostik liegen der Fachöffentlichkeit zugängliche Bestandsaufnahmen darüber vor, inwieweit die Begutachtungspraxis bestimmten fachwissenschaftlichen Qualitätsanforderungen gerecht wird, etwa für die psychiatrisch-psychologische Begutachtung im Jugendstrafverfahren (Heim, 1986) und für die familienpsychologische Begutachtung (Klüber, 1998; Terlinden-Arzt, 1998). Für die Begutachtungspraxis in den medizinisch-psychologischen Untersuchungsstellen liegen Veröffentlichungen dazu bisher nicht vor. Von den Autoren dieses Beitrags wurde eine dementsprechende Erhebung durchgeführt. Dabei wurden Eignungsgutachten, die von medizinisch-psychologischen Untersuchungsstellen aus Anlass des Fahrens unter Alkoholeinfluss erstellt wurden, daraufhin betrachtet, inwieweit sie bestimmten, an die psychodiagnostische Begutachtung allgemein – d.h. nicht nur an die Begutachtung der Fahreignung – zu stellenden fachwissenschaftlichen Qualitätsanforderungen entsprechen.

Dazu wurden zahlreiche Einzelmerkmale festgelegt, die verschiedenen Bereichen der Anforderung an die Konzeption und das konkrete Vorgehen der Untersuchung zur Gewinnung der diagnostisch relevanten Informationen und an die Mitteilung und Verarbeitung der diagnostischen Informationen in der schriftlichen Fassung des Gutachtens zugeordnet wurden.

Der vorliegende Beitrag bezieht sich nur auf den speziellen Anforderungsbereich der bei der Begutachtung zu berücksichtigenden Ursachen des alkoholauffälligen Fahrens (zu weiteren Ergebnissen auch: Wittkowski und Seitz, in Druck; Wittkowski und Seitz, in Vorbereitung). Dabei gehört zur Begutachtung sowohl die Ermittlung der (für die Erklärung des alkoholisierten Fahrens relevanten) diagnostischen Informationen als auch die Mitteilung und Verarbeitung der Ergebnisse im Text des schriftlichen Gutachtens. Da von den medizinisch-psychologischen Untersuchungsstellen bevorzugt die Methode des Explorationsgesprächs eingesetzt wird, richtet sich der vorliegende Beitrag auf die Inhalte, welche in Explorationsgesprächen im Rahmen verkehrspsychologischer Begutachtungen im Hinblick auf die Erklärung alkoholisierten Fahrens zur Sprache kommen und dann im schriftlichen Gutachten berücksichtigt werden. Dazu werden zunächst fachwissenschaftliche Überlegungen zur Erklärung des alkoholauffälligen Fahrens und zu den nach verschiedenen Erklärungsansätzen jeweils bedeutsamen Bedingungsfaktoren angestellt. Hieraus ergeben sich dann die einzelnen Gesprächsinhalte, welche vom Gutachter in der Exploration anzusprechen und im Gutachtentext zu berücksichtigen sind, und dementsprechend die Anforderungsmerkmale, bezüglich derer in der vorliegenden Studie die herangezogenen Gutachten beurteilt wurden.

2 Inhaltliche Anforderungen an die psychologische Erklärung des alkoholauffälligen Kraftfahrens

Nach Kroj (1995) wird mit Bezug auf die vom Bundesminister für Verkehr herausgegebenen „Eignungsrichtlinien" an die Begutachtung der Fahreignung die Forderung nach „Verhältnismäßigkeit, geringst möglichem Eingriff und Anlassbezogenheit" gestellt. Dabei meint „Anlassbezogenheit" der Untersuchung die „Beschränkung auf Themen, die unmittelbar mit dem Anlass zur medizinisch-psychologischen Untersuchung zusammenhängen" (Kroj, 1995, 23). Dieser Anlass liegt in den mitgeteilten Zweifeln der Verwaltungsbehörde. Die Zweifel stützen sich auf das vorausgegangene alkoholauffällige Fahren. In der Begutachtungspraxis findet sich dann häufig ein Verständnis von „anlassbezogener" Begutachtung in dem Sinne, dass der „Anlass" für die Eignungszweifel in der Zugehörigkeit des Probanden zu einer bestimmten „Tätergruppe" (z.B. Rückfalltäter bezüglich alkoholauffälligen Fahrens) gesehen wird. Dagegen ist einzuwenden, dass die „Auftretenswahrscheinlichkeit in Anlasstätergruppen, also ein gruppenstatistisches Rückfallrisiko, auf den Einzelfall angewendet... [wird]. Die Rückfallquote beschreibt im Prinzip nur die definierte Gruppe, sie hat keinen zwingenden Aussagewert für ein einzelnes Individuum in der Gruppe. ... Das Untersuchungsmodell darf auch nicht als ein einheitliches Bedingungsgefüge für sämtliche Fälle verstanden werden. Die Strukturen möglichen Versagens gegenüber Trinken-Fahrens-Anforderungen sind vielfältig" (Maukisch, 1992, 265 ff.).

Neben den grundsätzlichen – auch juristischen – Einwänden gegen die Gleichsetzung des durchschnittlichen Rückfallrisikos einer Bezugsgruppe mit dem individuellen Rückfallrisiko eines Angehörigen dieser Gruppe stößt dieses Vorgehen auch auf praktische Grenzen. So liegen etwa geeignete repräsentative und ständig aktualisierte statistische Erfahrungswerte für einzelne nach verschiedenen Parametern (wie Alter, Geschlecht, Bildungsstand, Promille-Gehalt des alkoholisierten Fahrens u.a.) differenzierte Untersuchungsgruppen überhaupt nicht vor. Ergänzend sei dabei auch darauf hingewiesen, dass solche gruppenstatistischen Erfahrungswerte sich immer nur auf Charakteristika der Personen, jedoch nicht auch auf gruppenbezogene Wahrscheinlichkeiten von Delikt-Anreiz-Situationen beziehen. Im diagnostischen Einzelfall kommt es aber auch darauf an, die Wahrscheinlichkeit des zukünftigen Auftretens bestimmter für den Einzelfall bedeutsamer Situationen psychologisch begründet und nachvollziehbar einzuschätzen. Dazu bedarf es einer differenzierten diagnostischen Analyse der Person-Umwelt-Beziehung.

Bei dieser Sachlage plädiert Maukisch (1992) in Übereinstimmung mit dem Strafrechtswissenschaftler Frisch (zit. nach Maukisch) anstelle der statistischen Urteilsbildung für die „psychologisch nachvollziehbare, der individuellen Einzelfallanalyse am nächsten kommende" sogenannte „klinische" Urteilsbildung. „Darunter ist die rationale psychologische Abwägung des Zusammenwirkens der individuell gefundenen Einzelmerkmale im Raster einer Theorie des Prognoseverhaltens – in unserem Falle des Alkoholversagens im Straßenverkehr – zu verstehen" (Maukisch, 1992, 269).

Gegenüber dem verschiedentlich geäußerten Argument, eine differenzierte Einzelfallbetrachtung entspräche nicht den Gesichtspunkten der Verhältnismäßigkeit bzw. des geringst möglichen Eingriffs und gehe über die „Anlassbezogenheit" hinaus, stellen Bode und Winkler (1997, 173f.) aus verwaltungsjuristischer Sicht fest, dass die „erschöpfende Einzelfalluntersuchung nicht in Widerspruch steht zur anlassbezogenen Untersuchung, die nach den Grundsätzen der Eignungsrichtlinien zu erfolgen hat." Gleichzeitig skizzieren Bode und Winkler (a.a.O.) dabei das erforderliche Untersuchungsprogramm folgendermaßen: „Würdigung der Gesamtpersönlichkeit heißt

z. B. beim Verkehrstrunkenheitsdelikt: die Aufklärung der Genese des Fehlverhaltens innerhalb der Fahrervorgeschichte, die Analyse der Tatumstände in der Person des auffälligen Kraftfahrers und seiner Lebensbedingungen, das Auffinden der ihnen mutmaßlich zugrunde liegenden Ursachen, die Erkenntnis der zwischenzeitlich vom Verkehrsdelinquenten vorgenommenen Aufklärung und ggf. Beeinflussung der Ursachen, die Beurteilung der ein solches Verhalten fördernden oder sie behindernden Persönlichkeitseigenarten und situativen Bedingungen und die Einschätzung der zu erwartenden Entwicklung der genannten Risikofaktoren. Die so erarbeitete Würdigung der Eignungsbefunde im Rahmen der Gesamtpersönlichkeit des Untersuchten ermöglicht weitgehend die zu Recht geforderte Einzelfallgerechtigkeit“. Gleichlautende Feststellungen zu einem im Interesse der Einzelfallgerechtigkeit liegenden Untersuchungsprogramm finden sich bei Kroj (1995, 22f.).

Demnach besteht Einigkeit darüber, dass die Betrachtung des alkoholauffälligen Fahrens nicht isoliert unter dem Aspekt des Alkoholmissbrauchs bzw. als Trink-Fahr-Gewohnheit erfolgen darf, sondern eingebettet werden muss in die Betrachtung der Gesamtpersönlichkeit des Kraftfahrers.

Wenn – wie es in der Begutachtungspraxis durch medizinisch-psychologische Untersuchungsstellen üblich ist – das einzelfallgerechte Untersuchungsprogramm durch das Explorationsgespräch realisiert werden soll, dann müssen darin die bedeutsamen Inhalte thematisiert werden. Damit dies nicht zufällig, sondern gezielt, umfassend und differenziert und gleichzeitig ökonomisch geschieht, benötigt der Gutachter Leitlinien. Diese ergeben sich aus den fachwissenschaftlichen Erkenntnissen zur Erklärung des alkoholauffälligen Kraftfahrens. Dafür lassen sich drei grundsätzliche psychologische Erklärungsperspektiven unterscheiden: die personorientierte, die situationistische und die interaktionistische Erklärung des Verhaltens. Sie legen das Augenmerk jeweils auf andere erklärungsrelevante Bedingungen und Prozesse, die sich in ihrer Wirkung gegenseitig nicht ausschließen.

Nach der personorientierten Erklärung können für das spezielle Delikt des Fahrens unter Alkohol zum einen allgemeine Persönlichkeitsmerkmale wirksam werden, deren Entwicklung auf solche Sozialisationserfahrungen zurückgeht, welche (überwiegend) außerhalb der Erfahrungen mit dem eigenen Verkehrsverhalten und speziell außerhalb der Erfahrungen mit dem Trink-Fahr-Verhalten liegen. Es lässt sich hier von „trink-fahr-unspezifischen“ Reaktionstendenzen und Persönlichkeitsmerkmalen sprechen, die sich aber auch im Bereich des Trink-Fahr-Verhaltens auswirken. Dazu zählen Persönlichkeitsmerkmale wie emotionale (Un-) Ausgeglichenheit, (mangelnde) Selbst- und Willenskontrolle, (mangelnder) Realitätsbezug der Wahrnehmung, Suche nach Risiko und Abenteuer, (mangelndes) Selbstwerterleben u.v.a. In dieser Betrachtung lässt sich das Trink-Fahr-Verhalten als exemplarisches Abbild für die Art der Person-Umwelt-Beziehung eines Probanden sehen, d.h. als Abbild dafür, wie der Proband auch außerhalb des Trink-Fahrens seinem Lebensumfeld begegnet und dieses bewältigt. Ein besonderer Schwerpunkt der menschlichen Lebensform kann dabei im chronischen Alkoholkonsum liegen, der in der Regel verursacht ist durch übergreifende und andauernde Persönlichkeitskonflikte und soziale Spannungen. Auch hierbei handelt es sich noch um eine „trink-fahr-unspezifische" personorientierte Erklärung, insofern der Alkoholkonsum die Person unabhängig von ihrem Verhalten im Straßenverkehr charakterisiert.

Neben den „trink-fahr-unspezifischen" Reaktionstendenzen der Person zieht die personorientierte Erklärung des Fahrens unter (hohem) Alkoholeinfluss aber auch die Wirkung deliktspezifischer (d.h. trink-fahr-spezifischer) Reaktionstendenzen in Erwägung. Damit sind in erster Linie überdauernde Trink-Fahr-Gewohnheiten zu verstehen, die sich als Folge wiederholter Erfahrungen mit Fahren unter Alkoholeinfluss entwickelt haben. Solche überdauernden Trink-Fahr-Gewohnheiten als Folge gehäufter chronischer Erfahrungen können dabei von unterschiedlicher Generalität oder Spezifität sein. D.h. sie können an sehr spezifische Bedingungen gebunden sein, etwa an bestimmte auslösende Bedingungen (wie z.B. als Abschluss einer geselligen Runde oder nur beim vorausgehenden Konsum bestimmter Alkoholika) oder an bestimmte aufrechterhaltende und verstärkende Bedingungen (wie z.B. Erleben des Geschwindigkeitsrausches bei einer Fahrt alleine, Bewunderung durch Mitfahrer für riskantes Fahrverhalten). Als Ergebnis bedingungsübergreifender Erfahrungen können sich aber über verschiedene auslösende und aufrechterhaltende Bedingungen hinweg auch generalisierte Trink-Fahr-Gewohnheiten entwickeln.

Von den Trink-Fahr-Gewohnheiten, die sich als Folge zurückliegender Erfahrungen mit Verhalten in bestimmten Situationen entwickelt haben und in zukünftigen Situationen dann gewohnheitsmäßig, gewissermaßen „automatisch" und ohne weitere gedankliche Überlegungen zur Wirkung kommen, ist das (Trink-Fahr-) Handeln zu unterscheiden, welches bei der interaktionistischen Erklärungsperspektive besprochen wird.

Im Rahmen der personorientierten Betrachtung sind zur Erklärung des (alkoholauffälligen) Trink-Fahr-Verhaltens neben den allgemeinen Persönlichkeitsmerkmalen und neben den delikt-(d.h. trink-fahr)spezifischen Trink-Fahr-Gewohnheiten auch noch die dazwischen liegenden (prinzipiell von einer Koppelung an das Trinken unabhängigen) Einstellungen zum Kraftfahren und die Stileigenarten des Kraftfahrens von Bedeutung. Danach gilt es zu berücksichtigen, zu welchen Funktionen (bzw. mit welchem subjektiven Nutzen) die Person das Kraftfahren realisiert (etwa zur beruflichen Alltagsbewältigung, zur Aufrechterhaltung privater persönlicher Kontakte, zum Ablenken von quälenden Gedanken u.a.), und es gilt, den persönlichen Fahrstil zu berücksichtigen.

Die situationistische Erklärung des Verhaltens geht davon aus, dass (allein) bestimmte Eigenarten einer aktuellen Situation bestimmte (delinquente) Reaktionen provozieren und zwar gleichermaßen bei allen Personen, welche einer solchen Situation begegnen,

unabhängig von individuellen Eigenarten der einzelnen Personen. Solche „mächtigen" ("powerful" nach Mischel, 1976) aktuellen situativen Bedingungen können zum einen im Bereich der momentanen aktuellen Lebenssituation der Person liegen, insbesondere in krisenhaften aktuellen Ereignissen (wie z.B. Verlust eines Partners, Verlust des Arbeitsplatzes oder auch überfordernde Neuorientierung am Arbeitsplatz), und zum anderen darin, dass sich aus Gegebenheiten einer bestimmten aktuellen Situation, der die Person gegenübertritt, Aufforderungen für ein bestimmtes Verhalten ergeben (wie etwa durch ein verlockendes Angebot, das zum Konsum auffordert, durch ein provozierendes oder mitreißendes Verhalten anderer anwesender Personen u. a.).
Als Beispiele für Situations-Qualitäten, die „mächtige" Verlockungen zum Trinken darstellen, lassen sich folgende nennen. Die von einer Gruppe bzw. von den Trinkgewohnheiten einer Gruppe ausgehende Aufforderung zum Trinken kann das Bedürfnis einer Person nach Zugehörigkeit zu dieser Gruppe stimulieren. Trinken als Reaktion auf eine situativ erlebte Frustration wäre beispielsweise gegeben, wenn eine Person in ihrem Selbstwert verletzt wird und die daraus resultierenden Gedanken durch Alkohol betäubt. Erlebte Monotonie kann zum Alkoholkonsum auffordern, weil dadurch die aktuelle situative Befindlichkeit in Richtung einer gehobenen Stimmungslage, des Erlebens von Spannung und Abwechslung gesteigert wird.
In der Anwendung auf das Trink-Fahr-Verhalten wird die situationistische Betrachtung vor allem für den Anfang der Verhaltenssequenz „Trinken-Fahren" bedeutsam, nämlich für die situative Verlockung zum Trinken. Unterliegt eine Person mächtigen Situationen, dann hat sie den weiteren Verhaltensprozess (das weitere Trinken und das Fahren) nicht mehr unter Kontrolle.
Die situationistische Sicht wird auch in juristischen Betrachtungen als Erklärung für bestimmte Fälle des alkoholauffälligen Fahrens herangezogen. So weisen Bode und Winkler (1997, 171) darauf hin, dass es durch Änderungen der situativen Lebensbedingungen (z.B. durch berufliche und familiäre Entwicklungen) zu „Verbesserungen wie zu Verschlechterungen der Bedingungen der Verkehrsteilnahme kommen" kann und dass bestimmte „zu bewältigende Situationen" zu Fehlverhalten, z.B. Trink-Fahren, „anreizen" können. Als Beispiel für einen situativ gegebenen Anreiz werden dabei (zu bestimmten Situationen gehörende) „regionale Trinkgewohnheiten" genannt. An anderer Stelle erwähnen Bode und Winkler (1994, 36/37) folgende der situationistischen Erklärungsperspektive entsprechenden Beispiele: Verlust der Kontrolle über den Alkoholkonsum und über das Fahrverhalten durch „Gruppendruck" und Kontrollverlust „in einer Lebenskrise".
Nach dem <u>interaktionistischen Erklärungsansatz</u> resultiert ein alkoholauffälliges Fahren aus einer Wechselwirkung zwischen Eigenarten der Person und bestimmten Qualitäten der aktuellen Situation. Die im Zentrum der interaktionistischen Betrachtung stehende Wechselwirkung zwischen überdauernden Person- und aktuellen Situationsbedingungen

realisiert sich in aktuellen situationsbezogenen Erlebnissen der Person. Die Prozessabfolge der erlebnismäßigen Auseinandersetzung mit einer Situation und des daraus resultierenden bewusst reflektierten zielgerichteten Verhaltens wird auch als „Handeln“ bezeichnet. Wichtige Inhalte handlungssteuernder situationsbezogener Erlebnisse liegen dabei in Erwartungen der Person über die Wahrscheinlichkeit des Eintretens eines bestimmten Ereignisses oder bestimmter Folgen und Konsequenzen des Handelns und in Erwartungen über den subjektiven (emotionalen) Wert des eingetretenen Ereignisses oder der eingetretenen Konsequenzen und Folgen des Handelns. Die Bildung solcher aktueller situationsbezogener Erwartungen richtet sich dabei zum einen nach habituellen Erwartungen, die sich als Ergebnis bisheriger Erfahrungen mit entsprechenden Situationen gebildet haben, zum anderen auch nach besonderen spezifischen Umständen der jeweiligen aktuellen Situation, die als solche in der bisherigen Erfahrung der Person noch nicht repräsentiert sind. Beim Handeln reagiert die Person also nicht allein auf der Grundlage ihrer automatisierten Gewohnheiten, sondern kann auch zu Handlungsentscheidungen kommen, die ihren bisherigen Reaktionsgewohnheiten nicht entsprechen.

Die interaktionistisch-handlungstheoretische Perspektive geht davon aus, dass dem Menschen in einer Situation grundsätzlich verschiedene Handlungsalternativen zur Wahl stehen. Dabei kann aber die Handlungskontrolle in verschiedenen Handlungsphasen misslingen. So kann etwa in der Aufforderungsphase eine einseitige Situationsinterpretation eine Wahl zwischen verschiedenen Handlungsalternativen nicht mehr zulassen. In der Such- und Entscheidungsphase können bestimmte Handlungsweisen nicht in Erwägung gezogen werden bzw. kann nach dem Abwägen der Erwartungs-x-Wert-Bilanzen der Konsequenzen verschiedener Handlungsalternativen die Entscheidung für die delinquente Handlungsweise fallen (z.B. weil Wahrscheinlichkeit und Wert eines Lustgewinns aus einem in Erwägung gezogenen Trinken-Fahren höher eingeschätzt werden als Wahrscheinlichkeit und negativer Wert der unangenehmen oder schädlichen Folgen des Trinken-Fahrens). In der Phase der Durchführung können ursprünglich deliktfreie Handlungspläne nicht absichtsgemäß realisiert werden bzw. bei auftretenden Schwierigkeiten nicht hinreichend abgeändert oder ganz aufgegeben werden. Bei der Bewertung im Nachhinein können subjektive Verzerrungen durch Beschönigung, Leugnung und Abwehr wirksam werden.

Es liegt auf der Hand, dass hoher Alkoholkonsum zu Störungen in den einzelnen Phasen der bewussten Handlungskontrolle führt. Aus juristischer Sicht weisen Bode und Winkler (1994, 51) auf die Bedeutung der „interaktionistischen Betrachtungsweise hin, die menschliche Verhaltensweisen als das Ergebnis der Wechselwirkung (Interaktion) von personalen Dispositionen und situativen Bedingungen ansieht.

Auch Strafrechtlern ist diese Sichtweise nicht fremd“. Dabei zitieren sie Frisch (1989, in Bode, Winkler, 1994, 1): „Zur Entstehung einer Straftat notwendig ist dementsprechend, dass der Täter in Zukunft in Situationen gerät, die er nach seinem Wertgefüge, seinen Entscheidungsmaximen, Präferenzen, Einstellungen und Dispositionen, kurzum: nach allem dem, was seine unter dem Aspekt der Straftatenbegehung relevante Persönlichkeit charakterisiert, abweichend von den Maximen der Rechtsordnung entscheidet bzw. in denen er sich abweichend vom Recht verhält." Eine Wechselwirkung zwischen Person-Dispositionen und situativen Bedingungen zur Erklärung von „Fahren unter Alkoholeinfluss" liegt nach Maukisch (1992, 265) dann vor, „wenn eine für die persönliche Situation komplementäre und konträre Anforderungssituation, also eine Trinken-Fahren-Anreizsituation, auftritt und die dispositionellen Bewältigungsmöglichkeiten des Betroffenen übersteigt" oder wenn ein Proband „aufgrund der bei ihm gegebenen Ausprägung der für den Verhaltensbereich Trinken-Fahren als wirksam bekannten Persönlichkeitsdispositionen in dazu komplementären Trinken-Fahren-Anreizsituationen (erneut) die Anforderungen der Vermeidung nicht bewältigen will oder kann und deshalb – entdeckt oder unentdeckt – in solchen Situationen strafbare Alkoholfahrten durchführen wird".

Besonders deutlich wird die interaktionistische Sichtweise von Stephan (1989a, 1989b, 1995) vertreten, insofern er nicht nur reaktive aktuelle situationsbezogene Erlebnisse, sondern solche auf der Grundlage gedanklicher Eigenaktivität der Person, wie sie sich vor allem in handlungssteuernden Erwartungen zeigen, ausdrücklich berücksichtigt. So geht Stephan (1995) davon aus, dass bei seinem „Einsatz" als „Genussmittel" der Alkohol bei häufigem Konsum seine Wirkung verliert und dass dies dazu führt, dass in einer neuen (Trinkanreiz-)Situation die Person die aktuelle Erwartung bildet, dass die bisher (in vergleichbaren Situationen) konsumierte Trinkmenge nicht mehr ausreicht, den Genuss zu erzielen, und die Person daher in der neuen Situation die Dosis erhöht. Auf diese Weise kommt es zu einer allmählichen Ausbildung einer über dem Durchschnitt liegenden Alkoholgewöhnung. Die interaktionistischen Anteile dieser Erklärung liegen in den in bestimmten Abständen sich wiederholenden Reflexionen über die zurückliegenden Genusserfahrungen mit den bisherigen Trinkmengen (in den Bewertungen im Nachhinein im Sinne des interaktionistischen ‚Handlungs"-Konzepts) und in den Entscheidungen über die Dosierung der aktuellen Trinkmenge.

Ausschlaggebend für die Aktualgenese des Trinkens in einer bestimmten Situation werden also Erwartungen über die Wahrscheinlichkeit und über den subjektiven Wert („Genuss") der Folgen eines bestimmten Verhaltens, d.h. des Konsums einer bestimmten Trinkmenge. Dabei wird auch die von Stephan nicht näher erläuterte Qualität des „Genusses" von Bedeutung sein. Wird die Qualität des aus dem Alkoholkonsum zu erwartenden Genusses vielleicht im „Anheben der Stimmung" oder in einer „Förderung des geselligen Umgangs in der Gruppe" gesehen, so erscheint es durchaus denkbar, dass im Rückblick der erwartete Genuss nicht erlebt wird, im Gegenteil vielleicht sogar eher getrübte (Kater-)-Stimmung oder ein konflikthaftaggressiver Umgang in der Gruppe erinnert wird. In diesen Fällen liegt in neuen (Trinkanreiz-)Situationen eine Steigerung der Alkoholdosis aufgrund angenehmer Erinnerungen an das frühere Trinken weniger nahe.

Deutlich wird, dass die interaktionistische Betrachtung zu einer differenzierten Analyse der Erlebnisprozesse von Personen auffordert und damit die Möglichkeit eröffnet, das gleiche Handlungsphänomen (z.B. Trinken, Trinken-Fahren) in seiner Aktualgenese auf recht unterschiedliche Weise zu erklären, sowohl im Hinblick auf interindividuelle Unterschiede zwischen verschiedenen Personen als auch im Hinblick auf intraindividuelle Unterschiede zwischen verschiedenen Handlungseinheiten derselben Person. So wird deutlich, dass die von Stephan dargelegte prozesshafte Entwicklung einer Alkoholgewöhnung in engem Zusammenhang zu sehen ist mit der subjektiv erlebten Qualität des Genusses und nicht von vornherein auf alle Qualitäten des aus dem Alkoholkonsum erwarteten Lustgewinns übertragen werden kann. Es wird auch erkennbar, dass der aus den Folgen des Trinkens erwartete subjektive Wert bei (interindividuell und intraindividuell) unterschiedlichen Fällen jeweils in anderen qualitativen Bereichen liegen kann, und dass neue Trinkentscheidungen sich an der Bewertung zurückliegender Trinkerfahrungen orientieren, aber auch eine davon unabhängige (situativ angeregte) Entscheidungsdynamik haben können.

Dem entspricht auch eine andere Konsequenz, zu der Stephan (1989a) aufgrund des interaktionistischen Ansatzes gelangt, nämlich "dass kein Kraftfahrzeugführer absolut geeignet oder ungeeignet ist. Für die Eignungsaussage (Prognose) ist entscheidend, ob für eine bestimmte Klasse von Situationen die Wahrscheinlichkeit eines Rückfalls überwiegend ist oder nicht. Durch diese individualistische Vorgehensweise könnte beispielsweise die Fahrerlaubnis eines alkoholauffälligen Kraftfahrers für gewisse Situationen des beruflichen Bereichs belassen werden“ (nach Weinand, 1994, 36). Weinand (1994, 36) weist dabei auf das folgende von Stephan (1989a, 4) gegebene Beispiel hin: „Hierbei ist zu bedenken, dass es einen nennenswerten Prozentsatz von Berufskraftfahrern geben mag, die im Freizeitbereich zu exzessivem Alkoholkonsum neigen, aber im beruflichen Bereich aufgrund persönlicher Überzeugungen und betrieblicher Kontrolle keinen Alkohol trinken und daher weniger gefährdet sind, in Zukunft durch ein Alkoholdelikt während ihrer Berufstätigkeit (als Kraftfahrer) auffällig zu werden, als im Freizeitbereich. Insoweit wäre also für die Situationsklasse „Verkehrsteilnahme mit der Fahrzeugart Lkw“ eine positive und für die Situationsklasse „Verkehrsteilnahme mit Pkw“ eine negative Eignungsaussage angemessen.“

Aus diesen Ansätzen zur Erklärung des Trinken-Fahrens, die sich gegenseitig nicht ausschließen, sondern ergänzen, ergeben sich die für die diagnostische Aufklärung der Ursachen des Trinken-Fahrens wichtigen inhaltlichen Kriterien des Explorationsgesprächs. Diese sind alle in jedem einzelnen Begutachtungsfall zu berücksichtigen. Denn im Sinne der dargelegten Forderung nach Einzelfallgerechtigkeit der

Begutachtung sind immer alle ursächlichen Möglichkeiten nicht nur in Erwägung zu ziehen, sondern auch zu überprüfen. Dies bedeutet nicht, dass die diagnostische Untersuchung eine standardisierte Liste mit vielfältigen konkreten Ursachebedingungen verwenden soll, sondern dass im konkreten Fall die möglicherweise relevanten Bedingungen aus den verschiedenen Bedingungsklassen exploriert werden sollen. Sofern im Einzelfall geeignete Vorinformationen gegeben sind, erscheint es strategisch und aus ökonomischen Gründen ratsam, Hypothesen über wahrscheinlich wirksame Ursachebedingungen aufzustellen und das Explorationsgespräch auf die Überprüfung dieser Hypothesen auszurichten. Dabei ist es aber nicht statthaft, aufgrund von Vorinformationen bestimmte konkrete Ursachebedingungen oder Erklärungsansätze zu favorisieren und die weiteren möglichen Erklärungsansätze und diesen entsprechenden Bedingungsklassen außer Acht zu lassen. Darüber hinaus bestehen die bei der Begutachtung alkoholauffälliger Kraftfahrer (von der Verwaltungsbehörde) dem Gutachter übermittelten Vorinformationen, aus welchen sich die Anlassbezogenheit der Untersuchung ergibt, in der Regel nur in psychologisch wenig aussagekräftigen Index-Variablen (in erster Linie der Blutalkoholspiegel, BAK) und nicht in brauchbaren Informationen über die Ursachen des alkoholauffälligen Fahrens, die es erlauben würden, bestimmte Erklärungsansätze von vornherein auszuschließen. Im folgenden Abschnitt werden die wichtigen Inhaltsklassen des Explorationsgesprächs zusammengefasst und den davon jeweils abgeleiteten Items zugeordnet, nach denen die herangezogenen Gutachten bewertet wurden.

3 Erhebungsmaterial und Auswertung

Von Rechtsanwälten mit dem Schwerpunkt „Verkehrsrecht" und von verkehrstherapeutisch tätigen Psychologen wurden in anonymisierter Form 120 Gutachten von TÜVen und 2 Gutachten der DEKRA aus dem Zeitraum 1996 bis 1998, die aus 39 Begutachtungsstellen aus 13 Bundesländern stammen, zur Verfügung gestellt. Untersuchungsanlass war stets Fahren unter Alkoholeinfluss, in 102 Fällen war das Begutachtungsergebnis negativ. Der größte Teil des Analysematerials stammt aus den Bundesländern Baden-Württemberg, Bayern und Nordrhein-Westfalen. Innerhalb der Bundesländer sind die einzelnen Begutachtungsstellen vielfach nur durch einige wenige Gutachten vertreten. Da dies weitgehend gleichmäßig der Fall ist, trägt es zu einer etwa gleichmäßigen Abbildung der Begutachtungstätigkeit bei.

Die Auswertung der vorliegenden Studie bezieht sich auf 11 Einzelmerkmale von Anforderungen an das Explorationsgespräch, welche aus den dargelegten Ansätzen zur Erklärung des Trinken-Fahrens abgeleitet wurden. Die begriffliche Bezeichnung der

Items ist aus den Ergebnissen in Punkt 4 zu entnehmen. Hier wird (durch Zuordnung der Item-Nummern) mitgeteilt, welches Item sich von welchem Erklärungsansatz ableitet.
Aus den verschiedenen Erklärungsansätzen ergeben sich folgende wichtige Inhalte des Explorationsgesprächs:

- gemäß der personorientierten Erklärung: deliktunspezifische Persönlichkeitsmerkmale und Reaktionstendenzen (wie etwa emotionale Ausgeglichenheit, Selbst- und Willenskontrolle, soziale Anpassung), Stileigenarten des Kraftfahrens, Einstellungen zum Kraftfahren und (deliktspezifische) Trink-Fahr-Gewohnheiten (dazu gehören Item-Nr. 1, 2, 3, 4);
- gemäß der situationistischen Erklärung: eventuelle „mächtige“ Momente der aktuellen Situation, sei es im Sinne aktueller Lebensumstände (z.B. krisenhafter Lebensereignisse) oder aktueller Gegebenheiten der Situation, in welcher das Trinken bzw. das Trinken-Fahren sich ereignete, einschließlich der Erlebnisqualitäten der mächtigen Situationen (dazu gehören Item-Nr. 6, 7);
- gemäß der interaktionistischen Erklärung: Persönlichkeitsmerkmale, insbesondere solche, die sich moderierend auf die aktuelle Handlungsplanung und Handlungskontrolle auswirken (wie etwa Reflexivität, Bereitschaft zum Aufschub von Bedürfnisbefriedigung), Aktualgenese des Trink-Fahr-Handelns nach einzelnen Phasen unter besonderer Berücksichtigung der Funktion des Trinkens bzw. Trinken-Fahrens, situative Erwartungen, durch welche das Trinken bzw. Trinken-Fahren gesteuert wird und erwarteter psychischer Nutzen und – speziell im Hinblick auf eine eventuelle „bedingte Eignung“ – systematisch vergleichend betrachtete Gemeinsamkeiten und Unterschiede der auf verschiedene Situationen bezogenen Gewohnheiten und erlebnismäßigen Auseinandersetzungen (dazu gehören Item-Nr. 8, 9, 10, 11).

Als eine besondere Erklärung im Sinne des personorientierten Ansatzes wird in Gutachten von medizinisch-psychologischen Untersuchungsstellen häufig die von Stephan (1995) aus epidemiologischen Ergebnissen der Alkoholismusforschung und aus Trinkversuchen abgeleitete Schlussfolgerung herangezogen, dass bei einer auch nur einmaligen Trunkenheitsfahrt ab 1,6 Promille in der Regel eine ausgeprägte Alkoholproblematik bzw. ein chronischer Alkoholmissbrauch vorliegt, bei dem ein kontrolliertes Trink- und Fahrverhalten nicht möglich ist. Von diesem Gedanken leitet sich Item Nr. 5 ab.
Die Auswertung richtete sich auf die Frage, ob aus dem jeweiligen Gutachtentext zu erkennen ist, dass bei der Begutachtung auf der Grundlage des Explorationsgesprächs

der jeweilige Gesprächsinhalt (Item-Nr.) berücksichtigt wurde. Zur Beantwortung dieser Frage wurden in der Regel zwei Kapitel bzw. Textpassagen der schriftlichen Gutachten relevant: das Kapitel, in welchem die methodischen Vorgehensweisen der Informationsgewinnung (z.B. Inhalte des geführten Explorationsgesprächs) mitgeteilt werden, und das Kapitel, in welchem die für die Beantwortung der Fragestellung relevanten Ergebnisse (z.B. Inhalte des Explorationsgesprächs) mitgeteilt werden.

Als Grundlage der Auswertung wurde jedes der verbal bezeichneten Merkmale näher erläutert. Bei den meisten Items musste in der Auswertung eine Entscheidung darüber getroffen werden, ob das bestimmte Merkmal in einem Gutachten vorhanden ist oder nicht. Bei einigen Items lagen mehrere Auswertungskategorien vor (z.B. „nicht zu erkennen", „ansatzweise zu erkennen", „deutlich zu erkennen"). Auch diese Auswertungskategorien wurden durch eine schriftliche Kodierungsanweisung erläutert. Zur Optimierung der Auswertung wurden die schriftlichen Erläuterungen der einzelnen Merkmale und der jeweiligen Auswertungskategorien im Laufe des Auswerter-Trainings mehrfach überarbeitet. Dem in drei Phasen erfolgenden Auswerter-Training lagen 15 Gutachten zugrunde, die nicht zum Erhebungsmaterial gehörten.

Die Auswertung im Sinne einer „Frequenzanalyse" (Schnell et al., 1995, 327ff.) wurde von zwei Studentinnen der Psychologie vorgenommen, die voneinander unabhängig arbeiteten. Es wurde in drei Abschnitten nach einer festgelegten Reihenfolge ausgewertet, wobei nach den beiden ersten Abschnitten jeweils zwei zufällig ausgewählte Gutachten im Hinblick auf die Wahrung der Konzeptkonformität besprochen wurden („Round Robin"; vgl. Cartwright, 1953, 469). Eine Verzerrung des Ausgangsmaterials durch Kommunikation beider Auswerterinnen (vgl. Krippendorff, 1980, 132) war ausgeschlossen. Für jedes Gutachten wurde ein eigenes Auswerteprotokoll verwendet, so dass Sequenzeffekte von Eintragungen minimiert wurden. Es musste für jedes Merkmal eine Entscheidung getroffen werden, unbestimmte Kategorisierungen im Sinne von „?" waren nicht zugelassen. Als allgemeine Richtlinie galt die Maxime einer konservativen, strengen Prüfung, nach der das Vorhandensein eines Merkmals immer dann verneint wurde, wenn das Merkmal nicht zweifelsfrei erkennbar war oder erschlossen werden musste. Diskrepanzen zwischen den Kategorisierungen der beiden Auswerterinnen wurden unter der formalen Leitung eines der Autoren (J.W.) diskutiert. Anschließend wurde die endgültige Entscheidung von den Auswerterinnen getroffen.

Bevor diese Bereinigungen von zunächst bestehenden Diskrepanzen zwischen den beiden Auswerterinnen erfolgten, wurde die Auswerter-Übereinstimmung festgestellt. Dies erfolgte auf zweifache Weise. Zum einen wurde für jedes Item die prozentuale Übereinstimmung zwischen beiden Auswerterinnen ausgezählt. Zum anderen wurde für jedes Item das Konkordanzmaß K für zwei Beurteiler (Cohen 1969; siehe dazu Bortz et al., 1990, 450f.) berechnet. Nach der von Landis und Koch (1977, 165) im Hinblick auf den K-Koeffizienten von Fleiss (1971) vorgenommenen Einstufung sind K-Werte über 0.20 als ausreichend („fair") anzusehen. Völlig unbefriedigend sind negative Werte. Bei Zugrundelegung der prozentualen Übereinstimmung betrachten wir Werte von >90% als bedeutsam.

Unter den für die einzelnen Items berechneten beiden Werten für die Auswerter-Übereinstimmung finden sich mehrfach sehr hohe prozentuale Übereinstimmungen (d.h. über 90%) bei gleichzeitig geringen zufallsbereinigten Konkordanzen (d.h. nahe Null). Der Grund für diese Diskrepanz liegt darin, dass es sich bei sehr hohen prozentualen Übereinstimmungen um eine Konfiguration in der Vierfelder-Tafel handelt, die vollkommen determiniert und eine zufallsbereinigte Übereinstimmung daher von vornherein gegenstandslos ist, K mithin gleich null ist. In diesen Fällen ist es sinnvoll, die prozentuale Übereinstimmung heranzuziehen.

Bei Zugrundelegen der genannten Grenzwerte (Übereinstimmung > 90% oder bzw. und K > 0.20) zeigte sich für alle 11 Items eine zufriedenstellende Auswerter-Übereinstimmung. Die prozentualen Übereinstimmungen schwanken zwischen 77% und 100%, die K-Werte für diejenigen Items, deren prozentuale Übereinstimmungen niedriger als 90% (jedoch über 77%) liegen, schwanken zwischen 0.26 und 1.0.

4 Ergebnisse

In der folgenden Übersicht werden die für die vorliegende Arbeit herangezogenen Einzelmerkmale des Explorationsgesprächs und die Häufigkeiten, mit denen nach der übereinstimmenden Beurteilung durch beide Auswerterinnen die jeweiligen Merkmalskategorien in der Gesamtzahl der Gutachten vorhanden waren, aufgeführt. Dabei werden die prozentualen Häufigkeiten (bezogen auf die Gesamtheit der 122 Gutachten) verwendet. Inhalte des psychodiagnostischen Gesprächs (Exploration), welche sich auf die Beschreibung und Erklärung des früheren Trinken - Fahrens beziehen, waren im Einzelnen:

Item-Nr.

1 Grundlegende deliktunspezifische Persönlichkeitsmerkmale und Reaktionstendenzen: ja (13%), nein (87%).

2 Stileigenarten des Kraftfahrens: ja (0%), nein (100%).

3 Einstellungen zum Kraftfahren bzw. Funktion des Kraftfahrens: werden nicht beachtet (99%), werden überhaupt beachtet (1%), werden ausführlich beachtet (0%).

4 Funktion von Trink-Fahr-Gewohnheiten: wird nicht beachtet (100%), wird überhaupt beachtet (0%), wird ausführlich beachtet (0%).

5 Im Falle einer (einmaligen) Fahrt des Probanden mit einer BAK von 1,6 ‰ (dazu gehören N = 73 Fälle)
- wird ohne weitere Prüfung bzw. ohne Berücksichtigung weiterer Bedingungen auf einen überdurchschnittlichen Alkoholkonsum geschlossen (99 %, N = 72);
- werden Informationen zum Trinkverhalten in weiteren Situationen (außerhalb der Deliktsituation) berücksichtigt (1%).

6 Trinken und Fahren als Reaktion auf krisenhafte aktuelle Lebensbedingungen: wird zur Sprache gebracht (2%), wird nicht zur Sprache gebracht (98%).

7 Erlebte „mächtige“ Situationsaufforderungen und Qualität solcher Aufforderungen: werden angesprochen (0%), werden nicht angesprochen (100%).

8 Aktualgenese des Trink-Fahr-Handelns in den einzelnen Phasen des Handlungsablaufs: ja (0%), nein (100%).

9 (Intraindividuell) systematisch-vergleichende Betrachtung von Gemeinsamkeiten und Unterschieden der auf verschiedene Situationen bezogenen Gewohnheiten und erlebnismäßigen Auseinandersetzungen (im Hinblick auf die Überprüfung der „bedingten Eignung“): ja (0%), nein (100%).

10 Situationsbezogene Erwartungen des Probanden: ja (0%), nein (100%).

11 In Begutachtungsfällen mit negativem Eignungsergebnis (N = 102) wird die Frage nach der „bedingten Eignung“ ausdrücklich berücksichtigt und detailliert beantwortet (0 %), beachtet, aber ungenau beantwortet (0 %), nicht beachtet (100 %).

Diese Ergebnisse zeigen, dass diejenigen Inhalte des Explorationsgesprächs, die für eine differenzierte Aufklärung der Ursachen des alkoholauffälligen Fahrens aufgrund fachwissenschaftlicher Erkenntnisse erforderlich sind, in den ausgewerteten Gutachten fast nicht zur Sprache kommen. In der vorliegenden Stichprobe von Gutachten ist die Exploration also in einer Weise durchgeführt worden, dass eine differenzierte

Betrachtung des Einzelfalls und eine Analyse des Trink-Fahr-Verhaltens nach interaktionistischem Erklärungsansatz nicht möglich ist. Nur grundlegende deliktunspezifische Persönlichkeitsmerkmale und Reaktionstendenzen werden in einigen Fällen (13%) bei der Erklärung des alkoholauffälligen Fahrens mit einbezogen. Im Sinne einer personorientierten Erklärung durch chronischen Alkoholmissbrauch wird bei den Begutachtungsfällen, bei denen ein einmaliges Fahren mit einer Blutalkoholkonzentration von 1,6 Promille vorliegt (dies war bei 73 von 122 Probanden der Fall) in 99% der Fälle (d.h. in 72 Fällen) ohne weitere Aufklärung durch das Explorationsgespräch auf einen überdurchschnittlichen Alkoholkonsum im Sinne von Alkoholgewöhnung bzw. Alkoholmissbrauch geschlossen. Bei den Begutachtungsfällen mit negativem Eignungs-Ergebnis (dies war bei 102 von 122 Probanden der Fall) wird die Frage nach der bedingten Eignung – sei dies für bestimmte Situationsklassen oder unter Auflagen – in keinem einzigen Falle in Erwägung gezogen.

5 Diskussion

Das Ergebnis der vorliegenden Studie, dass wichtige Faktoren, welche nach psychologisch-fachwissenschaftlichen Erkenntnissen für eine differenzierte Aufklärung der Ursachen des alkoholauffälligen Fahrens im Einzelfall zu beachten sind, in den herangezogenen Gutachten nicht zur Sprache kommen, erscheint von hoher Bedeutung für die Praxis. Ausdrücklich sei dabei das Ergebnis erwähnt, dass in 99 % aller Begutachtungsfälle, bei denen ein einmaliges Fahren mit einer Blutalkoholkonzentration von 1,6 Promille vorlag, auf einen chronischen überdurchschnittlichen Alkoholkonsum geschlossen wird, ohne dass im Einzelfall die Berechtigung dieser Schlussfolgerung – unter Berücksichtigung weiterer einzelfallrelevanter Bedingungen – überprüft wird. Dies erscheint insofern bemerkenswert, als sich gegen diese von Stephan (1995) gezogene Schlussfolgerung verschiedene Argumente anführen lassen (vgl. dazu Weinand, 1994, 38f.) und auch Stephan selbst diese Schlussfolgerung im Hinblick auf den Einzelfall relativiert, wenn er formuliert: „Ausnahmen sind hier jederzeit möglich, wie immer, wenn es um biologische Sachverhalte geht“ (Stephan, 1995, 47). Gerade wegen ihrer Bedeutsamkeit für die Praxis sind die Ergebnisse der vorliegenden Studie bzw. das den Ergebnissen zugrunde liegende Vorgehen im Hinblick auf mögliche kritische Argumente zu reflektieren. Ein möglicher Einwand könnte sein, dass die aus den verschiedenen Erklärungsansätzen abgeleiteten Gesprächsinhalte nicht in jedem konkreten Einzelfall relevant werden und daher auch nicht in jedem Fall berücksichtigt werden müssen. Dieses Argument würde aber nur auf der Ebene der konkreten Bedingungen gelten, insofern tatsächlich nicht alle mögliche konkrete Persönlichkeitsmerkmale, aktuelle situative Bedingungen und aktuelle handlungssteuernde situationsbezogene Erlebnisse für jeden Probanden bedeutsam sind. Die in der vorliegenden Studie betrachteten Anforderungen beziehen sich jedoch nicht auf konkrete Bedingungen, sondern liegen auf der Ebene von grundsätzlichen Bedingungsklassen, welche als solche für jeden Probanden relevant werden. Auch dann, wenn etwa aufgrund bestimmter, bereits vor der Begutachtung gegebener Informationen eine bestimmte Erklärung hypothetisch nahe liegt, besteht die Funktion der Begutachtung darin, Alternativerklärungen entsprechend den verschiedenen grundsätzlichen Erklärungsansätzen mit einzubeziehen. Andernfalls wäre eine über die Vorinformation hinausgehende Begutachtung nicht mehr erforderlich. Insofern ist nach Winkler und Bode (1997, 173) auch aus verwaltungsjuristischer Sicht trotz „Anlassbezogenheit" eine „erschöpfende Einzelfalluntersuchung" zu fordern. Speziell zu dem durch die Items Nr. 9 und Nr. 11 aufgezeigten Ergebnis, dass in keinem einzigen Begutachtungsfall mit negativem Eignungsergebnis die Möglichkeit der „bedingten Eignung" beachtet wird, könnte von Seiten der medizinisch-psychologischen Untersuchungsstellen darauf hingewiesen werden, dass dies einem in der Praxis bestehenden Konsens entspricht, u. a. auch im Hinblick auf die in dem Kommentar zu den Begutachtungsleitlinien zur Kraftfahrereignung zu findende Feststellung, dass „Fälle bedingter Eignung nur im Bereich der körperlichen und geistigen Eignung denkbar sind, ... nicht aber im Bereich der charakterlichen Eignung" (Schubert, Schneider, Eisenmenger und Stephan, 2003, 22). Dem ist zu entgegnen, dass auch eine „bedingte charakterliche Eignung" durchaus „denkbar" erscheint und dass auch „geistige" Prozesse in ihrer Aktualisierung durch „charakterliche" Faktoren determiniert werden. Dies gilt vor allem für die kognitiven Prozesse der Handlungssteuerung, deren Bedeutung von Stephan auch für die Kontrolle des Trinken-Fahrens aufgezeigt wird und die daher auch für die verkehrspsychologische Begutachtung zu berücksichtigen sind. Ein weiterer Einwand könnte sich darauf richten, dass sich das Erhebungsmaterial der vorliegenden Studie überwiegend (in 102 von 122 Fällen) aus Gutachten mit negativem Eignungsergebnis rekrutiert und dass möglicherweise in Gutachten mit positivem

Eignungsergebnis die betreffenden Anforderungen erfüllt sind, dass damit die Studie nicht repräsentativ erscheint für die Gesamtheit der Begutachtungen durch medizinisch-psychologische Untersuchungsstellen. Dem ist zu entgegnen, dass sich aus dem Überwiegen der Gutachten mit negativem Eignungsergebnis keine Einschränkung des Wertes der vorliegenden Studie ergibt, sondern dass sich dadurch die Brisanz der Ergebnisse noch erhöht. Denn gerade im Falle eines negativen Eignungsergebnisses muss – wegen der hohen Bedeutsamkeit für den Probanden – das Gutachten den fachwissenschaftlich zu stellenden Anforderungen in höchstem Maße gerecht werden. Es ist hier aber auch darauf hinzuweisen, dass nach den mitgeteilten Ergebnissen die Berücksichtigung der relevanten Anforderungskriterien fast immer bei 0 % liegt, nicht nur bei den (N = 102) Fällen mit negativem, sondern auch bei den (N = 20) mit positivem Eignungsergebnis. Zusätzlich ist auch nicht zu erkennen, warum gerade bei Gutachten mit negativem (positivem) Eignungsergebnis die Anforderungen an die Begutachtung in geringerem (höherem) Maß eingehalten werden sollten als bei Gutachten mit positivem (negativem) Eignungsergebnis.

Ein weiterer Einwand gegen den Aussagewert der vorliegenden Studie könnte dahin gehen, dass dann, wenn die geforderten Inhalte in den schriftlichen Gutachten nicht zur Sprache kommen, nicht darauf geschlossen werden kann, dass die betreffenden Inhalte auch in der eigentlichen Untersuchung (im Explorationsgespräch) nicht berücksichtigt wurden. Dem ist zu erwidern, dass sich der gesamte Begutachtungsprozess durch das daraus resultierende Produkt repräsentiert, somit durch das schriftliche Gutachten. Hieran werden im gegebenen Falle auch die an medizinisch-psychologische Untersuchungsstellen gerichteten zivilrechtlichen Ansprüche verankert. Dem gemäß besteht auch der direkte Gegenstand der vorliegenden Studie nicht im gesamten Begutachtungsprozess, sondern nur in dessen Produkt, dem schriftlichen Gutachten. Daran ist die Forderung nach Berücksichtigung der fachwissenschaftlichen Erkenntnisse und nach Transparenz zu stellen als Grundlage für die Nachvollziehbarkeit durch den Laien und die Nachprüfbarkeit durch den Fachmann.

Ergänzend sei hierzu auf die dargelegten Auswertegesichtspunkte hingewiesen. Zur Beantwortung der Frage, ob ein Anforderungsmerkmal in einem Gutachten „erkennbar" ist, wurden nicht nur die im Gutachtentext mitgeteilten Ergebnisse (des Explorations-gesprächs) zugrunde gelegt, sondern auch die Textpassagen, in welchen über die Vorgehensweise bei der Informationsversammlung (z. B. die Inhalte des durchgeführten

Explorationsgesprächs) berichtet wird. Wenn ein Anforderungsmerkmal als „nicht erkennbar“ eingestuft wird, dann bedeutet dies, dass auch in den Textpassagen, welche über die erhobenen Informationen berichten, die betreffenden Inhalte nicht zur Sprache kommen. Auch dann, wenn bestimmte im Explorationsgespräch ermittelte Ergebnisse vom Gutachter als nicht weiter bedeutsam eingeschätzt und daher bei der Mitteilung der Ergebnisse im Gutachten nicht erwähnt werden, ist jedoch darauf hinzuweisen, dass die jeweilige Bedingungsklasse als solche überhaupt angesprochen wurde.

Abschließend sei erwähnt, dass die in der vorliegenden Studie beachteten Anforderungsmerkmale nicht dem „Elfenbeinturm“ der Wissenschaft zuzuordnen sind. Es ist vielmehr davon auszugehen, dass die nach den vorliegenden Ergebnissen nicht erfüllten Forderungen nach Einzelfallgerechtigkeit sich ohne nennenswerten zeitlichen Mehraufwand realisieren lassen, wenn das Explorationsgespräch und die Mitteilung der damit gewonnenen Ergebnisse gezielt konzeptionell geleitet, etwa entsprechend den hier berücksichtigten Iteminhalten, vorgenommen werden.

6 Literatur

Bode, H.J., Winkler, W. (1994, 1997[2]). Fahrerlaubnis: Eignung - Entzug – Wiedererteilung. Bonn: Deutscher Anwaltverlag.

Bortz, J., Lienert, G., Boehnke, K. (1990). Verteilungsfreie Methoden in der Biostatistik. Berlin: Springer.

Bundesministerium für Verkehr (1996). Krankheit und Kraftverkehr. Begutachtungsleitlinien des gemeinsamen Beirats für Verkehrsmedizin. Bonn: Schriftenreihe des BMV, Heft 73.

Cartwright, D.P. (1953). Analysis of qualitative material. In: L. Festinge, D. Katz (Eds.), Research Methods in the Behavioral Sciences. New York: Holt, Rinehart & Winston, 421-470.

Cohen, J. (1969). A coefficient of agreement for nominal scales. Educational and Psychological Measurement, 20, 37-46.

Fleiss, J.L. (1971). Measuring nominal scale agreement among many raters. Psychological Bulletin, 76, 378-382.

Föderation Deutscher Psychologenvereinigungen (1988). Richtlinien für die Erstellung psychologischer Gutachten. Bonn.

Gemeinsamer Beirat für Verkehrsmedizin beim BMVBW und BMG (2000). Begutachtungs-Leitlinien zur Kraftfahreignung. Berichte der Bundesanstalt für Straßenwesen, Heft M 115, Bremerhaven: Wirtschaftsverlag NW.

Heim, N. (1986). Psychiatrisch-psychologische Begutachtung im Jugendstrafverfahren. Köln: Heymanns.

Klüber, A. (1998). Psychologische Gutachten für das Familiengericht. Eine empirische Untersuchung über Nachvollziehbarkeit und Verständlichkeit des diagnostischen Prozesses sowie ausgewählte Aspekte des Kindeswohls. Lengerich: Pabst.

Krippendorff, K. (1980). Content Analysis. An Introduction to Its Methodology. Beverly Hills: Sage.

Kroj, H. (Hrsg.) (1995). Psychologisches Gutachten Kraftfahreignung. Bonn: Deutscher Psychologen Verlag.

Kürti, J. (1986). Fehlerquellen bei der psychologischen Fahreignungsbegutachtung. Blutalkohol, 23, 381-393.

Landis, J.R., Koch, G.G. (1977). The measurement of observer agreement for categorial data. Biometrics, 33, 159-174.

Lewrenz, H. (1992). Eignungsbegutachtung bei Alkoholtätern nach Entziehung der Fahrerlaubnis. – Das nachvollziehbare Eignungsgutachten. In: Deutsche Akademie für Verkehrswissenschaft e.V. (Hrsg.), 30. Deutscher Verkehrsgerichtstag 1992, 169-178.

Maukisch, H. (1992). Begriff und Beurteilung des Rückfallrisikos bei Alkoholtätern. Neue Zeitschrift für Verkehrsrecht, 5, 264-271.

Mischel, W. (1976[2]). Introduction to Personality. New York: Holt, Rinehart & Winston.

Schnell, R., Hill, P., Esser, P. (1995). Methoden der empirischen Sozialforschung. München: Oldenburg.

Schubert, W., Schneider, W., Eisenmenger, W., Stephan, E. (2003). Begutachtungs-Leitlinien zur Kraftfahrereignung. Kommentar. Bonn: Kirschbaum.

Stephan, E. (1989a). „Bedingte Eignung", eine Chance für die Verkehrssicherheit und den „alkoholauffälligen Kraftfahrer" I. Deutsches Autorecht, 58, 1-5.

Stephan , E. (1989b). „Bedingte Eignung", eine Chance für die Verkehrssicherheit und den „alkoholauffälligen Kraftfahrer" II. Deutsches Autorecht, 58, 125-135.

Stephan, E. (1995). Eignung, 1,6-Promille-Grenze und Abstinenzforderung. Deutsches Autorecht, 64, 44-49.

Terlinden-Arzt, P. (1998). Psychologische Gutachten für das Familiengericht. Eine empirische Untersuchung über diagnostische Strategien sowie ausgewählte Aspekte des Kindeswohls. Lengerich: Pabst.

Weinand, M. (1994). Neuere Entwicklungen und Erkenntnisse in der Fahreignungsbegutachtung. Berichte der Bundesanstalt für Straßenwesen. Mensch und Sicherheit, Heft M 31. Bremerhaven: Verlag für Neue Wissenschaft.

Wittkowski, J., Seitz, W. (im Druck). Merkmale verkehrspsychologischer Eignungsgutachten der medizinisch-psychologischen Untersuchungsstellen. In: F. Meyer-Gramko (Hrsg.), Verkehrspsychologie bewegt. Personen, Systeme, Daten. Bonn: Deutscher Psychologen Verlag.

Wittkowski, J., Seitz, W. (in Vorbereitung). Praxis der verkehrspsychologischen Eignungsbegutachtung alkoholauffälliger Kraftfahrer - Eine Bestandsaufnahme. Stuttgart: Kohlhammer.

D) Sehen und Erkennen

Sascha M. Dornhoefer, Jens Helmert, Alexandra Rothert, Pieter J. A. Unema und Boris M. Velichkovsky

Veränderungsblindheit im Straßenverkehr

1 Veränderungsblindheit

Beim Betrachten einer natürlichen Szene werden weit weniger visuelle Informationen bewusst wahrgenommen als es der subjektive Eindruck vermittelt - wir sehen weniger als wir glauben (z.B. Dennett, 1991; Wolfe, 1999). Zwar wird im menschlichen Gehirn eine interne Repräsentation der Außenwelt gebildet, die letztendlich den Eindruck einer dreidimensionalen, bunten und abwechslungsreichen Welt vermittelt - diese mentale Repräsentation stellt jedoch aufgrund des begrenzten visuellen Arbeitsgedächtnisses (z.B. Luck und Vogel, 1997; Saiki, 2002) keinesfalls ein detailgetreues Abbild der Umgebung dar. Vielmehr handelt es sich dabei nach Meinung einiger Kognitionswissenschaftler zu großen Teilen um eine konstruierte „große Illusion" (z.B. Noë et al., 2000; O'Regan und Noë, im Druck). Dieses Defizit an Detailgenauigkeit einer wahrgenommenen visuellen Szene führt zu einer erheblichen Einschränkung in der - vor allem im Straßenverkehr - wichtigen Fähigkeit, Veränderungen wahrzunehmen, und zeigt sich am eindruckvollsten in Studien zur sogenannten Veränderungsblindheit (*Change Blindness*). In derartigen Studien werden Veränderungen einer Szene oft nicht bemerkt, auch wenn aktiv danach gesucht wird: die Probanden sind blind für die Veränderung.

Abbildung 1 illustriert diese Blindheit für Veränderungen, wenngleich es sich genau genommen nicht um ein authentisches Beispiel handelt, da sich die beiden Bilder an zwei räumlich verschiedenen Orten befinden (siehe hierzu auch Wolfe, 2001). Dennoch wird es für die meisten Leser überraschend lang dauern, Unterschiede zwischen den beiden Bildern zu finden (es sind insgesamt neun).

Klassische Veränderungsblindheit tritt vor allem dann auf, wenn das durch die Veränderung hervorgerufene Bewegungssignal durch die Unterbrechung der visuellen Wahrnehmung, genau zum Zeitpunkt der Veränderung, „verdeckt" wird. Ohne dieses sichtbare Bewegungssignal kann die visuelle Aufmerksamkeit nicht zum Ort der Veränderung gelenkt werden.

Abb. 1: Worin unterscheiden sich die beiden Bilder A und B?

Zwei natürliche Unterbrechungen der visuellen Wahrnehmung sind Blicksprünge (sogenannte Sakkaden), während derer auf Grund der sakkadischen Unterdrückung (siehe hierzu z.B. Matin, 1974) praktisch keine Informationsaufnahme stattfindet, und Lidschläge, die die Netzhaut für kurze Zeit physikalisch verdecken. So zeigte z. B. Grimes (1996), dass große Veränderungen in einer visuellen Szene, die während einer Sakkade dargeboten werden, oft nicht erkannt werden: Probanden betrachteten auf einem Computermonitor dargebotene Fotos alltäglicher Situationen und sollten mit einem Knopfdruck auf mögliche Veränderungen reagieren. Während der Betrachtung wurden einzelne Details sakkadenkontingent verändert – z.B. wurden die Köpfe zweier Personen ausgetauscht oder ein Gebäude vergrößerte sich um 25%. Die Mehrheit der Veränderungen (67%), die ein Viertel des Bildes einnehmen konnten und sich mitunter im Zentrum des Blickfeldes befanden, wurden von den Probanden nicht entdeckt. Dieselben Veränderungen wurden jedoch sofort erkannt, wenn sie während einer Fixationsphase (Kontrollbedingung) dargeboten wurden. Vergleichbare Ergebnisse fanden O'Regan et al. (2000) bei Untersuchungen, in denen Veränderungen in der experimentellen Bedingung jeweils während eines Lidschlages dargeboten wurden.

Veränderungsblindheit tritt auch bei durch Weißblitze (sogenannte „*blanks*") künstlich verdeckten Veränderungen auf, die eine natürliche Verdeckung der Netzhaut simulieren - die Blanks werden dazu zwischen einem Ausgangsbild und dem veränderten Bild kurz dargeboten (Pashler, 1988; Rensink et al., 1997). Weiter wurde Veränderungsblindheit experimentell mit Filmschnitten (Levin and Simons, 1997), schnellen Verschiebungen des kompletten – sich im selben Moment verändernden - Bildes (Blackmore et al., 1995) und echten physikalischen Verdeckungen in der realen Welt (Simons and Levin, 1998) provoziert.

Letztlich kann Veränderungsblindheit sogar dann auftreten, wenn die Veränderung nicht verdeckt wird, z.B. wenn gleichzeitig mit der Veränderung auftauchende Distraktoren dargeboten werden (O'Regan et al., 1999) und so die Entdeckung der „richtigen" Veränderung erschweren oder wenn eine graduelle Veränderung so langsam dargeboten wird, dass kein Bewegungssignal wahrgenommen werden kann (Simons et al., 2000).

Die Wahrscheinlichkeit, eine verdeckte Veränderung zu erkennen, hängt von einer Vielzahl von Faktoren ab. So werden zum Beispiel für den Betrachter relevante Veränderungen häufiger erkannt als irrrelevante (Rensink et al., 1997; O'Regan et al., 1999). Auch häufiger erkannt werden Veränderungen, die auftauchen im Vergleich zu solchen, die verschwinden (Stelmach et al., 1984). Weiterhin haben Erfahrung (Reingold et al., 2001) sowie die physikalischen Eigenschaften der Veränderung (Größe, Farbe, Form, etc.; siehe hierzu Rensink, 2002) einen Einfluss auf die Entdeckungswahrscheinlichkeit. Am größten ist die Wahrscheinlichkeit einer Entdeckung jedoch, wenn sich die visuelle Aufmerksamkeit des Betrachters zum Zeitpunkt der Veränderung bereits am Ort der Veränderung befindet (z.B. Henderson und Hollingworth, 1999). Entsprechend werden Unterschiede in Abbildung 1 ungleich schneller (wieder)erkannt, wenn die Orte der Veränderungen bekannt sind – zum Beispiel die Rückseite des Müllwagens, das Hochhaus im Hintergrund oder die Verkehrsampel.

2 Ziele der Studie

Mehr als 50 Prozent aller Kollisionen werden von Nagayama (1978) auf eine fehlende oder verspätete Wahrnehmung der Gefahrenquelle zurückgeführt. Bei einem gesunden Mensch zeigen sich Lidschläge mit einer mittleren Dauer von 150 ms durchschnittlich 12-15 mal pro Minute (Barbato et al., 2000), Sakkaden mit einer mittleren Dauer von 35 ms werden durchschnittlich vier mal pro Sekunde initiiert (Carpenter, 1988). D.h. zu etwa 18 Prozent der Zeit ist die visuelle Informationsaufnahme allein durch natürliche Verdeckungen der Netzhaut unterbrochen. Es liegt daher nahe, dass Veränderungsblindheit beim Autofahren eine Ursache für zu spät oder nicht erkannte Gefahren in Straßenverkehr sein könnte. Man stelle sich z.B. folgendes vor: Eine Ampel wechselt von grün auf rot, genau in dem Moment, in dem der Fahrer in eine andere Richtung blickt. Das birgt die Gefahr, dass er diese Veränderung beim Zurückblicken nicht oder zu spät erkennt und gegebenenfalls die rote Ampel überfährt. Auch kurze Blendungen von entgegenkommenden Fahrzeugen oder Schlamm, der auf die Windschutzscheibe spritzt, könnten im ungünstigen Fall Bewegungssignale von Veränderungen verdecken bzw. von ihnen ablenken.
Zwar zeigte sich in zahlreichen Untersuchungen, dass Blanks, Lidschläge und Sakkaden im Einzelnen Veränderungsblindheit hervorrufen, dennoch ist ein direkter Vergleich notwendig um die Ergebnisse von entsprechend unterschiedlichen Untersuchungen in Bezug auf ihre Vergleichbarkeit angemessen zu interpretieren. Daher untersuchten wir (siehe auch Velichkovsky et al., 2002a), in welchem Ausmaß sich die drei Verdeckungsbedingungen Blank, Lidschlag und Sakkade jeweils auf die (Nicht)entdeckung von Veränderungen im Straßenverkehr auswirken.

3 Experiment 1: Veränderungsblindheit in einer statischen Umgebung

3.1 Methode

24 Probanden (13 weibliche und 11 männliche, zwischen 20 und 30 Jahre, alle im Besitz einer Fahrerlaubnis) betrachteten in zufälliger Reihenfolge jeweils 300 Fotos von unterschiedlichen Verkehrssituationen, die auf einem Computermonitor dargeboten wurden. Ein verändertes Bild wurde zufällig während eines Lidschlags, einer Sakkade oder eines Blanks (112 ms Dauer) dargeboten – in der Kontrollbedingung

wurde das veränderte Bild während einer Fixation, also unverdeckt dargeboten. Da der künstliche Blank als Hinweisreiz für eine Veränderung genutzt werden könnte, wurden in der Blank-Bedingung zusätzlich *catch trials* dargeboten, d.h. die Hälfte der Bilder veränderte sich nach einem Blank nicht. Die gezielte Darbietung des veränderten Bildes während eines Lidschlags, einer Sakkade oder einer Fixation ermöglichte die Einbindung einer Eyelink™ I Blickbewegungskamera der Firma SR-Research.

In Bezug auf die Verkehrssicherheit waren die Veränderungen entweder verkehrsrelevant oder verkehrsirrelevant (Abbildung 2) – diese Unterscheidung wurde durch unabhängige Beurteiler in einem Vorversuch getroffen. Die physikalischen Eigenschaften der Veränderungen (Farbe, Größe, Form etc.) wurden ausbalanciert. Die Probanden wurden instruiert, die Fotos aus der Sicht eines Autofahrers zu betrachten und auf mögliche Veränderungen zu achten. Beim Entdecken einer Veränderung sollten sie dies unmittelbar mit einem Mausklick signalisieren.

Abb. 2: Beispielfotos aus dem Experiment: (A) relevante Veränderung: ein Auto taucht plötzlich aus dem linken Feldweg auf; (B) irrelevante Veränderung: ein Baum taucht auf dem Grünstreifen auf

Das Anfangsbild wurde immer für eine Dauer von vier Sekunden präsentiert – in einem Folgeintervall von 2,5 Sekunden erschien dann das veränderte Bild. Ein Durchgang war zu Ende, wenn entweder der Mausknopf gedrückt wurde oder 5 Sekunden vergangen waren.

3.2 Ergebnisse

Der Blank wurde nicht als Hinweisreiz genutzt, da die durchschnittliche Falscher-Alarm-Rate bei den *catch trials* bei 5,3 Prozent lag (der höchste Wert eines Probanden lag bei 8,3 Prozent).

Abbildung 3 stellt die Entdeckungsrate (A) und die Entdeckungszeit (B) für relevante und irrelevante Veränderungen dar, jeweils für die Fixationsbedingung und alle Verdeckungsbedingungen (Blank, Lidschlag, Sakkade). Es zeigt sich, dass verdeckte relevante Veränderungen durchschnittlich deutlich häufiger (80% vs. 34%; $F_{1,18}$ = 360.32, $p<.001$) und 150 ms schneller ($F_{1,18}$ = 6.32, $p<.013$) erkannt wurden als verdeckte irrelevante Veränderungen. Dieser Relevanz-Effekt zeigte sich in allen Verdeckungsbedingungen, bei der Entdeckungswahrscheinlichkeit (alle Vergleiche, $p<.002$) und bei der Entdeckungszeit (alle Vergleiche, $p<.002$). Im Vergleich zur Fixationsbedingung wurden die relevanten Veränderungen in allen Verdeckungsbedingungen (durchschnittlich zu 17 Prozent) seltener erkannt (alle Vergleiche, $p<.001$) – es kam zu Effekten der Veränderungsblindheit. Zwischen den einzelnen Verdeckungsbedingungen zeigten sich keine Unterschied (alle Vergleiche, $p>.5$). Die entdeckten *relevanten* Veränderungen wurden in allen Verdeckungsbedingungen (durchschnittlich 225 ms) langsamer erkannt als in der Fixationsbedingung (alle Vergleiche, $p<.001$) - zwischen den einzelnen Verdeckungsbedingungen zeigte sich auch hinsichtlich der Reaktionszeit kein Unterschied (alle Vergleiche, $p>.8$).

Bei den *irrelevanten* Veränderungen zeigte sich ein analoges Bild: bezüglich der Entdeckungswahrscheinlichkeit (alle Vergleiche, $p<.001$) und der Entdeckungszeit (alle Vergleiche, $p<.001$) zeigten sich in allen Verdeckungsbedingungen Unterschiede zur Fixationsbedingung. Zwischen den einzelnen Verdeckungsbedingungen zeigten sich erneut keine Unterschiede (alle Vergleiche, $p>.10$).

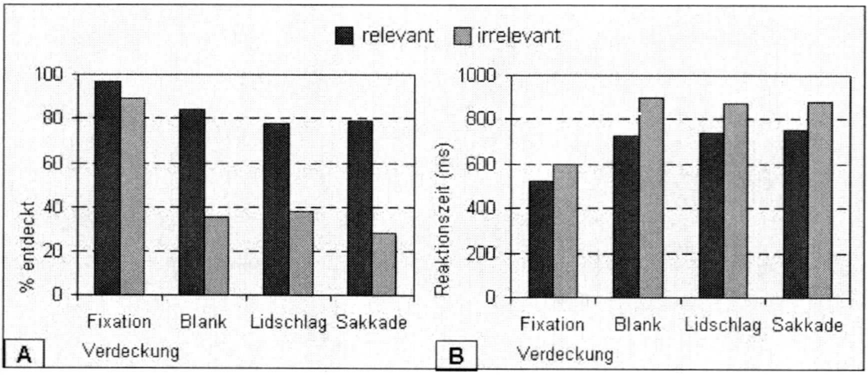

Abb. 3: (A) Entdeckungsrate nach Verdeckungsart und Relevanz; (B) Entdeckungszeit nach Verdeckungsart und Relevanz

Wir analysierten die Daten auch hinsichtlich zweier spezieller Typen der Veränderung: Subtraktionen und Additionen. Subtraktionen stellen Veränderungen dar, bei denen ein Objekt verschwindet, bei Additionen hingegen taucht ein Objekt auf. Abbildung 4 zeigt die Entdeckungsrate (A) und die Entdeckungszeit (B) nur für relevante Additionen und Subtraktionen, jeweils für die Fixationsbedingung und alle Verdeckungsbedingungen (Blank, Lidschlag, Sakkade).

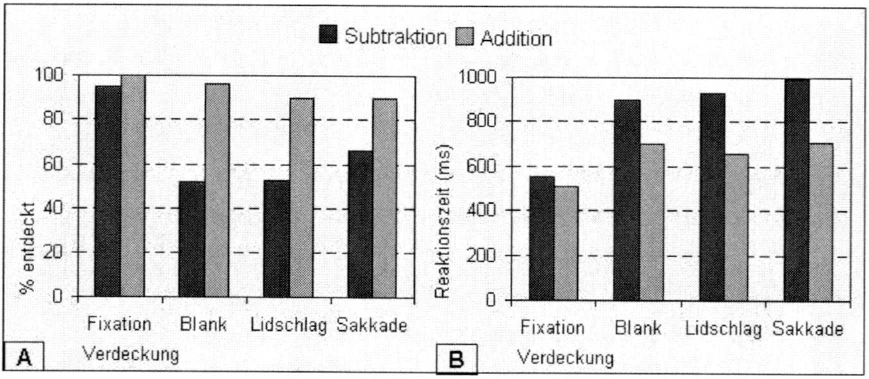

Abb. 4: Ausschließlich relevante Veränderungen. (A) Entdeckungsrate nach Verdeckungsart und Veränderungstyp; (B) Entdeckungszeit nach Verdeckungsart und Veränderungstyp

In allen Verdeckungsbedingungen wurden Additionen mit einer Rate von mindestens 90 Prozent besser erkannt als Subtraktionen (alle Vergleiche, $p<.001$). Die Verdeckungsarten unterschieden sich auch hier wieder nicht voneinander – weder bei den Subtraktionen, noch bei den Additionen (alle Vergleiche, p>.9). Additionen wurden in allen Verdeckungsbedingungen auch schneller entdeckt als Subtraktionen (alle Vergleiche, p<.001). Zwischen den Verdeckungsarten zeigten sich für beide Veränderungstypen hinsichtlich der Entdeckungszeit keine Unterschiede (alle Vergleiche, p>.2). Im Vergleich zur Fixationsbedingung wurden Subtraktionen durchschnittlich 390 ms später entdeckt, Additionen durchschnittlich 180 ms später. Bei den irrelevanten Veränderungen zeigten sich, abgesehen vom allgemeinen Relevanzeffekt, analoge Effekte.

3.3 Diskussion

Unsere Ergebnisse zeigen, dass sich die unterschiedlichen Verdeckungsarten hinsichtlich der Entdeckungswahrscheinlichkeit und der Entdeckungszeit gleich verhalten, so dass sich der künstliche Blank (zumindest in einer statischen Bedingung und mit einer Dauer von 112 ms) gut zur Simulation von Lidschlägen und Sakkaden eignet.

Verdeckte verkehrsrelevante Veränderungen wurden zwar deutlich besser erkannt als irrelevante, dennoch wurde jede fünfte Veränderung übersehen. Wie bereits oben erwähnt, ist die Netzhaut zu fast 20% der Zeit allein durch Lidschläge und Sakkaden verdeckt. Wenn nun während dieser verdeckten Zeit nur jede fünfte relevante Veränderung entdeckt wird, bedeutet dies, dass jede 25. relevante Gefahr übersehen wird – dies ist übertragen auf den Straßenverkehr ein beunruhigendes Ergebnis.

Verdeckte verkehrsrelevante Veränderungen wurden auch schneller erkannt als irrelevante, verglichen mit der unverdeckten Fixationsbedingung dauerte eine Erkennung aber 225 ms länger. Bei einer Geschwindigkeit von 50 Kilometern pro Stunde bedeutete dies, dass der Fahrer 3,1 Meter zurücklegt, bevor er überhaupt realisiert, dass sich etwas Relevantes geändert hat und er gegebenenfalls entsprechende Reaktionen vorbereiten kann. An dieser Stelle sei jedoch darauf hingewiesen, dass die gefährlicheren verkehrsrelevanten Veränderungen in der Regel solche sind, die auftauchen. Es zeigte sich, dass diese Veränderungen fast immer, auch bei zunehmender Entfernung vom aktuellen Fixationsort (siehe hierzu Dornhöfer, Unema und Velichkovsky, 2002), erkannt wurden. Dennoch blieb im Falle einer Entdeckung eine beunruhigende Latenz von 180 ms. Die Ergebnisse des ersten Experiments führen daher zu dem Schluss, dass Veränderungsblindheit, unabhängig von der Verdeckungsart, ein Grund für zu späte oder nicht erkannte Gefahren im Straßenverkehr sein kann. Da diese Ergebnisse ausschließlich in einer statischen Umgebung gewonnen wurden und sich daher mangels ökologischer Validität nicht ohne weiteres auf den Straßenverkehr übertragen lassen, führten wir die im Folgenden beschriebene Folgeuntersuchung in einer dynamischen Umgebung durch.

4 Experiment 2: Veränderungsblindheit in einer dynamischen Umgebung

4.1 Methode

12 Probanden (6 weibliche und 6 männliche, zwischen 19 und 31 Jahre, alle im Besitz einer Fahrerlaubnis) absolvierten eine 40-minütige innerstädtische Fahrt in dem von der ARTEC-Gruppe an der Universität von Valencia entwickelten „SIRCA" – Fahrsimulator. Alle Probanden wurden instruiert, mit einer Richtgeschwindigkeit von 50 km/h und unter Beachtung der Verkehrsregeln zu fahren und plötzlich auftauchende Veränderungen durch das Drücken eines Knopfes am Lenkrad rückzumelden. So entdeckte Veränderungen verschwanden zeitgleich mit dem Knopfdruck von der Straße. Das Stimulusmaterial bestand aus insgesamt 50 verschiedenen Veränderungen, alles von Fotos eingelesene Objekte, z.B. Tiere, Personen oder Verkehrszeichen. Diese Veränderungen wurden zufällig, im Schnitt etwa alle 20 Sekunden dargeboten. Alle Veränderungen waren verkehrsrelevante Additionen, gehörten also zu der Kategorie, die in Experiment 1 am besten erkannt wurde. Die Veränderungen tauchten in Abhängigkeit von der Geschwindigkeit immer in 2 Sekunden Entfernung links oder rechts der Fahrspur auf, entweder während eines Blanks (150 ms Dauer) oder während einer Fixation (Kontrollbedingung). In der Blank-Bedingung wurden erneut zusätzliche *catch trials* dargeboten.

Abb. 5: Standbilder aus Experiment 2: (A) vor einem Blank; (B) nach einem Blank: ein Fußgänger taucht rechts auf der Fahrspur auf

Abbildung 5 zeigt am Beispiel zweier Standbilder eine im Experiment verwendete Veränderung. Eine gezielte Darbietung der Veränderungen während der natürlichen Verdeckungen ließ die Bildwiederholungsrate (ca. 25 Hz) des Fahrsimulators nicht zu. Um die Wahrscheinlichkeit, dass einige Veränderungen zufällig während eines Lidschlags oder eine Sakkade stattfinden, zu erhöhen, absolvierten die Probanden eine längere Fahrt als für die Manipulation der eigentlichen experimentellen Bedingungen „Blank" und „Fixation" notwendig.

4.2 Ergebnisse

Auch in der dynamischen Umgebung wurde in der Blank-Bedingung nicht geraten: Die durchschnittliche Falsche-Alarm-Rate bei den Catch Trials lag mit 1,9 Prozent unter der im statischen Versuch, der höchste Wert eines Probanden lag bei 4,4 Prozent.

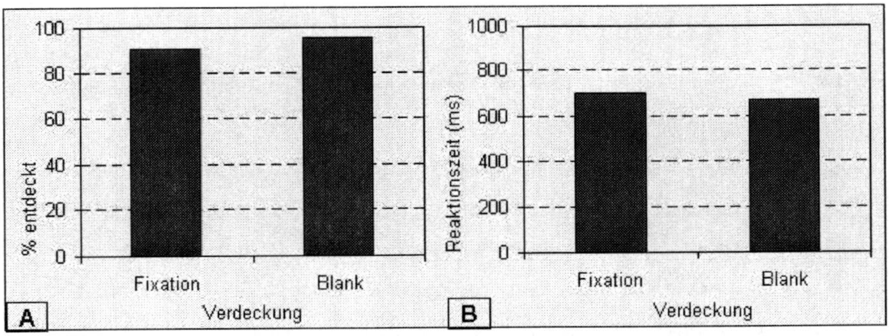

Abb. 6: (A) Entdeckungsrate für Blank- und Fixationsbedingung; (B) Entdeckungszeit für Blank- und Fixationsbedingung

Abbildung 6 zeigt die Entdeckungsraten (A) und die Entdeckungszeiten (B) für die Blank- und die Fixationsbedingung. Veränderungen während eines Blanks wurden häufiger ($F_{1,11} = 21.896$; $p < .002$) und schneller ($F_{1,11} = 6.253$; $p < .030$) erkannt, als solche, die während einer Fixation stattfanden – es kam zu einem „umgekehrten" Effekt der Veränderungsblindheit.

Eine retrospektive Analyse der Blickbewegungsdaten ermöglichte es, die wenigen Fälle zu isolieren, in denen Veränderungen zufällig während einer Sakkade (N=37) oder während eines Lidschlages (N=16) auftraten. Ein zusätzlicher Vergleich dieser beiden Bedingungen zeigte, dass Veränderungen während eines Lidschlages häufiger erkannt wurden als Veränderungen während einer Sakkade (100% vs.

87%). Die Probanden brauchten im Vergleich zur Lidschlagbedingung auch etwa 80 ms länger, um Veränderungen während einer Sakkade zu erkennen. Diese Unterschiede sind signifikant ($t_7 = 3.772$; $p < .008$). In Abbildung 7 sind Entdeckungswahrscheinlichkeit (A) und Entdeckungszeit (B) für alle Verdeckungsarten und die Fixationsbedingung dargestellt.

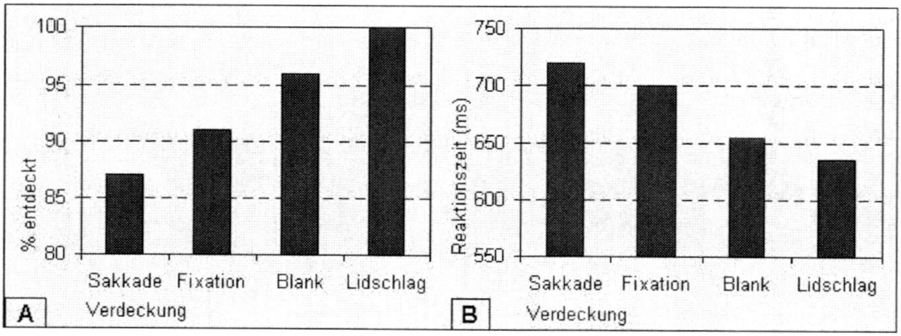

Abb. 7: Entdeckungsrate (A) und Entdeckungszeit (B) nach Verdeckungsart.

Insgesamt lassen sich die einzelnen Bedingungen wegen der unterschiedlichen Fallzahlen statistisch nicht miteinander vergleichen, aber bei Betrachtung der Grafik fällt auf, dass Veränderungen während Sakkaden am schlechtesten und langsamsten erkannt werden (wenn es einen klassischen Effekt der Veränderungsblindheit gibt, dann am ehesten hier). Bei Blanks, vielleicht auch bei Lidschlägen zeigt sich ein umgekehrter Effekt.

4.3 Diskussion

In Experiment 2 zeigten sich generell sehr hohe Entdeckungsraten, da es sich bei den Veränderungen ausschließlich um verkehrsrelevante Additionen handelte, die auch in Experiment 1 am besten erkannt wurden. In Experiment 1 wurden Veränderungen dieser Kategorie in der Fixationsbedingung (Abbildung 4) vergleichsweise häufiger (100%) und schneller (508 ms) erkannt. Ein Unterschied, der sich wegen der ungleichen Methodik der Experimente zwar nicht statistisch absichern lässt, aber dennoch nur auf einen Faktor zurückzuführen wäre – die Dynamik der Umgebung. Diese spezifische Umgebung wirkt sich auch auf den klassischen Effekt der Veränderungsblindheit aus, der sich mindestens in der Blank-Bedingung überraschend umkehrte. Zwei Gründe sprechen gegen die Hypothese, dass der künstliche Blank dem Betrachter in einer komplexen dynamischen Umgebung einen Hinweis darauf geben könnte, wann er nach einer Veränderung suchen muss und ihm so die Entdeckung einer Veränderungen erleichtert: zum einen die äußerst niedrige Falsche-Alarm-Rate in der Blank-Bedingung und vor allem die perfekte Entdeckungsrate bei den Lidschlägen. Wir führen den von uns gefundenen Effekt daher auf die Dauer der Verdeckung zurück: Sakkaden dauerten im Durchschnitt 40 ms, Blanks und Lidschläge durchschnittlich 150 ms. Mit zunehmender Länge wurde die Entdeckung besser und schneller. Was genau auf diesem Kontinuum zur Umkehrung der Veränderungsblindheit führte, können wir nur vermuten: Bei Veränderungsblindheit in einer statischen Umgebung wird das Bewegungssignal der Veränderung verdeckt, so dass die Aufmerksamkeit nicht darauf gelenkt werden kann. In einer dynamischen Umgebung findet jedoch kontinuierliche Bewegung statt - überall befinden sich Bewegungssignale, die die Aufmerksamkeit anziehen und entsprechende, schnelle aber oberflächige Verarbeitung provozieren (Velichkovsky et al., 2002b). Möglicherweise erleichtert jede Unterbrechung, die lang genug dieser „Bewegungsflut" entgegenwirkt, die Entdeckung einer Veränderung. Eine Untersuchung zur Bewegungswahrnehmung von Michotte (1946/1963) unterstützt diese Vermutung. Dort zeigte sich, dass Verdeckungen der visuellen Wahrnehmung von über 100 ms die Wahrnehmungskontinuität visueller Inhalte unterbrechen und diese in statische Bilder verwandeln.

5 Schlussfolgerung und Ausblick

In einer statischen Umgebung fanden wir auch bei den für den Straßenverkehr praktisch relevantesten Veränderungen (verkehrsrelevante Additionen) Effekte der Veränderungsblindheit. In einer dynamischen Umgebung konnten wir diese Ergebnisse jedoch nicht bestätigen. Obwohl Veränderungen dort offenbar schwieriger zu erkennen sind, kam es hier sogar zu einer Umkehrung des klassischen Effektes. Diese ersten Ergebnisse müssen in zukünftigen Untersuchungen repliziert und erweitert werden, um Aufschluss über das tatsächliche Ausmaß der Veränderungsblindheit im Straßenverkehr zu erhalten. Die unterschiedlichen Untersuchungsdesigns der beiden beschriebenen Experimente erlauben leider keinen direkten Vergleich der Ergebnisse. Vor allem ein derartiger Vergleich ist zur weiteren Klärung zwingend notwendig. Bis dahin warnen wir davor,

Ergebnisse aus statischen Untersuchungen zur Veränderungsblindheit auf dynamische Umgebungen, z.B. auf den Straßenverkehr zu übertragen.

Danksagung

Wir danken der BMW AG München für ihre Unterstützung. Weiterhin danken wir Marcos Fernandez Marin für die Programmierung des Fahrsimulators und dem Herausgeber, Bernhard Schlag, für die Einladung zu diesem Sammelband und die Möglichkeit, unsere experimentellen Ergebnisse nun auch in deutscher Sprache zu veröffentlichen.

6 Literatur

Barbato, G., Ficca, G., Muscettola, G., Fichele, M., Beatrice, M., Rinaldi, F. (2000). Diurnal variation in spontaneous eye-blink rate. Psychiatry Research 93 (2), 145-151.

Blackmore, S. J., Brelstaff, G., Nelson, K., Troscianko, T. (1995). Is the richness of our visual world an illusion? Transsaccadic memory for complex scenes. Perception 24, 1075–1081.

Carpenter, R. H. S. (1988). Movements of the eyes. London: Pion Limited.

Dennett, D. C. (1991). Consciousness Explained. Boston: Little, Brown and Company.

Dornhoefer, S. M., Unema, P., Velichkovsky, B. M. (2002). Blanks, blinks and saccades: How blind we really are for relevant visual events. In: J. Hyönä, D. Munoz, W. Heide, R. Radach (Eds.), The brain's eyes: Neurobiological and clinical aspects of oculomotor research. Oxford, UK: Elsevier.

Grimes, J. (1996). On the failure to detect changes in scenes across saccades. In: K. Akins (Ed.), Perception (Vancouver Studies in Cognitive Sciences) Vol. 2, New York: Oxford University Press. 89-110.

Henderson, J. M., Hollingworth, A. (1999). The role of fixation position in detecting changes across saccades. Psychological Science 10 (5), 438-443.

Levin, D. T., Simons, D. J. (1997). Failure to detect changes to attended objects in motion pictures. Psychonomic Bulletin and Review 4 (4), 501–506.

Luck, S. J., Vogel, E. K. (1997). The capacity of visual working memory for features and conjunctions. Nature 390, 279–280.

Matin, E. (1974). Saccadic suppression: A review and analysis. Psychological Bulletin 81, 899-917.

Michotte, A. (1946/1963). The perception of casuality (T. R. Miles and E. Miles, Transl.). London: Methuen.

Nagayama, Y. (1978). Role of visual perception in driving. IATSS Research 2, 64-73.

Noë, A., Pessoa, L., Thompson, E. (2000). Beyond the grand illusion: what change blindness really teaches us about vision. Visual Cognition 7 (1-3), 93-106.

O'Regan, J. K., Noë, A. (in press). A sensorimotor account of vision and visual consciousness. Behavioral and Brain Sciences 24 (5).

O'Regan, J. K., Rensink, R. A., Clark, J. J. (1999). Change-blindness as a result of "mudsplashes.". Nature 398 (6722), 34.

O'Regan, J. K., Deubel, H., Clark, J. J., Rensink, R. A. (2000). Picture changes during blinks: Looking without seeing and seeing without looking. Visual Cognition 7 (1-3), 191-211.

Pashler, H. (1988). Familiarity and visual change detection. Perception and Psychophysics 44 (4), 369-378.

Reingold, E. M., Charness, N., Pomplun, M., Stampe, D. M. (2001). Visual span in expert chess players: Evidence from eye movements. Psychological Science 12 (1), 48-55.

Rensink, R. A. (2002). Change Detection. Annual Reviews Psychology 53, 245-277.

Rensink, R. A., O'Regan, J. K., Clark, J. J. (1997). To see or not to see: The need for attention to perceive changes in scenes. Psychological Science 8, 368-373.

Saiki, J. (2002). Multiple-object permanence tracking: Limitation in maintenance and transformation of perceptual objects. In: J. Hyönä, D. Munoz, W. Heide, R. Radach (Eds.), The brain's eyes: Neurobiological and clinical aspects of oculomotor research. Oxford, UK: Elsevier.

Simons, D. J., Franconeri, S. L., Reimer, R. L. (2000). Change blindness in the absence of visual disruption. Perception 29, 1143-1154.

Simons, D. J., Levin, D. T. (1998). Failure to detect changes to people in a real-world interaction. Psychonomic Bulletin and Review 5(4), 644–649.

Stelmach, L. B., Bourassa, C. M., Di Lollo, V. (1984). Detection of stimulus change: The hypothetical roles of visual transient responses. Perception and Psychophysics 35 (3), 245-255.

Velichkovsky, B. M., Dornhöfer, S. M., Kopf, M., Helmert, J., Joos, M. (2002a). Change detection and occlusion modes in road-traffic scenarios. Transportation Research Part F 5, 99-109.

Velichkovsky, B. M. Rothert, A., Kopf, M., Dornhöfer, S. M., Joos, M. (2002b). Towards an express-diagnostics for level of processing and hazard perception. Transportation Research Part F 5, 145-156.

Wolfe, J. M. (1999). Visual experience: Less than you think, more than you know. In: C. Taddei-Ferretti, C. Musio (Hrsg.), Neuronal Basis and Psychological Aspects of Consciousness Vol. 8. Singapore: World Scientific.

Wolfe J. (2001). Visual Attention. In: K.K. De Valois (Ed.), Seeing. San Diego, CA: Academic Press 2000, 335-386.

Susann Richter

Untersuchungen zum Reaktions- und Bremsverhalten bei Nebel

1 Einleitung

Unfälle auf der Autobahn mit der Unfallursache "Sichtbehinderung durch Nebel" mit oftmals vielen Beteiligten erregen alljährlich große Aufmerksamkeit - auch wenn die absolute Zahl der durch Nebel verursachten Verkehrsunfälle im Vergleich zu anderen Unfallursachen niedrig ist. Im Vergleich zum Gesamtunfallgeschehen sind bei Nebel jedoch mehr Unfallbeteiligte und schwerwiegendere Folgen zu beklagen. Hauptursache dieser Unfälle (auf Autobahnen) sind häufig Fahrfehler im Längsverkehr mit anschließenden Auffahrunfällen. Durch verschlechterte Wahrnehmungsbedingungen bei Nebel bilden sich Fahrkolonnen mit Fahrern, die dicht und schnell hintereinander fahren. Gelegentlich durchbrechen einzelne Fahrer diesen zunächst homogenen Fahrfluss mit der Gefahr, dass Auffahrunfälle oder Unfälle im Gegenverkehr passieren können. Es stellte sich daher die Frage, wie sich das Reaktions- und Bremsverhalten bei Nebel verändert und wie sowohl die motorische als auch die kognitive Komponente des Fahrverhaltens unter diesen schwierigeren Bedingungen beeinflusst wird.

Vorgestellt werden differenzierte Ergebnisse aus spezifischen Auswertungen vielfältiger Untersuchungen zu Problemen des Wahrnehmens und Fahrens bei Nebel (siehe im Einzelnen: Richter, 2002; Richter und Schlag, 2000; Schlag und Richter, 2000). Im ersten Teil geht es in einem Laborexperiment um das Reaktionsverhalten (d.h. Reaktionszeiten und Fehlerrate) von Fahrern bei simuliertem Nebel im Vergleich zum Verhalten beim simuliertem Fahren bei klarer Sicht. Im zweiten Teil werden kognitive Ursachen untersucht und diskutiert, die das Verhalten bei Nebel (negativ) beeinflussen können. Im dritten Abschnitt wird das reale Fahrverhalten auf einer Autobahn betrachtet und im vierten Teil werden mögliche Konsequenzen für die Sicherheit beim Fahren im Nebel dargestellt.

2 Reaktionsverhalten bei simulierten Nebelfahrten

2.1 Methodik

Bei dem Laborexperiment hatten die Probanden die Aufgabe, neben einer die Aufmerksamkeit gleichmäßig beanspruchenden tracking-Aufgabe eine Mehrfachwahl-aufgabe zu bewältigen. Neben dem Blickverhalten wurde das Reaktionsverhalten untersucht, welches sich ausdrückt

- in der Reaktionszeit und
- in der Reaktionsgüte.

Wichtigste unabhängige Variable für das Reaktionsverhalten war die Sichtbedingung („Nebel“ vs. „klare Sicht“). Für die beiden Wahrnehmungsbedingungen „Nebel“ und „klare Sicht“ werden im Folgenden die Ergebnisse dargestellt.

2.2 Reaktionszeit

Als unmittelbares Maß für die Auslastung der Informationsverarbeitungskapazität bei solch komplexen Situationen, wie sie in diesem Experiment gegeben waren, ist die Reaktionszeit anzusehen. Längere Reaktionszeiten werden bei komplexeren und für die Probanden schwierigeren Situationen erwartet. Die Variable „Reaktionszeit“ bedeutet in unserem Fall die Zeitdauer (in msec) vom Beginn des Aufleuchtens eines Signals bis zur motorischen Reaktion des Probanden in Form des einsetzenden Pedaldruckes.

In Tabelle 1 sinc Häufigkeiten, Mittelwerten und Standardabweichungen der Reaktionszeiten (in msec) in Abhängigkeit von der Sicht dargestellt. Dazu wurden entsprechende univariate Varianzanalysen mit Messwiederholung gerechnet.

Reaktionszeit		**Klare Sicht**		**Nebel**		**Signifikanzprüfung**[1,2]
	n	**$\bar{x}$ (msec)**	**s**	**$\bar{x}$ (msec)**	**s**	
Gesamt	95	869	140,0	984	144,6	df = 94; T = 11,739; ss

[1] T-Test für gepaarte Stichproben (für den Gesamtvergleich: klare Sicht vs. Nebel)

[2] ss = sehr signifikant

Tab. 1: Reaktionszeit in Abhängigkeit von der Sicht

Über *alle* Ereignisse und Sichtbedingungen wurde eine durchschnittliche Reaktionszeit von 955 ms gemessen. Deutlich zeigt sich der Einfluss der reduzierten Sicht auf die Reaktionszeit. Bei Nebel verlängerte sich die durchschnittliche Reaktionszeit signifikant gegenüber klarer Sicht um mehr als 13 %. Diese deutliche Verlängerung der Reaktionszeit zeigte sich unabhängig von den erhobenen sozio- und fahrdemographischen Daten (Tabelle 2). Damit ist die Annahme, dass Fahrerfahrung im Allgemeinen oder Erfahrung beim Fahren speziell bei Nebel einen positiven Übungseffekt und damit ein rascheres Reagieren unter solchen Extrembedingungen ermöglichen, nicht haltbar. Vielmehr ist von einer für alle Fahrer gleichermaßen wirksamen Verlängerung der Reaktionszeit auszugehen.

Reaktionszeit		n	**Klare Sicht** $\bar{x}$ (msec)	**Klare Sicht** s	**Nebel** $\bar{x}$ (msec)	**Nebel** s	Signifikanzprüfung[1,2]
Geschlecht	männlich	70	869	133,1	984	147,1	df = 1;
	weiblich	25	867	159,9	984	140,6	F = 0,007;
							ns
Alter	18 bis 20 Jahre	3	812	103,9	891	132,4	df = 6;
	21 bis 24 Jahre	17	844	114,7	968	142,4	F= 0,274;
	25 bis 34 Jahre	29	863	122,4	973	120,9	ns
	35 bis 44 Jahre	10	951	208,8	1045	159,6	
	45 bis 54 Jahre	12	827	150,7	961	149,1	
	55 bis 64 Jahre	19	899	120,8	1021	161,6	
	über 64 Jahre	5	839	193,2	947	189,0	
Fahrleistung	bis 10 Tkm	38	839	153,7	958	171,6	df = 3;
	10,1bis 20 Tkm	34	885	124,7	1006	129,6	F = 0,470;
	20,1 bis30 Tkm	9	846	182,8	964	146,2	ns
	über 30 Tkm	14	926	82,6	1013	84,8	
Nebelfahrerfahrung	selten	41	855	159,6	981	175,5	df = 2;
	manchmal	43	885	129,4	993	122,6	F = 0,465;
	häufig	11	879	98,2	959	96,6	ns

1 Univariate Varianzanalysen mit Messwiederholung; allgemein lineares Modell (Einfluss soziodemographischer Daten)
2 ns = nicht signifikant

Tab. 2: Reaktionszeit in Abhängigkeit soziodemographischer Daten

2.3 Reaktionsgüte

Aber nicht nur die Reaktionszeit, auch die Güte der Reaktion wird bei Nebel negativ beeinflusst. Unter der Güte der Reaktion ist die Korrektheit der Wahl der Reaktionsalternativen zu verstehen. Laut Instruktion wurden die aufleuchtenden Lampen in „statische“ und „dynamische“ Signale unterschieden. Ein „statisches“ Signal war dann gegeben, wenn nur eine einzelne Leuchte aufleuchtete; bei einem „dynamischen“ Signal leuchteten kurz nacheinander drei Leuchten auf, so daß sich der Eindruck eines sich bewegenden Lichtpunktes ergeben sollte. Laut Instruktion war beim Aufleuchten statischer Leuchten das „Bremspedal“, beim Aufleuchten dynamischer Lampen das „Gaspedal“ zu betätigen. Neben der Möglichkeit, das richtige bzw. falsche Pedal zu betätigen, konnten Auslassungsfehler infolge von Übersehen eintreten („keine Reaktion“). Das Betätigen eines Pedals, obwohl keine Leuchte aufleuchtete, wurde nicht registriert.

Da die Aufgabe von den Versuchspersonen nach kurzer Einführung sehr schnell verstanden wurde und darüber hinaus einfach auszuführen war, lief sie nach einer kurzen Einübungsphase, in der zunächst von bewußt kontrollierter Handlungssteuerung auszugehen war, weitgehend automatisiert ab – und damit in einer Weise, wie sie für das geübte Führen eines Kraftfahrzeugs anzunehmen ist. Von der unterschiedlichen Dauer der Einführungsphasen abgesehen, kann diese Annahme durch die begleitenden Beobachtungen als bestätigt angesehen werden. Fehler, die bei automatisierten Handlungen unterlaufen, passieren (nach Reason, 1994) in der Regel nicht absichtsvoll, sondern - als Schnitzer und Patzer - vor allem infolge erhöhter Beanspruchung.

Die in Tabelle 3 dargestellten Werte für die Reaktionsgüte sind Mittelwerte der beiden Alternativen 0 = „falsche Reaktion“ und 1 = „richtige Reaktion“. Diese Mittelwerte (mit 100 multipliziert) lassen sich als prozentualer Anteil richtiger Reaktionen interpretieren. Weiterhin sind die Standardabweichung und die statistischen Prüfungen der Gruppenunterschiede angegeben. Zunächst ist der Gesamtvergleich dargestellt. In den unteren Zeilen ist wiederum der Einfluss der erhobenen soziodemographischen Daten untersucht.

Über alle Ereignisse und beide Sichtbedingungen wurde eine Reaktionssicherheit von 84% ermittelt, d.h. in 16 % der Fälle wurde falsch oder gar nicht reagiert. Bei Nebel reagierten die Probanden signifikant häufiger falsch als bei klarer Sicht. Während bei normaler Sicht in ca. 14% der Fälle falsch reagiert wurde, waren bei Nebel 18% der Reaktionen falsch. Auch hier führen weder allgemeine Fahrerfahrungen noch konkrete Erfahrungen beim Fahren im Nebel zu einer signifikant höheren Reaktionssicherheit. Die genannten Reaktionsprobleme beim Fahren im Nebel – längere Reaktionszeit mit häufigeren Fehlern – betreffen also potenziell alle Fahrer.

Reaktionsgüte		n	Klare Sicht $\bar{x}$	Klare Sicht s	Nebel $\bar{x}$	Nebel s	Signifikanzprüfung[1,2,3]
Gesamt		65	0,86	0,12	0,82	0,16	df = 64; T = -2,568; s
Geschlecht	männlich	47	0,87	0,11	0,83	0,14	df = 1;
	weiblich	18	0,82	0,23	0,79	0,20	F = 0,236; ns
Alter	18 bis 20 Jahre	3	0,87	0,09	0,90	0,11	df = 6;
	21 bis 24 Jahre	7	0,74	0,33	0,70	0,27	F= 1,072;
	25 bis 34 Jahre	24	0,91	0,07	0,89	0,12	ns
	35 bis 44 Jahre	6	0,91	0,11	0,80	0,16	
	45 bis 54 Jahre	9	0,82	0,11	0,81	0,12	
	55 bis 64 Jahre	12	0,86	0,12	0,80	0,11	
	über 64 Jahre	4	0,71	0,11	0,64	0,03	
Fahrleistung	bis 10 Tkm	27	0,85	0,12	0,82	0,14	df = 3;
	10,1 bis 20 Tkm	25	0,90	0,08	0,85	0,13	F = 0,985;
	20,1 bis 30 Tkm	6	0,83	0,12	0,85	0,12	ns
	über 30 Tkm	7	0,73	0,33	0,73	0,29	
Nebelfahrerfahrung	selten	32	0,88	0,09	0,86	0,14	df = 2;
	manchmal	27	0,84	0,21	0,77	0,18	F = 2,657;
	häufig	6	0,83	0,09	0,85	0,09	ns

[1] T-Test für gepaarte Stichproben (für den Gesamtvergleich: klare Sicht vs. Nebel)
[2] Univariate Varianzanalysen mit Meßwiederholung; allgemein lineares Modell (Einfluss soziodemographischer Daten)
[3] ns = nicht signifikant, s = signifikant

Tab. 3: Reaktionsgüte in Abhängigkeit von Sicht und soziodemographischen Daten

Die empirischen Untersuchungen zum Reaktionsverhalten brachten zusammenfassend folgende Ergebnisse:

- Bei normaler Sicht wurde eine durchschnittlichen Reaktionszeit von 865 msec gemessen.
- Die experimentelle Fehlerrate betrug bei klarer Sicht im Durchschnitt 14%.
- Bei Nebel verschlechterte sich die durchschnittliche Reaktionszeit um 13%, die Fehlerrate stieg gleichzeitig um 4%-Punkte an.

Ursachen für die beschriebene Verschlechterung der Reaktionsfähigkeit sind in den objektiv schlechteren Wahrnehmungsbedingungen zu sehen. Zwar versuchen Fahrer,

dies mit einem erhöhten visuellen Suchaufwand (mehr Sakkaden und mehr Fixationen, siehe Richter, 2002) zu kompensieren. Dennoch sind die Beein-trächtigungen so groß, dass sie sich unabhängig von Alter oder Fahrerfahrung bei allen Probanden einstellen und in einer verlängerten Reaktionszeit bei gleichzeitig höherer Fehlerrate äußern.
Eine weitere Ursache könnte in der durch Nebel verursachten Unsicherheit und dem damit verbundenen höheren kognitiven Aufwand liegen. Dies wird im folgenden Abschnitt geprüft.

3 Kognitive Verarbeitungstiefe

Die kognitive Verarbeitungstiefe kann aus der Fixationsdauer erschlossen werden (Velichkovsky, Sprenger, Pomplun, 1997). Dabei ist nicht die *durchschnittliche* Fixationsdauer wichtig. Vielmehr sind die Häufigkeiten von verschiedenen Klassen von Fixationsdauern (Häufigkeit besonders kurzer bzw. besonders langer Fixationsdauern) relevant. So deuten kurze Fixationen (bis etwa 150 ms) auf Orientierungsleistungen hin, längere hingegen auf kognitive Zuordnungsleistung. Bei Fixationen im Bereich 151 bis 250 ms findet eine figurale Zuordnung statt. Eine semantische Bedeutungszuordnung ist erst ab Fixationsdauern von über 250 ms möglich. So kann man davon ausgehen, dass die Verarbeitung um so tiefer ist, je häufiger lange Fixationen stattfinden. Wie in Richter (2002) gezeigt werden konnte, führt Nebel aufgrund der geringeren Informationsdichte und der ungenaueren Informationslage zu einem vergleichsweise stärkeren Suchverhalten nach Informationen. So wurden bei Nebel in der Suchphase eine erhöhte Anzahl von Fixationen und Sakkaden und auch in der Erkennensphase eine erhöhte Anzahl von Fixationen – gleichsam zum genaueren Erfassen der Information – festgestellt. Tabelle 4 zeigt die prozentualen Anteile der Klassen von Fixationshäufigkeiten für die beiden Sichtbedingungen „klare Sicht“ und „Nebel“.
Mehr als die Hälfte aller Fixationen sowohl bei klarer Sicht als auch bei Nebel sind „lange“ Fixationen über 250 ms, die auf eine Verarbeitungstiefe der „Bedeutungszuordnung“ hindeuten. Unterschiede zwischen den Sichtbedingungen sind gering und werden für die Stichprobe nicht signifikant.

	klare Sicht	Nebel	Gesamt	Signifikanztest*)
Lokalisation (bis 150 ms)	20,2%	20,0%	20,1%	
figurale Zuordnung (151 - 250 ms)	29,3%	28,2%	28,7%	
semantische Zuordnung (251 - 500 ms)	50,5%	51,8%	51,2%	1,267
Gesamt (N)	1082	1241	2323	ns

*) Chi ^{2} nach Pearson; df = 3

Tab. 4: Häufigkeiten der Klassen von Fixationsdauern bei klarer Sicht und Nebel

Betrachtet man die Verarbeitungstiefe jedoch für jeden Probanden getrennt (aus den ereignisbezogenen Daten) zeigen sich für ca. ¼ der untersuchten Probanden signifikante Unterschiede bei der Tiefe der kognitiven Verarbeitung zwischen klarer Sicht und Nebel in der Richtung, dass bei Nebel längere Fixationsdauern häufiger vorkommen. So kann angenommen werden, dass Fahrer durch schlechte Wahrnehmungsbedingungen in unterschiedlichem Maße beeinträchtigt werden, was wiederum die größere Heterogenität im Blick- und Wahrnehmungsverhalten vor allem unter der Nebelbedingung erklären würde.

4 Erhebung des realen Geschwindigkeits- und Abstandsverhalten auf Autobahnen

Um neben den Daten zu Einstellungen und Handlungsintentionen und den Blick- und Reaktionsdaten auch Aussagen über das tatsächliche Fahrverhalten treffen zu können, wurden Messungen an einem Autobahnabschnitt durchgeführt. Ziel der Messungen war es, das Verhalten der Fahrer hinsichtlich Geschwindigkeit und Abstand unter Nebelbedingungen unterschiedlichen Ausmaßes mit dem Verhalten unter normalen Sichtbedingungen zu vergleichen.

4.1 Methodik

Dazu wurde ein Autobahnabschnitt genutzt, für den zwar eine Geschwindigkeitsbegrenzung von 130 km/h galt, in deren Nähe sich jedoch keine andere die Geschwindigkeit beeinflussende Bedingung (wie Autobahnanschluss-stelle, Baustelle, o.ä.) befand. Zur Messung der gewünschten Parameter Geschwindigkeit *v* (x,

s^2), Abstand A (x, s^2) und der Relation v / A wurden die in der Fahrbahnoberfläche bereits verlegten Induktionsschleifen (sogenannte Dauerzählstelle) genutzt. Diese Induktionsschleifen gestatteten die Aufzeichnung und Auswertung folgender Primärdaten:

- Fahrtrichtung,
- Fahrstreifen (rechter Streifen, linker Streifen),
- Zeitpunkt des Passierens der Induktionsschleife (Registrierung des Fahrzeuges),
- Geschwindigkeit v der Fahrzeuge,
- Zeitlücke A zum vorausfahrenden Fahrzeug jeweils im gleichen Fahrstreifen

Zusätzlich zu diesen Fahrdaten wurde in ca. 1 m Höhe über der Fahrbahnoberfläche kontinuierlich die momentane Sichtweite mit dem Sichtweitenmessgerät Fumosens (Hersteller Impulsphysik Hagenuk, Hamburg) gemessen und in 5-Minuten-Intervallen aufgezeichnet. Die zeitliche Abgleichung der Fahrdaten und der Sichtweitedaten erfolgte durch Zeitcodes. Die Messungen erfolgten auf der BAB 13 am Kilometer 129 in der Nähe Schönborn zwischen November 1995 und April 1996. In diesem Zeitraum wurde insgesamt an sechs Tagen meteorologischer Nebel mit Sichtweiten unter 1000 m gemessen. Für die Berechnungen wurden nur die Fahrdaten dieser Tage verwendet. Betrachtet wurde zunächst die Verkehrsstärke am Beobachtungsabschnitt. Dazu wurden jeweils die Anzahl der Fahrzeuge pro Zeiteinheit (hier: pro Stunde) berechnet und sowohl im Tagesgang als auch in Abhängigkeit von der Sichtweite analysiert.

4.2 Verkehrsstärke

Insgesamt wurden an den Tagen mit Nebel Daten von 99.267 Fahrzeugen erhoben, davon 49.864 in Richtung Berlin und 49.403 in Richtung Dresden. Eine erste Aufgliederung nach Sichtweitekategorien und Fahrstreifen gibt Tab. 5 wieder. Die Sichtweitekategorien wurden anhand folgender Überlegungen gebildet: Rechtlich verbindliche Verhaltensnormen gelten ab einer Sichtweite unter 50 m: die Kraftfahrer müssen ihre Geschwindigkeit dann auf unter 50 km/h reduzieren und dürfen Nebelleuchten einsetzen. Eine Sichtweite von 51 bis 100 m beeinträchtigt die Sicht und verändert das Fahrverhalten vermutlich in vergleichsweise geringerem, aber dennoch merklichem Ausmaß. Zudem haben die Fahrer bei Sichtweiten bis ca. 100 m unter Zuhilfenahme der Seitenmarkierungen zusätzliche Orientierungsmöglichkeiten. Die Beeinflussung des Sehens wird bei Sichtweiten über 100 m (bis 400 m) immer geringer, so dass hier nur noch 2 Kategorien unterschieden wurden. Bei Sichtweiten über 400 m wird in aller Regel nicht mehr von einer Beeinflussung des Verkehrsverhaltens ausgegangen.

Kategorien	**bis 50m**	**51 bis 100m**	**101 bis 250m**	**251 bis 400m**	**Über 400m**	**gesamt**
rechter Fahrstreifen	785	383	1556	2190	69273	74187
linker Fahrstreifen	321	124	456	859	23320	25080
Gesamt	1106	507	2012	3049	92593	99267

Tab. 5: Beobachtete Fahrzeuge nach Sichtweite und Fahrstreifen

In der Straßenverkehrstechnik übliche Parameter, die etwas über die Fahrzeugbelegung auf der Autobahn aussagen, sind die Verkehrsdichte und die Verkehrsstärke (Schnabel, Lohse, 1997, 75). Die Verkehrsdichte ist die Anzahl der Fahrzeuge pro Kilometer. Die Verkehrsstärke M dagegen ist der Quotient aus der Anzahl der Fahrzeuge N, die einen Beobachtungsquerschnitt pro Zeiteinheit t passieren. Dabei wird üblicherweise ein Bezugszeitraum von einer Stunde gewählt. Bei einer sehr hohen Verkehrsstärke im Bezugszeitraum verdichtet sich der Verkehr und es kommt zur Pulkbildung. Dies hat wiederum zur Folge, dass die Fahrer Geschwindigkeit und Abstand nicht frei wählen können.

Richtung	**durchschnittliche Verkehrsstärke (Anzahl der Fahrzeuge /h)**	**maximale Verkehrsstärke (Anzahl der Fahrzeuge /h)**
Berlin		
klare Sicht	388	763
Nebel	96	209
Dresden		
klare Sicht	384	675
Nebel	95	241

Tab. 6: Verkehrsstärke im Versuchszeitraum nach Richtung und Sichtweite

Auf dem untersuchten Autobahnabschnitt war an den Tagen der Messarbeiten sowohl bei klarer Sicht als auch bei Nebel eine vergleichsweise niedrige Verkehrsstärke festzustellen (Tab. 6). Dabei ließen sich für Nebel jeweils noch geringere Verkehrsstärken als für klare Sicht messen. Auf dem linken Fahrstreifen war die Verkehrsstärke – wie für geringe Fahrbahnbelegungen typisch – im Durchschnitt niedriger als auf dem rechten Streifen. Ein Vergleich der Belegung für die beiden Richtungen Berlin und Dresden zeigt keine Unterschiede, so dass im folgenden die Aussagen für beide Richtungen gemeinsam erfolgen können. Die insgesamt geringe Belegung des Autobahnabschnitts bei klarer Sicht und die noch geringere bei Nebel ließ den Fahrzeugführern weitgehend eine freie Entscheidung hinsichtlich der Geschwindigkeits- und Abstandswahl. Danach können mögliche Unterschiede bei den gemessenen Geschwindigkeiten und Abständen im Vergleich zwischen Nebelbedingungen und nebelfreien Situationen nicht auf eine bei Nebel etwa höhere Verkehrsstärke zurückgeführt werden. Unter den gegebenen Bedingungen könnten eventuelle Verhaltensunterschiede vielmehr das Resultat veränderter wahrnehmungspsychologischer Situationsauffassung und veränderter sozialpsychologischer Beziehungen zwischen den Fahrzeugführern sein, die durch unterschiedliche Sichtweiten ausgelöst werden.

Im folgenden Abschnitt wird das reale Geschwindigkeits- und Abstandsverhalten im Hinblick auf notwendige und ohne Gefährdung des Vorherfahrenden mögliche Bremsmanöver untersucht.

5 Bremswegbetrachtung

Betrachtet man für die Fahrzeuge die für eine Bremsung notwendige Zeit und legt dabei die für die derzeitige Rechtsprechung geläufigen Parameter von 7 m/sec^2 negativer Beschleunigung und 1 sec Reaktionszeit zugrunde, zeigt sich nach folgender – vereinfachter – Berechnungsformel

$$(1) \quad t_{Bremszeit} = \frac{v}{a} + t_{Reaktion}$$

v... Anfangsgeschwindigkeit

a... Verzögerung (hier: 7 m/sec^2)

$t_{Reaktion}$ ... Zeit bis zur Reaktion (hier: 1 sec)

folgendes Bild:

Sicht	N	Nebel *(bis 100 m)*	Kein Nebel *(über 100m)*	Test auf Gruppen-unterschiede
Kollision	2581	5,9%	5,5%	df = 1
Keine Kollision	43715	94,1%	94,5%	F = 0,132 p = .380 (einseitig; ns)
Gesamt	46396	743 = 100%	45654 = 100%	

Tab. 8: Kollisionshäufigkeit mit und ohne dichtem Nebel (optimistische Betrachtung, bisherige Rechtssprechung)

Bei dieser – wie sich unten zeigen wird eher optimistischen - Betrachtung zeigt sich zunächst keine signifikant unfallbegünstigende Verschärfung der Verkehrssituation bei Nebel. Diese Berechnung legt nahe, dass auch bei Nebel zumeist ein genügend großer Abstand zum vorausfahrenden Fahrzeug eingehalten wird, der ein gefahrloses Abbremsen ermöglicht. Folgt man jedoch Autoren wie Bernhard, 1999; Fambro et al., in Bernhard, 1999; Lachenmayr, 1995, so sind die den offiziellen Bremsweg-berechnungen zugrundeliegenden Parameter häufig der tatsächlichen Situation nicht angemessen. Zum einen ist die mittlere Bremsverzögerung mit 7 m/sec^2 zu hoch angesetzt. Nach ausführlichen Recherchen und Untersuchungen von Bernhard kann man maximal mit einer mittleren Bremsverzögerung von 4,7 m /sec^2 rechnen. Zum zweiten zeigt sich auch für die Zeitspanne bis zum Auslösen der Reaktion („Schrecksekunde") in der Rechtsprechung eine deutliche Unterschätzung. Nach Lachenmayr (1995) muss man von Reaktionszeiten von mehr als einer Sekunde ausgehen. Betrachtet man nun die Reaktionszeit-Ergebnisse des Wahrnehmungsexperiments, nach denen bei *Nebel* mit einer etwa um *13 % erhöhten Reaktionszeit* gegenüber klarer Sicht gerechnet werden muss, kommt man zu dem Schluss, dass die Bremswegberechnung mit den Parametern 7 m/sec^2 und 1 sec bis zum Einsetzen der motorischen Reaktion als zu optimistisch gelten muss. Realistischer ist deshalb die Annahme von 4,7 m/sec^2 Bremsverzögerung und einer sichtweitenabhängigen Reaktionszeit von 100% für klare Sicht (optimistisch weiter bei 1 sec angesetzt) und 113% für Nebel:

$$(2) \quad t_{Bremszeit} = \frac{V}{a} + t_{Reaktion}$$

v... Anfangsgeschwindigkeit
a... Verzögerung (hier: 4,7 m/s^2)
$t_{Reaktion}$ ... Zeit bis zur Reaktion (hier: 1 sec klare Sicht und 1,13 sec Nebel)

Die Häufigkeitsverteilung der Fahrzeuge, die im gemessenen Abstand unter den genannten *realistischen* Bedingungen gefahrlos zum Stehen kommen, im Vergleich zu Fahrzeugen, bei denen es danach zum Zusammenstoß kommt, ist in Tabelle 9 dargestellt.

Sicht	**N**	**Nebel** ***(bis 100 m)***	**Kein Nebel** ***(über 100m)***	**Test auf Gruppen-unterschiede**
Kollision	4502	11,4%	9,7%	df = 1
Keine Kollision	41894	88,6%	90,3%	F = 2,856
Gesamt	46396	743 = 100%	45653 = 100%	p = .05 (einseitig; s)

Tab. 9: Kollisionshäufigkeit mit und ohne dichtem Nebel (realistische Betrachtung)

Unter diesen realistischen Annahmen wird die tendenzielle Unterschätzung der Gefährlichkeit der Nebelsituation verbunden mit zu engem Fahren deutlich. Dies wiederum führt in der Konsequenz bei Nebel zu häufigeren Konfliktsituationen als bei klarer Sicht. Fahrer unterschätzen bei Nebel mehr als bei klarer Sicht den zum gefahrlosen Halten notwendigen Abstand zum Vorausfahrenden, respektive sie passen ihre Fahrgeschwindigkeit nicht ausreichend an. Das dichtere Auffahren scheint den Fahrzeugführer subjektiv sogar sicherer zu machen. Knapp 70 % der in der (zusätzlich zum Wahrnehmungsexperiment vorgenommenen) Exploration (Richter, 2002) befragten Fahrer äußerten, dass sie darauf achten, „am vorausfahrenden Fahrzeug dranzubleiben". Objektiv vergrößert sich dadurch jedoch die Gefahr. Gleiches empfinden die meisten Fahrzeugführer auch als Vorausfahrender: Fast 2/3 der Fahrer beklagten sich in der Befragung über das zu dichte Auffahren anderer Kraftfahrer. Dieses Dilemma zwischen eigenem dichten Auffahren und dem gleichzeitigen Gefühl, vor dem nachfolgenden Fahrzeug wegfahren zu müssen, ist nur zu bewältigen, wenn den Fahrern diese Zusammenhänge bewusst werden.

6 Literatur

Bernhard, M. (1999). Zur Bemessung der Haltesichtweite im Straßenentwurf. Fortschritt-Berichte VDI, Reihe 12 Verkehrstechnik/Fahrzeugtechnik Nr. 400, Düsseldorf: VDI-Verlag GmbH.

Lachenmayr, B. (1995). Sehen und gesehen werden. Sicher unterwegs im Straßenverkehr. Aachen: Shaker Verlag.

Reason, J. (1994). Menschliches Versagen: Psychologische Risikofaktoren und moderne Technologien. Heidelberg: Spektrum, Akademie Verlag.

Richter, S. (2002). Einstellungen und Verhalten beim Fahren im Nebel: Eine psychologische Studie. Dissertationsschrift. Aachen: Shaker Verlag.

Richter, S., Schlag, B. (2000). Psychologische Untersuchungen zu Nebelunfällen. Lengrich: Pabst.

Schlag, B., Richter, S. (2000). Wahrnehmungs- und sozialpsychologische Hintergründe von Nebelunfällen. Zeitschrift für Verkehrssicherheit 46 (3), 114-120.

Schnabel, W., Lohse, D. (1997). Grundlagen der Straßenverkehrstechnik und der Verkehrsplanung. Berlin: Verlag für Bauwesen.

Velichkovsky, B., Sprenger, A., Pomplun, M. (1997). Auf dem Weg zur Blickmaus: Die Beeinflussung der Fixationsdauer durch kognitive und kommunikative Aufgaben. In: Liskowsky, R., Velichkovsky, B., Wünschmann, W. (Hrsg.) Software - Ergonomie '97. Stuttgart: Teubner, 317-327.

Holger Kschischenk

Blendungsbewertung in der Straßen- und Außenbeleuchtung

1 Einleitung

In den Dämmerungsstunden und nachts sind Straßenverkehrsunfälle überdurchschnittlich häufig und schwerer als am Tag (Eckert, 1993). Nach einer Erhebung in 13 OECD-Ländern hat die Internationale Beleuchtungskommission (CIE, 1976) festgestellt, dass 48,5 % aller tödlichen Verkehrsunfälle in der Nacht stattfinden, obgleich die nächtliche Kilometerleistung nur 25 % beträgt. Ein Grund sind geringere Sehleistungen in der Dunkelheit und Sichtprobleme durch Blendung, die um ein Vielfaches höher sind als am Tag.

In den letzten Jahrzehnten berücksichtigte die ortsfeste Straßenbeleuchtung vor allem die Erfordernisse des motorisierten Straßenverkehrs im Hinblick auf die Verbesserung der Verkehrsicherherheit in den Dunkelstunden. Der überwiegende Anteil der Straßen und Plätze mit gemischtem Verkehr und teilweise hohem Fußgängeranteil entspricht bis heute jedoch nicht dem Wahrnehmungsmodell für die Straßenbeleuchtung. Dieses Modell geht von einem Kraftfahrzeugführer aus, dessen Auge sich in 1,5 m Höhe befindet und der mit einer Neigung von 1° auf die Fahrbahnoberfläche schaut. Die genaue Beobachteranordnung ist in DIN 5044 beschrieben. Im öffentlichen Raum in Städten sind jedoch auch andere Beleuchtungsfunktionen zu beachten. Es geht um den Schutz von Personen und Eigentum und eine gezielte Einflussnahme auf die Straßenkriminalität sowie den Abbau von Ängsten bei der Benutzung der Straßen in der Dunkelheit. Eine wichtige Forderung in diesem Zusammenhang ist die Erkennung und die damit verbundene Wiedererkennung von Gesichtern (Carraro et al., 2001). Eine wichtige Aufgabe ist dabei die Blendungsbegrenzung unter diesen gegenüber dem Straßenverkehr veränderten Wahrnehmungsbedingungen.

Die wichtigste Ursache für Blendungserscheinungen im öffentlichen Raum sind Lichtquellen im Gesichtsfeld des Beobachters, deren fotometrische und geometrische Parameter den Belangen einer optimalen stationären Außenbeleuchtung nur ungenügend entsprechen. Dies liegt zum einen daran, dass Blendungsuntersuchungen in der Außenbeleuchtung in der Regel aus der Wahrnehmungsperspektive eines Kraftfahrers durchgeführt werden und dass diese Untersuchungen zum anderen nicht die Leuchtdichtestruktur bzw. -verteilung innerhalb der leuchtenden Fläche einer Blendlichtquelle berücksichtigen.

Da der Sehvorgang ein äußerst komplexer Vorgang ist, auf den nicht nur die räumlichen bzw. geometrischen und rein physikalischen Verhältnisse in der Umwelt einen Einfluss ausüben, bei dem vielmehr ophtalmologische Zusammenhänge und kognitive Prozesse von entscheidender Bedeutung sind, ist ein interdisziplinärer Ansatz erforderlich. Dem soll bei der folgenden Analyse der Blendungsbewertung Rechnung getragen werden.

2 Blendungsarten

Nach Hentschel (1987) wird die Blendung als ein Sehzustand definiert, der durch eine ungünstige Leuchtdichteverteilung oder zu hohe Leuchtdichtekontraste als unangenehm empfunden wird. Sie kann eine Herabsetzung der Sehfunktion (wie Unterschiedsempfindlichkeit, Formenempfindlichkeit) zur Folge haben.
Man unterscheidet demgemäß die physiologische Blendung, die sich auf die Beeinträchtigung der Sehfunktion bezieht, und die psychologische Blendung, die sich auf die Störempfindung bezieht. Beide Formen können gleichzeitig nebeneinander oder auch getrennt voneinander auftreten. Der Wirkungsmechanismus der physiologischen Blendung beruht auf dem im Auge durch Streuung der Lichtstrahlen entstehenden Streulicht. Mit zunehmenden Alter wird die Trübung der Augenmedien größer und somit auch das Streulicht im Auge, was eine stärkere Blendung zur Folge hat. Der Wirkungsmechanismus der psychologischen Blendung ist nicht bekannt. Damit fehlen allgemeingültige Gesetzmäßigkeiten. Die Berechnungsmöglichkeiten basieren auf psychologischen Untersuchungen, die nur für die untersuchten geometrischen und lichttechnischen Verhältnisse gelten. Darüber hinaus unterscheidet man folgende Blendungsarten:
Absolutblendung: Die bei höchsten Leuchtdichten im Gesichtfeld stets vorhandene Blendung, die sich nicht durch Erhöhen des Leuchtdichteniveaus aufheben lässt. Sie tritt bei Leuchtdichten von etwa 10^4 cd/m² und mehr auf.
Relativblendung: Die Blendung entsteht durch zu große Leuchtdichtekontraste im Gesichtsfeld. Durch Anhebung der mittleren Leuchtdichte im Gesichtsfeld kann sie gemildert werden.
Infeld-/ Umfeldblendung: Blendung, bei der der blendende und der wahrzunehmende Gegenstand dicht benachbart sind (Infeld) oder bei der die Blendlichtquelle peripher im Gesichtsfeld (Umfeld) erscheint.
Direktblendung: Blendung, die durch unmittelbare Einwirkung von Blendlichtquellen auf das Auge hervorgerufen wird.

Reflexblendung: Blendung, die durch spiegelnde Reflexion von leuchtenden Objekten verursacht wird. Dabei kann das Sehobjekt beim Überlagern des Reflexbildes einer Lichtquelle durch Herabsetzen des Leuchtdichtekontrastes unsichtbar werden. Die in der Straßen- und Außenbeleuchtung häufigste und damit wichtigste Form ist die Relativblendung.

3 Blendungskriterien in der Außenbeleuchtung

Die in der Praxis am häufigsten angewendeten Blendungskriterien und –maße sollen hier vorgestellt werden. Die Maßzahlen G und TI erlangten seit langem praktische Bedeutung, wogegen die Blendindexklasse D erst mit der Einführung der DIN EN 13201 bedeutsam wurde. Als unterschiedliche Maße der Blendung werden im folgenden erläutert und verglichen:

- das Maß der psychologischen Blendung G,
- das Maß der physiologischen Blendung: Schwellwerterhöhung TI,
- Blendindexklasse D nach DIN EN 13201.

3.1 Maß der psychologischen Blendung: Blendungsbegrenzungszahl G

Als Maßzahl zur Klassifizierung der psychologischen Blendung wird in Internationale Beleuchtungskommission (1976) die Blendungsbegrenzungszahl G (Glare control mark) eingeführt. Die subjektiven Bewertungen werden auf einer Ordinalskala angeordnet. Die Blendungsbegrenzungszahl G hängt von photometrischen und geometrischen Größen der Beleuchtungsanlage ab. Der numerische Zusammenhang wird durch empirisch gewonnene (Adrian, 1971) Beziehungen angegeben:

$$G = 13{,}84 - 3{,}31 \lg I_{80} + 1{,}3(\lg I_{80}/I_{88})^{0,5} - 0{,}08\,(\lg I_{80}/I_{88}) + 1{,}29 \lg A_p + 0{,}97 \lg \bar{L} + 4{,}41 \lg h' - 1{,}46 \lg n + C$$

Hierbei bedeuten:

I_{80}, I_{88} Lichtstärken der Leuchten in cd in der C_0 bzw. C_{180} erläutern Ebene bei γ = 80° bzw. 88° (siehe Skizze),

A_p Projizierte gesehene leuchtende Fläche der Leuchte in m² unter γ = 76° cd in der C_0 bzw. C_{180} Ebene (siehe Skizze),

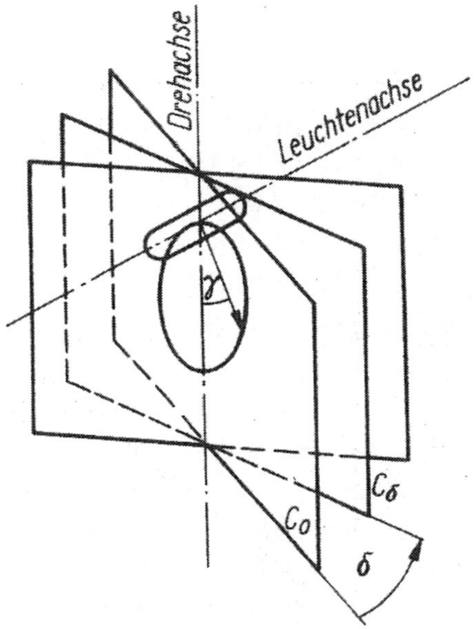

$\bar{L}$	Mittlere Fahrbahnleuchtdichte in cd/m²
h	Lichtpunkthöhe in m
h'	Differenz zwischen Lichtpunkthöhe und Augenhöhe des Beobachters h' = h – 1,5m
n	Anzahl der Leuchten (oder Leuchtenkombinationen) pro km Straßenlänge
C	Korrekturwert, der die Lichtart berücksichtigt.

Die ordinale G-Wert Skala ist neunstufig:

1	unerträglich
3	störend
5	gerade zulässig
7	befriedigend
9	unmerklich.

Aus der empirisch gewonnenen Formel wird ersichtlich, dass mit Vergrößerung der Lichtstärke I_{80} eine Verschlechterung des G-Werts einhergeht. Es wird ersichtlich, dass die Zunahme der Lichtstärke I_{80} eine Verkleinerung des G-Werts ergibt. Je kleiner der G-Wert, desto stärker die Störung durch die Blendwirkung. Auch das Verhältnis der Lichtstärken I_{80} zu I_{88} hat einen, wenn auch etwas untergeordneten, Einfluss auf die Höhe des G-Werts. Die Erhöhung der Anzahl der Leuchten pro km führt zu einer Verringerung des G-Werts.

Alle einfließenden Parameter gehen in die Betrachtung mit ihrem Logarithmus zur Basis 10 ein. Dieser Zusammenhang wird durch das Fechnersche Gesetz untermauert (nach Zimbardo, Gerrig, 1999). Erhöht man die Reizstärke, so kommt es zuerst zu einem entsprechend schnellen Zuwachs der Empfindungseinheiten, wobei sich der Zuwachs mit zunehmender Reizstärke immer mehr verkleinert. Es kommt auf die Relation des Zuwachses zur Stärke des Ausgangsreizes an. Auch Stevens (nach Zimbardo, Gerrig, 1999), hundert Jahre nach Fechner, kommt im Fall der Helligkeitsempfindung zu prinzipiell ähnlichen Aussagen, nimmt jedoch eine expotentielle Relation zwischen physischen Einheiten und psychischem Empfinden an.

Die Formel für den G-Wert ist für Straßen längerer gerader Ausdehnung (>300 m) und einem Kraftfahrer als Beobachter in den bekannten Grenzen anzuwenden. Für öffentliche Plätze, Anliegerstraßen u.ä. mit ihrer Vielzahl von Beobachtungsrichtungen für Kraftfahrer, Fußgänger und Anwohner ist die Formel hingegen nicht anwendbar. Einerseits existiert keine standardisierte Lichtpunktanordnung, vielmehr können Leuchten recht beliebig im Gesichtfeld des Beobachters angeordnet sein. Andererseits schränkt die Anwendungsgrenze der Differenz zwischen Lichtpunkthöhe und Augenhöhe des Beobachters von $h' \geq 5$ m die Benutzung der Formel stark ein.

Abb. 1 zeigt den Zusammenhang zwischen der Lichtstärke I_{80} und dem G-Wert in den Anwendungsgrenzen der Formel von $1 \leq I_{80}/I_{88} \leq 50$. Die Werte der Lichtstärke wurden so gewählt, dass sie den in der Praxis üblicherweise vorkommenden Lichtstärken entsprechen. Da es bei Bandbreitenabschätzung des Parameters I_{80} nur um eine Differenzbildung geht, soll hier der Einfluss der Lichtstärkenänderung auch auf andere Terme der Formel, z.B. der mittleren Fahrbahnleuchtdichte, nicht berücksichtigt werden. Der mittlere G-Wert liegt in diesem Fall bei 5,9 (oberster Wert 8,4 – unterster Wert 2,5). Mit zunehmender Lichtstärke erkennt man die Abnahme des G-Werts und somit die Zunahme der Störwirkung durch Blendung. An Hand der Bandbreitenermittlung aller Parameter wird ersichtlich, dass die Lichtstärke I_{80} gemeinsam mit dem Quotienten aus I_{80}/I_{88} den größten Einfluss auf den G-Wert besitzt. Die Lichtpunkthöhe spielt auch eine entscheidende Rolle, wogegen der Lichtpunktabstand nur geringe Bedeutung besitzt.

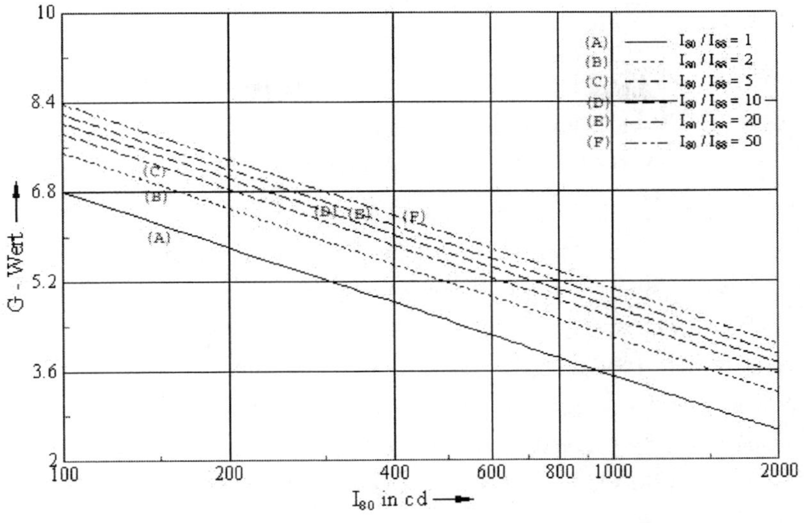

Abb. 1: Zusammenhang zwischen I_{80} und G – Wert; $A_p = 0{,}032\text{m}^2$, $\bar{L} = 1{,}4\text{cd/m}^2$; h'= 7,8m, n = 56km^{-1}

3.2 Maß der physiologischen Blendung: Schwellwerterhöhung TI

Der Wert TI (threshold increment) charakterisiert die physiologische Blendung und findet häufig in der Straßenbeleuchtungspraxis Anwendung. Er wird in der Regel als Gütemerkmal in den Planungen zuzüglich zur mittleren Fahrbahnleuchtdichte und den Gleichmäßigkeiten angegeben.

Nach dieser Methode wird die Wirkung einer oder mehrerer Blendquellen auf die Wahrnehmbarkeit eines Sehobjekts durch eine äquivalente Leuchtdichte, die Schleierleuchtdichte L_s beschrieben (Internationale Beleuchtungskommission CIE, 1976). Durch Blendung wird im Auge des Beobachters eine sogenannte Schleierleuchtdichte erzeugt, die sich zu der vorhandenen mittleren Leuchtdichte des Gesichtsfelds addiert. Der vorher betrachtete Gegenstand mit einem Leuchtdichteunterschied zur Umgebung kann jetzt nicht mehr wahrgenommen werden. Das Maß für die Wirkung ist die Schwellwerterhöhung.

Für den Bereich der mittleren Fahrbahnleuchtdichte $\bar{L}$ von 0,05 cd/m² bis 5 cd/m² wurde eine mathematische Approximation angegeben (Internationale Beleuchtungskommission CIE, 1976). Die Leuchtdichten müssen in cd/m² eingeben werden:

$$\frac{TI}{\%} = 65 \bullet \frac{L_s}{\overline{L}^{0,8}}$$

Es bedeuten:

$\overline{L}$ = mittlere Fahrbahnleuchtdichte, der Umfeldleuchtdichte gleichgesetzt

L_s = Schleierleuchtdichte der Blendlichtquelle in cd/m²

Die Anwendbarkeit des TI-Verfahrens geht über die eigentliche Straßenbeleuchtung hinaus. Vielmehr kann das Verfahren auch zur Bewertung von Einzelleuchten, Hochmastanlagen und Kreuzungsbereichen angewendet werden. Allerdings ist die Ermittlung der Umfeldleuchtdichte in diesen Fällen problematisch, da die Beobachterstandorte und Blickrichtungen stark variieren können. Eine Gleichsetzung der Umfeldleuchtdichte mit der mittleren Fahrbahnleuchtdichte ist somit nicht zulässig. Des weiteren gibt es über Leuchtdichtekoeffizienten, die unter anderen geometrischen Bedingungen als der Standardgeometrie für die Straßenbeleuchtung ermittelt worden sind, keine Erkenntnisse.

3.3 Blendindexklasse D nach DIN EN 13201

Im Zuge der europäischen Harmonisierung der nationalen Standards wird ein neues Blendungskriterium eingeführt. Der Blendindex D berechnet sich nach DIN EN 13201 aus $I \bullet A^{-0,5}$

I der Höchstwert der Lichtstärke in cd in jeder Richtung, die mit der Vertikalen einen Winkel von 85° bildet

A Projektion der Leuchtfläche in der Ebene senkrecht zur Lichtstärke I in m²

Tabelle 1 überführt den berechneten Blendindex in eine Blendindexklasse.

Klasse	D0	D1	D2	D3	D4	D5	D6
Maximaler Blendindex	--	7000	5500	4000	2000	1000	500

Tab. 1: Blendindexklassen nach DIN EN 13201

Abb. 2 zeigt die Verläufe der Blendindexklassen. Der Geltungsbereich für die Fläche A der Blendbegrenzungszahl G aus (Internationale Beleuchtungskommission CIE, 1976) liegt bei $7 \bullet 10^{-3}$ m² $\leq$ A $\leq$ $4 \bullet 10^{-1}$ m². In diesem Bereich liegen auch alle im

weiteren Verlauf betrachteten Außenleuchten. Die in der Praxis am häufigsten vorkommenden Flächengrößen liegen zwischen 0,1 m² und 0,4 m².
Ein nicht zu unterschätzender Nachteil ist die Tatsache, dass der Einfluss des Terms $A^{-0,5}$ mit abnehmender Fläche zunimmt. Verkleinert man die Fläche z.B. von 0,4 m² auf 0,2 m² (= 50%) erhöht sich der Faktor $A^{-0,5}$ um 0,655. Bei einer Veränderung der Fläche von 0,04 m² auf 0,02 m² (= 50%) erhöht sich der Faktor $A^{-0,5}$ um 2,07. Dies bedeutet: Bei kleinen Flächen haben geringe Messabweichungen einen großen Einfluss auf den Blendungsindex.
Leuchtedichtemessungen an einigen dekorativen Straßenleuchten haben gezeigt, dass in den seltensten Fällen die mögliche Lichtaustrittsfläche, z.B. das Abdeckglas einer Leuchte, mit der tatsächlich leuchtenden Fläche identisch ist. Auch aus diesem Grund ist die leuchtende Fläche A nicht ohne weiteres in der Praxis ermittelbar.
Die betrachtete Fläche A sagt wiederum nichts über die tatsächliche Größe des Netzhautabbildes aus. Die Fläche A stellt lediglich eine Flächenprojektion der leuchtenden Fläche unter einem Winkel von 85° zur Vertikalen dar. Bei konstantem Winkel und zunehmender Lichtpunkthöhe verkleinert sich das Netzhautbild bzw. die Entfernung zur Leuchte und damit die gesehene leuchtende Fläche.
Dekorative Außenleuchten besitzen in der Regel eine größere normierte Lichtstärke cd/klm unter einem Winkel von 85° zur Vertikalen als technische Leuchten. Maximalwerte liegen in dem Bereich um 120 cd/klm. Eine obere Grenze der in dekorativen Leuchten verwendeten Lampen liegt bei NAV-T 70W SUPER mit einem Lichtstrom von 6500 lm. Somit liegt der größte Teil der dekorativen Leuchten mit einer durchschnittlichen leuchtenden Fläche unter 85° von >0,15 m² gut unter der Grenzkurve von D4. Außenleuchten mit einer sehr hohen Bestückung von z.B. NAV-T 250W SUPER mit einem Lichtstrom von 33000 lm und einer leuchtenden Fläche von >0,1 m² dürften, um ebenfalls unterhalb der D4 Grenzkurve eingeordnet zu werden, eine auf den Lichtstrom bezogene Lichtstärke von 18 cd/klm besitzen. Praktische Werte liegen im Bereich <10 cd/m². Eine feinstufige Unterteilung der Leuchten ist nicht gegeben.
Die DIN EN 13201 enthält, im Gegensatz der Bewertung mittels TI- und G-Wert, keine Aussagen über die Anwendungsfälle der einzelnen Blendindexklassen. Es fehlen Aussagen, unter welchen Bedingungen im öffentlichen Raum welche Blendindexklassen nicht überschritten werden dürfen.

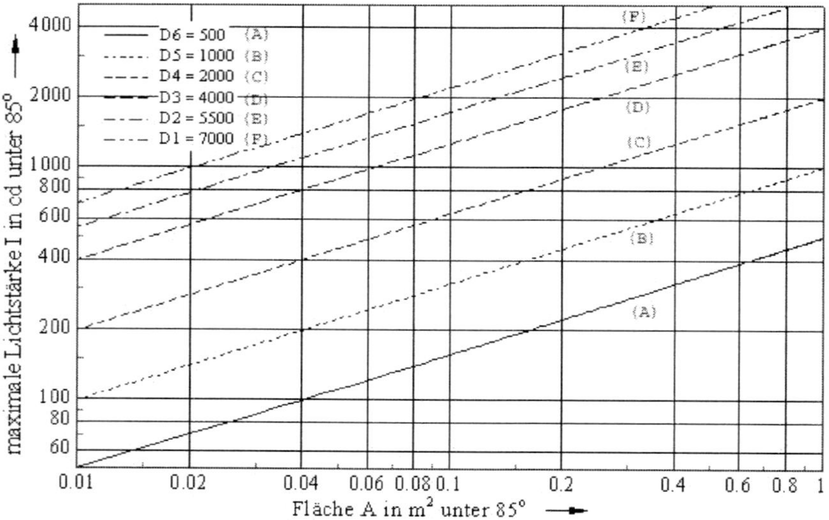

Abb. 2: Grenzkurven der Blendindexklassen

4 Vergleich der Blendungsformeln

Für einen Vergleich der Blendungskriterien wurden 3 Leuchten mit unterschiedlicher Lichtverteilungskurve und Leistung ausgewählt (Abb. 3). Abb. 4 zeigt die Zuordnung der drei ausgewählten Leuchten auf den Skalen unterschiedlicher Blendungskriterien. Als Ergebnis zeigt sich, dass psychologische Blendungskriterien zwar - abhängig von der Skala – in ihrer Höhe, jedoch nicht qualitativ andere Bewertungen ergeben als die physiologischen Kriterien. Zu teilweise anderen Bewertungen führt jedoch das Kriterium, das mit der DIN EN 13201 eingeführt wird.

Leuchte 1

HST 70W Super

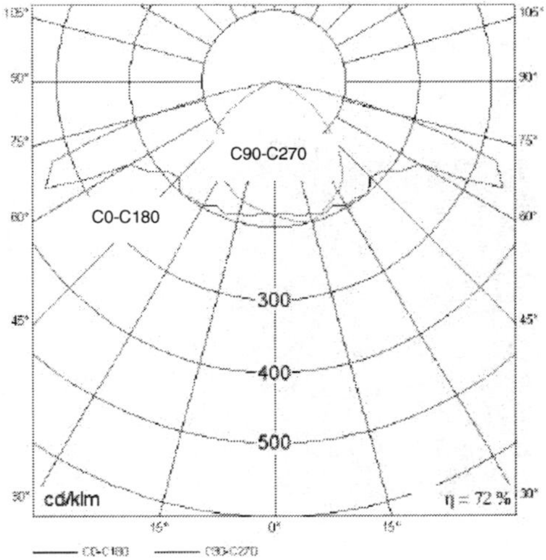

Leuchte 2

HST100W Super

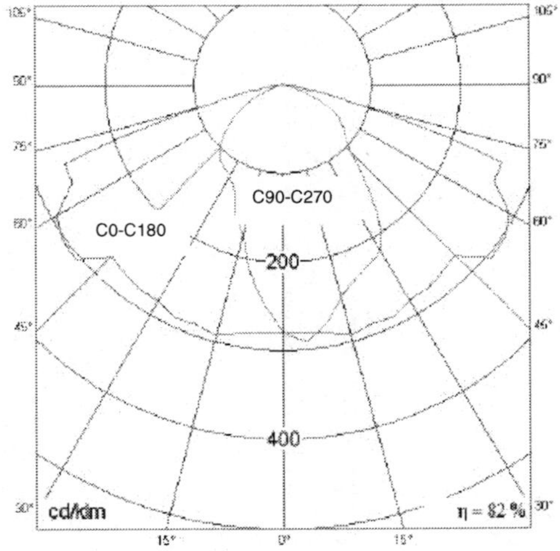

Leuchte 3
HST 250W

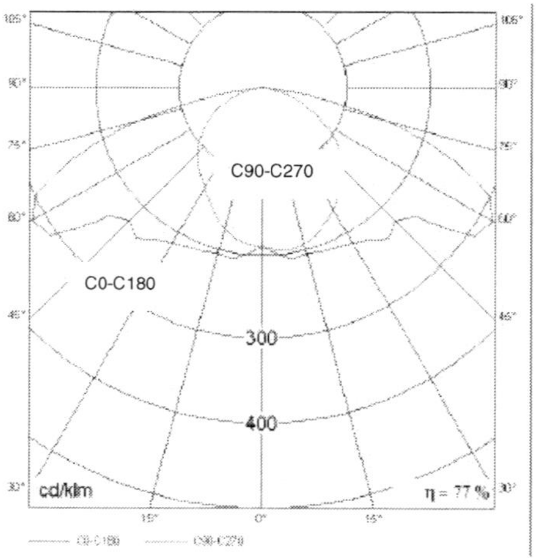

Abb. 3: Aufstellung von 3 typischen Straßenleuchten

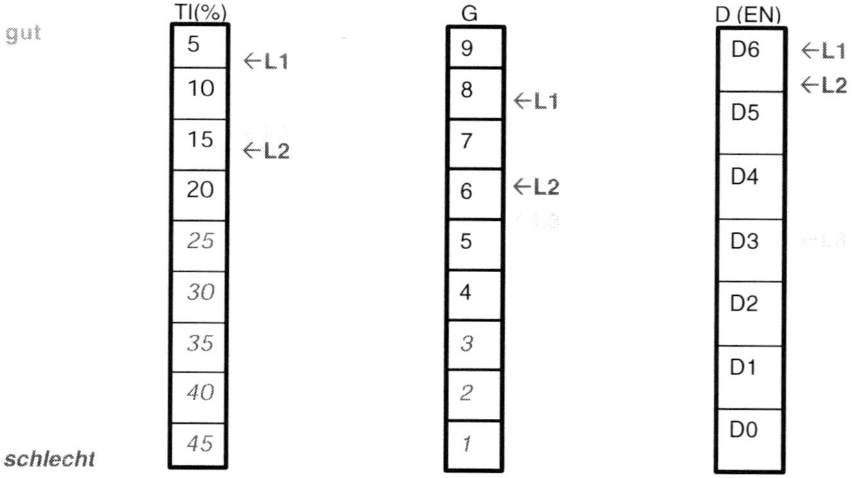

Abb. 4: Darstellung der Leuchten auf Skalen unterschiedlicher Blendungskriterien

Dieser Umstand resultiert daraus, dass die leuchtende Fläche, die zu einem erheblichen Maß in die Berechnung der Blendindexklasse eingeht, nur ungenau ermittelt werden konnte, aber auch aus dem Umstand, dass die leuchtende Fläche bei

Leuchte 3 am wenigsten mit der Lichtaustrittsfläche (Abdeckglas) übereinstimmt. Für die praktische Anwendung hätte dies zur Folge, dass ggf. eine Leuchte unter bestimmten Einsatzbedingungen, bewertet nach den alten Kriterien, durchaus den Güteanforderungen entspricht, nach Maßgabe des neuen Kriteriums (Blendindexklasse) jedoch nicht.

5 Literatur

Adrian, W. (1971), Eine Modifikation der Methode zur Blendungsbewertung in der Straßenbeleuchtung, Lichttechnik 23 (1971), 8, 441-446.

Carraro, U., Eckert, M., Jordanova, S., Kschischenk, H. (2001). Neue Gütemerkmale für die Beleuchtung von Straßen mit gemischten Verkehr- und hohem Fußgängeranteil. Berichte der Bundesanstalt für Straßenwesen, Verkehrstechnik, V 86. Bremerhaven: Wirtschaftsverlag NW.

DIN 5044 „Ortsfeste Verkehrsbeleuchtung - Beleuchtung von Straßen für den Kraftfahrzeugverkehr“

DIN-EN 13201 Europäische Norm für Straßenbeleuchtung

Eckert, M. (1993). Lichttechnik und optische Wahrnehmungssicherheit im Straßenverkehr. Berlin, München: Verlag Technik.

Hentschel, H.-J. (1987). Licht und Beleuchtung, Theorie und Praxis der Lichttechnik. Heidelberg: Hüthig Verlag.

Internationale Beleuchtungskommission (CIE) (1976), Publikation Nr. 31, erläutert in: Lichttechnische Gesellschaft (LiTG): Methoden zur Ermittlung und Bewertung der Blendung durch ortsfeste Straßenbeleuchtung. Herausgegeben vom LiTG – Fachausschuß „Außenbeleuchtung“, 1981.

Zimbardo, Ph. G., Gerrig, R. J. (1999). Psychologie. 7. Aufl., Berlin: Springer Verlag.

Udo Fries und Kai M. Geertsema

Der Einfluss von Spiegelungen in der Windschutzscheibe von Kfz auf Prozesse der Informationsverarbeitung

1 Zusammenfassung

Moderne Autodesigns sind neben einer flachen Windschutzscheibe auch durch relativ helle Innenräume gekennzeichnet. Bei starkem Sonnenlicht reflektieren Elemente des Interieurs in der Windschutzscheibe und der Fahrer sieht neben der Umwelt Spiegelungen des Fahrzeuginnenraums in seinem Sichtfeld. Diese Spiegelungen vermindern die Sichtleistung und den Sichtkomfort.
In einem Laborexperiment wurde der Frage nachgegangen, an welcher Stelle der visuellen Reizverarbeitung diese Spiegelungen die Informationsverarbeitung beeinträchtigen. Das Experiment folgt dem Stufenmodell der Reizverarbeitung von Donders in der Additiven Faktorentheorie von Sternberg (1969). Die Teilnehmer saßen in einem Fahrzeugmodell mit Windschutzscheibe und verschiedenen Interieurmustern. Diese Muster wurden durch einen Tageslichtscheinwerfer in die Windschutzscheibe gespiegelt. In der Fahrerposition mussten die Teilnehmer auf Reize reagieren, die gemäß des Stufenmodells in den Reizstufen "Vorverarbeitung", "Merkmalserkennung", "Reizindentifikation" sowie "motorische Reizverarbeitung" verändert wurden.
Es konnte gezeigt werden, dass die Spiegelungen generell signifikant die Stufe der Vorverarbeitung und tendenziell die Stufe der Merkmalserkennung beeinflussen. Die Stufe der Reizidentifikation wurde entgegen den theoretischen Erwartungen nur bei einem speziellen Interieurmuster ebenfalls beeinträchtig, in keinem Fall jedoch die Stufe der motorischen Reizverarbeitung.

2 Theorie

2.1 Einleitung

Der Trend der Automobilindustrie und der Wunsch ihrer Kunden geht in den letzten Jahren immer stärker in Richtung hellerer Interieurs und flacherer Windschutzscheiben. Flache Windschutzscheiben begünstigen die Aerodynamik des Fahrzeugs und wirken zudem sportlich und dynamisch, während die hellen Interieurs ein positives Raumgefühl und eine hohe Wertanmutung der Oberfläche vermitteln.
Eine Folge dieser Kombination ist, dass bei starkem Lichteinfall, wie er z.B. an einem wolkenlosen Sommertag um die Mittagszeit auftritt, die hellen Interieurelemente und vornehmlich die Armaturentafel sehr viel von dem eingefallenen Licht zurück in die

Windschutzscheibe reflektieren und der Fahrer diese Reflexionen dann als Spiegelbilder in der Windschutzscheibe sieht.
Im Zuge einer Dissertation (Geertsema, in Vorb.) wurden fünf Laborexperimente durchgeführt, um den Einfluss dieser Spiegelbilder auf die objektiv messbare Sichtleistung und das subjektiv erlebte Komfortempfinden zu bestimmen. Hierbei zeigt sich u.a., dass bei zunehmender Reflexionsstärke, welche vor allen von der Interieurhelligkeit und dem Windschutzscheibenwinkel beeinflusst wird, die Sichtleistung und der Sichtkomfort signifikant abnehmen. So wird das Auflösungsvermögen des visuellen Apparates für schwellennahe Reize mit steigender Reflexionsstärke herabsetzt. Die Reaktionszeit und die Fehlreaktionen auf überschwellig dargebotene Reize erhöht sich hingegen mit steigender Helligkeit der Reflexionen. Subjektiv werden die Reflexionen von den Probanden als deutliche Komforteinbußen und bei sehr hellen Spiegelungen sogar als erhebliche Belastung erlebt (Weller, 2001). Es werden darüber hinaus durch die Spiegelungen Ressourcen gebunden, welche für die Verarbeitung von Zusatzaufgaben nicht mehr zur Verfügung stehen und somit deren Ausübung verschlechtern, wobei dies nicht nur für eine visuelle (Geertsema, in Vorb.), sondern auch für eine auditive Zusatzaufgabe zutrifft (Wirth, 2003). Diese Beeinträchtigungen zeigen sich nicht nur in Abhängigkeit unterschiedlicher Intensitäten der Reflexionen, sondern auch in Abhängigkeit verschiedener Strukturen in den Spiegelungen, wodurch die Frage aufgeworfen wird, an welcher Stelle die Spiegelungen die Reizverarbeitung beeinträchtigen. Dieser Frage wurde im folgenden Experiment nachgegangen (vgl. ausführlicher Fries, in Vorb.).

2.2 Donders Idee der kognitiven Reizverarbeitung in Stufen

Innerhalb einer Dual-Task-Aufgabe zeigten Probanden unter Blendungsbedingungen ein geringeres visuelles Auflösungsvermögen und eine verlangsamte Reaktion, verbunden mit einer erhöhten Fehlerzahl. Wenn aber Reaktionszeit *und* Fehlerzahl angestiegen sind, kann ein bewußter Strategiewechsel der Probanden im Sinne des „Speed-Accuracy-Tradeoff“ (Wickelgrenn, 1976) ausgeschlossen werden, bei dem die Teilnehmer versuchen, genauere Antworten auf Kosten der Reaktionszeit zu erzielen. Demnach muss die Beeinträchtigung in der Blendungssituation unfreiwilliger mentaler Art sein. Es stellt sich daher die Frage, wo diese Beeinträchtigung in der kognitiven Verarbeitung zu lokalisieren ist. Um den Ort der Beeinträchtigung

festzustellen, dient der hier vorgestellten Studie das Kognitive Verarbeitungsmodell von Donders aus dem Jahr 1868 (Sternberg, 1969) als Grundlage.
Donders geht von einer seriellen, diskreten Verarbeitung aus. Das bedeutet, dass der gesamte Prozess der Verarbeitung in Stufen unterteilt ist, welche hintereinander geschaltet sind. Die nächste Stufe kann dabei erst mit Abschluss der vorherigen beginnen. Am Ende aller Verarbeitungsstufen steht die Reaktion. Die im Versuch gemessene Reaktionszeit (RT) setzt sich also aus der Summe der einzelnen Verarbeitungszeiten pro Stufe zusammen (s. Abbildung 1).

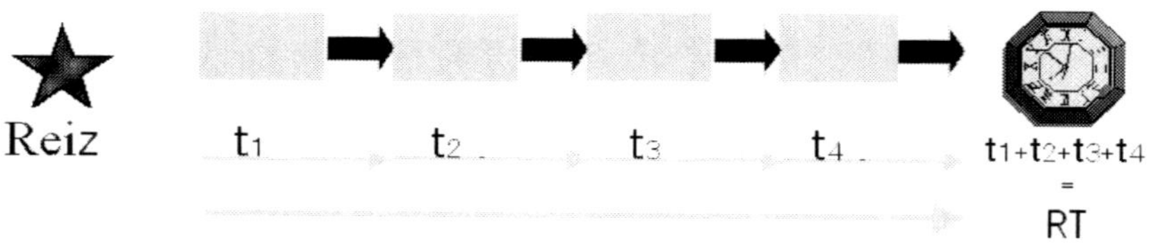

Abb. 1: Gesamte Reaktionszeit als Ergebnis der Abfolge der einzelnen Verarbeitungsstufen

Generell gilt nach diesem Modell: Erschwert man den Informationsgehalt, der in einer Stufe verarbeitet wird, verlängert sich die Bearbeitungszeit in dieser Stufe. Derselbe Effekt müsste nun auch für die Spiegelung gelten: In der betroffenen Stufe müsste sich die Verarbeitungszeit erhöhen.

2.3 Additive Faktorentheorie nach Sternberg (1969) und ihre Anwendung

Dieser Einfluss lässt sich nicht direkt messen, sondern ist nur indirekt über den Umweg der Gesamt-Reaktionszeit messbar. Man bedient sich dazu eines so einfachen wie raffinierten Verfahrens, das auf Sternberg (1969) zurückgeht und erst rund 100 Jahre nach Donders Idee die praktische Arbeit in der Forschung mit Informationsverarbeitungsstufen weitreichend verändert hat: Seine Additive Faktorenmethode (AFM) wird in Wahlreaktionszeit-Experimente eingebettet. Dabei bedient man sich zur Reizgenerierung solcher Merkmale, von denen jeweils die kognitive Stufe des Einflusses bekannt ist, und erschwert diese Merkmale zunächst. Anschließend werden die so gewonnenen Reize einzeln dargeboten, so dass man pro Reizmerkmal die dazugehörigen Anstiege in der Reaktionszeit erhält.

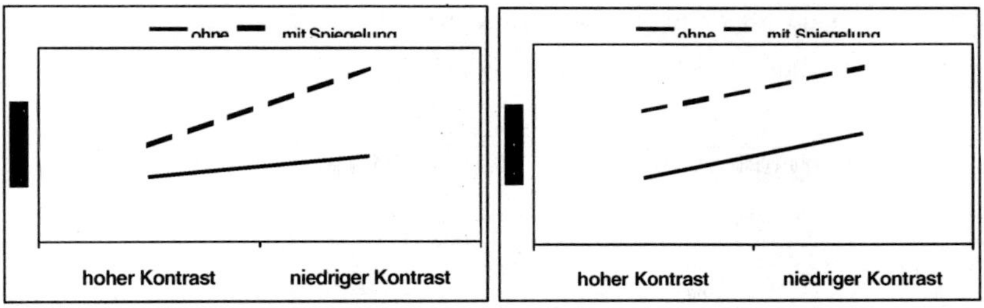

Abb. 2: Erwartetes Muster bei gemeinsamer Wirkung auf dieselbe Stufe (links) und Wirkung auf unterschiedliche Stufen (rechts).

Nun werden die einzelnen Reiz-Variationen in Kombination mit dem externen, unbekannten Faktor dargeboten, in diesem Fall der Spiegelung. Wirkt die Spiegelung auf dieselbe Stufe wie ein bekanntes Reizmerkmal, dann interagieren beide, was sich in einem überadditiven Zuwachs der Reaktionszeit niederschlägt. Werden unterschiedliche Stufen beeinflusst, addieren sich die beiden Effekte lediglich (Abb. 2). Eine Voraussetzung zur rechnerischen Durchführung der AFM ist eine geringe Fehlerquote von weniger als 10%.

Sanders (1998) hat dieses Paradigma der AFM ausgiebig erforscht und evaluiert. Trotz mancher offener Fragen zeigen Untersuchungen mit der AFM konsistente und robuste Befunde (u.a. Sanders, 1990; Miller et al, 1999). Sanders streitet Belege für Feedback-Schleifen und parallele Verarbeitungswege keineswegs ab. Da sich die AFM jedoch nicht für die Prozesse innerhalb einer Stufe interessiert, sondern nur für deren Output, welcher aber auch bei einer parallelen Verarbeitung gleich ist, kommt Sanders zu dem Schluss, dass die AFM für Reaktionszeiten kleiner 2000ms ein angemessenes Paradigma ist. Dabei festigte er das Bild von existierenden kognitiven Verarbeitungsstufen und den dazugehörigen Einflussgrößen, so dass diese Methode inzwischen als ausgereift gilt. Zur Beantwortung der Frage nach dem Ort der Beeinträchtigung im kognitiven Verarbeitungsprozeß kann also auf Sternbergs AFM zurückgegriffen werden.

Generell trennt man dabei die Reaktionszeit in zwei große, übergeordnete Bereiche: Der erste umfasst die Phasen der Reizdarbietung bis zur Identifizierung des Reizes. Er wird im folgenden kurz als Wahrnehmung bezeichnet. Der zweite Bereich beschreibt die motorischen Prozesse von der Antwortauswahl bis zur erfolgten Reaktion und wird im Folgenden als Motorik bezeichnet. Nach Sanders (1998) können unter anderem die in Tabelle 1 dargestellten Stufen des Verarbeitungsprozesses mit den zugehörigen Reizmerkmalen als gesichert gelten. Sie kamen daher in der vorliegenden Studie zur Anwendung.

Kognitive Stufe der Verarbeitung	Jeweils die Verarbeitungszeit beeinflussendes Reizmerkmal
Vorverarbeitung	Kontrast
Merkmalserkennung	Qualität
Reizidentifikation	Orientierung im Raum (mentale Rotation)
Motorische Verarbeitungsstufen	Reiz-Reaktions-Häufigkeit

Tab.1: Kognitive Stufen des Sternbergmodells nach Sanders (1998)

Es gibt in der Literatur zahlreiche Hinweise, die belegen, dass Blendung das Kontrastsehen vermindert (z.B. Rassow, 1996). In einer Studie von Schumann et al. (1996) kommen die Autoren zu dem Ergebnis, dass die Spiegelungen an der Windschutzscheibe sowohl die Kontrastempfindlichkeit vermindern als auch die Reaktionszeit erhöhen. Dies sollte dann bei allen Spiegelungen zu finden sein, unabhängig von deren Gestaltung.
Die Instrumententafel eines Autos beeinhaltet verschiedene Strukturen, Elemente, Materialien und auch Muster. Geertsema (in Vorb.) konnte zeigen, dass der Anstieg der Reaktionszeit nicht nur von der Helligkeit, sondern auch von der Art der Spiegelung abhängt. Es ist leicht vorstellbar, dass diese Muster (als Spiegelungen der Armaturenmerkmale und –strukturen) den Reiz außerhalb der Windschutzscheibe überlagern. Demnach könnten Spiegelungen, denen eine Struktur zu eigen ist, anders als homogene Spiegelungen, auch die Stufe der Merkmalserkennung beeinträchtigen. Dafür spricht zudem, dass Sternberg selbst in seinem ursprünglichen Experiment ein Gitter direkt vor den Reiz gelegt hat, um die Qualität des Reizes zu verringern (Sternberg, 1969).

2.4 Reflexionen, Informationsverarbeitung und Alter

Der demographische Alterungsprozeß betrifft die Verkehrsteilnahme als Kraftfahrer in hohem Maße (vgl. Schlag und Megel, 2002). Sowohl die Anzahl der Fahrer über 65 Jahre als auch die Gesamtzahl der von ihnen gefahrenen Kilometer wächst kontinuierlich (NHTSA, 1989a, in Owsley et al., 1991). Diesem Aspekt soll in dieser

Studie zusätzlich Rechnung getragen werden: Die Geschwindigkeit, mit der Informationen verarbeitet werden, sinkt mit zunehmendem Alter. Daher ist zu erwarten, dass jüngere Fahrer schneller reagieren als Ältere.
Zusätzlich nehmen auch die Sehleistungen im Laufe des Lebens ab (Schmidt, Thews, 1997). Auch der Bereich, in dem relevante Informationen aufgenommen werden, das "useful field of view" (kurz UFOV), wird geringer (Ball, Owsley, 1993), und - hier von besonderem Interesse - die Hornhaut und Linse trüben ein, was zur Folge hat, dass Lichtstrahlen, die ins Auge treffen, mehrfach gebrochen werden und eine diffuse Streuung mit sich bringen. Ältere Menschen fühlen sich durch Blendung folglich auch stärker irritiert (Ho et al., 2001). Im Straßenverkehr erhält dieser Aspekt zusätzliche Bedeutung, da 90% der effektiv genutzten Information beim Führen eines Kraftfahrzeugs über das Auge erfasst werden (Hartman, 1979). Auch Schumann et al. (1996) finden bei Spiegelungen und unter erschwerten Kontrastbedingungen einen Anstieg der Reaktionszeit, der für die älteren Menschen größer ausfällt. Demnach müssten ältere Fahrer durch die Spiegelung in der Windschutzscheibe, welche eine indirekte Blendung darstellt (Gramberg-Danielsen, 1967), in besonderem Maße beeinträchtigt werden.

2.5 Hypothesen

Aus den bisherigen Forschungsergebnissen zur Spiegelung in Windschutzscheiben und aus der Theorie ergeben sich die folgenden Fragestellungen:

1. Die älteren Teilnehmer reagieren langsamer als die jüngeren.
2. Alle Spiegelungen beeinträchtigen die erste Stufe der Verarbeitung, also die der Vorverarbeitung.
3. Spiegelungen mit Muster beeinträchtigen zusätzlich die zweite Stufe, also die der Merkmalserkennung.
4. Keine der Spiegelungen beeinträchtigt weitere Stufen, also weder die Reizidentifikation noch die Motorik.

3 Methode

3.1 Teilnehmer

An dem Experiment nahmen zwei Probandengruppen teil: eine Gruppe von 16 älteren Autofahrern (M = 59,62, range = 51 - 68), von denen sieben Frauen und neun

Männer waren, und eine Gruppe jüngerer Autofahrer (M = 28.11, range = 21 - 37), darunter 11 Frauen und 7 Männer. Jedem Teilnehmer wurde am Ende der Untersuchung eine Aufwandsentschädigung von 40 € ausbezahlt.

3.2 Reizmaterial

Die dargebotenen Reize sollten in diesem Setting verkehrsrelevante Zeichen sein, deren ursprüngliche Versionen sich nicht wesentlich voneinander unterscheiden. Auch nach Variation bzw. Erschweren der einzelnen Merkmale sollten beide ähnlich gut zu erkennen sein, so dass Effekte aufgrund besserer Diskriminierbarkeit ausgeschlossen werden können. Dies spielt insbesondere bei der dritten Stufe und dem dazugehörigen Reizmerkmal „Mentale Rotation“ eine entscheidende Rolle. Die in einem rechtwickligen Schema dargestellten digitalen Ziffern „Fünf“ und „Zwei“ erfüllen diese Voraussetzungen angemessen. In dem Experiment mussten die Teilnehmer nach jedem Reiz antworten, ob sie eine „Fünf“ oder eine „Zwei“ gesehen hatten. Die einzelnen Reize und deren Variationen sind in Tabelle 2 dargestellt.

Verarbeitungszeit beeinflußendes Reizmerkmal	Reizvariationen „fünf“	Reizvariationen „zwei“
Originalreiz		
Erschwerter Kontrast		
Erschwerte Qualität		
Erschwerte Orientierung im Raum (Mentale Rotation)		
Erschwerte Reiz-Reaktions-Häufigkeit	1/3 „fünf“, 2/3 „zwei“	1/3 „zwei“, 2/3 „fünf“

Tab. 2: Umsetzung der Schwierigkeitsvariation der Reizmerkmale (Originalreize haben roten Rand)

Der Kontrast der Originalreize wurde am PC um 75% reduziert. Die Qualität wurde nach Sanders (1998) durch Versetzen von kleinen Quadraten aus dem relevanten Reiz in das umliegenden Areal erreicht. Zur Variation der Mentalen Rotation wurden die Zeichen um 60% im Uhrzeigersinn gedreht. Die Reiz-Reaktions-Häufigkeit wurde über die Auftretenswahrscheinlichkeit operationalisiert, wobei zwei Blöcke notwendig waren, in denen jeweils die „Fünf“ bzw. die „Zwei“ seltener gezeigt wurde.

Zur Erzeugung unterschiedlicher Spiegelungen konnten wir das Armaturenbrett austauschen und auf ebener Fläche vier Variationen vornehmen:

1. Samt: Dieser diente als Idealfall einer geringstmöglichen Spiegelung zur Bestimmung der Baseline.
2. Eine homogene Fläche, aber reflektierend.
3. Zwei verschiedenartige Muster, die sich in der Helligkeit weder voneinander noch von der homogenen Fläche unterscheiden, wobei eines rasterförmig, das andere ein Linienmuster ist.

3.3 Vorrichtungen

Vor dem Versuch fand ein Sehtest mit einem Rodenstock Sehtestgerät zur Bestimmung der Sehschärfe statt, um diese Variable gleich zu halten. Alle Teilnehmer wurden auf die vom Gesetzgeber für den Erwerb des Führerscheins vorgeschriebene Mindestsehstärke von Visus 0,7 getestet. Der Sehtest konnte mit Sehhilfe durchgeführt werden. Unter den Teilnehmern gab es keine Auffälligkeiten.

Abbildung 3 veranschaulicht den Versuchsaufbau. Die Teilnehmer saßen in einem Auto-Nachbau, Mock-Up genannt, ihr Augpunkt war ca. 5m von den dargebotenen Reizen entfernt. Die Reize wurden über einen Beamer mit 1024 mal 768 Pixel auf eine Leinwand vor den Teilnehmern projiziert. Die Größe wurde so gewählt, dass 1 Pixel eine Kantenlänge von 1 mm hatte. Die Größe der Reize sollte der Größe eines runden Verkehrszeichens (∅ 75 cm) auf einer Landstraße bei einer Entfernung von 50m entsprechen. Folglich wurden die Reize in einer Größe von 75x75 mm unter einem Sehwinkel von ca. 52 Bogenminuten dargeboten. Der für die Projektion verwendete PC zeichnete auch die Reaktionen der Teilnehmer auf, die diese mit Hilfe von im Lenkrad befindlichen Tasten tätigten. Um die Sonne zu simulieren, wurde ein Tageslichtscheinwerfer mit 2,5 kW und ca. 6000K Farbtemperatur so auf das Armaturenbrett gerichtet, dass der Fahrer nicht direkt geblendet wurde. Die

Beleuchtungsstärke des Scheinwerfers entsprach an der Scheibenwurzel auf der Außenseite der Scheibe zwischen 80 und 85 klx.

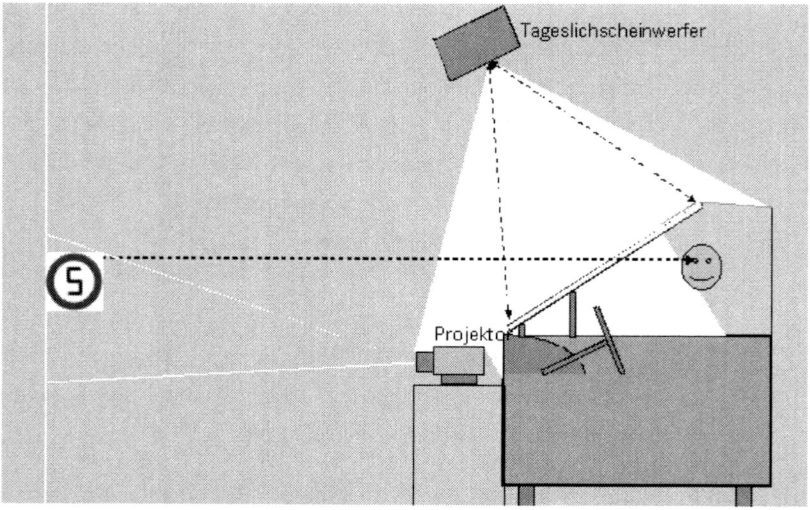

Abb. 3: Skizze des Versuchsaufbaus

3.4 Durchführung

Bei der grundlegenden Aufgabe handelte es sich um eine Mehrfach–Wahlreaktionszeit–Fragestellung. Den Teilnehmern wurde in der Instruktion erklärt, welche Zeichen sie im kommenden Durchgang sehen würden. In jedem Durchgang wurden dabei die Originalreize „Fünf" und „Zwei" sowie die passenden Variationen eines Merkmals geblockt dargeboten. Die Teilnehmer mussten für jeden Reiz entscheiden, ob es sich dabei um eine „Fünf" oder eine „Zwei" handelte, unabhängig von den Variationen. Dabei wurde die Reihenfolge der Reizmerkmale über die Versuchsteilnehmer nach einem lateinischen Quadrat variiert. Ebenso variiert wurde die Seite der Reaktion (linke Taste oder rechte Taste) auf die Zeichen. Aus internen Gründen konnten in der Reihenfolge der Spiegelungen nur zwei Möglichkeiten des lateinischen Quadrats berücksichtigt werden. Wie sich später zeigte, konnten Reihenfolge-Effekte ausgeschlossen werden.

Jeder Reiz wurde 26mal zentral dargeboten, um den Simon-Effekt auszuschließen (vgl. Sommer et al., 1996). Jeder Reiz blieb bis zur Antwort, jedoch maximal 2.000 ms sichtbar. Anschließend erschien für 1.500 ms ein Fadenkreuz anstelle der

Zeichen. Die ersten vier Reize jedes Blocks waren die vier möglichen Zeichen des Blocks und stellten sicher, dass alle Zeichen bekannt waren. Diese vier wurden in der Auswertung nicht berücksichtigt. Die Variationen wurden in den vier genannten Spiegelungsarten dargeboten. Tabelle 3 zeigt den grundlegenden Versuchsplan.

	Nullbedingung					Homogene Fläche					Raster					Linien				
Reizmerkmal	Kontrast	Qualität	Mentale Rot.	S-R-Häufigkeit1	S-R-Häufigkeit2	Kontrast	Qualität	Mentale Rot.	S-R-Häufigkeit1	S-R-Häufigkeit2	Kontrast	Qualität	Mentale Rot.	S-R-Häufigkeit1	S-R-Häufigkeit2	Kontrast	Qualität	Mentale Rot.	S-R-Häufigkeit1	S-R-Häufigkeit2
Jüngere TN																				
Ältere TN																				

Tab. 3: Grundlegender Versuchsplan

4 Ergebnisse

4.1 Fehler

Die Fehlerquote war insgesamt gering. Der „schlechteste" Teilnehmer hatte immer noch 91,7% richtig beantwortet. Damit ist die Voraussetzung der AFM erfüllt.

4.2 Reaktionszeiten

Alle Reaktionszeiten nach Versuchsbedingung und Alter sind in Tabelle 4 zu finden. Die älteren reagierten bedeutend langsamer als die jüngeren Teilnehmer. In einer Varianzanalyse über alle Spiegelungen, Reizmerkmale und deren erschwerte Variationen ergab sich für den Intersubjektfaktor Altersgruppe F (df=1) = 11.11, p < .01, der Anteil an der aufgeklärten Varianz beträgt dabei Eta^2 = .26. Dieser Haupteffekt des Alters zeigt sich auch in allen einzelnen Reizstufen-Bedingungen:

Bedingung	Gesamt (N = 34) RTges in ms	Ältere (N = 16) RTäl in ms	Jüngere (N = 18) RTjü in ms
N-K-O	516	547	488
N-K-E	534	566	505
R-K-O	600	641	563
R-K-E	846	851	842
H-K-O	517	555	484
H-K-E	574	622	531
L-K-O	521	555	491
L-K-E	582	615	552
N-Q-O	531	563	502
N-Q-E	563	597	532
R-Q-O	549	570	530
R-Q-E	599	615	585
H-Q-O	515	553	481
H-Q-E	544	590	502
L-Q-O	529	569	495
L-Q-E	573	609	542
N-ROT-O	573	611	539
N-ROT-E	632	672	597
R-ROT-O	603	640	590
R-ROT-E	653	696	615
H-ROT-O	542	585	504
H-ROT-E	582	623	545
L-ROT-O	541	586	500
L-ROT-E	572	616	533
N-W-H	483	510	459
N-W-S	508	530	489
R-W-H	517	543	495
R-W-S	551	579	526
H-W-H	490	530	455
H-W-S	521	557	488
L-W-H	483	516	453
L-W-S	513	547	484

Die erste Spalte gibt die gemessene Bedingung wieder, wobei der erste Buchstabe die Spiegelung bezeichnet (N = Nullbedingung, R = Raster, H = Homogene Spiegelung, L = Linien), der Zweite das Reizmerkmal (K = Kontrast, Q = Qualität, ROT = Mentale Rotation, W = Wahrscheinlichkeit der Darbietung), und der dritte Buchstabe die Variation (O = Original, E = erschwert, H = häufige Darbietung, S = seltene Darbietung).Die weiteren Spalten geben die mittleren Reaktionszeiten (RT) für die gesamte Stichprobe (n = 34), für die älteren Teilnehmer (N = 16) und die jüngeren Teilnehmer (N = 18) an.

Tab. 4: Mittlere Reaktionszeiten

Für die Kontrastbedingung, F (df = 1) = 9.25, $p < .01$, für die Qualitätsbedingung, F (df = 1) = 10.95, $p < .01$, für die Rotationsbedingung, F (df = 1) = 6.91, p = .013, und ebenso für die Bedingung der Reiz-Reaktions-Häufigkeit, F (df = 1) = 12.57, $p < .01$. Das Eta^2 bewegt sich hierbei zwischen .18 und .28.

Die dreifache Interaktion zwischen den Spiegelungen, der Reizvariation und dem Alter gibt es weder in der Varianzanalyse über alle Faktoren, Huynh-Feldt Fges (df = 2.32) = 1.34, $p > .10$, $Eta^2 = .04$, noch in den einzelnen Varianzanalysen pro Reizmerkmal. Das heißt, die älteren Teilnehmer waren nicht stärker als die jüngeren Teilnehmer von der Spiegelung beeinträchtigt. Folglich können im weiteren die Reaktionszeiten für die beiden Altersgruppen gemittelt dargestellt werden.

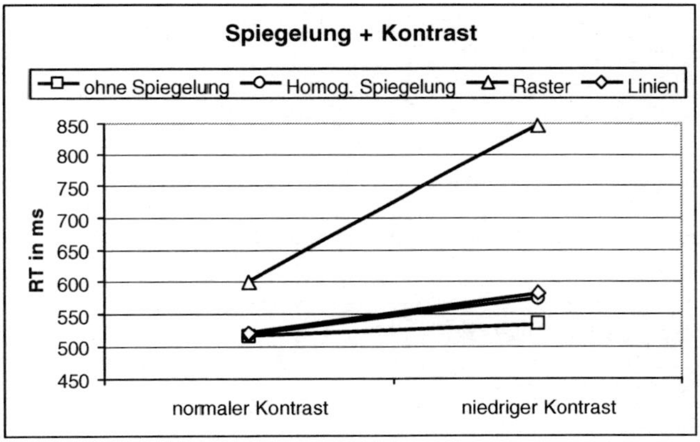

Abb. 4: Mittlere Reaktionszeiten aller Teilnehmer in der Kontrastbedingung

Es zeigt sich bei einer Varianzanalyse mit Meßwiederholung in der Kontrastbedingung, dass es eine bedeutende Interaktion zwischen der Spiegelung und dem erschwerten Reiz gibt (Abb. 4). Die Huynh-Feldt-Korrektur für Verletzung der Sphärizität ergibt F (df = 1.69) = 73.30, $p < .000$, $Eta^2 = 0.70$. Die einzelnen Kontraste zwischen der Nullbedingung und den übrigen Bedingungen bezüglich dieser Interaktion sind allesamt gegeben mit $p < .01$.

In der Qualitätsbedingung gibt es ebenfalls diese Interaktion mit den Spiegelungen, mit Huynh-Feldt F (df = 2.57) = 2.96, $p < .05$, wobei $Eta^2 = .085$ (Abb. 5). Die Kontraste zwischen Nullbedingung und den beiden Mustern sind jedoch nicht bedeutsam, $p > .05$. Eine Interaktion zwischen den Rotationsbedingungen und den Spiegelungen ist nicht gegeben, Huynh-Feldt F (df = 2.17) = 2.77, $p > .05$., Eta^2 =

.26. Allerdings zeigen sich die Kontraste zwischen der Nullbedingung und dem Linienmuster als bedeutsam, F (df =1) = 5.5, p = .025, während die Kontraste zu den beiden anderen Spiegelungen nicht signifikant sind (Abb. 6).

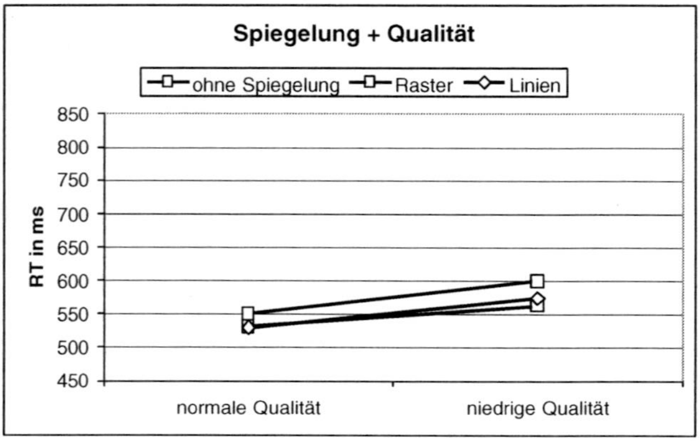

Abb. 5: Reaktionszeiten der Qualitätsbedingung innerhalb dreier Spiegelungen

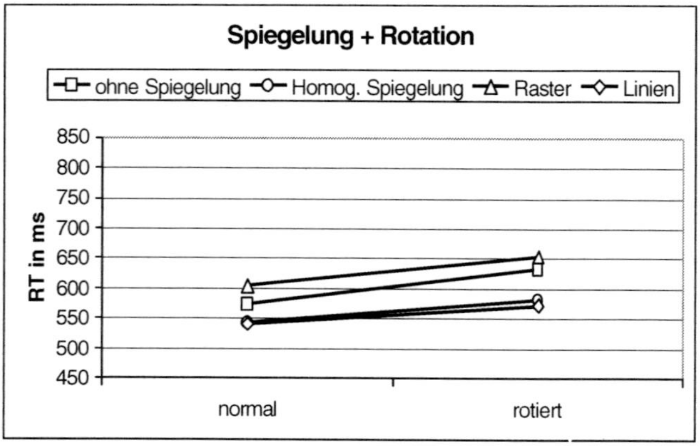

Abb. 6: Reaktionszeiten der Rotationsbedingung

In der Bedingung der Reiz-Reaktions-Häufigkeit gibt es ebenfalls keine Interaktion mit den Spiegelungen, Huynh-Feldt F (df = 2.89) = 0.95, p > .05, Eta² =.03. Abbildung 7 zeigt hierzu die Reaktionszeiten.

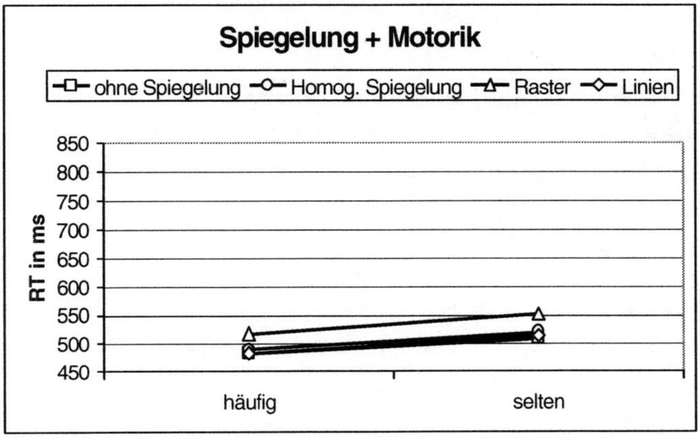

Abb. 7: Reaktionszeiten in der Bedingung Reiz-Reaktions-Häufigkeit

5 Diskussion

Gemäß der Erwartungen reagieren die älteren Teilnehmer in unserer Studie langsamer als die jüngeren. Sie sind aber in diesem Experiment von der Spiegelung in der Windschutzscheibe in den jeweiligen Reizstufen *nicht* stärker betroffen als die jüngere Gruppe. Zu diesem Ergebnis mag das Ausschlussverfahren durch Testung der Sehschärfe beigetragen haben, da nur Teilnehmer zugelassen wurden, die - zumindest mit Sehhilfe - die vorgeschriebene Sehschärfe erreichten. Die Qualität des Kontrastsehens spielte daher in dieser Untersuchung eine eher geringe Rolle. Es lässt sich also ausschließen, dass die Unterschiede in der Reaktionszeit aufgrund der Sehschärfe entstanden.

Desweiteren kann die Annahme bestätigt werden, dass sich alle Spiegelungen auf die kognitive Stufe der Vorverarbeitung auswirken. Dies ist in der Interaktion in der Kontrastbedingung sichtbar. Es kann also festgehalten werden, dass die Spiegelung bereits in dieser frühen Phase der Wahrnehmung irritiert.

Von den Mustern sollte auch die zweite Stufe der Verarbeitung, also die Merkmalserkennung, behindert werden. Obwohl die entsprechende Interaktion zwischen der Reizqualität und den Spiegelungen mit Mustern signifikant wird, kann diese These allenfalls unter Vorbehalt bestätigt werden, da die jeweiligen Einzelvergleiche der Kontraste zwischen Nullbedingung und den Mustern nicht bedeutsam sind. Auch der Anteil an der aufgeklärten Varianz ist gering ($Eta^2 = .07$). Demnach kann nicht eindeutig bestätigt werden, dass Muster in der Spiegelung auch die zweite Verarbeitungsstufe beeinträchtigen.

Die Mentale Rotation interagiert zwar nicht mit der Homogenen Spiegelung und auch nicht mit dem Raster, wohl aber mit dem Linienmuster. Dieser unerwartete Befund kann so interpretiert werden, dass die Linien für die Aufgabe der Mentalen Rotation eventuell eine Hilfe darstellen, mit der die geometrischen Zeichen leichter „zurückgestellt“ werden können.

Mit Sicherheit kann jedoch eine Interaktion zwischen der Reiz-Reaktions-Häufigkeit und den Spiegelungen ausgeschlossen werden. Dies macht nochmals deutlich, dass die Wirkung der Spiegelung auf den Verarbeitungsprozeß in der Wahrnehmung anzusiedeln ist und motorische Prozesse von ihr unberührt bleiben.

Auf diesen Ergebnissen aufbauend ließe sich in verschiedene Richtungen weiterforschen: In dieser Untersuchung kamen fixe Zeichen vor, die zentral dargeboten wurden. Wie aber wirkt sich die Spiegelung auf Reize in der Peripherie aus? Wie schneiden dann die älteren Teilnehmer ab? Wie kommen die Probanden in der Spiegelungsbedingung mit bewegten Reizen zurecht? Wie reagieren Menschen mit vermindertem Kontrastempfinden auf die Spiegelungen? Und schließlich ließen sich unter Zuhilfenahme eines EEGs Aussagen über den sogenannten Flaschenhals in der kognitiven Verarbeitung (vgl. Sommer et al., 2001; Wirth, 2003) treffen, den hier die Spiegelungen erzeugen.

6 Literatur

Ball, K., Owsley, C. (1993). The useful field of view test: A new techniqe für evaluatingagerelated declines in visual function. Journal of American Optometric Association 64, No. 1, 71 – 79.

Fries, U. (in Vorb.). Lokalisation der Beeinträchtigung der kognitiven Verarbeitung durch Spiegelungen in der Windschutzscheibe. Diplomarbeit. Uni Leipzig.

Geertsema, K.M. (in Vorb.). Der Einfluss von Reflexionen in der Windschutzscheibe auf die Sichtleistung und den Sichtkomfort beim Führen eines Pkw. Dissertation. TU Dresden.

Gramberg-Danielsen, B. (1967): Sehen und Verkehr. Berlin, Heidelberg, New York: Springer Verlag.

Hartman, E. (1979). Driver vision requirements. Society of Automotive Engineers, Technical Paper Series, 700392, 629 - 630.

Ho, G., Scaialfa, C. T., Caird, J. K., Graw, T. (2001). Visual Search for Traffic Signs: The Effects of Clutter, Luminance, and Aging. Human Factors 43, No. 2, 194 –207.

Miller, J., Ulrich, R., Rinkenauer, G. (1999). Simulus Intensity on the Lateralized Readiness Potential. Journal of Experimental Psychology 25, No. 5, 1454 –1471.

Owsley, C. Ball, K., Sloane, M. E., Roenker, D. L. (1991). Visual/Cognitive Correlates of Vehicle Accidents in Older Drivers. Psychology and Aging, Vol. 6, 3, 403 – 415.

Sanders, A. F. (1990). Issues and trends in the debate on discrete vs. continuous processing of information. Acta Psychologica 74, 123 –167

Sanders, A. F. (1998). Elements of Human Performance: Reaction Processes and Attention in Human Skills. Mawhaw (N.J): Erlbaum.

Schlag, B., Megel, K. (Eds.) (2002). Mobilität und gesellschaftliche Partizipation im Alter. Schriftenreihe des Bundesministeriums für Familie, Senioren, Frauen und Jugend, Band 230, Stuttgart: Verlag W. Kohlhammer.

Schmidt, R.F., Thews, G. (1997). Physiologie des Menschen (27. Auflage). Berlin, Heidelberg, New York: Springer.

Schumann, J., Flannagan, M. J., Sivak, M., Traube, E. C. (1996). Daytime veiling and driver visual performance: influence of windshield rake angle and dashboard reflectance. The University of Michigan - Transportation Research Institute. Report No. UMTRI-96-13.

Sternberg, S. (1969). The discovery of processing stages: extensions of Donder´s Method. Acta Psychologic 30, Attention and Performance II, 276 – 315.

Sommer, W., Ulrich, R., Leuthold, H. (1996). Das Lateralisierte Bereitschaftspotential als psychophysiologischer Zugang bei der Untersuchung kognitiver Prozesse. Psychologische Rundschau 37, 1 - 14.

Rassow, B. (1996). Kontrastempfindlichkeit beim Sehen durch Windschutzscheiben. Zeitschrift für Verkehrssicherheit, 42 (1), 10 - 15.

Weller, G. (2001). Physikalische und psychologische Einflüsse auf das subjektive Empfinden und die objektive Detektionsleistung bei einem visuellen Wahrnehmungsexperiment. Diplomarbeit. TU Dresden.

Wickelgreen, W. A. (1977). Speed-accuracy tradeoff and information processing dynamics. Acta Psychologica 41, 67-85.

Wirth, M. (2003). Der Einfluss von Spiegelungen in der Windschutzscheibe eines Fahrzeuges auf die Bearbeitung von Doppelaufgaben. Diplomarbeit. HU Berlin.

Erik Hoeppe

Wohin sehen Radfahrer in Knoten? Konfliktpunktwahrnehmung von Radfahrern

1 Problembeschreibung

Der Straßenverkehr hat unbestreitbare negative Auswirkungen (Lärm, Umweltverschmutzung, Flächenverbrauch, getötete und verletzte Menschen etc.). Aufgrund seiner Eigenschaften (individuell, energie- und flächensparend, flexibel, billig, leise, sauber und gesundheitsfördernd) ist anzustreben, dass dem Fahrrad in der Verkehrsplanung eine steigende Bedeutung zukommt. Da 70% der Wege bis 5 km lang sind (ADFC, 1997) und damit im Nahbereich stattfinden, besteht ein großes Substitutionspotenzial zugunsten des Fahrrades, das auch größer ist als das Substitutionspotenzial vom Auto auf den öffentlichen oder den Fußgängerverkehr (Haag, 1996). Eine Steigerung des Radanteils am modal split von derzeit 12% auf 25 - 30% wird als realistisch angesehen (BMVBW, 1999; FES, 2002); lokal sind bis zu 40% möglich (BMVBW, 2002).

Radfahren ist zugleich attraktiv und unfallgefährdet. Dieser Widerspruch wird bereits von Schülern so wahrgenommen (Hagemeister und Fiedler, 2004, in diesem Band). Gemäß den Grundlagen der Straßenverkehrsordnung müsste mangelnde Sicherheit eigentlich in höchstem Maße zum Handeln aufrufen. Dies muss sich selbstverständlich auch in der Radverkehrs-Infrastruktur widerspiegeln. Darüber hinaus ist tatsächlich bei Zusammenstößen zwischen Autos und Rädern in mehr als 2/3 der Fälle der Autofahrer der Verursacher (BMVBW, 1999). Autofahrer sind dabei im Gegensatz zu Radfahrern gut gesichert (diverse Airbags, Stoßstange, Sicherheitsgurt, Knautschzone etc.). Folgerichtig betont auch der holländische *Masterplan Fiets* (C.R.O.W., 1995) - das internationale Standardwerk für die Radverkehrsplanung - bei seinen Hauptforderungen (Zusammenhang, Direktheit, Attraktivität, Sicherheit und Komfort) den Vorrang der Sicherheit (vgl. Hagemeister und Schmidt, 2004, in diesem Band). Eine wesentliche Voraussetzung sicheren Verhaltens ist es, daß Radfahrer die Konfliktpunkte im Verkehrsraum erkennen. Diese Konfliktpunkte sind als potenzielle Kollisionspunkte vor allem die Kreuzungen von Verkehrsströmen. Diese wiederum befinden sich meist in den Dörfern und Städten, weshalb fast 90% der Radfahrer innerorts verunfallen (BMVBW, 1999). Kreuzungen und Einmündungen sind deshalb Gegenstand der folgenden Untersuchung. Vor allem wird es dabei um die Wahrnehmungsmuster von Radfahrern in Knoten gehen.

Das Konzept der *Self-Explaining Roads* (SER) (näher beschrieben in Hoeppe und Butterwegge, 2000; vgl. auch Schlag und Heger, 2004, in diesem Band) liefert relativ weitgehende Forderungen zur konkreten Verkehrsraum-Gestaltung; die hier zu ermittelnden Wahrnehmungsmuster wurden dort jedoch noch nicht berücksichtigt. Nach Schlag und Heger (2004, in diesem Band) fördert eine gute Straßenraumgestaltung direkt eine situationsgerechte Geschwindigkeitswahl (BMVBW, 2001). Dazu muss der Straßenraum angemessen wahrgenommen werden. Wie kann der Radfahrer mögliche Gefahren vorhersehen, um sich dann fehlerfrei und sicher bewegen zu können?

Dem Sehsinn wird ein Anteil von bis zu 90% an der im Straßenverkehr relevanten Sinneswahrnehmung zugeschrieben (Kahlisch, 2002; Froese, 2001). Am menschlichen Auge treten insgesamt 4 verschiedene Bewegungsarten auf: Lidschlag (engl.: blink), Änderung der Pupillenweite (Adaptation), Linsenkrümmung (Akkomodation) und Augapfelbewegung (Sakkade und Fixation) (Mayer, 2002). Im Folgenden wird ausschließlich auf die wahrnehmungsbestimmenden Augapfelbewegungen eingegangen. Man unterscheidet:

- Fixation (das Anschauen eines bestimmten Objekts mit stehendem Auge),
- Blickfolgebewegung (für bewegte Bilder)
- Sakkade (die Augenbewegung zwischen zwei Fixationen) (Galley, 1998; Rötting und Seifert, 1999).

Sakkaden dienen dazu, die Abbilder der anzuschauenden Objekte zum scharfen Sehen auf dem gelben Fleck abzubilden. Als unterster Grenzwert für eine Fixation wird dabei 150 ms festgelegt, weil ab dieser Zeitdauer eine kognitive Verarbeitung angenommen wird. Dabei bedeutet eine hohe Fixationsdauer eine schwierige Informationsextraktion. Da vor allem das Fixationsverhalten einen potentiellen Prädiktor für die Gefahrenerkennung darstellt (TUD, 2002), wird dieses in unserer Studie zur Beurteilung des Blickverhaltens herangezogen.

2 Blickuntersuchung

2.1 Versuchsaufbau

Gegenstand der Studie war es, Versuchspersonen Innerorts-Radfahrersituationen zu präsentieren und dabei das Blickverhalten zu dokumentieren. Nach Vorbereitung und Vpn-Einweisung wurden sechs Bilder je für 3,6 Sek. präsentiert. Dieser Wert wurde in Anlehnung an vergleichbare Studien gewählt (Schreckenberg und Heine, 1997). Die Bilder wurden den Vpn randomisiert in einer individuellen Zufallsreihenfolge vorgeführt, um Reihenfolgeeffekte zu vermeiden.

Zur Beurteilung des Blickverhaltens werden die Parameter der Augapfelbewegung (Fixationen und Sakkaden) herangezogen (Rötting und Seifert 1999), die mit dem an der TU Dresden (2002) vorhandenen Eye Tracking System (ETS) EyeLink präzise erfasst werden. Dieses besteht aus einer helmartigen Konstruktion, die die Daten mit 250Hz an den angeschlossenen PC überträgt. Neben den Vorteilen der Anlage (genaue, grafisch und zeitlich hoch auflösende Erfassung) gibt es auch Nachteile, wie z.B. die hohe Empfindlichkeit der Anlage, Schmink- und Brilleneinschränkungen der Vpn, schwierige Vor- und Nachbereitung des Versuchs bis hin zur Übelkeit, die die Vpn nach ca. 30 min Helmtragen überkommen kann. Ein hoher Aufwand ist außerdem die mehrmals pro Vp durchzuführende Kalibrierung.

Die Studie versucht ein in diesem Bereich innovatives experimentelles Vorgehen, das etwa gleichzeitig in einer französischen Untersuchung eingesetzt wurde. Dort wurde die hohe Multitasking-Beanspruchung von Radfahrern beim Überqueren von Kreuzungen belegt (Carre, 2001). Damit kommt sowohl der Methodik als auch dem Instrument Eyetracking-System hier ein Erprobungscharakter zu.

Die präsentierten Bilder wurden per Digitalkamera aufgenommen und in den PC eingelesen. Es wurden jeweils zwei sehr ähnliche Innerorts-Knotenpunkte fotografiert. Die paarweise Merkmalsüberprüfung erlaubt, die Ergebnisse später besser abzusichern. Die Hauptkriterien zur Auswahl der Knoten waren:

- **Paar A:** Enge Situation (wenig Bewegungsmöglichkeiten),
- **Paar B:** Weite Situation (freie Bewegungsmöglichkeiten) und
- **Paar C:** Situation mit Wechsel der Radverkehrsführung ohne klaren Ausweg.

Die Bilder wurden umfangreich nachbearbeitet; so wurden Kennzeichen, Verkehrsschilder und Straßenmarkierungen wegretuschiert. Zusätzlich wurden verkehrs- und soziodemografische Angaben, insbesondere zum Radfahren, erhoben.

2.2 Fragestellungen

Für die Beurteilung der Gefahrenkognition durch die Verkehrsteilnehmer wurde das Blickverhalten, also **Fixationen** (Dauer, Reihenfolge) und **Sakkaden** (Geschwindigkeit und Endpunkt), erfasst. Die Fixationsdauer ist ein Maß für die Schwierigkeit der Extraktion der Orientierungsinformation der fixierten Stelle. Bei Sakkaden werden Geschwindigkeit, Beschleunigung und Endpunkt erfasst. Die Geschwindigkeit ist proportional zur Beanspruchung sowie zum Interesse an der nachfolgenden Fixation. Direkt nach der Präsentation wurde jeweils das zuletzt und danach das zuerst fixierte

Objekt abgefragt, weil diese Eindrücke die stärksten Erinnerungen hinterlassen. Die Fragestellungen waren:

- Wohin genau sehen die Versuchspersonen?
- In welcher Reihenfolge tun sie das?
- Erkennen die Vpn die potenziellen Gefahren?
- Wie stark sind die Vpn dabei beansprucht?
- Worin liegen Unterschiede zwischen den Bildern?
- Sind sich die Vpn ihrer Wahrnehmung bewusst?

Folgendes Blick-Verhalten wurde erwartet:

1. Möglichkeiten-Eingrenzung:
   - Viele Fixationen entlang der Bordsteine bzw. des Fahrbahnrandes (vgl. Cohen, 1998),
   - Fixierung entlang der nicht herausretuschierten Fahrbahnmarkierungen,
   - knappe Fixation des Fahrtziels.
2. Gefahren-Suche:
   - Fixationscluster in speisenden Kreuzungsarmmündungen,
   - Blicke in Richtung der befürchteten Gefahr (zur Seite/nach hinten [Bildrand]),
   - Überprüfung geparkter Autos (Angst vor einer plötzlich geöffneten Tür).

3 Ergebnisse

3.1 Stichprobe und Bilder

Untersucht wurden 50 Vpn. Fünf davon bilden eine Kontrollgruppe (KG) von Vpn, welche die präsentierten Bilder kannten. So konnte der Einfluss der vorherigen

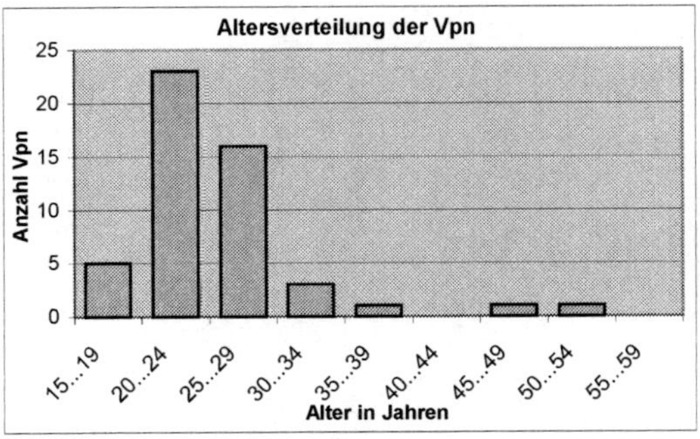

Abb. 2: Vpn-Altersverteilung

Bildkenntnis untersucht werden. Die übrigen 45 wurden in der Stichprobe ohne KG (SoK) zusammengefasst. Das mittlere Vpn-Alter ist 25 Jahre (in der KG 32 Jahre), der Studentenanteil beträgt 76%. Die Geschlechter sind genau gleichverteilt. Die mittlere Führerscheinbesitzdauer betrug 6,5 Jahre. Die Vpn hatten eine mittlere Weglänge von 5,4 km zur Arbeit bzw. Ausbildung. 10,2% der Vpn besaßen eine Eintragung im Verkehrszentralregister, was gut dem deutschen Durchschnitt (Kraftfahrtbundesamt 2001) von 11% entspricht.

Die 6 verwendeten Bilder wurden in 3 vergleichbare Paare gruppiert, die in Abb. 3 – 8 mit den Hauptfixationsgebieten (hier nur für die Vpn ohne vorherige Bildkenntnis) dargestellt sind:

Paar A

Abb. 3: Bild A1: Fixationen der 45 Vpn nach Zielgebieten

Abb. 4: Bild A2: Fixationen der 45 Vpn nach Zielgebieten

Paar B

Abb. 5: Bild B1: Fixationen der 45 Vpn nach Zielgebieten

Abb. 6: Bild B2: Fixationen der 45 Vpn nach Zielgebieten

Paar C

Abb. 7: Bild C1: Fixationen der 45 Vpn nach Zielgebieten

Abb. 8: Bild C2: Fixationen der 45 Vpn nach Zielgebieten

3.2 Blickverhalten

In der Studie wurden per Bildervergleich folgende Kennwerte ermittelt:

- Anzahl, Dauer und Zielgebietszugehörigkeit der Fixationen,
- Anzahl, Dauer und Weite (und damit Geschwindigkeit) der Sakkaden,
- Mittelwerte der verkehrs- und soziodemografischen Angaben sowie
- die Überprüfung der Richtigkeit der Erst-/Letztfixationsnennnungen.

Abschließend musste die Gefahren-Erkennung abgeschätzt werden. Nach der Datenkonvertierung wurden Gebiete mit hoher Fixationsdichte zu Zielgebieten (ZG). Die Kohärenz des tatsächlichen Blickverhaltens innerhalb der Bilderpaare legitimiert deren Bildung. Die ZG-Nummerierung verläuft von links nach rechts, dabei ist immer ZG 3 der Fluchtpunkt und ZG 4 die primäre Gefahrenquelle; die übrigen beiden sind unterschiedlich.

Die KG-Ergebnisse (N=5) korrelieren hoch mit denen der hier dargestellten Stichprobe ohne spezifische Ortskenntnis. Zuerst werden die grundlegenden Kennwerte des Vpn-Blickverhaltens vorgestellt. Im Mittel machten die Vpn 8 bis 10 Fixationen pro Bild bei einer Präsentationszeit von 3,6s; die Mittelwerte der Zielgebiets-(ZG)-Fixations-Dauern betrugen 270 bis 370 ms.

Beim A-Bilderpaar (Abb. 3, 4) waren die Vpn sicherer, richtig zu fixieren, wie die längeren (ruhigeren) Fixationen zeigen. 60% (zwischen 56% und 64%) der Fixationzeiten liegen in den vom Verfasser festgelegten ZG – ihre Festlegung ist damit hinreichend plausibel. Der Anteil der Zielgebiete an der Gesamtbildfläche liegt je nach Bild zwischen 5% und 12%. Neben der Anzahl der Fixationen interessiert die Anzahl der fixierten ZG (Abb 9). Danach liegen ca. 2 - 3,5 der durchschnittlich 8 - 10 Fixationen der Vpn in den aus Verkehrssicherheitsüberlegungen als relevant

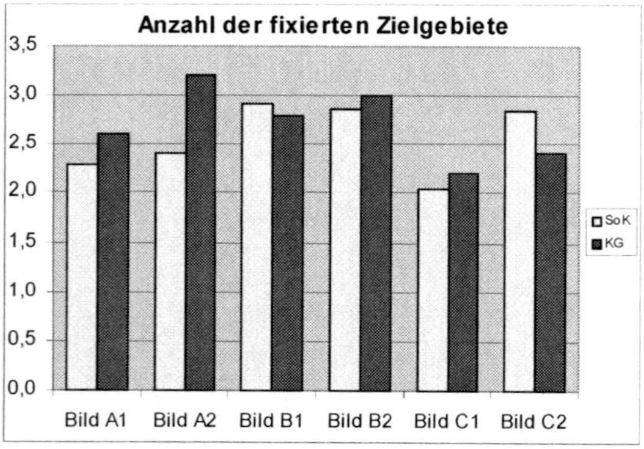

Abb. 9: Anzahl der fixierten ZG

angesehenen Zielgebieten. Diese Zielgebiete werden danach eher unterproportional häufig, aber überdurchschnittlich lange betrachtet.

Nachfolgend wird die Fixationsreihenfolge und die Fixationsanteile (Abb. 10) der ZG innerhalb eines Bildes betrachtet, da in der Verkehrsplanung mit schnell wirkenden Reizen eine effektive Verhaltenssteuerung erzielt werden kann.

In **Bild A1** fällt die starke Konzentration auf die ZG 2 und 3 (Fluchtpunkt) auf. Bemerkenswert ist, dass ZG 2 (geparkte Autos) entweder zuerst oder gar nicht fixiert wird; bei anderen ZG ist solch eine Ausschließlichkeit selten gegeben. Nur 10 Vpn (20%) haben die gefährliche ZG 4-Einmündung überhaupt beachtet.

Bei **Bild A2** wird wieder die Vorrangstellung von ZG 3 (Fluchtpunkt) deutlich. Wichtig ist es hier zu sehen, dass ZG 1 zwar deutlich später fixiert wird, aber in der Summe von mehr Vpn als ZG 2. Es gibt also offenbar weniger schnell, aber zuverlässig wirkende Reize. Nur 30% der Vpn beachteten das gefährliche ZG 4.

In **Bild B1** ist eine im Vergleich sehr gleichmäßige Verteilung der Fixationen auf Plätze und ZG erkennbar. Dies ist der ungefassten Kreuzungssituation geschuldet und der Hauptgrund dafür, dass bei diesem Bild die meisten Fixationen unterschiedlicher ZG überhaupt auftreten. Das Blickverhalten erscheint eher ziellos.

Bei **Bild B2** wird die Vorrangstellung von ZG 2 deutlich (prägnantes Bauwerk). Bemerkenswert ist dabei der extreme Abfall von Platz 2 nach Patz 3. Generell fällt beim B-Bilderpaar wiederum die vergleichsweise breite Streuung der Fixationen auf die ZG und Plätze auf, was an der ungegliederten Platzsituation liegt.

In **Bild C1** findet sich der Spitzenwert in diesem Teil der Auswertung: ZG 3 mit 48 von 50 möglichen Platz 1-Fixationen. Dies verdeutlicht die Fluchtpunktorientierung in dieser Situation. Vermutlich haben die Vpn den Situationswechsel im weiteren Verlauf erkannt, da dieser direkt vor dem Fluchtpunkt liegt.

Bei **Bild C2** ist ebenfalls der Vorrang des ZG 3-Reizes (Fluchtpunkt) deutlich. Die anderen ZG fallen aber demgegenüber nicht allzu sehr ab. den Situationswechsel

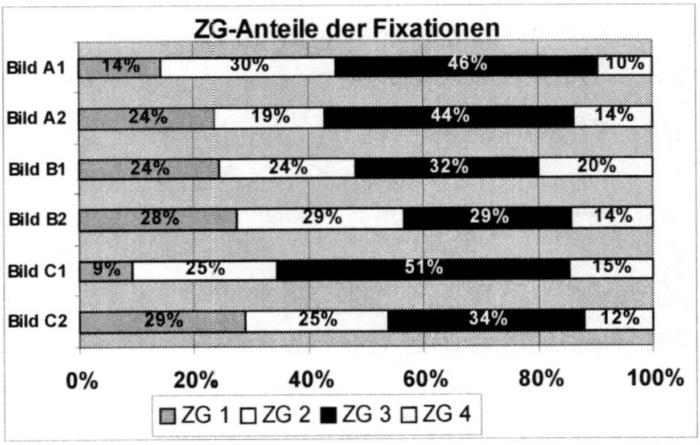

Abb. 10: ZG-Anteile der Fixationen

Viele Vpn haben zwar gesehen (ZG 3-Fixation), aber die damit verbundene Gefahr nicht erkannt, wie die sehr niedrige ZG 4-Fixationsanzahl zeigt.

Generell ist bemerkenswert, wie stark die Fluchtpunkte (ZG 3) beachtet wurden. Dies legt nahe, dass die Vpn normalerweise recht schnell unterwegs sind (Weise, 1997). Dieser Punkt ist wichtig für verkehrsplanerische Lösungsansätze: Eine Zurück-Verlagerung des Fluchtpunktes durch geeignete Gestaltungsmaßnahmen wäre geeignet, die Geschwindigkeit der Radfahrer in Konfliktbereichen zu verringern.

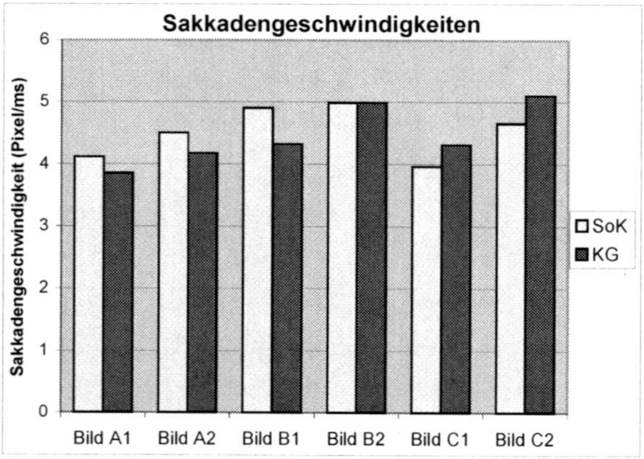

Abb. 11: Sakkadengeschwindigkeiten

Die Sakkadenweiten reichen von etwa 1000 bis 1800 Pixel. Die Sakkadendauern gehen von circa 260 bis 360 ms und dauern damit fast genau so lange wie die Fixationen. Sowohl bei den Sakkadenweiten wie in abgeschwächter Form auch bei den Sakkadendauern lässt sich eine Sonderrolle des B-Bilderpaares feststellen. Dies findet sich auch bei der wichtigsten Auswertung der Sakkaden wieder, den Sakkadengeschwindigkeiten. Dieser Parameter gilt als direktes relatives Maß für die Beanspruchung der Vpn. Beachtet man nur die aussagestärkere Gruppe ohne Vorkenntnisse SoK (N=45), so macht Abb. 11 deutlich, dass die Sakkadengeschwindigkeit besonders beim B-Paar höher war als bei anderen Bildern. Darin findet die Ungegliedertheit dieser Verkehrssituationen ihren Ausdruck. Die Informationsentnahme ist hier schlecht geführt, eine rechtzeitig erkennbare Informationsbereitstellung für die Verkehrsteilnehmer wäre zu fordern.

Die Frage nach der **empfundenen Sicherheit** (Abb. 12) beantworteten die Vpn je nach Bild mit Mittelwerten von 2,4 bis 4 auf einer 5-stufigen Skala. Auch hier lässt sich die Bildpaareinteilung wieder gut nachvollziehen, so setzt sich das B-Paar mit seinen niedrigen Werten („eher unsicher") deutlich von den anderen Bildern ab. Allgemein gilt: Räumliche Weite und Ungegliedertheit führt in Knotensituationen bei Radfahrern zu Unsicherheit. Ebenfalls gut erkennbar ist die durchweg merklich höhere Unsicherheit in der KG - trotz Vorkenntnis der Bilder! Möglicherweise führt die Situationskenntnis zu einer stärkeren Beachtung der eigenen Wahrnehmungsunsicherheiten (und darüber im Verhalten zu vermehrter Vorsicht).

Fast genau das gleiche Bild bietet sich bei der Frage nach der **empfundenen Beanspruchung**: Weite führt zu hoher Beanspruchung und damit zu Unsicherheit.

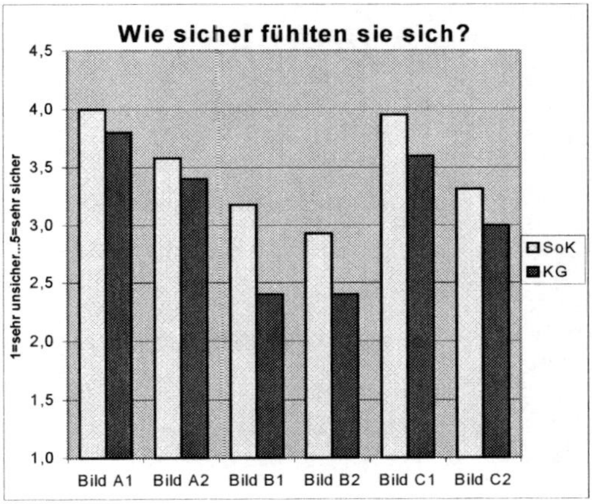

Abb. 12: Subjektive Sicherheit

Die (vorinformierte) KG fühlte sich fast immer stärker beansprucht als die SoK; nur bei Bild C1 führte offenbar das Vorwissen um die Schwierigkeit der Situation zu einer bemühteren Suche nach einem Ausweg aus der Situation.

Von besonderem Interesse bei der Auswertung ist der Vergleich der von den Vpn selbst genannten **Erst- bzw. Letzt-Fixationen** mit den objektiv erhobenen Fixationsdaten. 39% Übereinstimmung weisen zwar auf eine keineswegs vollständig bewusste Blickorientierung hin, jedoch sind immerhin durchweg mindestens doppelt so viele Nennungen richtig wie falsch. Die Ergebnis-Grauzone in Abb. 13 ergibt sich hauptsächlich aus der nicht objekt-, sondern clusterbezogenen ZG-Abgrenzung. Der Richtig-Wert der Endnennungen ist etwas höher als derjenige der Anfangsnennungen. Dies spricht allerdings noch nicht für einen stärkeren recency- im Vergleich zum primacy-Effekt, da nach der Präsentation zuerst die Letzt-Fixation abgefragt wurde. Wenn den Verkehrsteilnehmern das Gesehene richtig in Erinnerung bleibt, bietet sich hier ebenfalls ein Ansatzpunkt für eine Verhaltenssteuerung. In der KG sind die Nennungen merklich häufiger korrekt. Das Vorbereitet-Sein und die frühzeitige Erwartungsbildung führen hier offenbar zu einem besseren Wahrnehmungsbewusstsein.

Beim Betrachten der Sakkadengeschwindigkeit (Abb. 11) und der empfundenen Sicherheit (Abb. 12) fällt die umgekehrte Proportionalität beider Werte auf, d.h. die

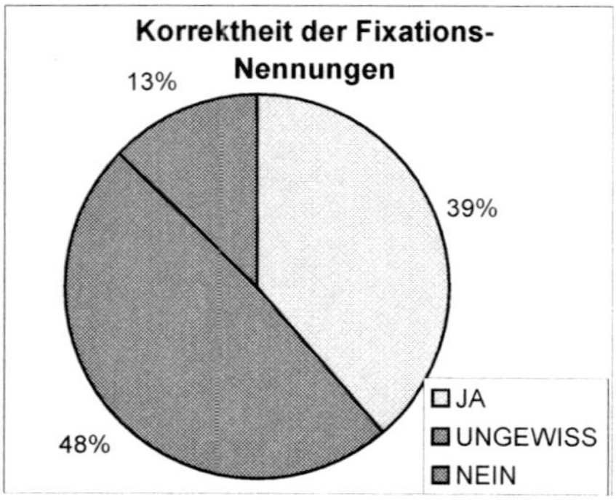

Abb. 13: Übereinstimmung zwischen erfassten und genannten Fixationen

Vpn *suchen* die sicherheitsrelevanten Informationen im Bild. Die höhere subjektive Beanspruchung und Unsicherheit in der KG verglichen mit den SoK-Vpn findet sich objektiv - d.h. bei der Sakkadengeschwindigkeit - nur beim C-Bilderpaar wieder. Das unterstreicht generell die Wichtigkeit der rechtzeitigen Informationsbereitstellung, damit die Verkehrsteilnehmer antizipierend ihr Verhalten anpassen können.

Für das (teilweise kritische) Bilderpaar B gilt:

- Niedrige Fixationsdauern,
- viele fixierte ZG (Abb. 9),
- hohe Sakkadengeschwindigkeit (Abb. 10) durch
    - sehr hohe Sakkadenweite,
    - dagegen nur leicht erhöhte Sakkadendauer.

Dazu passt die generelle Unsicherheit und die starke Beanspruchung bei diesen Bildern. Hierin spiegelt sich die Ungefasstheit der weiten Situationen der B-Bilder wieder, die zu Verhaltensunsicherheit und streuenden Suchprozessen im Blickverhalten führt.

Zusammenfassend lässt sich mit Blick auf die Fragestellungen festhalten:

- Die Fluchtpunktorientierung der Vpn war bei allen Bildern am häufigsten.
- Viele Gefahrenpunkte wurden nicht fixiert (siehe auch niedrige Werte in Abb. 15).

- Die Fixationscluster in Einmündungen (=Gefahrenquellen) waren viel kleiner als angenommen. Das spricht für eine unter wahrnehmungspsychologischen Gesichtspunkten schlechte Knotenpunktgestaltung.
- Es gab sehr wenige Fixationen am Bildrand.
- Es gab wenig Fixationen der Bordsteine.
- Fixationen entlang der nicht herausretuschierten Fahrbahnmarkierungen waren ebenfalls selten.
- Wie erwartet gab es in ungegliederten Flächen wenige Fixationen.
- Es gab (besonders bei Bildpaar A) mehr Fixationen entlang der parkenden Autos als erwartet.

Gefahrenpotenzialanteile					
Bild	ZG 1	ZG 2	ZG 3	ZG 4	SUMME
A1	10%	10%	30%	50%	1
A2	30%	10%	20%	40%	1
B1	30%	15%	15%	40%	1
B2	20%	10%	10%	60%	1
C1	0%	15%	25%	60%	1
C2	0%	10%	10%	80%	1

Abb. 14: Anteile der ZG am Gesamtbildgefahrenpotenzial

Um abschließend die Radverkehrssicherheit bestimmter Knotenpunktgestaltungen mit Hilfe der erhobenen Wahrnehmungsparameter näherungsweise abschätzen zu können, wurde für alle Bilder ein situationsabhängiges Gefahrenpotenzial erschlossen. Dieses setzt sich zusammen aus den geschätzten Gefahrenpotenzialen in den einzelnen ZG der Bilder und errechnet sich nach den in Abb. 14 angegebenen Anteilen. Die Festlegung der Anteile erfolgte nach den Einflussgrößen:

- Einsehbarkeit der potenziellen Gefahrenquelle,
- prognostizierte eigene Blickwinkel im weiteren Fahrtverlauf,
- prognostizierte Blickwinkel der potenziellen anderen Verkehrsteilnehmer im weiteren Fahrtverlauf und
- Fahrtweite bis zum potenziellen Konfliktpunkt.

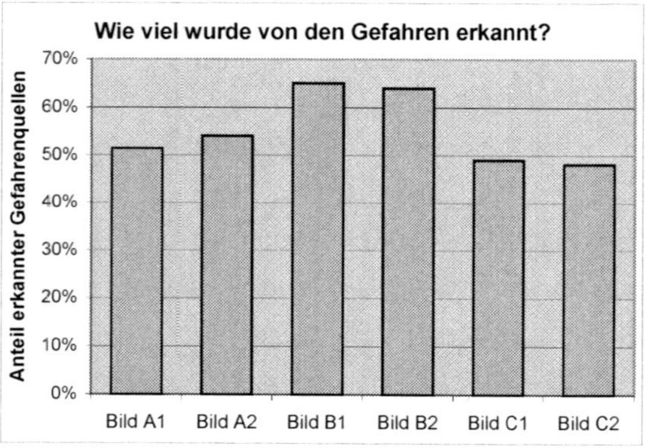

Abb. 15: Anteil erkannter an den gesamten Gefahrenquellzonen

Danach wurde für jedes Bild ein Gefahrenerkennungswert gebildet (Abb. 15). Dabei hätte ein von den Vpn erreichter Wert von 0% das vollständige Vorbeischauen an allen Gefahrenquellen bedeutet und bei 100% wären sie sozusagen ganz im Bilde gewesen. Die erkannten machten an den gesamten Gefahren einen Anteil von 48% bis 65% aus. Es fällt die hohe Homogenität innerhalb der Paare auf. Dies ist ein weiterer Beleg für die Validität der Ergebnisse. Bei Paar B wurde ein höherer Anteil der Gefahren fixiert, was auf die Weite der Situation zurückzuführen ist. Dagegen wurden bei Paar C die Gefahren besonders schlecht erkannt, was an der abgebildeten Wechselsituation liegt.

3.2 Diskussion

Auch wenn eine Präsentation bewegter Bilder aus technischen Gründen nicht realisierbar war, ließen sich mit diesem für die Untersuchung des Radfahrens innovativen Vorgehen einige für die weitere Forschung wie konkret auch für die Verkehrsplanung interessante Aussagen über das Blickverhalten von Radfahrern in Kreuzungen begründen. Praxisorientierte Schlussfolgerungen seien abschließend kurz angerissen. Um den Verkehrsteilnehmern ein korrektes Verhalten zu ermöglichen, muss der Verkehrsweg mit allen seinen Eigenschaften, Einflüssen und Durchkreuzungen verständlich und vorhersehbar sein. Dies kann erreicht werden durch eine klare Verkehrsflächengliederung und - damit diese für den Verkehrsteilnehmer rechtzeitig erkennbar ist - freie Sichtbeziehungen. Ungegliederte, großflächige Verkehrssituationen verunsichern dagegen die Verkehrsteilnehmer. Freie Sichtbeziehungen beinhalten auch die Freihaltung aller Kreuzungs- und Einfädelungspunkte von optischen Hindernissen. Dies bezieht sich auch auf den ruhenden Verkehr. Problematisch dabei ist allerdings, dass ein gut vorhersehbarer Verkehrsweg die Verkehrsteilnehmer meist dazu verleitet, schneller unterwegs zu sein (vg. Weller und Schlag, 2004, in diesem Band). Daher muss im Sinne der SER ein angemessenes Aktivierungsniveau im Auge behalten werden. Der starke Einfluss der Fluchtpunktorientierung fordert die Schaffung von Raumabschnitten. Dadurch wird die gleichzeitige Forderung nach freien Sichtbeziehungen – insbesondere für den Kfz-Verkehr - relativiert. Mittels Raumabschnitten, deren Länge je nach Randbedingungen (Gebietscharakter, erwünschte Verkehrsmenge und -geschwindigkeit, Aufenthaltsfunktion, Topografie etc.) variiert, würde der (Verkehrs- und Siedlungs-) Raum – nicht nur für die Verkehrsteilnehmer – besser erlebbar. Die bewusste Anordnung der Elemente des Verkehrsraumes (Ausgestaltung von Räumen) eröffnet hier Wege zur Beeinflussung der Verkehrsteilnehmer. Besonders zu achten ist auf die gegenseitige Erkennbarkeit der Durchdringung der Verkehrsströme. Allerdings gilt wiederum: Die schrittweise (= raumweise) Vorkenntnis, die den Verkehrsteilnehmern bspw. mittels SER geboten werden soll, darf nicht zu Gewöhnung im Sinne von sinkender Aktivation und damit Unaufmerksamkeit führen.

4 Literatur

ADFC Baden-Württemberg (1997). http://www.adfc-bw.de/presse/texte/klima6-11.htm.

BMVBW - Bundesministerium für Verkehr, Bau- und Wohnungswesen (1999). Erster Bericht der Bundesregierung über die Situation des Fahrradverkehrs in der Bundesrepublik Deutschland, Bonn.

BMVBW - Bundesministerium für Verkehr, Bau- und Wohnungswesen (2001). Programm für mehr Sicherheit im Straßenverkehr. Berlin.

BMVBW - Bundesministerium für Verkehr, Bau- und Wohnungswesen (2002). Fahrrad als Verkehrsmittel stärken: http://www.bmvbw.de/Fahrrad-als-Verkehrsmittel-staerken.597.htm.

Carré, J. (2001). Experimental research on Bicyclist's Behaviour and Strategies in Urban traffic. Arcueil: Verlag INRETS.

C.R.O.W. (1995). Radverkehrsplanung von A bis Z, Record 12, deutsche Ausgabe des aus dem *Masterplan Fiets* abgeleiteten Planungswerkes. Holland.

Cohen, A. (1998). Visuelle Orientierung im Straßenverkehr – Eine empirische Untersuchung zur Theorie des visuellen Abtastens. Bern.

FES (Friedrich-Ebert-Stiftung, 2002). Die fahrradfreundliche Stadt: eine lösbare Aufgabe: http://www.fes.de/fulltext/fo-wirtschaft/00388008.htm.

Froese, C. (2001). Diplomarbeit: Gestaltungsmerkmale von Homepages in ihrer Aktivierungswirkung auf den Nutzer im Business-to-Consumer-Bereich, Dresden.

Galley, N (1998). Physiologische Grundlagen, Meßmethoden und Indikatorfunktion der okulomotorischen Aktivität. Köln.

Haag, M. (1996). Notwendiger Autoverkehr in der Stadt. Kaiserslautern: Grüne Reihe der TU Kaiserslautern, Verkehrswesen, Dissertation.

Hagemeister, C., und Fiedler, F. (2004). Einstellung von Schülerinnen und Schülern zum Radfahren. In: B. Schlag (Hrsg.): Verkehrspsychologie. Mobilität – Sicherheit – Fahrerassistenz. Lengerich, Berlin: Pabst Science Publ. (in diesem Band).

Hagemeister, C., und Schmidt, A. (2004). Erleben des Verkehrsumfelds durch Radfahrer. In: B. Schlag (Hrsg.): Verkehrspsychologie. Mobilität – Sicherheit – Fahrerassistenz. Lengerich, Berlin: Pabst Science Publ. (in diesem Band).

Hoeppe, E. (2001). Handlungsaufforderungen von Elementen des Verkehrsraumes - eine Studie über die Wahrnehmung von Landstraßenabschnitten. TU Dresden (unveröffentlichte Studienarbeit).

Hoeppe, E., und Butterwegge, P. (2000). Self Explaining Roads. TU Dresden (unveröffentlichte Studienarbeit).

Kahlisch, T (2002). Software-Ergonomische Aspekte der Studierumgebung blinder Menschen: http://www.dzb.de/staff/kahlisch/phd/k0301.htm.

Mayer, K. (2002). Hirnnerven Riechen und Sehen: http://www.neuro24.de/hirnnerven.htm.

Rötting, M., und Seifert, K. (Hrsg., 1999). Blickbewegungen in der Mensch-Maschine-Systemtechnik. ZMMS-Spektrum; Band 8, Sinzheim: Pro Universitae Verlag.

Schlag, B., Heger, R. (2004). Ansätze einer psychologisch fundierten Verkehrsplanung. (in diesem Band).

Schreckenberg, D., Heine, W.-D. (1997): Die Fahrradstraße als Verhaltensangebot für eine umweltfreundliche Verkehrsmittelnutzung. In: Schlag, B. (Hrsg.): Fortschritte der Verkehrspsychologie 1996, Bonn: DPV.

TU Dresden, Institut für Psychologie III – Angewandte Kognitionsforschung (2002). http://www.augenbewegungen.de/.

E) Psychologische Evaluation von Fahrerassistenzsystemen

Christhard Gelau

Fahrerablenkung durch Informations- und Kommunikationssysteme im Fahrzeug: Auswirkungen auf das Fahrerverhalten und die Verkehrssicherheit

1 Einleitung

Aufgrund der zunehmenden Weiterentwicklung und Verbreitung von Fahrerassistenz- und -informationssystemen wurden mittlerweile zahlreiche Studien veröffentlicht, in denen der Umgang von Fahrern mit diesen Systemen und deren Auswirkungen aus teilweise recht spezifischen Blickwinkeln und auch sehr kritisch beleuchtet wird. Der vorliegende Beitrag konzentriert sich auf die Gruppe der Informations- und Kommunikationssysteme, für die der Bewertungsaspekt der benutzergerechten Gestaltung der Bedienoberfläche bzw. Mensch-Maschine-Schnittstelle (*H*uman-*M*achine-*I*nterface, *HMI*) in der nationalen wie internationalen Diskussion besondere Bedeutung erlangt hat (z.B. Board, Stevens, 2002; Gail, Nicklisch, Gelau et al., 2002; Ranney, Mazzae, Garrott, Goodman, 2000). Im Mittelpunkt dieser Diskussion steht die Frage nach möglichen negativen Auswirkungen dieser Systeme auf die Verkehrssicherheit infolge ablenkender Wirkungen auf den Fahrer bei deren Nutzung während der Fahrt und Möglichkeiten, dem durch eine benutzergerechte HMI-Gestaltung entgegenzuwirken (Haller, 1999).

Es ist bemerkenswert, trotz dieser nun bereits seit mehreren Jahren geführten Diskussion keine allgemein akzeptierte Definition des zentralen Begriffs der *Fahrerablenkung (driver distraction)* vorgeschlagen wurde. Derzeit scheint es eher so zu sein, dass man auf der Suche nach einer Definition entweder ein Konversationslexikon bemüht (z.B. Lam, 2002), den Begriff erst gar nicht definiert oder eine Umschreibung versucht und dabei auf den Aufmerksamkeitsbegriff zurückgreift (z.B. Ranney et al., 2000). Entsprechend wurde in dem 1999 von der EU-Kommission veröffentlichten Dokument „European Statement of Principles on Human Machine Interface for In-Vehicle and Communication Systems – Expansions of the Principles“ definiert: *„Distraction is the capture of significant driver attention by stimulations which arise from non driving relevant information, or from driving relevant information presented in such a way that the stimulus attracts more driver attention than strictly necessary just to obtain the relevant information.“* (Commission of the European Communities, 1999). Was nun wiederum unter Aufmerksamkeit zu verstehen ist, wird in diesem Dokument nicht ausgeführt. Zumindest aber werden *Aufmerksamkeitsanforderungen* („attentional demands“) als eine Art physischer oder psychischer Ressource erläutert, die der Fahrer benötigt, um seine Aufgaben erfolgreich erledigen zu können.

Versucht man *Fahrerablenkung* auf diesem Wege begrifflich zu fassen, stellt sich das Problem der Abgrenzung zum Begriff der *Unaufmerksamkeit.* Letztere wurde als „unfallbegünstigender“ Faktor seit Beginn wissenschaftlicher Arbeiten in der Verkehrspsychologie zu Anfang des 20. Jahrhunderts diskutiert. Sussman, Bishop, Madnick und Walter (1985) umschrieben den Begriff *Unaufmerksamkeit* als einen Zustand herabgesetzter physischer oder psychischer Aktiviertheit, dessen Zustandekommen aufgrund eines der folgenden Faktoren erklärbar ist: Schläfrigkeit, physische Ermüdung, exzessive mentale Beanspruchung, Intoxikation durch Alkohol, Drogen oder andere Chemikalien oder „einfache Unaufmerksamkeit“. Mit Blick auf eine befriedigende Definition des Begriffs der *Fahrerablenkung* bewegt man sich aber auch mit diesem Ansatz in eine „Sackgasse“, wie sich aus den Erklärungen zu „einfache Unaufmerksamkeit“ schlussfolgern lässt: *„This inattention may be the result from introspective behavior by the driver or a* ***distraction*** *by the driver. The operational result is that the driver makes a delayed response, an inappropriate response, or no response at all“* (Sussmann et al., 1985, 41, Hervorhebung durch den Verfasser).

Da das Problem einer angemessenen Definition des Begriffs der *Fahrerablenkung* im Rahmen des vorliegenden Beitrags nicht gelöst werden kann, wird dem Ansatz von Fastenmeier und Gstalter (2000) gefolgt, die vorschlagen, die Auswirkungen von Informations- und Kommunikationstechnologien auf den Fahrer in der Begrifflichkeit des Belastungs-Beanspruchungs-Konzepts der Ergonomie (z.B. Laurig, 1990; Rohmert, 1984) zu fassen. Wenn im Folgenden also der Begriff der *Fahrerablenkung* verwendet wird, sind damit *durch Eigenschaften der Person vermittelte Wirkungen von Belastungen* - also Beanspruchungen - *gemeint, die aus den Anforderungen der Aufgaben entstehen, die dem Fahrer neben der reinen Fahrtätigkeit im Fahrzeug gestellt werden oder die er sich selbst stellt.*

Die in der Literatur dokumentierten Zusammenhänge zwischen so verstandener Fahrerablenkung und Merkmalen des Fahrerverhaltens und der Verkehrssicherheit sind Gegenstand dieses Beitrags. Darüber hinaus wird in geraffter Form auch die EU-Empfehlung „Europäischer Grundsatzkatalog zur sicheren und effizienten Gestaltung der Mensch-Maschine-Schnittstelle von On-Board Informations- und Kommunikationssystemen“ (Commission of the European Communities, 1999). reflektiert und darauf aufbauend auf einige aktuelle Entwicklungen in der Forschung eingegangen.

2 Fahrerablenkung und Unfallgeschehen

Versuche, einen Zusammenhang zwischen Fahrerablenkung und Unfallrisiko nachzuweisen, wurden zumeist anhand des „Telefonierens am Steuer“ unternommen. Die Befürchtung, dass die zunehmende Verbreitung von Mobiltelefonen und deren Gebrauch beim Fahren negative Auswirkungen auf die Verkehrssicherheit haben kann, ist leicht nachvollziehbar und hat unter dem Stichwort „Handy-Verbot“ Niederschlag in der Gesetzgebung vieler Länder gefunden. U.a. von Redelmeier und Tibshirani (1997) wurde der Versuch unternommen, diese Zusammenhänge zu quantifizieren. Aufgrund der Ergebnisse ihrer ex-post-facto Analysen schlossen die Autoren auf eine Vervierfachung des relativen Unfallrisikos in Phasen der Nutzung des Mobiltelefons gegenüber Phasen der Nicht-Nutzung. Bei der Interpretation dieser Befunde ist allerdings Zurückhaltung geboten, denn Risikoanalysen im eigentlichen Sinne wurden hier nicht durchgeführt. Die Daten von Redelmeier und Tibshirani (1997) stammen aus einer mehrfach (selbst-)selektierten Stichprobe von Fahrern, die an einem Unfall beteiligt waren. Fragen wie etwa die nach Fahrleistungen oder Nutzungshäufigkeiten des Telefons (auch bei Nicht-Unfallbeteiligten) bleiben bei diesem Untersuchungsdesign unberücksichtigt (Brühning, Haas, Mäder, Pfafferott, Pöppel-Decker, 1998). Im Kern weisen auch die von Violanti und Marshall (1996) und Violanti (1998) vorgelegten Studien, in denen zwischen unfallbeteiligten und nicht unfallbeteiligten Fahrern ex-post-facto Vergleiche hinsichtlich der selbstberichteten Telefonnutzung beim Fahren durchgeführt wurden, diese methodische Schwäche auf.

Im Forschungsprojekt „Telefonieren am Steuer und Verkehrssicherheit“ der Bundesanstalt für Straßenwesen (BASt) (Brühning et al., 1998) wurde daher der Einfluss des Telefonierens am Steuer auf die Verkehrssicherheit anhand einer Sondererhebung von Unfalldaten einer detaillierten Analyse unterzogen. Dazu wurden 1996 bei der polizeilichen Unfallaufnahme zeitlich befristet zusätzliche Angaben zum Telefon im Fahrzeug und zu dessen Nutzung erfasst. Ein insgesamt höheres Unfallrisiko der Pkw-Fahrer mit Telefon konnte nicht festgestellt werden. Allerdings ergab sich, dass auf Bundesautobahnen Fahrer von Pkw mit Telefon gemessen an ihrer Verkehrsbeteiligung wesentlich häufiger in Unfälle verwickelt waren als Fahrer ohne Telefon. Ein positiver Einfluss von Freisprecheinrichtungen wurde erkennbar. Daraus wurde gefolgert, dass die Öffentlichkeit hinsichtlich der Risiken, die mit dem

Telefonieren verbunden sind, stärker sensibilisiert werden sollte. Ferner wurde empfohlen, die polizeiliche Unfallerfassung durch die Unfallursachenkategorie „Unaufmerksamkeit infolge mitgeführter Telekommunikationsmittel“ zu ergänzen. Horberry, Bubnich, Hartley und Lamble (2001) versuchten, die Häufigkeit der Benutzung eines Mobiltelefons während der Fahrt aufgrund von Verkehrsbeobachtungen zu schätzen. In dieser 1999 in Perth (Australien) durchgeführten Studie zeigte sich, dass damals im Durchschnitt 1,5% der Fahrer ein Mobiltelefon (ohne Freisprecheinrichtung) während der Fahrt benutzten.

Neben dem Telefon existieren im Fahrzeug eine ganze Reihe weiterer „Ablenkungsquellen“ für den Fahrer. Aufmerksamkeitsverlagerungen in das Fahrzeug während der Fahrt sind als Unfallursache allerdings nur schwer erfassbar (vgl. Sprenger, 1999). Entsprechend spärlich ist die Zahl empirischer Studien, in denen versucht wurde, die quantitative Bedeutung dieses Ursachenfaktors für das Unfallgeschehen abzuschätzen. Eine viel beachtete Untersuchung zu dieser Thematik stammt von Wierwille und Tijerina (1995), die bei einer Analyse von 251.171 vollständigen Unfallberichten aus North Carolina 1.562 (0,63%) als solche identifizierten, bei denen eine Aufmerksamkeitsverlagerung in das Fahrzeug als Unfallursache polizeilich registriert wurde. Stevens und Minton (2001) ermittelten bei Analysen polizeilicher Berichte tödlicher Unfälle in England und Wales (1985-1995) in 2% der Fälle „distraction“ als Unfallursache. Lam (2002) analysierte den Einfluss der Altersvariablen auf den Zusammenhang zwischen Fahrerablenkung und dem Risiko der Beteiligung an einem Unfall mit Personenschaden anhand der polizeilich registrierten Unfälle im australischen Bundesstaat New South Wales der Jahre 1996-2000. Bei ca. 3,8% (2.400) der insgesamt 63.779 Unfälle mit Personenschaden in diesem Zeitraum wurde „Ablenkung“ als ein Einflussfaktor (contributing factor) durch die Polizei registriert. Bei der Analyse dieser Unfälle fand sich ein U-förmiger Zusammenhang zwischen den Unfallrisiko und der Altersvariablen. Bezogen auf die Zahl der Getöteten bzw. Verletzen je 1.000 Unfälle war das relative Risiko der 40-49jährigen in der Ursachenkategorie „Ablenkung innerhalb des Fahrzeugs“ am geringsten; nahm in der höheren Altersgruppen jedoch wieder zu. Lam (2002) führt dies auf Faktoren zurück, die in der gerontopsychologischen Literatur als „altersbedingt verlangsamte Informationsverarbeitung“ und „reduzierte Fähigkeit zur Aufmerksamkeitsteilung“ beschrieben werden. Zu beachten ist dabei allerdings, dass bei den älteren Fahrern auch die Unfallfolgen, d.h. die bei einer bestimmten

Unfallschwere zu erwartenden Verletzungen, insgesamt schwerer sind als bei jüngeren (z.B. Gelau et al., 1993).
Auf den ersten Blick scheinen diese Studien aufgrund methodischer Probleme nicht schlüssig zu belegen, dass Fahrerablenkung durch Informations- und Kommunikationstechnologien im Fahrzeug signifikante Beeinträchtigungen der Verkehrssicherheit erwarten lässt. Insbesondere konnte die Frage, ob zum Zeitpunkt des Unfalls eine Ablenkungswirkung auf den Fahrer bestand, aufgrund des epidemiologischen Untersuchungsansatzes durch keine der hier referierten Studien befriedigend beantwortet werden (vgl. Haigney und Westerman, 2001).
Trotz dieser methodischen Einschränkungen sollte bei der Abschätzung möglicher Auswirkungen moderner Informations- und Kommunikationssysteme nicht übersehen werden, dass die betrachteten Unfalldaten durchweg zu Zeiten erhoben wurden, in denen derartige Technologien im Fahrzeug weitaus weniger verbreitet waren als dies heutzutage der Fall ist und in Zukunft sein wird. Beispielsweise schätzt der ADAC in einer im Dezember 2002 veröffentlichten Prognose (www.verkehr.adac.de), dass der Gesamtbestand an Navigationssystemen in europäischen Fahrzeugen von knapp 4 Millionen im Jahr 2002 auf ca. 9,65 Millionen im Jahr 2005 ansteigen wird. In Anbetracht dessen ist die Auseinandersetzung mit der Frage nach deren sicherheitsrelevanten Auswirkungen durchaus geboten. Ein geeigneter Zugang sind Studien, in denen die Auswirkungen von Fahrerablenkung auf das Fahrerverhalten selbst und nicht auf dessen Folgen, d.h. das Unfallgeschehen, analysiert wurden.

3 Auswirkungen von Fahrerablenkung auf sicherheitsrelevante Merkmale des Fahrerverhaltens

Vom Grundansatz her bedienen sich Studien zu Auswirkungen von Ablenkung auf das Fahrerverhalten des Doppel- bzw. Nebenaufgabenparadigmas. Die Primäraufgabe besteht in der sicheren Führung eines Fahrzeugs im realen Straßenverkehr oder in einem Simulator. Nebenaufgaben werden üblicherweise mittels eines Mobiltelefons oder eines Navigationssystems realisiert. Obwohl hinsichtlich kritischer Aufgabenelemente (z.B. Dateneingaben während der Fahrt, die Blickabwendungen von der Fahrbahn erfordern) durchaus Parallelen zwischen Mobiltelefonen und Navigationssystemen bestehen, werden deren Auswirkungen auf das Fahrerverhalten in den folgenden Abschnitten gesondert behandelt, da die Anforderungen unterschiedlich sind.

3.1 Ablenkung durch Telefonieren am Steuer

Bereits vor mehr als 30 Jahren wurden erste Arbeiten zu Ablenkungen durch Telefonieren am Steuer veröffentlicht. So legten Brown, Tickner und Simmonds ihrer 1969 veröffentlichten Studie folgende Hypothese zugrunde: *„In the next decade a substantial increase is expected in the number of radiophones fitted to road vehicles. The user population will probably include many more car drivers on business trips who may be handling far more complex messages than those transmitted by present professional drivers employed in the police, fire, ambulance and taxi drivers. The question arises as to whether this concurrent activity will impair driving skills sufficiently to increase the risk of accident on the road“* (a.a.O., 1969, 419). Bei ihrer Studie ließen Brown et al. (1969) die Versuchspersonen im simulierten Verkehr eine Strecke absolvieren, die die Beurteilung für das Durchfahren ausreichend großer Lücken zwischen Hindernissen erforderte. Unter der Experimentalbedingung hatten die Versuchspersonen zeitgleich über einen Lautsprecher dargebotene verbale Aufgaben (grammatikalische Transformationen) zu lösen. Dadurch sollten Anforderungen an das Arbeitsgedächtnis erzeugt werden, wie sie üblicherweise beim Telefonieren entstehen. In den Ergebnissen zeigte sich, dass gegenüber der Kontrollbedingung die Häufigkeit der richtigen Einschätzung ausreichend großer Lücken signifikant geringer war, wenn gleichzeitig die Testaufgaben zu lösen waren. Dies war der Fall, obwohl die Versuchspersonen die Teststrecke unter der Experimentalbedingung signifikant langsamer durchfuhren und mehr Fehler beim Arbeitsgedächtnistest machten als unter den jeweiligen Kontrollbedingungen. Brown et al. (1969) schlussfolgerten aus ihren Ergebnissen, dass der durch das Telefonieren bewirkte häufigere Wechsel zwischen visueller und auditiver Wahrnehmungsmodalität dafür verantwortlich sei, dass insbesondere aufmerksamkeitsgebundene bzw. nicht automatisierte fahrerische Fertigkeiten durch das Telefonieren beeinträchtigt werden. In einer neueren Studie von Cooper und Zheng (2002) fanden sich diese Ergebnisse bestätigt. Hier zeigten sich gehäufte Fehleinschätzungen ausreichend großer Zeitlücken bei einem Linksabbiegemanöver im simulierten Verkehr, wenn die Fahrer gleichzeitig dargebotene verbale Mitteilungen zu verarbeiten hatten. Insbesondere neigten sie unter dieser Bedingung dazu, wesentliche Informationen, wie den Zustand der Fahrbahnoberfläche, bei den geforderten Zeitlückenentscheidungen unberücksichtigt zu lassen.

Die Studie von Brown et al. (1969) war so angelegt, dass sie eine Antwort auf die Frage nach Beeinträchtigungen der Wahrnehmung und Informationsverarbeitung von Fahrern durch Telefonieren parallel zur Fahraufgabe gestattete. Daneben besteht ein mögliches „Konfliktpotential“ mit der primären Fahraufgabe auch in eingeschränkten Möglichkeiten zur Ausführung von Bedienhandlungen, zumindest dann, wenn das Wählen der Rufnummer manuell erfolgt und keine Freisprecheinrichtung zur Verfügung steht (vgl. Brühning et al., 1998; Haigney, Westerman, 2001). Gegenstand einer Vielzahl von Studien waren daher die kognitiven und perzeptiven Anforderungen des Telefonierens (z.B. Alm, Nilsson, 1994, 1995; Briem, Hedman, 1995; Brookhuis, de Vries, de Waard, 1991; Lamble, Kauranen, Laakso, Summala, 1999; Matthews, Legg, Charlton, 2003; Nunes, Recarte, 2002), wobei die manuellen Anforderungen experimentell kontrolliert wurden.

Die Vorhersage von Beeinträchtigungen der primären Fahraufgabe lässt sich für diese Studien aus der „Theorie der Multiplen Verarbeitungsressourcen“ (Wickens, 1984) ableiten. Dieser Theorie zufolge sind Beeinträchtigungen der Leistung bei der primären Fahraufgabe durch die Nebenaufgabe „Telefonieren“ auch dann zu erwarten, wenn „Konflikte“ auf der Ebene der Informationsaufnahme (visueller vs. auditiver Kanal) und der Informationsabgabe (manuell vs. sprachlich) ausgeschlossen werden können (z.B. durch eine Freisprecheinrichtung), weil Primär- und Sekundäraufgabe auf der Ebene der zentralen Informationsverarbeitung auf gleiche Ressourcen (i.e. Arbeitsgedächtnis) zugreifen (vgl. Nunes, Recarte, 2002).

Derartige „Interferenzen“ können Ausdruck in der subjektiv erlebten Beanspruchung (messbar z.B. über den NASA-TLX, vgl. Matthews et al., 2003) finden, aber vor allem auch in verschiedenen Merkmalen der Längs- und Querführung des Fahrzeugs wie z.B. Geschwindigkeit, Bremsreaktionen oder Spurgenauigkeit (z.B. Consiglio, Driscoll, Witte, Berg, 2003; Hancock, Lesch, Simmons, 2003). Sehr eindeutig konvergiert die Befundlage hier bei der Dauer von Bremsreaktionen (Tab. 1): Beim Folgefahren verlängern sich hiernach die Reaktionen auf das Aufleuchten des Bremslichts des vorausfahrenden Fahrzeugs um 0,5 – 0,6 Sekunden, wenn der Fahrer zeitgleich zur primären Fahraufgabe telefoniert.

Irwin, Fitzgerald und Berg (2000) gingen mit einem Simulationsexperiment im Labor noch einen Schritt weiter, indem sie die Schwierigkeit einer „kommunikativen“ Nebenaufgabe experimentell manipulierten und deren Effekte auf Bremsreaktionszeiten beobachteten. Ihre Ergebnisse replizieren die Ergebnisse der zuvor dargestellten Untersuchungen (Tab. 1) insofern, als die gemessenen Bremsreaktionen signifikant langsamer waren, wenn die Versuchspersonen zusätzlich Fragen zu beantworten hatten, die ihnen an einem handelsüblichen Mobiltelefon gestellt wurden. Ein statistisch signifikanter Effekt einer zusätzlichen Variation der Schwierigkeit der am Telefon gestellten Fragen auf das Ausmaß der Verlangsamung der Bremsreaktion wurde jedoch nicht festgestellt.

Quelle	Szenario	Nebenaufgabe	Ergebnis
Brookhuis et al. (1991)	realer Verkehr	Gedächtnistest per Telefon	BRT* beim Telefonieren um 0,6 sec. erhöht
Alm & Nilsson (1995)	Fahrsimulator	Gedächtnistest per Telefon	BRT* beim Telefonieren um 0,56 sec. (< 60 J.) bzw. um 1,46 sec. (> 60 J.) erhöht
Lamble et al. (1999)	realer Verkehr	Dateneingabe Zahlen addieren	BRT* beim Telefonieren um 0,48 sec. bzw. 0,50 sec. erhöht

* BRT = Brake Reaction Time

Tab. 1: Zusammenfassung der Ergebnisse zu Auswirkungen des Telefonierens am Steuer auf Bremsreaktionen beim Folgefahren (nach Lamble et al., 1999).

Bei den Ergebnissen von Irwin et al. (2000) ist zu berücksichtigen, dass es sich hierbei um eine Simulation im Labor handelte, bei der die Schwierigkeit der primären Fahraufgabe auf einem extrem geringen Niveau realisiert wurde. Nicht ausgeschlossen werden kann daher, dass Effekte der Schwierigkeit einer Kommunikationsaufgabe am Telefon erst dann zu Tage treten, wenn sich die aus der primären Fahraufgabe ergebenden Anforderungen auf einem höheren Niveau befinden. So liefern Studien, in denen die Schwierigkeit der primären Fahraufgabe im Simulator systematisch variiert wurde (Briem, Hedman, 1995) oder die im realen Verkehr durchgeführt wurden (Nunes, Recarte, 2002), deutliche Belege für den Einfluss der durch die Nebenaufgabe erzeugten kognitiven Belastung. Die experimentell angelegte Fahrerverhaltensstudie von Cooper, Zheng, Richard et al. (2003) liefert darüber hinaus klare Belege für eine Wechselwirkungsbeziehung zwischen der Höhe der Anforderungen der Verkehrssituation und den Effekten einer „kommunikativen" Nebenaufgabe. Ihre Ergebnisse legen nahe, dass Fahrer für häufig vorkommende, überlernte Fahrmanöver wie das Annähern an eine Lichtsignalanlage über wirksame Strategien der Verteilung ihrer Aufmerksamkeitsressourcen zwischen primärer Fahraufgabe und „kommunikativer Nebenaufgabe" verfügen. Sicherheitskritische Beeinträchtigungen sollten hingegen bei Manövrieraufgaben wie dem Linksabbiegen zu erwarten sein, die aufgrund der Komplexität der fahrerseitig erforderlichen Entscheidungsprozesse nur schwer automatisierbar sind[1].

3.2 Visuelle Ablenkung durch die Interaktion mit Informationssystemen

Effekte ablenkender Wirkungen der Interaktion mit Informationssystemen während der Fahrt wurden häufig anhand von Navigationssystemen untersucht (z.B. Jahn, Krems, Gelau, 2002; Miura, Shinohara, 2000; Wierwille, 1993). Der Nutzen, den Navigationssysteme dem Fahrer bieten, ist einerseits offensichtlich. Die durch das System bereitgestellte Information entlastet ihn z.B. bei Fahrten in unbekannter Umgebung von der Notwendigkeit, neben der primären Fahraufgabe die für die Zielfindung erforderlichen Informationen einer konventionellen Straßenkarte entnehmen zu müssen. Auf der anderen Seite ist aber zu befürchten, dass Fahrer durch das zusätzliche Informationsangebot im Fahrzeug oder durch Interaktionen mit dem System während der Fahrt (z.B. bei Zieleingaben) vom Verkehrsgeschehen in nicht tolerierbarer Weise abgelenkt werden. Zur Frage nach den Auswirkungen des zusätzlichen bzw. andersgearteten Informationsangebots zur Bewältigung der Navigationsaufgabe wird in der Literatur über Vergleiche des Fahrerverhaltens, der Fahrerbeanspruchung und der „Navigationseffektivität" in Abhängigkeit vom Fahren mit einem Navigationssystem und zumeist dem Navigieren mit einer konventionellen Straßenkarte berichtet (Antin, Dingus, Hulse, Wierwille, 1990; Dingus, Hulse, Mollenhauer et al., 1997; McKnight, McKnight, 1993; Pohlmann, Tränkle, 1994). Im Kern steht bei diesen Studien die Frage nach der Nutzung des Informationsangebots bei der Erledigung von Navigationsaufgaben sowie deren Auswirkungen auf die Ebenen „Bahnführung" und „Stabilisierung" im Vordergrund. Die Ergebnisse dieser

[1] Fahrer scheinen dies zu wissen. Bei zunehmender Schwierigkeit der Fahraufgabe unterbrechen sie Nebenaufgaben oder führen sie verzögert aus. Das im folgenden Abschnitt angesprochene Bewertungskriterium der „Unterbrechbarkeit" setzt bei dieser Beobachtung an.

Studien sind aufgrund der verwendeten Systeme und ihrer spezifischen Gestaltungsmerkmale der HMI natürlich schwer generalisierbar. Es deutet sich aber an, dass die sichere und effiziente Nutzung des jeweiligen Systems von Faktoren der Erfahrungsbildung beeinflusst wird (Jahn et al., 2002) und darüber hinaus dem Alter der jeweils untersuchten Fahrerstichproben eine besondere Bedeutung zukommt[2]. Über die Frage der Auswirkungen der Unterstützung der Navigationsaufgabe durch ein Informationssystem hinaus sind während der Fahrt stattfindende Interaktionen mit dem System (z.B. Zieleingaben) und die durch sie hervorgerufenen Ablenkungen der visuellen Aufmerksamkeit vom Verkehrsgeschehen seit längerer Zeit ein Gegenstand der Forschung (z.B. Mourant, Herman, Moussa-Hamouda, 1980; Rockwell, 1988; Tijerina, Parmer, Goddman, 1998). Die Kernfrage hierbei ist die nach einem wissenschaftlich begründeten, operationalisierbaren Kriterium (z.B. tolerierbare Dauer und/oder Häufigkeit von Blickabwendungen von der Fahrbahn, Gesamtdauer der Aufgabenbearbeitung), das zur Bewertung einer HMI-Lösung im konkreten Fall herangezogen werden kann (vgl. Gail, Nicklisch, Gelau et al. 2002). Sofern dieses feststeht, bedarf es eines Vergleichsmaßstabes, um zu einer Entscheidung über die Tolerierbarkeit der Aufgabenbearbeitung während der Fahrt zu gelangen. Hierfür wurde z.B. die Gegenüberstellung mit „konventionellen Aufgaben“ (wie das Einstellen eines Radiosenders mittels eines Drehknopfes) vorgeschlagen (vgl. Wierwille, 1993). Den Untersuchungen von Zwahlen, Adams und DeBald (1988) zufolge können einzelne Blickabwendungen von der Fahrbahn in einem Bereich von 200 bis 1.200 msec. als tolerierbar erachtet werden. Blickabwendungen bis zu 2 sec. wären als kritisch zu bewerten, längere Blickabwendungen als nicht tolerierbar. Die Dauer der einzelnen Blickabwendung wird bei diesem Ansatz allerdings nicht unabhängig von der Zahl der Blickabwendungen gesehen, deren tolerierbare Obergrenze bei 4 gesehen wird. Mit anderen Worten, je höher die Zahl der Blickabwendungen, die für die Erledigung einer Aufgabe im Fahrzeug erforderlich sind, desto geringer sollte die Dauer der einzelnen Blickabwendung sein. Diese Forderung wird unterstützt durch Untersuchungen von Rockwell (1988), die zeigen, dass schlecht lesbare Informationsdarstellungen in Fahrzeugen zu einer Verlängerung der Blickabwendungsdauer von der Fahrbahn von bis zu 20% führen. Sofern eine bestimmte Dauer der Blickabwendung erreicht ist (ca. 1.5 sec.), wird der Blick auch bei nicht

[2] Die Altersvariable bzw. die speziellen Belange älterer Autofahrer stellen in diesem Zusammenhang einen wichtigen Einflussfaktor dar (z.B. Dingus, Hulse, Mollenhauer et al., 1997; Hayes, Kurakowa, Wierwille, 1989; Pohlmann, Tränkle, 1994; Tijerina et al., 1998).

oder unvollständig erfolgter Informationsaufnahme wieder der Fahrbahn zugewandt. Die Aufnahme von Informationen im Fahrzeuginnenraum macht dann eine oder mehrere zusätzliche Blickabwendungen erforderlich, die unter Sicherheitsgesichtspunkten nicht wünschenswert sind.

Einem Vorschlag von Green (z.B. 1999) zufolge sollte über die Frage der Tolerierbarkeit auf der Grundlage der Gesamtdauer der Aufgabenbearbeitung entschieden werden. Grundgedanke dieses als „15-Sekunden-Regel" bekannt gewordenen Vorschlags ist, dass Aufgaben im Fahrzeuginnenraum während der Fahrt nur dann zulässig sein sollten, wenn deren Erledigung bei stehendem Fahrzeug weniger als 15 Sekunden erfordert. Die empirische Grundlage für dieses Kriterium stellen Analysen der korrelativen Zusammenhänge zwischen Dauer der Aufgabenbearbeitung und Kennwerten der Blickzuwendung dar.

Insgesamt können diese dargestellten Bewertungsansätze als „statisch" charakterisiert werden. Das gemeinsame Element besteht in der Annahme eines „kritischen" Wertes oder Wertebereiches, auf dessen Grundlage über die Tolerierbarkeit einer bestimmten Aufgabe im Fahrzeug während der Fahrt entschieden werden kann. Diese Annahme ist aber aus einer Reihe von Gründen angreifbar. Ein wesentlicher Kritikpunkt betrifft die Abhängigkeiten der jeweiligen Kriterien (z.B. Dauer von Blickabwendungen) von Anforderungen der Verkehrssituation (Fastenmeier, Gstalter, 2000) oder auch individuellen Merkmalen des Fahrers. Beispielsweise kommt es bei Fahranfängern durch Tätigkeiten im Fahrzeuginnenraum wie das Wechseln einer Cassette häufiger zu einzelnen Blickabwendungen, die eine Dauer von 3 sec. überschreiten (Wikman, Nieminen, Summala, 1998). Darüber hinaus besteht das bislang ungelöste Problem einer zufriedenstellenden Definition des Aufgabenbegriffs. Dies ist jedoch eine Grundvoraussetzung für eine tragfähige Bewertung nach dem „statischen" Prinzip.

4 Grundsätze der sicherheitsgerechten Gestaltung der Mensch-Maschine-Schnittstelle: Die EU-Empfehlung „European Statement of Principles"

Der besonderen Bedeutung einer benutzergerechten Gestaltung der HMI wurde seitens der Europäischen Kommission durch die Veröffentlichung des „European Statement of Principles" oder genauer der „Empfehlung der Europäischen

Kommission vom 21. Dezember 1999 an die Mitgliedstaaten und die Industrie über die sichere und effiziente Gestaltung von On-Board-Informations- und Kommunikationssystemen" Rechnung getragen (Commission of the European Communities, 1999). Dieser Europäische Grundsatzkatalog richtet sich an die Automobil- und Zulieferindustrie. Er fasst nach Themenbereichen gegliedert (u.a. Installation, Informationsdarstellung, Interaktion) insgesamt 35 Ziele zusammen, die nach derzeitigem Stand von Wissenschaft und Technik bei der Gestaltung der HMI von Informations- und Kommunikationssystemen im Fahrzeug unter Sicherheitsaspekten berücksichtigt werden sollten, damit deren Nutzung während der Fahrt mit der sicheren Bewältigung der primären Fahraufgabe vereinbar bleibt. Mit Blick auf Fahrerablenkung sind vor allem die folgenden beiden Grundsätze bzw. Gestaltungsziele von Interesse:

- *"Visually displayed information should be such that the driver can assimilate it with a few glances which are brief enough not to adversely affect driving."*
- *"The system should not require long and uninterruptable sequences of interactions."*

Die Mitgliedstaaten wurden von der EU-Kommission aufgefordert, über die von ihnen und der Industrie ergriffenen Maßnahmen zur Beachtung der Grundsätze zu berichten. In der Bundesrepublik Deutschland wurde diese Bestandsaufnahme durch die BASt durchgeführt und dem Bundesministerium für Verkehr, Bau- und Wohnungswesen berichtet (Gail et al., 2002). In dieser Bestandsaufnahme wird u.a. festgestellt, dass der Grundsatzkatalog erstens keine Aussagen darüber enthält, wie und mit welchen Methoden seine Beachtung (also die „Zielerreichung") überprüft werden kann und zweitens ein für diesen Zweck anwendbares, wissenschaftlich befriedigendes und akzeptiertes Methodeninventar nicht verfügbar ist. Dies betrifft die Frage nach der Bewertung der HMI unter Gesichtspunkten der Fahrerablenkung in besonderem Maße. Entsprechend wurden auf nationaler wie internationaler Ebene Projekte begonnen, deren Ziel in der Schließung dieser Lücke besteht (z.B. das EU-Projekt HASTE, *H*uman Machine Interface *A*nd the *S*afety of *T*raffic in *E*urope, oder das von der DaimlerChrysler AG gemeinsam mit der BMW AG initiierte Projekt ADAM, *A*dvanced *D*river *A*ttention *M*etrics). Aus den dabei entwickelten Bewertungsansätzen soll an dieser Stelle exemplarisch auf die *Okklusionsmethode* und die *Periphere Entdeckungsaufgabe* (Peripheral Detection Task, PDT) hingewiesen werden. Eine ausführliche Darstellung aktueller Arbeiten zur Okkusionsmethode findet sich bei Krems, Keinath, Baumann und Jahn (2004, in diesem Band). Motiviert durch die erwähnten Probleme statischer Bewertungsansätze, insbesondere der „15-Sekunden-Regel“ (Green, 1999), wurden mittlerweile eine ganze Reihe von Studien veröffentlicht, die die Weiterentwicklung und Validierung der Okklusionsmethode als Verfahren zur Bewertung der HMI von Informations- und Kommunikationssystemen im Fahrzeug zum Ziel hatten (z.B. Baumann, Rösler, Jahn, Krems, 2003; Gelau, Keinath, Baumann, Bengler, Krems, 1999; Keinath, Baumann, Gelau, Bengler, Krems, 2001; Krems, Keinath, Baumann, Bengler, Gelau, 2000; Monk, Boehm-Davies, Trafton, 2002; Weir, Chiang, Brooks, 2003). „Okklusionsmethode“ meint zunächst nichts weiter als die systematische Kontrolle der Zeit, für die aufgabenrelevante Information für eine Versuchsperson sichtbar ist bzw. verdeckt ist. Realisiert wird dies üblicherweise durch eine sog. Okklusionsbrille. Die Methode selbst ist in der Fahrer-Fahrzeug-Forschung nicht neu, d.h. sie wurde in älteren Studien häufig zur Quantifizierung des visuellen Informationsbedarfs von Fahrern bei der Bewältigung der primären Fahraufgabe eingesetzt (siehe Gelau et al., 1999). Neuartig ist die Anwendung bei der Bewertung der HMI im Fahrzeug. Grundgedanke dabei ist, dass nicht so sehr die reine Dauer der Aufgabenbearbeitung oder der Blickabwendung von der Fahrbahn entscheidend für die Tolerierbarkeit einer Aufgabe für die Bearbeitung während der Fahrt ist, sondern ihre *Unterbrechbarkeit.* Damit wird zugleich das ungelöste Problem der Definition des Aufgabenbegriffs umgangen, das ein Hauptkritikpunkt an der „15-Sekunden-Regel“ ist. Gemeint ist mit Unterbrechbarkeit die Leichtigkeit, mit der eine Aufgabe fortgesetzt bzw. wieder aufgenommen werden kann, wenn Ereignisse in der Verkehrsumwelt einen Abbruch bzw. eine Unterbrechung der Aufgabenbearbeitung erforderlich machen. Daneben hat aber auch die Periphere Entdeckungsaufgabe (PDT; van Winsum, Martens, Herland, 1999) als Verfahren zur Bewertung von Ablenkungswirkungen zunehmende Beachtung gefunden. Bei der PDT handelt es sich um eine Nebenaufgabe, die eine einfache manuelle Reaktion auf die Darbietung eines Lichtreizes im peripheren Sehfeld erfordert. Die Entwicklung dieses Verfahrens basiert z.B. auf der Beobachtung, dass die Dauer der Reaktionen auf Lichtreize, die bei horizontal variierender Ekzentrizität auf die Windschutzscheibe projiziert werden, mit der Verkehrsdichte und damit der informatorischen Belastung des Fahrers zunehmen (z.B. Miura, 1986). Als Beleg für die Sensitivität des PDT gegenüber Variationen der informatorischen Belastung des Fahrers soll exemplarisch auf eine Studie hingewiesen werden, die von der BASt und der Swedish National Road

Administration (SNRA) im Rahmen der International Harmonized Research Activities (IHRA-ITS) in Deutschland und Schweden durchgeführt wurde. Die Ergebnisse dieser im realen Verkehr durchgeführten Studie (Gelau, Jahn, Krems et al., 2003) unterstreichen die Sensitivität des PDT gegenüber Anforderungen der Verkehrssituation und weisen darauf hin, dass die PDT auch Sensitivität gegenüber Merkmalen der HMI besitzt, wenn man die Analyse auf der Ebene spezifischer Manövrieraufgaben (z.B. Abbiegen, Kreuzen) durchführt.

5 Zusammenfassung und Ausblick

Im vorliegenden Beitrag wurde dargelegt, dass der Zusammenhang zwischen Fahrerablenkung, verstanden als Wirkung informatorischer Belastung (Rohmert, 1984; Laurig, 1990), und Kennwerten des Unfallgeschehens wegen methodischer Schwierigkeiten nur schwer präzise beschrieben werden kann. Einen günstigeren Zugang zu Auswirkungen von Fahrerablenkung bieten daher Studien, in denen diese unmittelbar, d.h. anhand von Maßen der Fahrerbeanspruchung und des Fahrerverhaltens analysiert wurden. Für den Bereich der nicht fahrtbezogenen Kommunikation, deren Effekte durch Studien zum „Telefonieren am Steuer“ dargestellt wurden, fanden sich Anhaltspunkte dafür, dass die durch das Kommunizieren an sich bewirkte Beanspruchung des Arbeitsgedächtnisses („kognitive Ablenkung“) einen maßgeblichen Einfluss auf sicherheitsrelevante Merkmale der primären Fahraufgabe hat (z.B. auf Bremsreaktionen und Zeitlückenentscheidungen). Am Beispiel von Navigationssystemen wurde die Problematik der Ablenkung der visuellen Aufmerksamkeit des Fahrers von der primären Fahraufgabe durch Interaktionen mit dem System dargestellt. Dabei wurde auch verdeutlicht, dass die Frage der Tolerierbarkeit bestimmter Interaktionen des Fahrers mit dem System aufgrund „statischer“ Bewertungsansätze nicht zufriedenstellend beantwortet werden kann. Das Fehlen wissenschaftlich befriedigender und allgemein akzeptierter Methoden zur Bewertung der HMI hinsichtlich ablenkender Wirkungen auf den Fahrer wurde als ein Schlüsselproblem herausgestellt. Mit der Okklusionsmethode und der PDT wurden aktuelle und viel versprechende Versuche angesprochen, diese Lücke zu schließen.

Aber auch wenn damit gerechnet werden kann, dass in Zukunft zufriedenstellende Verfahren zur Bewertung der HMI hinsichtlich ihrer Ablenkungswirkungen zur Verfügung stehen werden, ist zu berücksichtigen, dass deren Anwendbarkeit nicht unabhängig von technologischen Entwicklungen bei Informations- und Kommunikationssystemen im Fahrzeug ist. Dies schließt die HMI mit ein, die sich nach derzeitigem Stand von Wissenschaft und Technik vor allem in Richtung eines intelligenten, den aktuellen Grad der Fahrerbelastung „online“ berücksichtigenden „Informationsmanagements“ entwickelt (z.B. Verwey, 2000; Färber, Färber, 2003). Deshalb ist davon auszugehen, dass die Weiterentwicklung von Verfahren zur Bewertung des Ablenkungspotentials von Informations- und Kommunkationssystemen im Fahrzeug eine „Daueraufgabe“ darstellen wird.

6 Literatur

ADAC: (www.verkehr.adac.de)

Alm, H., Nilsson, L. (1994). Changes in driver behaviour as a function of handsfree mobile phones – a simulator study. Accident Analysis and Prevention, 26, 441-451.

Alm, H., Nilsson, L. (1995). The effects of a mobile telephone task on driver behaviour in a car following situation. Accident Analysis and Prevention, 27, 707-715.

Antin, J.F., Dingus, T.A., Hulse, M.C., Wierwille, W.W. (1990). An evaluation of the effectiveness and efficiency of an automobile moving-map navigational display. International Journal of Man-Machine-Studies, 33, 581-594.

Baumann, M., Rösler, D., Jahn, G., Krems, J.F. (2003). Assessing driver distraction using Occlusion Method and Peripheral Detection Tast. In: H. Strasser, K. Kluth, H. Rausch, H. Bubb (Eds.). Quality of work and products in enterprises of the future (pp.53-56). Ergonomia Verlag: Stuttgart.

Board, A., Stevens, A. (2002). EU Statement of principles for HMI: final report. TRL report TRL540. Crowthorne, Berkshire, UK: TRL Limited.

Briem, V., Hedman, L.R. (1995). Behavioural effects of mobile telephone use during simulated driving. Ergonomics, 38, 2536-2562.

Brookhuis, K., de Vries, G., de Waard, D. (1991). The effects of mobile telephoning on driver performance. Accident Analysis and Prevention, 23, 309-316.

Brown, I.D., Tickner, A.H., Simmonds, D.C.V. (1969). Interference between concurrent tasks of driving and telephoning. Journal of Applied Psychology, 53, 419-424.

Brühning, E., Haas, I., Mäder, H., Pfafferott, I., Pöppel-Decker, M. (1998). Telefonieren am Steuer und Verkehrssicherheit. Berichte der Bundesanstalt für Straßenwesen, Heft M 89. Bremerhaven: Wirtschaftsverlag: NW.

Commission of the European Communities (1999). Statement of Principles on Human Machine Interface (HMI) for In-Vehicle Information and Communication Systems ("EU Principles), (Annex 1 to Commission Recommendation of 21 December 1999 on safe and efficient in-vehicle information and communication systems: A European statement of principles on human machine interface) Brussels, Belgium: European Union.

Consiglio, W. Driscoll, P., Witte, M., Berg, W.P. (2003). Effect of cellular telephone conversations and other potential interference on reaction time in braking response. Accident Analysis and Prevention, 35, 495-500.

Cooper, P.J., Zheng, Y. (2002). Turning gap acceptance decision-making: the impact of driver distraction. Journal of Safety Research, 33, 321-335.

Cooper, P.J., Zheng, Y., Richard, C., Vavrik, J., Heinrichs, B., Siegmund, G. (2003). The impact of hands-free message reception/response on driving task performance. Accident Analysis and Prevention, 35, 23-35.

Dingus, T.A., Hulse, M.C., Mollenhauer, M.A., Fleishman, R.N., McGhee, D.V., Manakkal, N. (1997). Effects of age, system experience, and navigation technique on driving with an advanced traveler information system. Human Factors, 39, 177-199.

Färber, B., Färber, B. (2003). Auswirkungen neuer Informationstechnologien auf das Fahrerverhalten. Berichte der Bundesanstalt für Straßenwesen, Heft M 149. Bremerhaven: Wirtschaftsverlag NW, verfügbar unter: www.comunicar-eu.org.

Fastenmeier, W., Gstalter, H. (2000). Distraction effects created by new in-car systems. Paper presented at the International Conference on Traffic and Transport Psychology, Berne, Switzerland, 4-7 September 2000.

Gail, J., Nicklisch, F., Gelau, C., Friedel, B., Bolte, F., Sievert, W. (2002). Bestandsaufnahme der Umsetzung der EU-Empfehlung: "Europäischer Grundsatzkatalog zur Mensch-Maschine-Schnittstelle von Informations- und Kommunikationssystemen" in der Bundesrepublik Deutschland durch die Bundesanstalt für Straßenwesen. Zeitschrift für Verkehrssicherheit, 48 (3), 113-116.

Gelau, C., Metker, T., Tränkle, U. (1993). Mobilität und Sicherheit im Alter: Anforderungen an eine zukunftsorientierte Gestaltung des Straßenverkehrsraumes. Zeitschrift für Gerontopsychologie und -psychiatrie, 6, 27-38.

Gelau, C., Keinath, A., Baumann, M., Bengler, K., Krems, J.F. (1999). Die Okklusionsmethode als Verfahren zur Bewertung von visuellen Displaydarstellungen in Kraftfahrzeugen. Zeitschrift für Arbeitswissenschaft, 25, 51-57.

Gelau, C., Jahn, G., Krems, J.F., Uno, H., Kircher, A., Östlund J., Nilsson, L. (2003). State-of-the-art of the SNRA/JARI/BAST joint research on driver workload measuremnet within the framework of IHRA-ITS. Proceedings of the 18th ESV conference, Nagoya, Japan, May, 19-22 2003.

Green, P. (1999). The 15-Second Rule for Driver Information Systems. Intelligent Transportation Society of America Conference Proceedings (CD), 1999.

Haigney, D., Westerman, S.J. (2001). Mobile (cellular) phone use and driving: a critical review of research methodology. Ergonomics, 44, 132-143.

Hayes, B., Kurakowa, K., Wierwille, W.W. (1989). Age-related decrements in automobile instrument panel task performance. Proceedings of the Human Factors Society 33rd Annual Meeting, 1, 159-163.

Haller, R. (1999). HMI - New Technologies and Safety Perspectives. Proceedings of the 10th International Conference "Traffic Safety on Two Continents", Malmö, September 20-22, 1999.

Hancock, P.A., Lesch, M., Simmons, L. (2003). The distraction effects of phone use during a crucial driving maneuver. Accident Analysis and Prevention, 35, 501-514.

Horberry, T., Bubnich, C., Hartley, L., Lamble, D. (2001). Drivers' use of hand-held mobile phones in Western Australia. Transportation Research Part F, 4, 213-218.

Irwin, M., Fitzgerald, C., Berg, W.P. (2000). Effect of the intensity of wireless telephone conversations on reaction time response in a braking situation. Perceptual and Motor Skills, 90, 1130-1134.

Jahn, G., Krems, J.F., Gelau, C. (2002). Skill-development when interacting with in-vehicle-information-systems: A training study on the learnability of different MMI concepts. In: D. de Waard, K. Brookhuis, J. Moraal & A. Toffetti (Eds.), Human Factors in Transportation, Communication, Health and the Workplace. Maastricht, The Netherlands: Shaker, 35-48.

Keinath, A., Baumann, M., Gelau, C., Bengler, K., Krems, J.F. (2001). Occlusion as a technique for evaluating in-car displays. In: D. Harris (Ed.), Engineering psychology and cognitive ergonomics, Vol. 5, Aldershot, U.K.: Ashgate Publishing Ltd., 391-397

Krems, J.F., Keinath, A., Baumann, M., Bengler, K., Gelau, C. (2000). Die Bewertung von Displaydarstellungen in Kraftfahrzeugen: Vor- und Nachteile der Okklusionsmethode. In: Bundesanstalt für Straßenwesen (BASt) (Hrsg.), Informations- und Assistenzsysteme im Auto benutzergerecht gestalten: Methoden für den Entwicklungsprozeß. Berichte der BASt, M 116, 25-32.

Krems, J.F., Keinath, A., Baumann, M., Jahn, G. (2004). Die Okklusionsmethode: ein einfaches und valides Verfahren zur Bewertung der visuellen Beanspruchung von Zweitaufgaben? (in diesem Band).

Lam, L.T. (2002). Distraction and the risk of car crash injury: the effects of drivers' age. Journal of Safety Research, 33, 411-419.

Lamble, D., Kauranen, T., Laakso, M., Summala, H. (1999). Cognitive load and detection thresholds in car following situations: Safety implications for using mobile (cellular) telephones while driving. Accident Analysis and Prevention, 31, 617-623.

Laurig, W. (1990). Grundzüge der Ergonomie: Erkenntnisse und Prinzipien. Berlin, Köln: Beuth Verlag.

Matthews, R., Legg, S., Charlton, S. (2003). The effect of cell phone type on drivers subjective workload during concurrent driving and conversing. Accident Analysis and Prevention, 35, 451-457.

McKnight, J.A., McKnight, A.S. (1993). The effect of cellular phone use upon driver attention. Accident Analysis and Prevention, 25, 259-265.

Miura, T. (1986). Coping with situational demands: A study of eye movements and peripheral vision performance. In: A.G. Gale, I.D. Brown, C.M. Haslegrave, P.Smith, S. Taylor (Eds.), *Vision in Vehicles II* (pp. 205-216). Amsterdam: Elsevier.

Miura, T., Shinohara, K. (2000). Das Problem der visuellen Aufmerksamkeit beim Gebrauch von Navigationssystemen in Kraftfahrzeugen: Vorher- und Nachher-Effekte. Zeitschrift für Verkehrssicherheit, 46, 145-148.

Monk, C.A., Boehm-Davies, D.A., Trafton, J.G. (2002). The attentional costs of interrupting task performance at various stages. Unveröffentlichtes Manuskript, downloadbar unter: http://hfac.gmu.edu/~cmonk/monk_cv.html.

Mourant, R.R., Herman, M., Moussa-Hamouda, E. (1980). Direct looks and control location in automobiles. Human Factors, 22, 417-425.

Nunes, L., Recarte, M.A. (2002). Cognitive demands of hands-free-phone conversation while driving. Transportation Research Part F, 5, 133-144.

Pohlmann, S., Tränkle, U. (1994). Orientation in road traffic: age-related differences using an in-vehicle navigation system and a conventional map. Accident Analysis and Prevention, 26, 689-702.

Ranney, T.A., Mazzae, E., Garrott, R., Goodman, M. (2000). NHTSA Driver Distraction Research: Past, Present, and Future. Driver Distraction Internet Forum: http://www-nrd.nhtsa.dot.gov/departments/nrd-13/driver-distraction/Papers.htm

Redelmeier, D.A., Tibshirani, R.J. (1997). Association between cellular-telephone calls and motor vehicle collisions. The New England Journal of Medicine, 336, 453-458.

Rockwell, T. (1988). Spare visual capacity in driving revisited: new empirical results for an old idea. In: A.G. Gale, M.H. Freeman, C.M. Haslegrave, P. Smith, S.P. Taylor (Eds.), Vision in vehicles – II. Amsterdam u.a: Elsevier, 317-324.

Rohmert, W. (1984). Das Belastungs-Beanspruchungs-Konzept. Zeitschrift für Arbeitswissenschaft, 38, 193-200.

Sprenger, A. (1999). Ablenkung durch MMI-Lösungen: Der Blick zu Instrumenten im Fahrzeug als Unfallursache. In F. Meyer-Gramcko (Hrsg.), Verkehrspsychologie auf neuen Wegen: Herausforderungen von Strasse, Wasser, Luft und Schiene, 37. BDP-Kongreß für Verkehrspsychologie, Bd. 1. Bonn: Deutscher Psychologen Verlag, 185-191.

Stevens, A., Minton, R. (2001). In-vehicle distraction and fatal accidents in England and Wales. Accident Analysis and Prevention, 33, 539-545.

Sussman, E.D., Bishop, H., Madnick, B., Walter, W. (1985). Driver inattention and highway safety. Transportation Research Record, 1047, 40-48.

Tijerina, L., Parmer, E., Goodman, M.J. (1998). Driver workload assesment of route guidance system destination entry while driving: a test track study. Proceedings of the 5th ITS World Congress, Seoul, Korea, October 12-16.

Verwey, W.B. (2000). On-line driver workload estimation. Effects of road situation and age on secondary task measures. Ergonomics, 43, 187-209.

Violanti, J.M. (1998). Cellular phones and fatal traffic collisions. Accident Analysis and Prevention, 30, 519-524.

Violanti, J.M., Marshall, J.R. (1996). Cellular phones and traffic accidents: An epidemiological approach. Accident Analysis and Prevention, 28, 265-270.

Weir, D., Chiang, D.P., Brooks, A.M. (2003). A study of the effect of varying visual occlusion and task duration conditions on driver behavior and performance while using a secondary task human-machine-interface. SAE Technical Paper Series 2003-01-0128. Warrendale, PA: SAE International.

Wickens, C. (1984). Processing resources in attention. In: R. Parasuraman, R. Davies (Ed.), Varieties of attention. New York: Academic Press,63-102.

Wikman, A.-S., Nieminen, T., Summala, H. (1998). Driving experience and time-sharing during in-car tasks on roads of different width. Ergonomics, 41, 358-371.

Wierwille, W.W. (1993). Visual and manual demands of in-car controls and displays. In B. Peacock, W. Karwowski (Eds.), Automotive ergonomics. London, Washington: Taylor, Francis, 299-320.

Wierwille, W.W., Tijerina, L. (1995). Eine Analyse von Unfallberichten als ein Mittel zur Bestimmung von Problemen, die durch die Verteilung der visuellen Aufmerksamkeit und der visuellen Belastung innerhalb des Fahrzeugs verursacht werden. Zeitschrift für Verkehrssicherheit, 41, 164-168.

Winsum, W. van, Martens, M., Herland, L., (1999). The effects of speech versus tactile driver support messages on workload, driver behaviour and user acceptance (Report No. TM-99-C043). Soesterberg, The Netherlands: TNO Human Factors.

Zwahlen, H.T., Adams, C.C. Jr., DeBald, D.P. (1988). Safety aspects of CRT touch panel controls in automobiles. In: A.G. Gale, M.H. Freeman, C.M. Haslegrave, P. Smith, S.P. Taylor (Eds.), Vision in vehicles – II. Amsterdam u.a: Elsevier, 335-344.

Brigitte Färber und Berthold Färber

Mehr Verkehrssicherheit durch intelligente Steuerung von Telematik-Systemen?

1 Einleitung

Telematik- und Fahrerassistenz-Systeme unterliegen einer rasanten Entwicklung. Sind diese Systeme für den Autofahrer hilfreich und wenn ja, in welcher Situation? Unterstützen sie ihn bei seiner wichtigsten Aufgabe, dem sicheren Führen des Fahrzeugs, oder bewirken sie eher das Gegenteil und stellen damit eine Gefahr für die Verkehrssicherheit dar? Um dies zu klären werden Systeme, die Informationen an den Fahrer herantragen, klassifiziert und mit Hilfe eines Expertenratings (Färber und Färber, 1999) in eine Meldehierarchie gebracht. Durch logische Verknüpfungen wird ein „Informationsmanagement" entwickelt (Abb. 1).

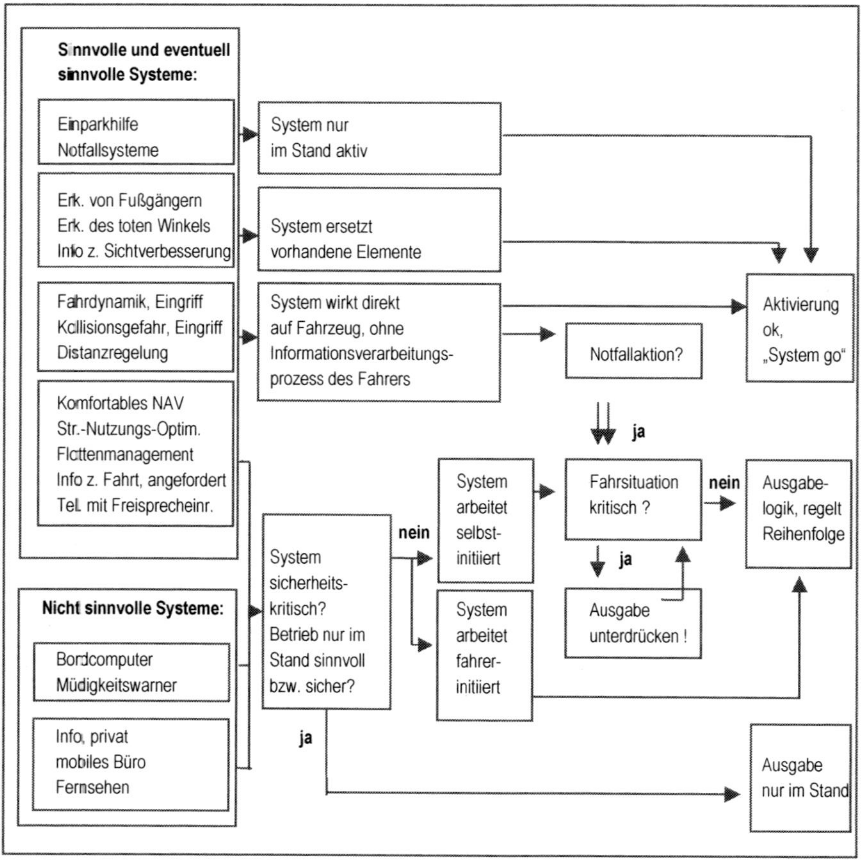

Abb. 1: Meldehierarchie für Informationssysteme und Entscheidungsdiagramm zur Ausgabe

Ein entscheidender Bestandteil des Informationsmanagers ist die Abfrage „Fahrsituation kritisch?". Diese Abfrage berücksichtigt eine Bewertung des Fahrerzustands, der Fahrerabsichten und der Fahrsituation. Anhand von Experimenten zum Brems-, Beschleunigungs- und Überholverhalten konnte exemplarisch gezeigt werden, dass eine Vorhersage der Fahrerabsichten auch auf der Basis einfacher Fahrzeugdaten, die am CAN-Bus verfügbar sind, möglich ist. In Verbindung mit weiteren Fahrzeugdaten (z.B. über die Stellung der Lichtschalter, der Bedienung des Navigationssystems) kann die Belastung des Fahrers und seine freie Kapazität eingeschätzt werden (Färber und Färber, 2002). Das in Abb. 1 dargestellte Entscheidungsdiagramm basiert zwar auf einer logischen Analyse und Experteneinschätzungen, es muss sich aber noch einer empirischen Validierung stellen. Im Rahmen des Forschungsprojekts INFOTECH, unterstützt durch die Bundesanstalt für Straßenwesen, wurde der Informationsmanager weiter ausdifferenziert und einer experimentellen Überprüfung auf der Basis von Verhaltensbeobachtungen im realen Straßenverkehr unterzogen.

2 Methode

Das Feldexperiment im realen Verkehrsumfeld verfolgt folgende Ziele: Zum einen sollen die generellen Auswirkungen einer größeren Zahl von Telematik-Systemen auf das Verhalten und die Verkehrssicherheit untersucht werden.
Zum zweiten soll analysiert werden, in wie weit Verteilung und Steuerung durch den Informationsmanager das Problem der Informationsüberlastung und Überforderung des Fahrers lösen kann.
Schließlich wird ansatzweise erforscht, ob Fahrerunterstützungssysteme wie ACC mit Stop-&-Go-Funktion oder Warnhinweise zur Verbesserung der Außensicht die erhöhte Ablenkung durch Informationen im Fahrzeug kompensieren können.
Wie Abb. 2 veranschaulicht, werden in dem Feldversuch zur Evaluation des Informationsmanagers drei Versuchsbedingungen realisiert: Als Baseline-Messung dient ein Seriensystem, das lediglich über eine Radio-Stummschaltung während des Telefonierens verfügt (Bedingung A). Unter der Bedingung B „Informationsmanager" werden anliegende Informationen situationsabhängig seriell ausgegeben, wie es in der Meldehierarchie in Abb. 1 dargestellt ist. In Bedingung C kommen zusätzlich als Fahrerunterstützungssysteme Rückschaukameras, die das Problem des toten

Winkels lösen (mit bzw. ohne zusätzliche Warnpiktogramme), sowie zwei Systeme zur automatischen Distanzregelung (ACC und ACC mit Stop-&-Go-Funktion) hinzu. Durch einen Vergleich der drei Bedingungen kann getestet werden, in wie fern mit situationsangepasster Informationsdarstellung bzw. fahraufgaben-bezogenen Hilfen Probleme der Überlastung des Fahrers durch Informations- und Kommunikations-Systeme gelöst oder gemildert werden können. Wie aus Abb. 2 ebenfalls ersichtlich ist, erfolgt der Vergleich anhand von 4 Systemgruppen: Navigationssystem, Bordcomputer, Telefon und mobiles Büro. Art und Umfang der Information in jedem System ist für alle drei Bedingungen gleich.

A: Ist-Zustand	**B: Info-Manager**	**C: Info-Manager + kompensatorische Hilfe**
konventioneller Rückspiegel	elektronisches Rückschau-Display	elektronisches Rückschau-Display + Piktogramm: • Fußgänger/Radfahrer beim Abbiegen • Fahrzeug beim Überholen, wenn Folge-Fahrzeug im toten Winkel
Tempomat + Limiter	Tempomat + Limiter	Distanzregelung • ACC herkömmlich • ACC im Stop & Go
Navigationssystem	Navigationssystem	Navigationssystem
Info zur Fahrt	Info zur Fahrt	Info zur Fahrt
Telefon mit Freisprecheinrichtung	Telefon mit Freisprecheinrichtung	Telefon mit Freisprecheinrichtung
Info privat / mobiles Büro	Info privat / mobiles Büro	Info privat / mobiles Büro

Abb. 2: Versuchsplan, Überblick über die Systeme

In diesem Versuch fahren 36 Personen im Alter zwischen 30 und 50 Jahren unter allen Versuchsbedingungen auf parallelisierten Strecken (nach Schwierigkeit, Verkehrsaufkommen). Die Abfolge der einzelnen Bedingungen wird systematisch variiert. In den normalen Verkehr werden spezifische Verkehrssituationen durch instruierte Teilnehmer eingebaut: Ein Fahrzeug im toten Winkel bei einem Überholmanöver, ein Fahrradfahrer oder Fußgänger, der beim Abbiegen plötzlich die Fahrbahn kreuzt.

Abb. 3: Versuchsfahrzeug mit montierten Rückschaukameras.

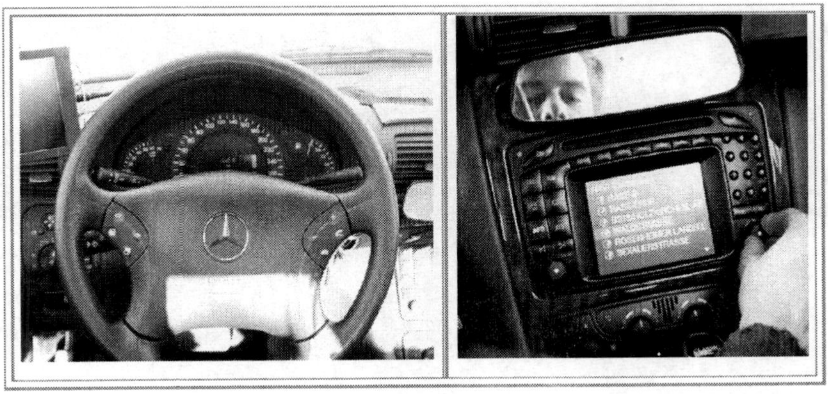

Abb. 4: Links: Teil des Rückschaudisplays, am Lenkrad (Pralltopf rechts) Telefonbedienungstasten; Rechts: Comand-System (hier: Navigation, Auswahl eines Zwischenziels mit Hilfe des Dreh-Drückstellers), darüber: Spiegel zur Beobachtung der Augenbewegungen.

Folgende Situationen sind zu meistern:

- Der Proband soll beim Info-System anfragen, ob z.B. für die Rosenheimer-Landstraße eine Staumeldung vorliegt. Die Meldung per Display (D) und Sprachausgabe (S), siehe Abb. 5, erfolgt bei Bedingung A während des Abbiegevorgangs, bei B und C danach, auf gerader Strecke. (Aufgabenbezeichnung in der Ergebnisdarstellung: „Staumeld.: S + D“).

- Der Fahrer soll beim Info-System anfragen, ob e-mails angekommen sind. Gezeigt wird eine Liste mit 5 Einträgen. Per Sprachausgabe wird gefragt, welche e-mail der Fahrer hören möchte. Die Ausgabe per Display (D) und Sprache (S) erfolgt während eines Abbiegemanövers, bei dem ein Radfahrer oder Fußgänger die Fahrspur kreuzt (siehe Abb. 6). (Aufgabenbezeichnung: „e-mail-Liste: S + D").
- Der Versuchsteilnehmer soll beim Veranstaltungskalender des Info-Systems anfragen, wann eine Messe, z.B. „Heim und Handwerk" stattfindet. Die Antwort kommt nur per Sprachausgabe, unter Bedingung A während eines Telefongesprächs, in B danach.
- Während Stop- & Go-Verkehr innerorts wird der Proband angerufen. Hier meldet sich der Bordcomputer mit einer Meldung (z.B. Treibstoffverbrauch) per Gong (G) und Display (D), in Versuchsbedingung A während des Anrufs, in B und C danach. (Aufgabenbezeichnung: „Bordcomp.: G + D").

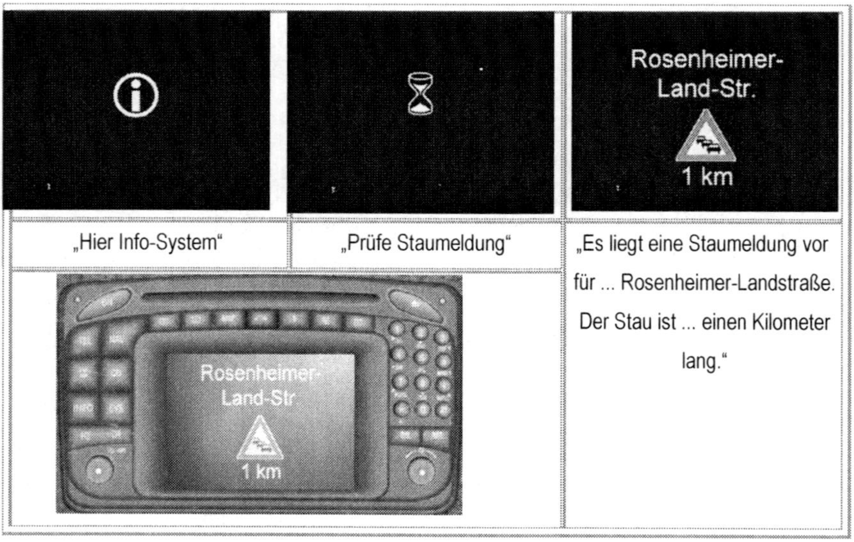

Abb. 5: Info-System, hier: Antwort auf die Frage „Info-System. - Liegt ein Stau auf der Rosenheimer-Landstraße vor?" Optische Darstellung auf dem Comand-Display und Sprachausgaben

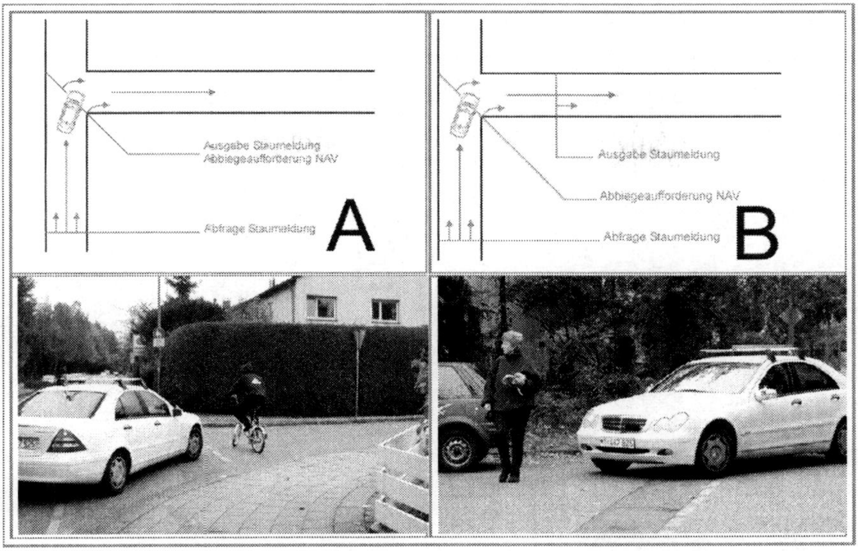

Abb. 6: Versuchsbedingung A (ohne Info-Manager): Ausgabe „Es liegt eine Staumeldung ..." gleichzeitig mit Abbiegeaufforderung des Navigations-Systems. Versuchsbedingung B (mit Info-Manager): danach. Situation wird verschärft durch kreuzenden Radfahrer bzw. Fußgänger.

- Außerdem soll der Fahrer während des Stop-&-Go-Verkehrs im Navigationssystem ein anderes Zwischenziel programmieren („NAV progr.: Eing.").
- Auf der Autobahn soll ein Fahrzeug überholt werden. Gleichzeitig schließt ein instruiertes Fahrzeug von hinten auf der Überholspur auf, so dass es sich im toten Winkel befindet. In A erfolgt eine unangeforderte Stau-Meldung zur befahrenen Strecke per Sprachausgabe (S) und Display (D) während des Überholvorgangs, in B und C danach. (Aufgabenbezeichnung: „Info z Strecke: S + D"). In Bedingung C wird beim Überholen ein Warnpiktogramm wegen des Fahrzeugs im toten Winkel ins Display eingeblendet (siehe Abb. 7 und Abb. 13).
- Ebenfalls auf der Autobahn, während der Fahrt mit Tempomat bzw. ACC soll der Proband beim Info-System eine Börseninformation abfragen. Außerdem wird er angerufen. In Versuchsbedingung A bringt das Info-System die gewünschte Meldung (per Sprachausgabe und Display) während des Anrufs, sonst danach. (Aufgabenbezeichnung: „mob. Büro, Info: S + D"). In Bedingung A und B fahren die Probanden mit Tempomat, in Bedingung C wird zudem der Abstand mit einem ACC-System automatisch geregelt.

Als abhängige Variablen werden Blickverhalten, Fahrverhalten, Fahrzeugparameter (Gas, Bremse, Lenkwinkel) und die Beurteilung der Probanden erhoben.

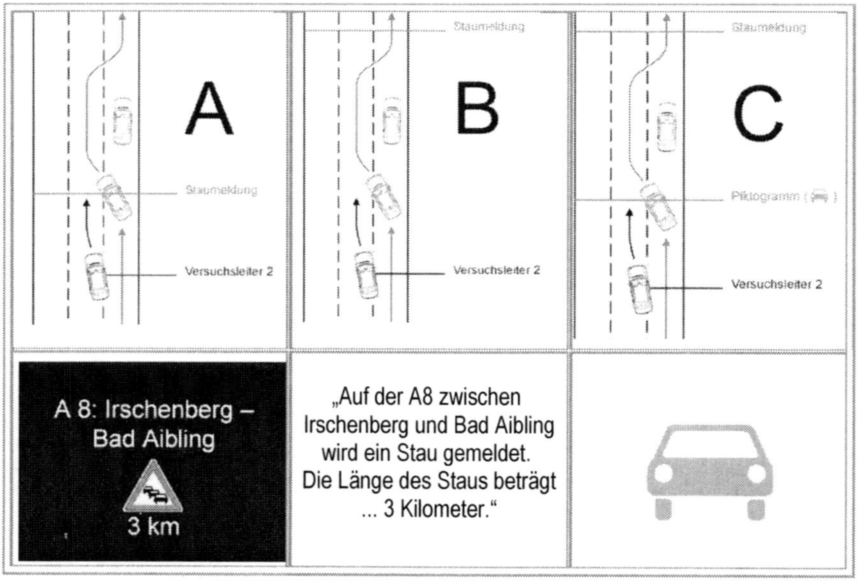

Abb. 7: Beispiel für eine unangeforderte Meldung bei der Autobahnfahrt, auf dem Comand-Display und als Sprachausgabe. In Versuchsbedingung A (ohne Info-Manager) während des Überholvorgangs, in Bedingung B und C nach dem Überholen. In Bedingung A: normaler Rückspiegel, in B und C Rückschaudisplay, in C zusätzlich Warn-Piktogramm (siehe rechts unten) im Rückschaudisplay.

3 Ergebnisse

3.1 Auswirkungen von Telematik-Systemen und des Informationsmanagers

Fast 100 Prozent befürworten die Organisation und sequentielle Ausgabe der Information (siehe Abb. 8). Obwohl natürlich Befragungen im Anschluss an einen Versuch nicht frei von Antworttendenzen im Sinne sozialer Erwünschtheit sind, legt das Ergebnis nahe, dass durch Informationsmanagement nicht das Gefühl der

Bevormundung oder des Kontrollverlusts auftritt. Findet diese positive Bewertung auch eine Entsprechung in objektiven Daten?

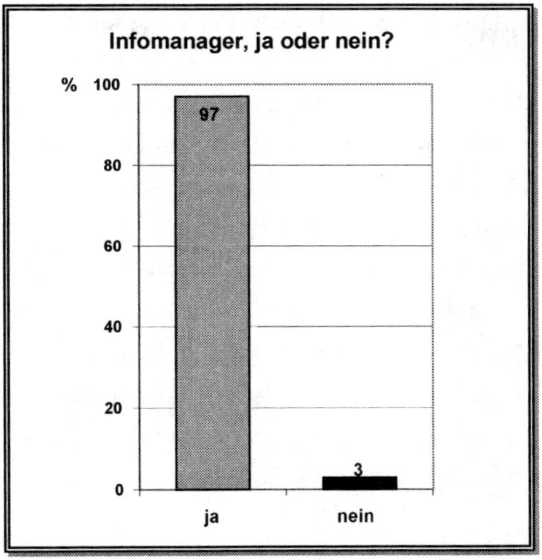

Abb. 8: Info-Manager im Votum der Probanden.

Blickabwendung von der Fahrbahn stellt sicher ein mögliches Sicherheitsrisiko dar, wobei die Frage bezüglich der Dauer der tolerierbaren Abwendung wissenschaftlich unlösbar ist. So konnten zwar Versuche mit der Occlusionstechnik (Godthelp et al., 1984) zeigen, dass bei drei Sekunden Blickabwendung die Spurhalteaufgabe noch erfüllt werden kann. Reaktionen auf unvorgesehene Ereignisse sind bei so langer Blickabwendung selbstverständlich nicht mehr möglich. Auf der anderen Seite sind viele sehr kurze Blicke in den Fahrzeuginnenraum ebenfalls nicht sinnvoll, da in der kurzen Zeit kaum Information aufgenommen werden kann und die Belastung des Fahrers durch die ständigen kurzen Blickwechsel zunimmt.

Ein bemerkenswertes Ergebnis der Studie ist, dass Fahrer den Blick auch auf ein Display im Innenraum richten, wenn dort nichts oder nichts wesentliches zu sehen ist. So „spricht" ein Teil der Versuchsteilnehmer beim Telefonieren mit dem schwarzen Bildschirm des Comand-Systems im Bereich der Mittelkonsole. Offensichtlich kam es den Probanden merkwürdig vor, ins Leere zu sprechen. Ebenso wird die Sanduhr, die als Zeichen dafür dient, dass das System beschäftigt ist, häufiger als nötig angeschaut. Bei redundanten Informationen, die per Sprache und Display ausgegeben wurden (z.B. e-mails, siehe letzter Balken in Abb. 9), bevorzugen die Probanden ein Mitlesen auf dem Display. Der große Bildschirm in der Mittelkonsole mit gutem Kontrast und guter Lesbarkeit übt offensichtlich eine hohe Attraktion aus und zieht Blicke förmlich an. Sicherlich kann die Konsequenz nicht sein, den Bildschirm schlechter lesbar zu machen, um die Attraktivität zu senken. Die Folgerung lautet: Redundante Darstellung von Information auf einem Display, zusätzlich zur Sprachausgabe, sollte weitgehend vermieden werden, da sie - trotz der Sprachausgabe - zu einer unnötigen Ablenkung des Fahrers führt.

Erwartungsgemäß treten viele Blicke zum Display bei der Programmierung des Navigations-Systems auf, und dies obwohl die Aufgabe nur darin besteht, ein bereits voreingestelltes Ziel abzurufen (siehe Abb. 9, erster Balken). Aus Sicht der Verkehrssicherheit muss daher die bereits mehrfach gestellte Forderung wiederholt werden: Manuelle Programmierung eines Ziels darf nur im Stand möglich sein. Das Abrufen eines Ziels aus dem Zielspeicher sollte unbedingt per Sprachbedienung realisiert werden.

Der Informationsmanager führt zu einer Veränderung des Blickverhaltens. Die Fahrer blicken seltener, dafür länger auf das Display. Die Blickverlängerung liegt noch nicht in einem kritischen Bereich (siehe Abb. 9). Die veränderte Blickstrategie ist statistisch nicht signifikant, doch weist der Trend auf eine Entspannung durch den Informationsmanager hin, da durch die selteneren, etwas längeren Blicke die Information besser aufgenommen werden kann.

Der Analysebogen zur Bewertung verkehrssicheren Verhaltens zeigt eine Tendenz zu weniger Verkehrsübertretungen unter der Bedingung Info-Manager (siehe Abb. 10), obgleich der individuelle Fahrstil die Ergebnisse stark beeinflusst. Auch hier gibt es also Hinweise auf eine entspannende Wirkung durch sequenzielle Informationsdarbietung.

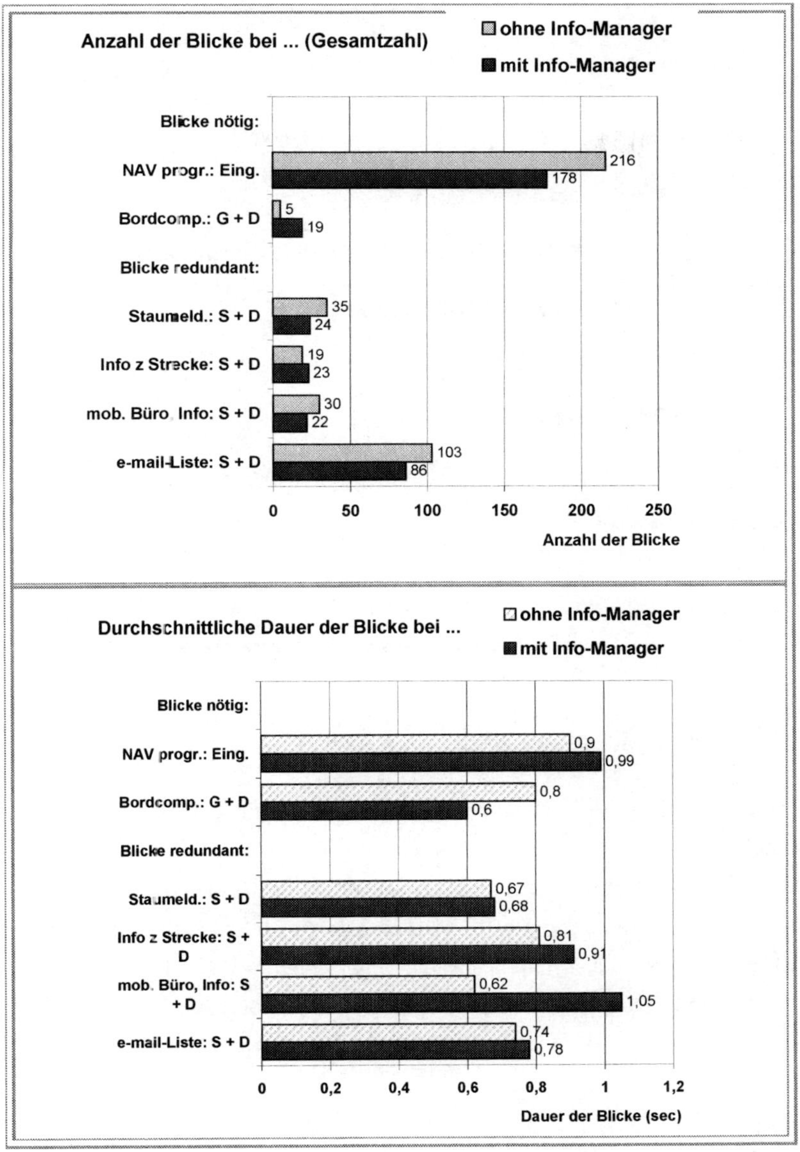

Abb. 9: Gesamtzahl der Blicke zum Comand-System und ihre durchschnittliche Dauer bei verschiedenen Aufgaben. Abkürzungen: Eing. = manuelle Eingabe; S = Sprachausgabe; D = Anzeige auf dem Display; Aufqabenbezeichnung s. Situationen.

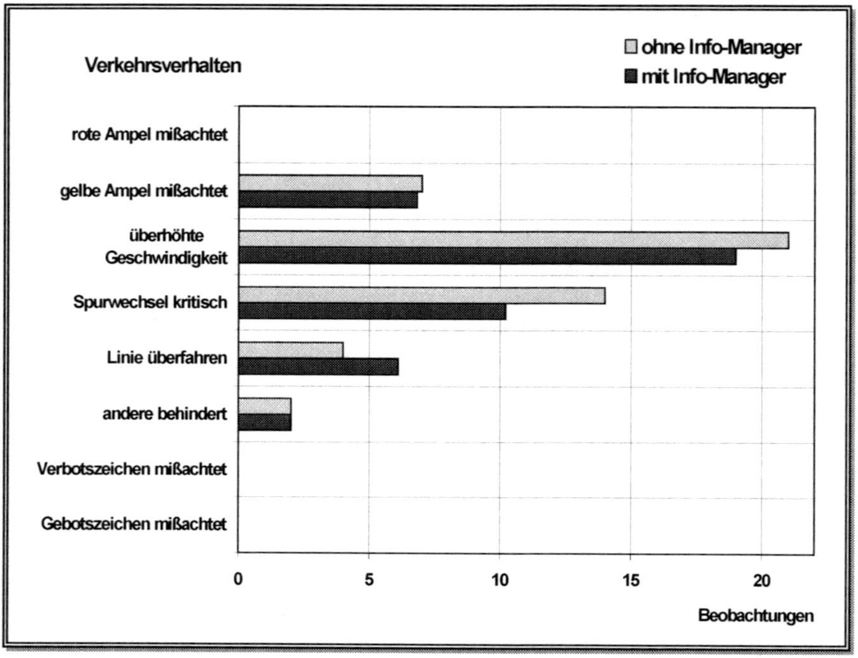

Abb. 10: Analyse des Verkehrsverhaltens mit bzw. ohne Info-Manager, normiert auf die Aufgabenzahl pro Fahrt.

Diese Beobachtung wird unterstützt durch Daten über das Bremsverhalten. Mit Info-Manager nimmt die Stärke und die Varianz der Bremsmanöver ab (siehe Abb. 11), was auf einen entspannteren Fahrstil hinweist. Da das Bremsverhalten durch viele externe Einflüsse mit bedingt wird, drücken sich die Unterschiede meist nur in den Effektgrößen aus; statistisch signifikante Unterschiede (5 % - Niveau) sind in der folgenden Abbildung gekennzeichnet. Auswirkungen auf das Lenkverhalten sind demgegenüber durch den Info-Manager nicht feststellbar.

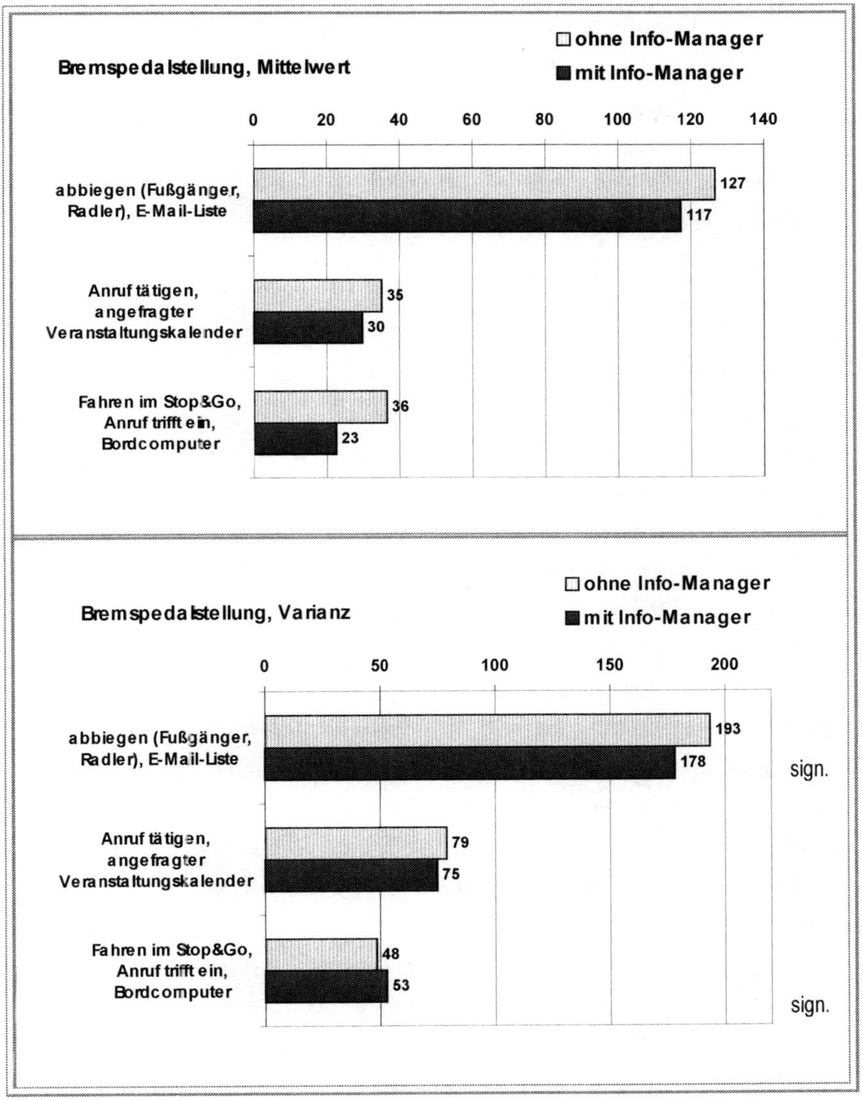

Abb. 11: Fahrzeugparameter, hier: Bremspedalstellung (Mittelwert und Varianz) mit bzw. ohne Info-Manager.

3.2 Auswirkungen von Unterstützungssystemen

Eine wichtige Frage lautet, wie Fahrer mit der entlastenden Funktion des Informationsmanagers oder Unterstützungssystemen wie Rückschaudisplays bzw. ACC im Stop-&-Go-Verkehr umgehen. Die Daten legen den Schluss nahe, dass sie eine Art konstantes Beanspruchungsniveau herstellen. Sie nutzen also, grob gesprochen, die Entlastung, die durch Informationsmanagement oder Unterstützungssysteme geboten werden, für eine Veränderung ihres Verhaltens. Dies lässt sich anhand einiger Beispiele verdeutlichen: Mit dem Rückschau-Display, das eine verbesserte Rundumsicht bietet und näher beim Fahrer positioniert ist, nimmt die Blickdauer zum Mitteldisplay zu. Bei aktiviertem ACC oder ACC mit Stop-&-Go-Funktion blicken die Fahrer mehr und länger auf das Display, d.h. sie nutzen die Ressourcen durch die Entlastung bei der Längsregelung (siehe Abb. 12). Die Unterschiede sind zwar statistisch nicht signifikant, doch ziehen sie sich als Trend durch nahezu das gesamte Datenmaterial. Eine ähnliche Beobachtung lässt sich für die Autobahn treffen. Die Entlastung durch den Informationsmanager führt bei einem Teil der Personen zu höheren Geschwindigkeiten.

Die Fahrer fungieren selbst als „Informationsmanager" und halten ihre Beanspruchung auf einem konstanten Level.

Ist unter diesem Gesichtspunkt ein Informationsmanager überhaupt erforderlich? Sind Hilfssysteme wie ACC oder ACC im Stop-&-Go-Verkehr sinnvoll?

Ein Blick in die Daten zur Verkehrssicherheit zeigt, dass trotz der Verhaltensanpassung die Verkehrsverstöße mit Informationsmanager bzw. Hilfesystemen abnehmen. Dies lässt auf eine positive Wirkung der Systeme schließen. Bezüglich der Auswirkungen der Warnungen im Display können nur sehr vage Tendenzen angegeben werden, was sowohl an der kleinen Stichprobe als auch an der Schwierigkeit liegt, wirklich kritische Situationen zu erzeugen, ohne die Versuchsteilnehmer ernsthaft zu gefährden. Durch den Hinweis auf ein Fahrzeug im toten Winkel beim Überholen sind immerhin die scharfen Bremsmanöver eliminiert worden (siehe Abb. 13, Wert = 0), was als positiv gewertet werden kann.

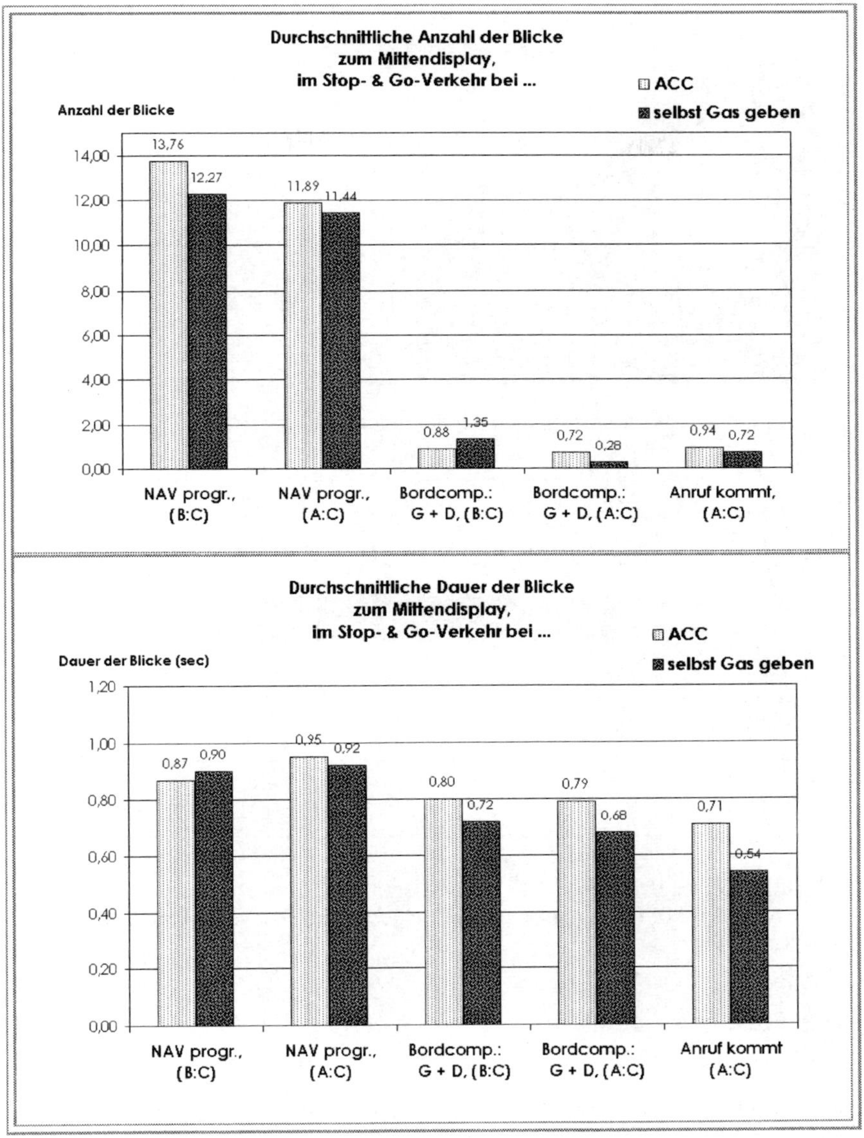

Abb. 12: Durchschnittliche Anzahl und Dauer der Blicke zum Mitteldisplay bei der Fahrt im Stop-&-Go-Verkehr mit ACC, bzw. wenn der Fahrer selbst Gas gibt (G = Gong; D = Anzeige auf dem Display; Aufqabenbeschreibung s. Situationen)

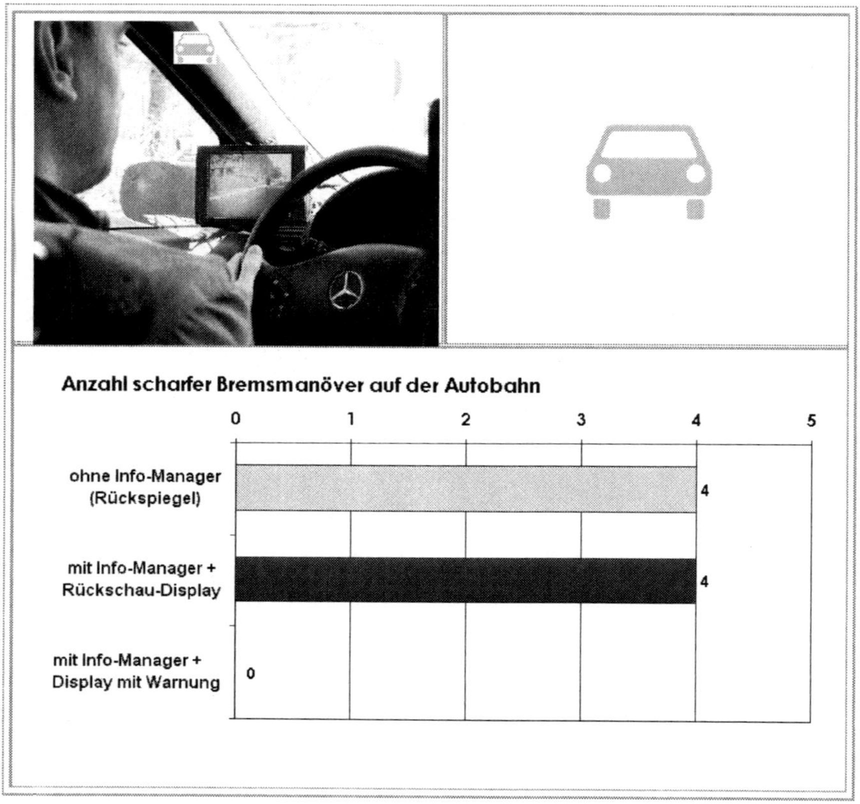

Abb. 13: Fahrzeugparameter, hier: scharfe Bremsmanöver (Anzahl): A: Rückspiegel, B: Rückschaudisplay, C: Rückschaudisplay und Piktogramm

4 Fazit und Ausblick

Der Informationsmanager kann dem Fahrer das Belastungsmanagement erleichtern und ihm durch die Verteilung der Information zu einer flüssigeren und gleichmäßigeren Fahrweise verhelfen. Dies führt nicht zum Gefühl der Bevormundung oder gar Entmündigung.

Wesentlich für die Gestaltung des Informationsmanagers ist ein Ansatz auf zwei Ebenen: Eine längerfristige Einschätzung der Belastbarkeit des Fahrers regelt das prinzipielle Niveau der Informationsfülle, die dem Fahrer übermittelt wird. Die Schätzung soll auf der Art und Häufigkeit der Betätigung von Systemen sowie auf einer Analyse des Fahrverhaltens basieren. Die kurzfristige Belastungsschätzung muss in der Lage sein, kritische oder belastende Situationen frühzeitig zu analysieren.

Hier besteht die Herausforderung, die vorhandenen Sensorsignale bestehender Fahrerassistenzsysteme intelligent zu nutzen und zu einem Situations- und Beanspruchungswert umzusetzen. Die vielen einzelnen Parameter über Situation, Umweltbedingungen, Fahrerabsichten und Fahrerhandlungen müssen zu einem Gesamtmodell der Fahrerbelastung zusammengeführt werden. Auf diese Weise kann die Informationsausgabe gesteuert werden, ehe der Fahrer in eine schwierige Situation kommt. Das vielfältige Angebot neuer Technologien wäre so zu nutzen, dass es für den Verkehrsteilnehmer sinnvoll ist, ohne nachteilige Wirkungen auf die Verkehrssicherheit befürchten zu müssen.

Die dazu begonnenen Arbeiten zum vorausschauenden Informationsmanagement bedürfen aber noch weitergehender Forschung.

5 Literatur

Färber, B., Färber, B. (1999): Telematik-Systeme und Verkehrssicherheit. Berichte der Bundesanstalt für Straßenwesen, BASt, Reihe: Mensch und Sicherheit, Heft M 104. Bremerhaven: Wirtschaftsverlag NW.

Färber, B., Färber, B. (2002): Auswirkungen neuer Informationstechnologien auf das Verkehrsverhalten und die Verkehrssicherheit. Forschungsprojekt der Bundesanstalt für Straßenwesen FE 82.128/1997, Endbericht.

Godthelp, H., Milgram, P., Blaauw, G. J. (1984): The development of a time-related measure to describe driving strategy. Human Factors, 26, pp. 257 - 268.

Josef F. Krems, Andreas Keinath, Martin Baumann und Georg Jahn

Die Okklusionsmethode: Ein einfaches und valides Verfahren zur Bewertung der visuellen Beanspruchung von Zweitaufgaben?

1 Einführung

Navigations-, Informations- und Assistenzsysteme gehören bei modernen Fahrzeugen inzwischen – cum grano salis – zur Serienausstattung. Diese Hilfsmittel versprechen nicht nur einen Zugewinn an Komfort und Betriebssicherheit, sondern sie erweitern auch das bislang in Cockpits verfügbare Funktionsspektrum, unter anderem durch den online-Zugang zum Internet. Mit ihrer Hilfe ist es beispielsweise möglich, sich lokal über die Verkehrssituation, bevorstehende Wetterverhältnisse oder auch über freie Hotelkapazitäten in der Umgebung aktuell, d.h. unabhängig von zeitlich versetzter Darbietung etwa durch Rundfunk- oder Fernsehanstalten bzw. anderen Dienstleister (z.B. Reisebüros) zu informieren. Bei allen positiven Aspekten wirft diese Entwicklung allerdings die Frage auf, inwiefern nicht durch neue, zusätzliche Systeme die Belastung des Fahrzeuglenkers weiter erhöht wird und damit negative Auswirkungen auf die Fahrsicherheit zu erwarten sind. Durch neuartige onboard-Systeme wird nicht nur die *kognitive* Belastung, etwa in der subjektiven Verarbeitung bereitgestellter Informationen, sondern auf einer elementaren Ebene insbesondere die *visuelle* Belastung, etwa durch notwendige Blickzuwendungen zu einem Display, deutlich erhöht. Die Befürchtung, damit würde auch das Risikopotential im Hinblick auf die Verkehrssicherheit ungünstig verändert, lässt sich anhand zweier exemplarischer Studien leicht nachvollziehen. So fanden beispielsweise Wierwille und Tijerina (1995) durch die Analyse von Unfalldaten im U.S.-Bundesstaat North Carolina, dass ca. ein Viertel aller Unfälle durch visuelle Ablenkung im Fahrzeuginnenraum verursacht wird. Untersuchungen von Rockwell (1988) zufolge führen schwer lesbare Informationsdarstellungen zu einer um bis zu 20% verlängerten Blickabwendung von der Fahrbahn. Es treten nicht nur längere, sondern auch häufigere Blickabwendungen auf. Es ist deshalb erforderlich, neue Fahrer-Informations- und -Assistenzsysteme (FIS/FAS) hinsichtlich ihrer potentiellen Interferenz mit der primären Fahraufgabe zu bewerten. Diese Evaluierung sollte möglichst nicht erst anhand von Unfallzahlen erfolgen, auch nicht erst nachdem bereits voll funktionsfähige Systemversionen entwickelt und eingebaut sind, denn dann sind grundlegende Konzepte kaum mehr oder nur mit erheblichem Kostenaufwand revidierbar. Die potentielle Auswirkung von Systementwürfen sollte vielmehr bereits in frühen Entwicklungsstadien untersucht werden.

Die Benutzung eines FIS während der Fahrt stellt eine Zweitaufgabe dar, die zusätzlich zur primären Fahraufgabe zu erledigen ist. Für die Bewertung des Risikopotentials von Zweitaufgaben liegen inzwischen einige Prinzipien und Gestaltungsrichtlinien vor. Beispielsweise findet sich im Europäischen Grundsatzkatalog zur Mensch-Maschine-Schnittstelle (MMI) für On-board-Informations- und Kommunikationssysteme (Europäische Kommission, 1998, 4) der folgende Grundsatz: „Optische Informationen müssen vom Fahrer mit wenigen kurzen Blicken erfasst werden können, ohne dass das Führen des Fahrzeugs dadurch beeinträchtigt wird". Auch Initiativen der Kfz-Hersteller zur Entwicklung von Bewertungsprozeduren wurden inzwischen ins Leben gerufen (z.B. ADAM, *Advanced Driver Attention Metrics*, Breuer et al., 2003).

Als Verfahren zur Bewertung der visuellen Ablenkung, die von FIS ausgeht, werden derzeit verschiedene Varianten diskutiert. Neben der *Peripheral Detection Task* (PDT, Martens und van Winsum, 2000) und der *lane-change-Aufgabe* (Mattes, 2003) ist dies in erster Linie die *Okklusionsmethode.* Dieses Verfahren wurde von der Chemnitzer Arbeitsgruppe Allgemeine und Arbeitspsychologie inzwischen in einer Serie von Experimenten hinsichtlich der Validität und Brauchbarkeit in der Beurteilung von MMI-Designs evaluiert. Ziel des vorliegenden Beitrags ist es, die in den Experimenten eingesetzten Methoden, die wichtigsten abhängigen und unabhängigen Variablen und einige bemerkenswerte Ergebnisse zusammenzutragen.

2 Zur Bewertung der visuellen Anforderungen einer Zweitaufgabe

Die Bewertung von visuellen Displays hinsichtlich ihrer visuellen und kognitiven Anforderungen ist seit längerem ein Thema der Forschung und hat zu vielfältigen Gestaltungsgrundsätzen geführt (vgl. Woodson, Tillmann und Tillmann, 1992).

Interessant sind in unserem Zusammenhang vor allem Leitlinien und Regeln zur Optimierung der Informationsübertragung an den Fahrer. Kantowitz und Sorkin (1983) schlagen beispielsweise die Erkennbarkeit (visibility), die Unterscheidbarkeit (distinguishability) und die Interpretierbarkeit (interpretability) der dargebotenen Information als Kriterien zur Bewertung von Displayvarianten vor. Zudem sollten neben der Geschwindigkeit und der Genauigkeit der Informationsaufnahme noch der Lernaufwand und verschiedene Beanspruchungsmaße erhoben werden. Ein weiterer und sehr wichtiger Gestaltungsgrundsatz, der speziell auf die Situation im Fahrzeug zugeschnitten ist, ist die Forderung, dass unter Sicherheitsaspekten eine Blickabwendung von der Fahrbahn von mehr als 2 Sekunden als nicht tolerierbar angesehen wird (vgl. Zwahlen, Adams und DeBald, 1988; Färber, 1990). Ein weiterer wichtiger Bewertungsgesichtspunkt betrifft die Frage, ob die von diesen Systemen initiierten Dialoge leicht zu unterbrechen bzw. nach einer Unterbrechung leicht wieder aufgenommen werden können (vgl. Leiser, 1993; Ashby und Parkes, 1993). Diese Forderung ist insofern von Bedeutung, als Dialoge, die nach einer Unterbrechung (Blick zurück auf die Straße) ohne großen Aufwand fortgesetzt werden können, den Fahrer eher ermuntern, sich in kritischen Situationen voll auf seine primäre Fahraufgabe zu konzentrieren, da der von einer Unterbrechung bewirkte „Schaden“ vergleichsweise gering ist. Wird diese Gestaltungsregel verletzt, so ist zu befürchten, dass Fahrzeuglenker zu lange mit der Dialogaufgabe beschäftigt bleiben und die Aufmerksamkeit für die eigentliche Fahraufgabe vernachlässigt wird (vgl. Antin, 1993). Die Partitionierbarkeit von Aufgaben wird inzwischen unter dem Stichwort *Chunkability* (Noy, Lemoine und Klachan, in press) diskutiert.

3 Die Okklusionsmethode

3.1 Die Prozedur

Die Okklusionsmethode ist ein einfaches Verfahren. Sie beruht auf der systematischen Kontrolle und Variation von zwei Parametern: *Betrachtungszeit* und *Okklusionszeit*. Kontrolliert wird sowohl die Zeit, wie lange eine relevante Information sichtbar ist (Betrachtungszeit oder Präsentationszeit), als auch die Zeit, für die sie nicht sichtbar ist, die Okklusionszeit. Es besteht zum einen die Möglichkeit, die für eine fehlerfreie Informationsaufnahme benötigte Betrachtungszeit von den Versuchspersonen selbst wählen zu lassen und die dabei benötigte Zeit als Maß zu erheben. Zum anderen kann die relevante Information zeitlich begrenzt in mehreren Präsentations-/Okklusionszyklen dargeboten werden und die Genauigkeit und Güte der Informationsaufnahme als Verhaltensvariable erhoben werden. Die Methode ist also vom Grundansatz tachistoskopischen Techniken verwandt. Zusätzlich ist es möglich, ein Doppelaufgabenparadigma zu installieren: Es kann die Okklusionsphase zur Bearbeitung weiterer Aufgaben genutzt werden, um die informatorische Belastung der Laborsituation realen Verkehrssituationen anzunähern.

In der verkehrspsychologischen Forschung wurde die Methode zuerst eingesetzt, um den visuellen Aufwand zu messen, der mit der primären Fahraufgabe und der Bewältigung verschiedener Verkehrssituationen verbunden ist (Senders et al., 1967). In den letzten Jahren wird die Methode zunehmend für die Bewertung der visuellen Belastung verwendet, die von Fahrerinformationssystemen (FIS) ausgeht. Mit dem Okklusionsverfahren soll dabei die durch die primäre Fahraufgabe verursachte Unterbrechung der Bearbeitung einer Zweitaufgabe simuliert werden. Unsere eigenen Experimente sind ausschließlich dieser Zielstellung verpflichtet.

In der technischen Realisierung der Okklusionsprozedur wurden inzwischen verschiedene Verfahren entwickelt (vgl. van der Horst, in press, für einen Überblick). Derzeit werden wohl am häufigsten sog. PLATO-Brillen (PLATO: Portable Liquid-crystal Apparatus for Tachistoscopic Occlusion, Milgram, 1987) verwendet. Diese Brillen beruhen auf dem software-gesteuerten Wechsel des Transparenzstatus (durchsichtig oder „milchig“) von LC-Gläsern. Eine typische Anwendungssituation ist in Abbildung 1 dargestellt.

Abb. 1: Okklusionsversuch mittels PLATO-Brille

3.2 Die wesentlichen Parameter

Als wesentliche Parameter von Okklusionsversuchen werden in der Literatur üblicherweise die folgenden Größen berichtet:

- *Betrachtungszeit*: die Zeit, in der Information innerhalb eines Zyklus sichtbar ist. Werden PLATO-Brillen verwendet, dann entspricht dies der Phase, in der die Brillengläser durchsichtig sind.
- *Okklusionszeit*: die Zeit, in der die Information nicht sichtbar ist. Bei PLATO-Brillen ist dies die Phase, in der die Gläser nicht transparent sind. Für die Dauer eines Okklusionsversuchs können Betrachtungs- und Okklusionszeit entweder konstante Werte annehmen oder durch zentrale Kennwerte einer Verteilung definiert sein.
- *TTT* (total task time): Die Gesamtdauer für die Bewältigung einer Aufgabe (z.B. Eingabe eines Navigationsziels) unter verschiedenen Bedingungen (z.B. als Primäraufgabe im Labor, als Sekundäraufgabe während des Fahrens im realen Verkehr oder im Simulator).
- *TSOT* (total shutter open time): Die Gesamtzeit, in der die jeweilige Vorlage sichtbar ist. Dies ist die Summe aller Betrachtungszeiten aus den Präsentations-/Okklusionszyklen vom Beginn bis zum Abschluss einer Aufgabe.

In der Verwendung der Methode zur Bewertung der visuellen Anforderungen von Zweitaufgaben ist besonders das Verhältnis von *TSOT* und *TTT* von Bedeutung. Falls der Quotient $TSOT/TTT = 1$ ist, kann gefolgert werden, dass die jeweilige Aufgabe zwar vollständige visuelle Kontrolle erfordert, aber durch die Unterbrechung keine negativen Effekte – im Sinne einer unterbrechungsbedingten Verlängerung der notwendigen visuellen Zuwendung – zu beobachten sind. Falls $TSOT/TTT > 1$ wird die Betrachtungszeit im Vergleich zur Baseline durch die Unterbrechung verlängert. Falls $TSOT/TTT < 1$ kann die Aufgabe teilweise ohne visuelle Kontrolle erledigt werden. Die Okklusionsmethode sollte sich also insbesondere eignen, um jenen zeitlichen Anteil in der Aufgabenbearbeitung abschätzen zu können, der durch „Blindbedienung" zu bewältigen ist.

4 Experimentelle Validierung der Methode

4.1 Zusammenfassung der bisher in Chemnitz durchgeführten Experimente

Den in den letzten Jahren am Chemnitzer Institut durchgeführten experimentellen Studien zur Bewertung des Okklusionsverfahrens lag die folgende Überlegung zugrunde: Um als valides Verfahren eingestuft werden zu können, ist nachzuweisen, dass mit Hilfe des Verfahrens MMI-Entwürfe, die im Fahrzeug hinsichtlich ihrer visuellen Beanspruchung tolerierbar sind, von jenen, für die dies nicht gilt, unterschieden werden können. Diese Klassifikationsleistung betrifft im Anschluss an die in Abschnitt 2 geschilderten Überlegungen die folgenden zwei Dimensionen:

a) Komplexität

b) Unterbrechbarkeit.

In den Experimenten 1 – 5 (s. Tabelle 1) wurde untersucht, ob mit Hilfe der Okklusionsmethode unterschiedlich komplexe und unterschiedlich leicht unterbrechbare MM-Dialogdesigns identifiziert werden können. Sofern eine hinreichend reliable Diskrimination erwünschter versus nicht-erwünschter Entwürfe gelingt, ist in einem nächsten Schritt eine Validierung an einem externen Kriterium zu leisten. Es sind Zusammenhänge der unter Okklusion ermittelten Ergebnisse mit der realen Fahraufgabe im Verkehr oder Fahrsimulator – im Sinne einer Validierung an einem Außenkriterium – und mit Befunden aus anderen Bewertungsverfahren herzustellen. Dazu wurden die Experimente 6 – 8 durchgeführt. Im siebten Experiment wurde das Verfahren mit der sog. *15-Sekunden Regel* (Green, 1999) verglichen. Diese besagt, dass nur Zweitaufgaben zugelassen werden sollten, deren *TTT* unter 15 Sekunden liegt. In Experiment 8 schließlich wurde die Okklusionsmethode mit der PDT (Peripheral Detection Task), einem Alternativverfahren zur Bewertung der Ablenkungswirkung von Displays, verglichen.

Experiment 1	Vergleich einfaches Display vs. komplexes Display in Abhängigkeit von der Öffnungszeit bei vorgegebenen Zeiten
Experiment 2	Vergleich einfaches Display vs. komplexes Display mit selbstgewählten Betrachtungszeiten
Experiment 3	Unterbrochene Ablesung eines sich vorhersehbar vs. zufällig verändernden Displays (graphische Codierung)
Experiment 4	Unterbrochene Ablesung eines sich vorhersehbar vs. zufällig verändernden Displays mit Zweitaufgabe (Mustererkennung)
Experiment 5	Unterbrochene vs. Nicht-unterbrochene Ablesung eines sich vorhersehbar vs. zufällig verändernden Displays mit und ohne Zweitaufgabe
Experiment 6	Vergleich der Zieleingabe im Stand, mit Okklusion und während Fahrt
Experiment 7	Gegenüberstellung 15sec-Regel – Okklusionsmethode
Experiment 8	Bewertung verschiedener Aufgaben durch Okklusion und PDT (Aufgabendurchführung alleine, mit PDT und mit Okklusion)

Tab. 1: Übersicht über die am Chemnitzer Institut bislang durchgeführten Okklusionsexperimente

4.2 Verwendung der Okklusionsmethode zur Diskriminierung zwischen unterschiedlichen Schnittstellenvarianten

a) Komplexität: Im einfachsten Falle sollte das Verfahren in der Lage sein, zwischen unterschiedlich komplex gestalteten Ableseaufgaben (Displays) zu trennen. Es müssen, sofern das Verfahren in frühen Designstadien einsetzbar sein soll, verlässliche Unterschiede in den Leistungs- und Bewertungsmaßen bei einfachen versus komplexen Vorlagen gefunden werden. Dies wurde in zwei Experimenten untersucht (Details s. Gelau, Keinath, Baumann, Bengler und Krems, 1999). Es wurden zwei Varianten einer Ableseaufgabe konstruiert, deren unterschiedliche Komplexität über die zur Bearbeitung erforderlichen kognitiven Operationen variiert wurde. Anhand stilisierter Landkarten hatten die Probanden bei der einfachen Version anzugeben, welcher Weg einzuschlagen ist, um von einem Ort A zu einem Ort B zu gelangen. Bei der komplexen Version hatten sie die kürzeste Verbindung zwischen den zwei Orten zu finden. In der einfachen Variante genügte eine einfache

Identifikationsleistung, um die Ableseaufgabe korrekt zu lösen, während in der komplexen Variante eine zusätzliche, kognitiv aufwändige Vergleichsoperation zwischen Alternativen durchgeführt werden musste. In Experiment 1 (n = 20) wurden die einzelnen Vorlagen mit Präsentationszeiten dargeboten, die in acht Stufen zwischen 0.2 sec und 1.2 sec variierten. Es konnte gezeigt werden, dass über alle Präsentationszeiten hinweg die Fehlerwahrscheinlichkeit für die komplexe Variante über jener der einfachen lag. Die Werte nähern sich erst ab einer Darbietungszeit von 1.2 sec an.

In einem zweiten Experiment (n = 25), in dem das selbe Reizmaterial wie in der ersten Studie verwendet wurde, wurden die Präsentationszeiten von den Versuchspersonen selbst festgelegt. Es sollte untersucht werden, ob ein „subject-paced“-Vorgehen zu ähnlichen Ergebnissen führt wie ein „system-paced“-Verfahren. Als unabhängige Variable wurde erneut die Komplexität der Aufgabe variiert. Als abhängige Variable wurden die selbstgewählten Betrachtungszeiten, sowie die Anzahl korrekter Aufgaben erhoben. Wir fanden zum ersten Experiment analoge Ergebnisse.

Zusammenfassend ist festzuhalten, dass mit Hilfe des Okklusionsverfahrens eine verlässliche Trennung unterschiedlicher Displayversionen hinsichtlich ihrer Komplexität gelingt.

b) Unterbrechbarkeit: Um die Validität der Okklusionsmethode zur Bewertung der Unterbrechbarkeit von Dialogen zu prüfen, wurden drei Experimente durchgeführt (vgl. Krems et al., 2000a, 2000b; Keinath et al. 2001, für weitere Details). Als Stimulusmaterial wurden stilisierte Telefonverzeichnisse (Displays) benutzt. Auf jeder Reizvorlage befanden sich untereinander fünf Namen und die dazugehörenden Telefonnummern. Aufgabe der Versuchspersonen war es, die Telefonnummer zu suchen, die einem vorgegebenen Namen zugeordnet war. Bei diesem Suchvorgang wurden die Versuchsteilnehmer an definierten Stellen mehrfach unterbrochen und mussten danach solange weitersuchen bis der Eintrag identifiziert war. Es wurde wieder eine einfache und komplexe Variante konstruiert, die am Bildschirm eines PC bearbeitet werden musste. In der einfachen Variante war die Wiederaufnahme des Dialogs erleichtert, da ein gesuchter Eintrag im Display nach jeder Unterbrechung an einer vorhersehbaren Stelle zu finden war. Im Gegensatz dazu konnte der gesuchte Eintrag in der komplexen Variante nach einer Unterbrechung an unvorhersehbarer

Stelle des Displays stehen. In Experiment 3 (n = 60) war die gesuchte Information graphisch markiert (durch eine Umrahmung des gesuchten Eintrags). Als unabhängige Variable wurde außerdem die Dauer der Einzeldarbietungen des Telefonregisters variiert (600, 900 oder 1200 msec). Die Anzahl der Fehler wurde als abhängige Variable erhoben. Es zeigte sich ein sehr konsistentes Bild in der Fehlerverteilung. Sowohl die Präsentationsdauer als auch der Komplexitätsgrad wirkten sich systematisch auf die Fehlerwahrscheinlichkeit aus. Die Fehlerwahrscheinlichkeiten waren in der einfachen Bedingung durchgängig niedriger als in der komplexen Bedingung und nahmen mit zunehmender Darbietungsdauer ab.

In Experiment 4 (n = 30) war die Aufgabe im Wesentlichen vergleichbar mit der aus Experiment 3, außer dass auf die graphische Hilfestellung verzichtet wurde. Es handelte sich also um einen komplizierteren visuellen Such- und Mustererkennungsvorgang. Wie in Experiment 3 gab es eine einfache Dialogbedingung, bei der nach der Unterbrechung die gesuchte Information nach einer festen Regel ihre Position veränderte und eine komplexe Bedingung, bei der die Ortsveränderung zufällig war. Zudem musste während der Unterbrechungszeit eine Zweitaufgabe bearbeitet werden. Die Zweitaufgabe war ebenfalls eine visuelle Suchaufgabe, bei der aus jeweils vier Buchstaben, die an den Ecken des Bildschirms dargeboten wurden, der Vokal unter drei Konsonanten bestimmt werden musste. Wie in Experiment 3 fanden wir auch bei der Musteridentifikationsaufgabe (mit Zweitaufgabe), dass die Okklusionsmethode erfolgreich zwischen einfachen und komplexen Dialogen trennt. Ebenfalls wurden signifikante Unterschiede in den Fehlerwahrscheinlichkeiten der Zweitaufgabe gefunden. In der komplexen Bedingung ist die Fehlerwahrscheinlichkeit in der Zweitaufgabe auch weitaus höher als in der einfachen Bedingung.

Experiment 5 wurde durchgeführt, um den Effekt („Kosten") der Unterbrechung der Aufgabenbearbeitung zu untersuchen. Wie in Experiment 3 war es Aufgabe der Versuchspersonen, eine Telefonnummer in einem 5-zeiligen Register aufzufinden, allerdings ohne Unterbrechung. Aus dem Vergleich der Betrachtungszeiten, die sich subject-paced ergaben, mit jenen, die in der Unterbrechungssituation – mit und ohne Zweitaufgabe – erhoben wurden, konnte der Einfluss der Unterbrechung auf die Gesamtbearbeitungszeit abgeschätzt werden. Es wurden keine Unterschiede in den Fehlern, wohl aber in den Antwortzeiten festgestellt: Die Gesamtbetrachtungszeit (TSOT) war in der ungestörten Situation am längsten. Dies bedeutet, dass bei Unterbrechungen auch die Okklusionsphase für die Aufgabenbearbeitung genutzt werden kann. Dieser Befund ist insbesondere im Hinblick auf die Einschätzung der Blindbedienbarkeit von Systemkomponenten bedeutsam.

4.3 Externe Validierung

Bislang wurden drei Experimente zur externen Validierung der Okklusionsmethode durchgeführt. Es handelt sich dabei um einen Vergleich der Okklusionsbedingung mit der realen Fahrsituation bzw. mit alternativen Evaluationsmethoden (hier speziell die 15-Sekunden Regel und die PDT). In Experiment 6 wurden bei einer identischen Aufgabenmenge drei Bearbeitungsbedingungen miteinander verglichen: Stand, Okklusion, Fahrt. Es zeigte sich, dass die Okklusionssituation hinsichtlich der TTT und auch der beobachteten Fehler mit der Verkehrssituation weitgehend kongruent ist. Daraus ist zu folgern, dass sich die Methode für die Simulation von Fahrbedingungen durchaus eignen kann.

Eine Alternative zum Okklusionsverfahren in der Bewertung des Ablenkungspotentials von Zweitaufgaben ist die Verwendung von globalen Leistungsmaßen. Ein prominentes, derzeit intensiv diskutiertes Kriterium ist die sog. 15-Sekunden Regel (Green, 1999). Sie postuliert, dass nur Aufgaben während des Fahrens zugelassen sein sollen, deren Gesamtbearbeitungszeit im Stand unter 15 Sekunden liegt. In Experiment 7 wurde allerdings gezeigt, dass sich leicht Aufgaben finden lassen, die dieser Regel folgen, aber dennoch während des Fahrens höchst problematisch sind. Dazu gehören dynamische, systemgesteuerte Vorgaben, die fahrerseitig nicht beliebig unterbrochen und wiederaufgenommen werden können (z.B. Fliesstext bei der Anzeige von Verkehrsinformationen auf einem einzeiligen Radiodisplay). Weitere Details sind in Baumann, Keinath, Krems und Bengler (in press) zu finden.

Im Rahmen des erwähnten ADAM-Projektes wurde in Experiment 8 die Okklusionsmethode mit der PDT (Peripheral Detection Task) bei denselben Aufgaben (z.B. Radiosender einstellen, Navigationsziel eingeben) verglichen und mit Daten aus einer Simulatorstudie in Beziehung gesetzt. Es zeigte sich, dass beide Methoden zu sehr ähnlichen Ergebnissen führen und zwischen .6 und .8 mit Befunden aus einer Fahrsimulatorstudie korrelieren (weitere Details s. Baumann, Rösler, Jahn und Krems, 2003).

5 Einige Folgerungen zur Bewertung der Okklusionsmethode

Die Ergebnisse der hier vorgestellten Experimente zeigen, dass die Okklusionsmethode ein valides Verfahren zur Bewertung von Displays sein kann. Es konnte in den Experimenten 1 und 2 nachgewiesen werden, dass die Methode zwischen unterschiedlich komplexen Displayentwürfen trennt. Im ersten Experiment wurde dies in dem von Zwahlen, Adams und DeBald (1988) für die Dauer einer Blickabwendung von der Fahrbahn als tolerierbar erachteten Bereich von 200 bis 1200 msec gezeigt. Auch bei den von den Probanden selbstgewählten Betrachtungszeiten gelang es, zwischen einfachen und komplexen Displaydarstellungen zu trennen.

Die Experimente zur Dialogunterbrechung bzw. der Leichtigkeit der Wiederaufnahme nach einer Unterbrechung ergaben ebenfalls, dass die Okklusionsmethode als einfaches Bewertungsinstrument geeignet erscheint. So zeigten beide Experimente – mit versus ohne graphische Codierung – eine deutliche Trennung von unterschiedlich komplexen Wiederaufnahmesituationen. Zudem konnte in Experiment 4 gezeigt werden, dass die komplexe Bedingung auch negative Auswirkungen auf die Zweitaufgabe hatte. Das Äquivalent zu einer realen Situation im Fahrzeug wäre, dass ein die Dialogwiederaufnahme erschwerendes Display negative Auswirkungen auf die eigentliche Fahraufgabe (bei uns Zweitaufgabe) hat. Die Okklusionsmethode liefert also nicht nur einen wichtigen Hinweis darauf, welche Gestaltungsvarianten von Displays eine Wiederaufnahme nach einer Unterbrechung erleichtern oder erschweren, sondern auch, welche Anzeigeformen zu einer größeren Interferenz mit einer Zweitaufgabe führen können. Dies erscheint uns als ein wichtiger Befund, da die Gefahr einer einseitigen Aufmerksamkeitsverteilung von der Fahraufgabe hin zu einem Display als entscheidendes Sicherheitsrisiko betrachtet wird (vgl. Dewar, 1988; Antin, 1993).

Kritisch ist anzumerken, dass die Okklusionsmethode in der Simulation der Abfolgen von Blickabwendung und -zuwendung die reale Fahrsituation nur partiell abbildet. Die Okklusionsphase stellt nur eine Unterbrechung des Wahrnehmungsvorgangs, nicht aber die Zuwendung zu einer anderen Szene oder einem anderen Objekt dar. Selbst der Fixationspunkt kann häufig auch während der Okklusionsphase beibehalten bleiben. Dieser Nachteil hinsichtlich der externen Validität kann allerdings durch die Verwendung von Zweitaufgaben kompensiert werden. Beispielsweise kann während der Okklusionsphase eine visuelle Suchaufgabe implementiert werden. Aber auch ohne Zweitaufgaben erreichen die Korrelationen der unter Okklusion identifizierten Befunde mit Ergebnissen aus Simulatorstudien bei identischen Aufgaben Werte, die im von psychodiagnostischen Testverfahren üblicherweise erwarteten Bereich liegen. Das Verfahren sollte damit als geeignet eingestuft werden, bereits in einer frühen Entwicklungsphase Designentwürfe daraufhin klassifizieren zu können, ob sie während des Fahrens grundsätzlich in Betracht kommen. Die Okklusionsmethode sollte als screening-Verfahren eingesetzt werden, bei dem es vor allem wichtig ist, dass große Unterschiede identifiziert werden und eine Trennung der geeigneten von den völlig ungeeigneten MMI-Designs gelingt.

6 Literatur

Antin, J.F. (1993). Informational aspects of car design: Navigation. In: B. Peacock, W. Karwowski (Eds.), Automotive Ergonomics. London, Washington, DC: Taylor & Francis, 321-337.

Ashby, M.C., Parkes, A.M. (1993). Interface design for navigation and guidance. In: A.M. Parkes, S. Franzen (Eds.), Driving future vehicles London, Washington, DC: Taylor & Francis, 295-310.

Baumann, M., Keinath, A., Krems, J., Bengler, K. (in press). Evaluation of In-vehicle HMI using occlusion techniques: Experimental Results and Practical Implications. Applied Ergonomics.

Baumann, M., Rösler, D., Jahn, G., Krems, J. (2003). Assessing Driver Distraction using Occlusion Method and Peripheral Detection Task. In: H. Strasser, K. Kluth, H. Rausch, H. Bubb (eds.). Quality of Work and Products in Enterprises of the Future. Stuttgart: Ergonomia Verlag, 53-56.

Breuer, J., Bengler, K., Heinrich, Ch., Reichelt, W. (2003). Development of Advanced Driver Attention Metrics (ADAM). In: H. Strasser, K. Kluth, H. Rausch, H. Bubb (eds.). Quality of Work and Products in Enterprises of the Future. Stuttgart: Ergonomia Verlag, 37-39.

Dewar, R.E. (1988). In-vehicle information and driver overload. International Journal of Vehicle Design 9, 557-564.

Europäische Kommission (1998). Telematikanwendungen für Verkehr und Umwelt: Europäischer Grundsatzkatalog zur Mensch-Maschine-Schnittstelle (HMI) für On-Board-Informations- und Kommunikationssysteme. Task Force HMI.

Färber, B. (1990). Mehr Instrumente, mehr Sicherheit? VDI Berichte, 819, 1-18.

Gelau, A., Keinath, A., Baumann, M., Bengler, K., Krems, J.F. (1999). Die Okklusionsmethode als Verfahren zur Bewertung von visuellen Displaydarstellungen in Kraftfahrzeugen. Zeitschrift für Arbeitswissenschaft 53, 41-57.

Green, P. (1999). Estimating compliance with the 15-second rule for driver interface usability and safety [CD-ROM]. Proceedings of Human Factors and Ergonomics Society 43rd Annual Meeting.

Horst, R. van der (in press). Occlusion as a Measure for Visual Workload: An Overview of TNO Occlusion Research in Car Driving. Applied Ergonomics.

Kantowitz, B.H., Sorkin, R.D. (1983). Human factors. New York: John Wiley.

Keinath, A., Baumann, M., Gelau, C., Bengler, K., Krems, J.F. (2001). Occlusion as a technique for evaluating in-car displays. In: D. Harris (Ed.), Engineering Psychology and Cognitive Ergonomics. Vol. 5. Brookfield, VT: Ashgate, 391-397.

Krems, J.F., Keinath, A., Baumann, M., Gelau, C., Bengler, K. (2000a). Evaluating visual display designs in vehicles: Advantages and disadvantages of the occlusion technique. In: L.M. Camarinha-Matos, H. Afsarmanesh, H.-H. Erbe (Eds.), "Advances in Network Enterprises". Boston: Kluwer, 361-368.

Krems, J.F., Keinath, A., Baumann, M., Bengler, K., Gelau, C. (2000b). Die Bewertung von visuellen Displaydarstellungen in Kraftfahrzeugen: Vor- und Nachteile der Okklusionsmethode. In: Bundesanstalt für Straßenwesen (Hrsg.), Informations- und Assistenzsysteme im Auto benutzergerecht gestalten, Bremerhaven: Wirtschaftsverlag NW, 25-32.

Leiser, R. (1993). Driver-vehicle interface: dialogue design for voice input. In: A.M. Parkes & S. Franzen (Eds.), Driving future vehicles. London, Washington, DC: Taylor & Francis, 275-293.

Martens, M., van Winsum, W. (2000). Measuring distraction: The Peripheral Detection Task. Soesterberg: TNO Human Factors.

Mattes, St. (2003). The Lane-Change-Task as a Tool for Driver Distraction Evaluation. In: H. Strasser, K. Kluth, H. Rausch, H. Bubb (eds.). Quality of Work and Products in Enterprises of the Future. Stuttgart: Ergonomia Verlag, 57-60.

Milgram, P. (1987). A spectacle-mounted liquid crystal tachistoscope. Behavior Research Methods, Instruments & Computers, 19(5), 449-456.

Noy, Y.I., Lemoine, T., Klachan, Ch. (in press). Occlusion paradigm as a tool to assess visual distraction from in-vehicle telematics. Applied Ergonomics.

Rockwell, T.H. (1988). Spare visual capacity: New empirical results for an old idea. In A.G. Gale, M.H. Freeman, C.M. Haslegrave, P. Smith, S.P. Taylor (Eds.), Vision in Vehicles - II. Amsterdam: Elsevier, 317-324.

Senders J. W., Kristofferson, A. B., Levison, W. H., Dietrich, D. W., Ward, J. L. (1967). The attentional demand of automative driving. Highway Research Record, 195, 15-33.

Wierwille, W.W., Tijerina, L. (1995). Eine Analyse von Unfallberichten als ein Mittel zur Bestimmung von Problemen, die durch die Verteilung der visuellen Aufmerksamkeit und der visuellen Belastung innerhalb des Fahrzeugs verursacht werden. Zeitschrift für Verkehrssicherheit, 41, 164-168.

Woodson, W.E., Tillmann B., Tillmann, P. (1992). Human factors design handbook (2nd ed.). New York: McGraw Hill.

Zwahlen, H.T., Adams, C.C. jr., DeBald, D.P. (1988). Safety aspects of CRT touch panel controls in automobils. In: A.G. Gale, M.H. Freeman, C.M. Haslegrave, P. Smith, S.P. Taylor (Eds.), Vision in Vehicles – II. Amsterdam: Elsevier, 335-344.

Gert Weller und Bernhard Schlag

Verhaltensadaptation nach Einführung von Fahrerassistenzsystemen: Vorstellung eines Modells und Ergebnisse einer Expertenbefragung

1 Theoretischer Hintergrund

Im System Mensch-Straße-Fahrzeug bleibt der Mensch nicht passiv, wenn sich etwas ändert, sondern er nimmt (in der Regel) die Veränderung wahr, bewertet den Nutzen der Änderung im Kontext seiner eigenen Ziele und Motive und richtet sich in seinem Verhalten darauf ein. Der durch eine technische Änderung mögliche Sicherheitsgewinn kann - auch wenn die Basisüberlegungen für die Veränderung richtig waren - ganz oder teilweise dadurch verloren gehen, dass die Fahrer die Änderung in der Weise nutzen, dass sie ihre eigenen, teilweise nicht sicherheitskonformen Ziele noch besser zu realisieren suchen. Die Möglichkeit zu solcher Verhaltensadaptation kann wiederum Einfluss auf die Akzeptanz fahrzeugtechnischer Innovationen haben.

Nach einer Definition der OECD (1990) wird unter Verhaltensadaptation im Bereich der Verkehrssicherheit verstanden: „Behavioural adaptations are those behaviours which may occur following the introduction of changes to the road-vehicle-user system and which were not intended by the initiators of the change; Behavioural adaptations occur as road users respond to changes in the road transport system such that their personal needs are achieved as a result, they create a continuum of effects ranging from a positive increase in safety to a decrease in safety“ (p. 23). Damit es zu einer Verhaltensadaptation kommen kann, müssen folgende Voraussetzungen erfüllt werden (vgl. OECD, 1990):

- die Fahrer müssen die Veränderung wahrnehmen können, wobei diese Wahrnehmung nicht notwendigerweise bewusst erfolgen muss,
- die Fahrer müssen die Möglichkeit haben, ihr Verhalten zu ändern,
- die Fahrer müssen die Motivation haben, ihr Verhalten zu ändern.

Im Straßenverkehr konnten Veränderungen der Fahrweise in Anpassung an Umfeldbedingungen vielfach belegt werden, so z.B. bei Nebel (vgl. z.B. Schlag und Richter, 2000) oder geringeren Spurbreiten (vgl. Vos et al., 1999). Während günstige Verhaltensadaptationen, die Risiken mindern helfen, trivial zu sein scheinen, werden ungünstige Adaptationen, durch die Risiken vergrößert werden können, kritisch diskutiert. Pfafferott und Huguenin (1991) betrachten Adaptation im Straßenverkehr entsprechend als meist negative, sekundäre und nicht intendierte Maßnahmenwirkung. Zur differenzierten Betrachtung von Verhaltensadaptation kann z.B. nach den verschiedenen Ebenen der Fahraufgabe, Navigation, Bahnführung und Stabilisierung unterschieden werden (vgl. Michon, 1985; Schlag, 1994). Sollen die

Auswirkungen von technischen Neuerungen im Fahrzeug untersucht werden, so muss weiterhin zwischen verschiedenen Systemen unterscheiden werden. Die Einteilungsmöglichkeiten dazu sind vielfältig, jedoch muss mindestens zwischen Systemen aktiver und passiver Sicherheit sowie zwischen Informations-, Warn- und eingreifenden Systemen unterschieden werden, möglicherweise anhand eines Kontinuums wie etwa von van der Laan et al. (1997) vorgeschlagen.

Eine Reihe von empirischen Untersuchungen zur Auswirkung von Fahrerassistenzsystemen auf das Fahrverhalten liegen vor, dazu einige Beispiele:

- In einer Feldstudie mit Taxifahrern konnte nachgewiesen werden, dass die Fahrer mit ABS kürzere zeitliche Abstände[1] zum Vordermann einhielten als Fahrer ohne ABS (vgl. Sagberg et al. 1997).
- Hoedemaeker und Brookhuis (1998) konnten zeigen, dass Fahrer mit ACC häufiger die linke Fahrspur benutzten als Fahrer ohne ACC. Bei schnellen Fahrern nahm die Geschwindigkeit bei Fahrten mit ACC weiter zu.
- Stanton und Young (1998) berichten über drei Simulatorstudien mit einem ACC in teilweiser Verbindung mit einem Active Steering System (AS). Hier konnte eine überwiegend positive Gesamtwirkung der Systeme festgestellt werden. Differenziert muss jedoch unter Umständen die gefundene Abnahme der mentalen Beanspruchung gesehen werden. Als problematisch erwiesen sich in diesen Studien Systemausfälle, bei denen die Versuchsteilnehmer Schwierigkeiten hatten, adäquat zu reagieren (Übernahmeproblematik).
- Stanton und Pinto (2000) überprüften die Auswirkungen eines Vision Enhancement Systems (VES) im Fahrsimulator unter Berücksichtigung des Geschwindigkeitsverhaltens und der Anzahl der Überholvorgänge. Die Geschwindigkeit mit VES war hierbei sowohl in einer simulierten Nachtfahrt als auch bei Nebel signifikant höher als ohne VES.
- Färber und Färber (2004, in diesem Band) fanden Hinweise auf Adaptionsprozesse in ihren Fahrversuchen mit Informations- und Assistenzsystemen, die sie folgendermaßen zusammenfassen: Die Fahrer „nutzen also, grob gesprochen, die Entlastung, die durch Informationsmanagement oder Unterstützungssysteme geboten werden, für eine Veränderung ihres Verhaltens."

[1] Time headway = Abstand zum vorausfahrenden Auto / Geschwindigkeit des folgenden Autos; vgl. van der Hulst (1999).

Die Auseinandersetzung mit (veränderten) Risikobedingungen und den Prozess der Verhaltensadaptation versuchen folgende Modelle zu erklären:

- Modell der subjektiven und objektiven Sicherheit von Klebelsberg (1982)
- Risikohomöostasetheorie nach Wilde (1994)
- „Zero-Risk" Theorie von Näätänen und Summala (1976)
- „Threat Avoidance" Theorie von Fuller (1984; 1988)
- Hierarchisches Modell von Summala (1997).

Aus Platzgründen können die einzelnen Annahmen dieser Modelle hier nicht beschrieben werden, es sei daher auf folgende Zusammenfassungen verwiesen: Pfafferott und Huguenin, 1991; Weller, Schlag und Lehmann, 2002. Gemeinsam ist allen Modellen, dass die Motivation im Zusammenhang mit dem veränderten Risiko bzw. der veränderten Risikowahrnehmung eine zentrale Rolle spielt - sie wird jedoch in den einzelnen Modellen unterschiedlich interpretiert. Verhaltensadaptation scheint jedoch durch keines dieser Modelle hinreichend differenziert erklärt und vorausgesagt werden zu können, weshalb weitere psychologische Parameter betrachtet werden sollten. Stanton und Young (1998) unterscheiden zwischen sieben psychologischen Aspekten, die zur Vorhersage von Verhaltensadaptationen einerseits und zur Bewertung von FIS / FAS andererseits von Bedeutung sind:

- *Locus of Control* (Sieht der Fahrer die Verantwortung bei der Führung des Fahrzeugs bei sich oder bei einem System?)
- *Situational Awareness* (Situationsbewusstsein; vgl. Endsley und Garland, 2000)
- *Trust* (Entspricht das Ausmaß an Vertrauen des Fahrers in die Technik den tatsächlichen Systemeigenschaften?)
- *Workload* (Grad der mentalen und der visuellen Beanspruchung)
- *Mentale Repräsentationen* (Entsprechen die Vorstellungen des Fahrers hinsichtlich der Wirkungsweise den tatsächlichen Systemwirkungen?)
- *Stress*
- *Feedback* (In welchem Umfang und auf welche Art und Weise geben die Systeme dem Fahrer Rückmeldung über ihren Status?)

Obwohl z.B. Wilde (1994) in seiner Theorie der Risikohomöostase den Einfluss individueller Differenzen als unerheblich für das Ergebnis des Adaptationsprozesses auf aggregierter Ebene einstufte, erwiesen sich differentielle Personenmerkmale später als bedeutsam. Hierzu muss zwischen traits, states und sozial- und verkehrsdemographischen Merkmalen (Alter, Geschlecht, Fahrerfahrung) unterschieden werden.

Eine Vielzahl von Studien befasst sich mit den differentiellen Auswirkungen des traits Sensation Seeking (SS) auf das Adaptationsverhalten. So schließt Jonah (1997) aufgrund einer Metaanalyse, dass: „...high SSs adapt their behaviour to take advantage of such improvements (FAS, Anmerkung der Autoren) in safety to a greater extent than low SSs and that consequently, they exhibit greater risky driving" (a.a.O., 663). Diese Einschätzung beruht auf einer Literaturstudie, in der von 40 Studien nur bei vier kein Zusammenhang von SS und einem Aspekt von riskantem Fahren gefunden wurden.

Neben dem differentialpsychologischen Konstrukt des sensation seeking müssen situative states berücksichtigt werden. Von van der Hulst (1999) wurde der Einfluss von Zeitdruck und Müdigkeit auf die Veränderung des Abstandsverhaltens bei unterschiedlichen Sichtbedingungen untersucht. Die Ergebnisse deuten darauf hin, dass vor allem die Kombination aus Zeitdruck und Müdigkeit zu einer kritischen Verringerung der minimum time headways führen kann.

Auch das Alter der Fahrer ist bei Adaptationsleistungen zu berücksichtigen. So sind ältere Kraftfahrer mit spezifischen Problemen konfrontiert, die z.B. von Ellinghaus et al. (1990) und Schlag (1996) zusammengefasst werden. Diese Schwierigkeiten manifestieren sich auch bei der Verwendung neuer Systeme. So konnten Dingus et al. (1997) in mehreren Experimenten mit einem Navigationssystem zeigen, dass ältere Personen (65 Jahre und älter) im Gegensatz zu Jüngeren überdauernde Schwierigkeiten mit der dual task „Systemanwendung und gleichzeitige Erfüllung der Fahraufgabe" hatten. Trotz einer Verhaltensanpassung in Richtung langsameres und vorsichtigeres Fahren machte diese Gruppe mehr sicherheitsrelevante Fehler als jüngere Fahrer. Junge Fahrer stellen eher aufgrund ihrer Tendenz zur Unterschätzung von Risiken und zur Überschätzung der eigenen Fähigkeiten, verbunden mit teilweise starker Motivation mit dem Fahrzeug mehr als Mobilitätsfunktionen zu erfüllen (Extramotive), eine potentielle Risikogruppe bei der Verwendung von Fahrerassistenzsystemen dar. FIS / FAS, die junge Fahranfänger in der Fahraufgabe unterstützen, könnten zu einer weiteren Unterschätzung von Gefahren bei gleichzeitiger Überschätzung eigener Fähigkeiten (und der Bewältigbarkeit von Gefahren) führen. Dies kann besonders bei einem Wechsel des Fahrzeugs (von einem Fahrzeug mit FAS zu Fahrzeug ohne FAS) sicherheitsrelevant werden. Andererseits bieten besonders gestaltete FIS / FAS Systeme gerade für die Gruppe junger Fahranfänger besondere Vorteile. So könnte der Lernprozess z.B. durch adäquate Rückmeldung gezielt unterstützt und beschleunigt werden, Gefahren könnten durch rechtzeitiges feedback konsequenzenfrei vermieden werden.

Eine weitere Variable, die zur Erklärung von Verhaltensadaptation herangezogen werden muss, ist die Akzeptanz. Diese Variable ist nicht nur zentraler Faktor des Erfolgs von FIS / FAS (vgl. Harrison et al., 2000), ebenso werden Interaktionen mit dem Verhalten vermutet:

- Oskarsson (1999) konnte zeigen, dass niedrigere Akzeptanzbewertungen eines ACC mit aggressiverem Fahrstil in Situationen zusammenhängen, in denen das ACC normalerweise eingreift.
- Marsden et al. (2001) fanden Hinweise darauf, dass ein ACC System in dichtem Verkehr häufiger ausgeschaltet wurde, obwohl gerade in dieser Situation ein ACC sinnvoll wäre. Dies könnte ein Hinweis auf geringe Akzeptanz aufgrund geringen Vertrauens in die Technik sein.
- Hoedemaeker und Brookhuis (1998) konnten zeigen, dass die Akzeptanz von ACC bei Fahrergruppen, die sich selber zu den schnellen Fahrern rechnen, am geringsten war. Da diese Fahrergruppe am meisten von der Wirkung eines ACC im Sinne der Verkehrssicherheit profitieren würde, ergibt sich, dass eine zielgruppenspezifische Intervention sinnvoll ist, um die Akzeptabilität dieser Systeme zu erhöhen.

Bei der Definition ebenso wie bei der Erhebung von „Akzeptanz" muss zwischen den beiden Aspekten Akzeptanz und Akzeptabilität unterschieden werden. Bezieht sich Akzeptanz auf tatsächliches Verhalten gegenüber einem Akzeptanzobjekt, so bezieht sich Akzeptabilität auf prospektive Einstellungen zu einem in der Regel noch nicht verfügbaren, hypothetischen Objekt (vgl. Schade und Schlag, 2000).

2 Zusammenfassung des Forschungsstands in einem Modell

Auf der Grundlage bisheriger Forschungsergebnisse wird im Folgenden ein zusammenfassendes Modell der Verhaltensadaptation vorgestellt. Teilweise greift dieses Modell auf die Arbeit von Jiang et al. (1992) zurück, unterscheidet sich jedoch unter anderem durch die Berücksichtigung individueller Unterschiede und externer Einflüsse hinsichtlich ihrer Auswirkungen auf mögliche Verhaltensadaptationen (VA).

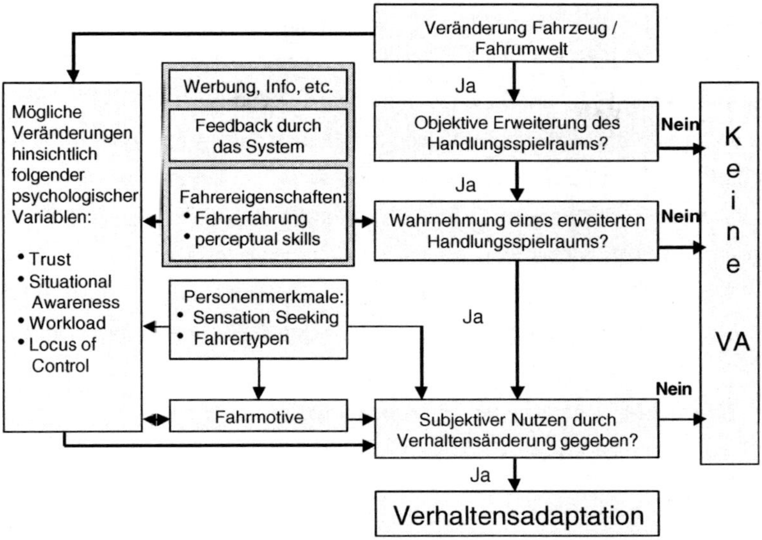

Abb. 1: Prozessmodell der Verhaltensadaptation

Das Modell hat zunächst heuristische Funktion und soll in erster Linie als Anleitung zur vollständigen Berücksichtigung relevanter Variablen dienen. Ausgangspunkt des Modells ist eine Veränderung am / im Fahrzeug. VA wird verhindert, wenn das System von vornherein technisch so gestaltet ist, dass es keine objektive Erweiterung des Handlungsspielraums bietet. Bei FAS, die die Möglichkeit bieten, schneller zu fahren oder die andere potentiell sicherheitsabträgliche Motive ansprechen, muss die Möglichkeit der VA in Betracht gezogen werden. Diese objektive Erweiterung muss des Weiteren vom Fahrer wahrgenommen werden. Ob es zu dieser Wahrnehmung kommt, hängt von verschiedenen Parametern ab. Zunächst beeinflusst die Vermittlung der technischen Veränderung durch den Hersteller selbst und durch die Medien diese Wahrnehmung. Collard und Mortimer (1998) und Broughton und Baughan (2002) stellten fest, dass das Wissen um die Auswirkungen und die richtige Bedienweise von ABS sehr gering ist. Durch die Diskrepanz zwischen objektiven Systemcharakteristika und zugeschriebenen Funktionsweisen (falsches mentales Modell) kann zudem die subjektive Erweiterung des Handlungsspielraums größer sein als die objektiv gegebene. Ebenso kann und soll das Feedback der Systemwirkung während des Fahrens die Einschätzung der eigenen Handlungsoptionen beeinflussen. Ob und wie dieses Feedback aufgefasst wird, kann wiederum als abhängig von Fahrereigenschaften (Fahrerfahrung, Wahrnehmungsfähigkeiten, Alter) angesehen werden. Die bloße Wahrnehmung eines erweiterten Handlungsspielraumes allein ist noch nicht ausreichend für VA. Dazu muss der Fahrer einen subjektiven Nutzen aus der VA erwarten. Sowohl diese Erwartung wie das Streben nach Realisierung solcher Nutzeffekte ist wesentlich von Persönlichkeitsmerkmalen des Fahrers (u.a. sensation seeking; ggf. insgesamt über eine Fahrertypologie abbildbar), von seiner Fahrmotivation und – in Interaktion mit den Fahrmotiven – von den psychologischen Systemwirkungen (trust, situational awareness, workload, locus of control, eventuell Dequalifizierungseffekte) abhängig.

3 Ergebnisse einer Expertenbefragung

3.1 Methodik

In einer Befragung wurden Experten mittels Fragebogen zu ihrer Einschätzung von Möglichkeiten und Wahrscheinlichkeit der Verhaltensadaptation nach Einführung fahrzeugtechnischer Neuerungen am Beispiel von zwei Systemen befragt. Bei den untersuchten Systemen handelt es sich um ein Vision Enhancement System (VES) und ein System zur Müdigkeitserkennung (SMK). Beide Systeme wurden als fiktive und ideale Systeme vorgestellt, die so nicht serienreif auf dem Markt sind. Ziel der vorliegenden Untersuchung war es vor allem, differentielle Verhaltensunterschiede zwischen Fahrergruppen zu untersuchen. Um Unterschiede hinsichtlich der erwarteten Akzeptanz, der Nutzungs- und Kaufbereitschaft und des Sicherheitseffektes zwischen verschiedenen Systemspezifikationen zu prüfen, wurden zusätzlich Systemvarianten vorgegeben. Diese Systemvarianten (wiederum fiktiv) zeichnen sich dadurch aus, dass sie bei Missbrauch aktiv in das Fahren eingreifen, sei es durch eine Zurücknahme der Sichtverbesserung (VES) oder durch automatisches Abbremsen des Fahrzeuges, wenn der Fahrer Warnungen des SMK ignoriert.

Nur bei den Fragen zum VES wurde zwischen drei Gruppen von Fahrern differenziert: zwischen sportlichen, defensiven und Fahrern unter Zeitdruck. Die Aufgabe der Experten bestand darin, alle Systeme hinsichtlich ihrer Auswirkungen auf folgende Variablengruppen zu beurteilen:

- Verhaltensadaptation auf verschiedenen Ebenen (Manöverebene, strategische Ebene),
- Auswirkungen auf das subjektive Empfinden,

- allgemeine psychologische Auswirkungen in Zusammenhang mit Automation,
- Auswirkungen auf die Verkehrssicherheit,
- Akzeptanz der Systeme.

Zur Beantwortung der Fragen standen jeweils fünfstufige Rating-Skalen mit verbalen Ankerpunkten zur Verfügung. Neben diesen quantitativen Daten wurden zusätzlich offene Fragen gestellt (vgl. hierzu Weller, Schlag, Lehmann, 2002).

Neben der qualitativen Auswertung der offenen Fragen und der Deskription der Antwortenverteilung wurden zur Überprüfung von Unterschieden zwischen den einzelnen Fahrertypen beim System VES univariate Varianzanalysen mit Messwiederholung gerechnet, wobei die beiden Faktoren Expertenalter (drei Gruppen) und Expertenfahrertyp (zwei Gruppen) als Kontrollvariablen dienen. Zur Testung auf Gleichheit der Varianzen wird der Levene-Test angewendet. Sollte dieser Test keine Homogenität der Varianzen ergeben, werden erst Werte mit $p<0,01$ als signifikant gewertet. Bei signifikanten Ergebnissen der Varianzanalysen wurden außerdem t-Tests für gepaarte Stichproben durchgeführt.

Die Auswertung der Beurteilung des SMK erfolgt dagegen rein deskriptiv durch Darstellung der Mittelwerte, wobei vorab geprüft wird, ob Unterschiede zwischen den einzelnen Expertengruppen existieren. Sofern keine geeigneten Vergleichswerte vorliegen, erfolgt die Experteneinschätzung der beiden zusätzlichen Systemvarianten ebenfalls deskriptiv. Zum Einfluss der einzelnen Items auf die Gesamtbewertung der Sicherheitswirkung wurden Regressionsanalysen gerechnet.

3.2 Stichprobe

Die Auswahl der Experten erfolgte nach ihrer Eignung zur Beantwortung der Fragestellung aufgrund von Fachtätigkeit und Veröffentlichungen im Bereich Verkehrspsychologie. Von den insgesamt ausgegebenen 114 Fragebögen wurden 68 ausgefüllt zurückgesandt, was einer Rücklaufquote von 60% entspricht. 10% der Stichprobe waren Frauen, 90% Männer; altersmäßig war je 1/3 der Stichprobe bis 41 Jahre, 42 bis 52 Jahre und über 52 Jahre alt. Nach Ausbildung waren ganz überwiegend Psychologen beteiligt; aktuelle Arbeitsbereiche waren der Auswahl gemäß alle einschlägigen Bereiche der Verkehrspsychologe, einschließlich Begutachtung. Um eventuelle Antworttendenzen aufgrund persönlicher Präferenzen der Experten kontrollieren zu können, wurde nach dem Fahrstil der Experten gefragt (Selbsteinschätzung): die Experten schrieben sich zu etwa einem Drittel eine sportliche Fahrweise und zu zwei Dritteln eine defensive Fahrweise zu.

3.3 Ergebnisse

Zunächst erfolgt eine Betrachtung der Streuung der Expertenurteile innerhalb der einzelnen Fragen. Diese beträgt zwischen 0,66 und 1,29, die Urteile fallen somit zwischen den Experten relativ homogen aus. Die Mittelwerte der Antworten bewegen sich zwischen 1,66 und 4,71 und decken somit beinahe das gesamte Spektrum möglicher Mittelwerte ab (1 entspricht hier einer geringen Veränderung, 5 einer starken Veränderung im Verhalten, jeweils im Vergleich zu Fahrten ohne dem jeweiligen System). Die Experten differenzieren also sehr deutlich zwischen Systemen und Fahrergruppen. Die Mittelwerte der Beurteilung der Systemwirkungen auf der Manöverebene gibt Abbildung 2 wieder. In den folgenden Abbildungen sind die Mittelwerte für das SMK ergänzt, wobei für dieses System jedoch aus Gründen mangelnder Vergleichbarkeit keine statistische Auswertung hinsichtlich Unterschieden zwischen Fahrertypen wie bei dem VES erfolgt.

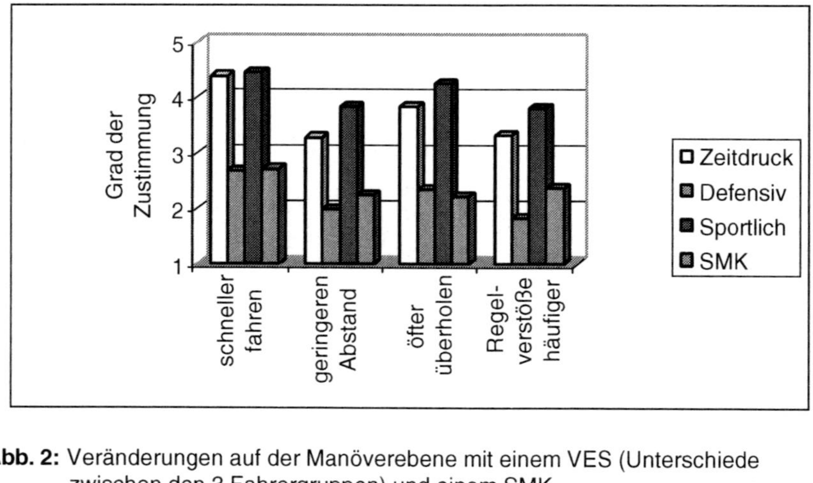

Abb. 2: Veränderungen auf der Manöverebene mit einem VES (Unterschiede zwischen den 3 Fahrergruppen) und einem SMK

Insgesamt wird bei Einsatz eines VES eine Verhaltensadaptation auf der Manöverebene von den Experten als sehr wahrscheinlich angesehen. Sie erwarten vor allem, dass die Fahrer schneller fahren und häufiger überholen. Dies gilt in schwächerer Ausprägung auch für das SMK. Beim VES liegen alle Unterschiede zwischen den drei Fahrertypen in derselben Richtung, wobei von sportlichen Fahrern die größte Verhaltensänderung erwartet wird. Die geringsten Veränderungen werden für defensive Fahrer angenommen. Alle Unterschiede sind hoch signifikant, außer bei dem Item „schneller fahren", bei dem keine signifikanten Unterschiede allein zwischen Fahrern unter Zeitdruck und sportlichen Fahrern erwartet werden. Es ergaben sich keine Unterschiede in den Expertenurteilen zwischen den einzelnen Untergruppen der Experten selbst (Alter und Fahrertyp) – die Experten sind sich also in der Einschätzung dieser Systemwirkungen einig.

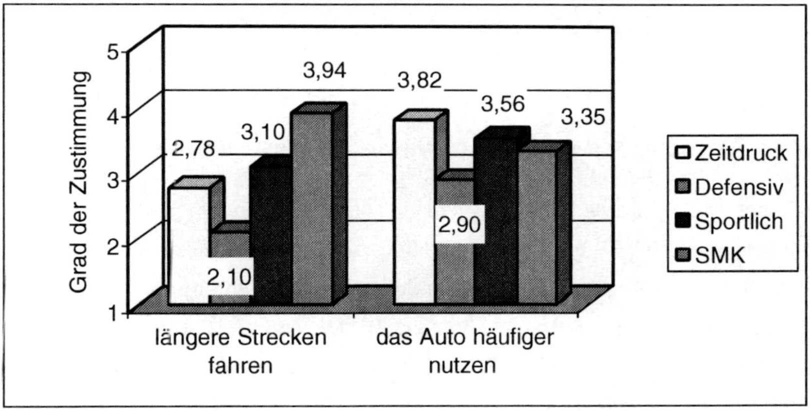

Abb. 3: Veränderungen auf der strategischen Ebene mit einem VES (Unterschiede zwischen den Fahrertypen) und einem SMK

Die erwarteten Verhaltensänderungen auf der strategischen Ebene (Abb. 3) fallen für das VES insgesamt geringer aus als auf der Manöverebene, für das SMK hingegen stärker. Befindet sich ein SMK im Fahrzeug, erwarten die Experten, dass längere Strecken gefahren werden und das Auto auch häufiger genutzt wird. Die Experten sehen eine deutlich unterschiedliche Wirkrichtung bei den beiden prototypischen Systemen: Übergreifende strategische Entscheidungen werden durch ein SMK deutlich beeinflusst, das Fahrverhalten während der Verkehrsteilnahme in besonderem Maße hingegen durch Systeme wie das VES. Wiederum zeigen sich hochsignifikante Unterschiede zwischen den einzelnen Fahrertypen bei dem VES. Die Unterschiede zwischen Fahrern unter Zeitdruck und sportlichen Fahrern werden bei dem Item „häufigere Autonutzung" allerdings nicht signifikant. Defensive Fahrer zeigen nach Expertenmeinung durchgängig die geringsten Adaptationstendenzen.

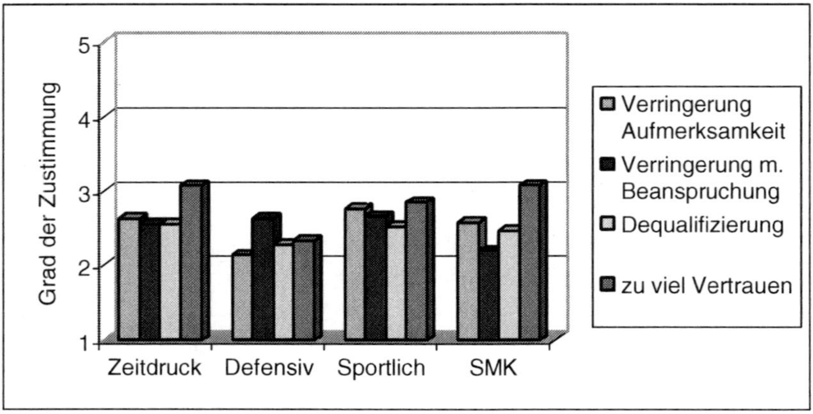

Abb. 4: Allgemeine Auswirkungen von Automatisierung: Unterschiede zwischen den Fahrertypen und den Systemen

Als eher gering werden die allgemeinen Auswirkungen einer verstärkten Automatisierung durch VES oder SMK von den Experten eingeschätzt (Abb. 4). Dennoch unterscheiden sich auch in diesen Items die einzelnen Fahrergruppen voneinander. Möglicherweise zu viel Vertrauen könnte dem SMK und von Fahrern unter Zeitdruck und sportlichen Fahrern dem VES entgegengebracht werden. Bei den defensiven Fahrern werden ungünstige Veränderungen wiederum signifikant seltener erwartet. Es ergaben sich wiederum keine Unterschiede in den Expertenurteilen zwischen den einzelnen Untergruppen der Experten (Alter und Selbsteinschätzung Fahrertyp).

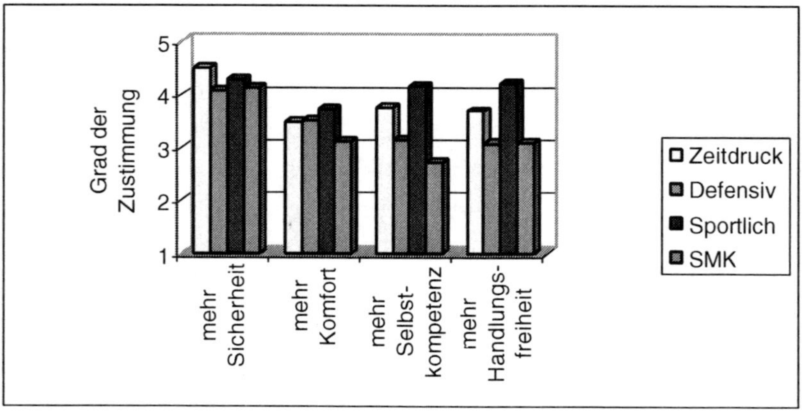

Abb. 5: Veränderungen hinsichtlich des subjektiven Empfindens: Unterschiede zwischen den Fahrertypen und den Systemen

Deutliche Veränderungen erwarten die befragten Experten im subjektiven Empfinden (Abb. 5) beim Fahren mit einem VES, tendenziell geringere mit einem SMK. Kritisch für die Verkehrssicherheit könnten sich hier vor allem die deutlichen Veränderungen im Sicherheitserleben auswirken, daneben das Erleben von mehr Handlungsfreiheit und höherem Komfort. Diese Größen haben einen objektiven Hintergrund in den intendierten Systemfunktionen, was für die erwartete Zunahme der Selbstkompetenz nicht gleichermaßen gilt. In diesen erwarteten deutlichen Veränderungen des subjektiven Empfindens bei Verfügung über ein VES liegen wichtige motivationale Hintergründe einer möglicherweise ungünstigen Verhaltensadaptation. Auch bei den Items zum subjektiven Erleben zeigt sich beim VES, dass von defensiven Fahrern die geringsten Veränderungen erwartet werden. Beim Erleben von mehr Selbstkompetenz und größerer Handlungsfreiheit werden zudem signifikant stärkere Veränderungen der sportlichen Fahrer im Vergleich zu Fahrern unter Zeitdruck erwartet. Experten, die sich selber als defensive Fahrer bezeichneten, erwarten zudem von den defensiven Fahrern weitaus eher eine Erhöhung der erlebten Handlungsfreiheit als die Experten, die sich eher als sportliche Fahrer bezeichnet haben.

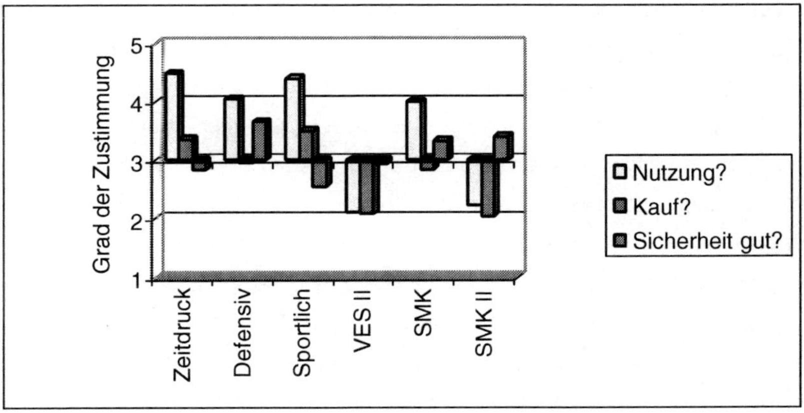

Abb. 6: Akzeptanz und Gesamteinschätzung der Sicherheitswirkung getrennt nach Fahrertypen und Systemen / Systemvarianten (Mittelwerte der Experten-urteile)

Die Akzeptanz der Systeme wurde jeweils über die Frage nach der Systemnutzung und der Bereitschaft zum Systemkauf erhoben (Abb. 6). Die Nutzungsbereitschaft für das VES und das SMK werden von den Experten hoch, die Kaufbereitschaft hingegen im mittleren Bereich eingeschätzt. Die Ergebnisse der Varianzanalyse zeigen bei der Frage nach der Nutzung des Systems, nicht jedoch bei der Kaufbereitschaft, hoch signifikante Unterschiede zwischen den einzelnen Fahrergruppen. Von den Experten wird erwartet, dass Fahrer unter Zeitdruck und sportliche Fahrer das VES häufiger nutzen werden als defensive Fahrer. Zwischen den beiden erstgenannten Gruppen zeigten sich dagegen keine signifikanten Unterschiede.

Bei diesem Item zeigen sich allerdings Unterschiede zwischen den Expertengruppen: Experten, die sich selber als defensive Fahrer bezeichnet haben, waren besonders deutlich der Meinung, dass die sportlichen Fahrer und die Fahrer unter Zeitdruck das VES auch nutzen würden.

In gewisser Weise zusammengefasst werden die Expertenurteile in der Gesamtbewertung der Sicherheitswirkung. Für das VES erfolgt hier eine differentielle Bewertung durch die Experten. Während diese für defensive Fahrer positiv ausfällt, wird sie für Fahrer unter Zeitdruck neutral mit leicht negativer Tendenz und für sportliche Fahrer insgesamt eher negativ gesehen. Alle Fahrergruppen unterscheiden sich hoch signifikant voneinander. Die Gesamtauswirkung eines SMK auf die Sicherheit wird eher positiv gesehen. In diesem Urteil sind sich die Experten einig: es gibt keine Unterschiede zwischen den einzelnen Expertengruppen.

Die konstruierten restriktiven Systemvarianten des VES und des SMK (mit Eingriff des Systems in das Fahren bei Nichtbeachtung von Hinweisen) werden hinsichtlich ihrer Akzeptanz, sowohl erhoben über die Nutzung als auch über die Bereitschaft zum Kauf, signifikant schlechter bewertet als die jeweils ursprüngliche Systemversion. Beim VES findet sich dieser Befund über alle drei Fahrertypen. Die Gesamteinschätzung der Sicherheitswirkung erfolgt dagegen für das VES und die VES-Variante differenziert. Für sportliche Fahrer und Fahrer unter Zeitdruck wird die Wirkung der „strengeren“ VES-Variante eher, aber nicht signifikant positiver eingeschätzt als das ursprüngliche System. Für die Gruppe der defensiven Fahrer wird dagegen eine signifikante Verschlechterung der Sicherheit durch die restriktive VES-Variante erwartet. Für das SMK und die SMK-Variante ergeben sich keine signifikanten Unterschiede bei diesen Items.

Die jeweils „strenger“ konzipierten Systeme mit Eingriff bei Nichtbeachtung von Systemwarnungen bzw. bei sicherheitswidrigem Verhalten bringen somit nach Experteneinschätzung kaum zusätzlichen Sicherheitsgewinn. Vielmehr wurde in den offenen Antworten mehrfach auf mögliche Anwendungs- und vor allem rechtliche

Probleme hingewiesen. Ein weiteres Hauptproblem solcher eingreifender Systemvarianten dürfte in ihrer mangelnden Akzeptanz liegen.

Wertvolle Hinweise zur Bewertung von FAS ergaben sich aus den offenen Fragen. Hier wiesen die Experten z.B. darauf hin, dass ältere Menschen gezielt berücksichtigt werden müssen. Bei ihnen wird weniger eine negative Verhaltensadaptation erwartet als vielmehr Probleme im Umgang mit der Technik. Ein weiterer Punkt betrifft die besondere Beachtung von Fahrern anderer Fahrzeuge. Befürchtet wird vor allem ein „Mitzieheffekt". Wiederholt weisen die Experten auch auf die Wichtigkeit einer angemessenen Kommunikation der Systemwirkung hin, die keine Verhaltensadaptation nahe legen sollte. Zu beachten sind auch unter dem Gesichtspunkt der Verhaltensadaptation die möglichen Wechselwirkungen eines neuen Systems mit anderen im Auto befindlichen Systemen.

3.4 Prädiktoren der Gesamteinschätzung der Verkehrssicherheit der Systeme

Lassen sich nun aus den Einschätzungen zu den speziellen Verhaltensauswirkungen der Systeme zuverlässige und gültige Prädiktoren für die Gesamtbewertung der Sicherheitswirkungen der untersuchten Systeme ableiten? Dazu wurden zunächst bivariate Korrelationen nach Pearson zwischen der Gesamtsicherheitsbewertung und den einzelnen Items des Fragebogens gerechnet (ohne die Items zur Akzeptanz). Die Korrelationen folgender Items mit der Gesamtbewertung der Sicherheitswirkung durch die Experten sind über alle drei Fahrertypen (sportliche, defensive und Fahrer unter Zeitdruck) beim VES und einheitlich beim SMK in positiver Richtung signifikant:

- „beim Fahren geringeren Abstand zum Vordermann halten",
- „verstoßen die Fahrer häufiger gegen Verkehrsregeln",
- „verringern während des Fahrens die Aufmerksamkeit auf den Verkehr",
- „macht sich eine Dequalifizierung in der durch das System unterstützten Fahraufgabe bemerkbar".

Zur Spezifizierung dieser Ergebnisse wurden im nächsten Schritt schrittweise Regressionsanalysen für die einzelnen Fahrertypen und Systeme gerechnet. Die Ergebnisse der Regressionsanalysen sind in Tabelle 1 dargestellt, wobei unabhängig von der Höhe des Bestimmtheitsmaßes die Entscheidung immer für das Modell mit den meisten Variablen getroffen wurde. Eine ähnliche Variablenstruktur würde dafür sprechen, dass Experten eine ungünstige Sicherheitseinschätzung unabhängig vom untersuchten Assistenzsystem und den untersuchten Fahrertypen auf die gleichen

Kriterien gründen. Auf diese Aspekte müsste bei zukünftigen Systembewertungen verstärkt Wert gelegt werden.

Die Prüfung von Multikollinearität und Autokorrelation ergab jeweils befriedigende Werte (Durban-Watson Statistik zwischen 1,5 und 2,5; Toleranzwert > 0,1; VIF Wert < 10; Konditionsindex < 10).

VES - Personen unter Zeitdruck	B	Beta	Konfidenzintervall	
Item			unten	oben
Verringerung Aufmerksamkeit	0,317**	0,373	0,152	0,482
öfter überholen	0,337**	0,358	0,137	0,537
Längere Strecken	-0,232*	-0,288	-0,404	-0,059
Verringerung mentaler Beanspruchung	-0,221*	-0,250	-0,390	-0,053
Geringeren Abstand	0,181*	0,241	0,022	0,341
(Konstante)	2,059		1,203	2,914
R^2 = ,470**; korr.R^2 = ,428				
VES - Defensive Fahrer	B	Beta	Konfidenzintervall	
Item			unten	oben
geringeren Abstand	0,314**	0,412	0,111	0,516
schneller fahren	-0,207*	-0,294	-0,400	-0,015
mehr erlebte Sicherheit	-0,267*	-0,284	-0,478	-0,055
mehr Regelverstöße	0,255*	0,269	0,027	0,484
(Konstante)	2,538		1,585	3,492
R^2 = ,306**; korr.R^2 = ,262				
VES - Sportliche Fahrer	B	Beta	Konfidenzintervall	
Item			unten	oben
Dequalifizierung	0,355**	0,336	0,131	0,579
mehr erlebte Selbstkompetenz	0,357**	0,335	0,154	0,560
Verringerung mentaler Beanspruchung	-0,287**	-0,287	-0,466	-0,107
Verringerung Aufmerksamkeit	0,227*	0,254	0,027	0,428
(Konstante)	0,890		0,027	1,753
R^2 = ,506**; korr.R^2 = ,475				
SMK	B	Beta	Konfidenzintervall	
Item Inhalt			unten	oben
Verringerung Aufmerksamkeit	0,476**	0,523	0,286	0,667
(Konstante)	1,696		1,006	2,386
R^2 = ,274**; korr.R^2 = ,263				
B: Regressionskoeffizient; Beta: standardisierter Regressionskoeffizient; R^2 Bestimmtheitsmaß; korr. R^2: korrigiertes Bestimmtheitsmaß; * = signifikant (p < 0,05); ** = hoch signifikant (p < 0,01)				

Tab. 1: Regressionsanalysen der einzelnen Items auf die Gesamtbewertung der Sicherheitswirkung (Variablen nach Höhe des Beta-Gewichtes geordnet).

Die Varianzaufklärung durch die Regressionslösungen fällt unterschiedlich aus. Gerade für die „kritischen“ Gruppen der sportlichen Fahrer und derjenigen unter Zeitdruck liegt sie bei einem VES vergleichsweise hoch: für diese Gruppen scheint es den Experten klarer, worauf sich ihr Gesamt-Sicherheitsurteil gründet. Offen-

sichtlich ergibt sich keine einheitliche Variablenstruktur bei den gerechneten Regressionsanalysen; Unterschiede in den relevanten Komponenten der Sicherheitseinschätzung bestehen zwischen den Systemen wie zwischen Fahrergruppen.
So gründet sich das Verkehrssicherheitsurteil der Experten bei dem SMK ganz vorrangig auf die angenommene Verringerung der Aufmerksamkeit, während bei dem VES stark zwischen den einzelnen Fahrergruppen differenziert wird. So tragen bei sportlichen Fahrern eher die angenommenen Veränderungen psychologischer Variablen (Selbstkompetenz, Dequalifizierung), bei Fahrern unter Zeitdruck eher Verhaltensvariablen (Überholen, Abstand) zu einer negativen Gesamtbewertung des VES bei. Gemeinsam ist beiden Gruppen, dass eine durch das VES bewirkte Verringerung der mentalen Beanspruchung als kritisch für die Sicherheit angesehen wird. Offensichtlich wird hier von den Experten angenommen, dass eine Verringerung der mentalen Beanspruchung zu einem Kompensationsverhalten führt, das der Sicherheit abträglich ist. Denkbar wäre hier z.B. die verstärkte Zuwendung der Aufmerksamkeit dieser Fahrergruppen zu neuen Infotainment-Funktionen im Fahrzeug als Folge der freigewordenen Ressourcen. Interessant ist auch das negative Vorzeichen von Beta des Items „schneller fahren" bei den defensiven Fahrern. Nach Expertensicht trägt eine schnellere Fahrweise dieser Gruppe zu einer positiven Beurteilung der Sicherheitswirkung des VES bei. Dieser Befund könnte so interpretiert werden, dass defensive Fahrer durch eine schnellere Fahrweise eher „verkehrsangepasster" fahren und so für andere Verkehrsteilnehmer kalkulierbarer werden (letztere würden damit u.U. nicht mehr zu gefährlichen Überholmanövern „verleiten").
Fasst man alle vier Regressionsanalysen unter dem Gesichtspunkt zusammen, die Variablen zu extrahieren, die bei allen Analysen zur Gesamteinschätzung der Sicherheitswirkung beitragen, fällt diese Entscheidung zugunsten der Variable „Verringerung der Aufmerksamkeit" aus, die als einzige Variable Bestandteil von drei der vier Regressionsmodelle ist. Einzig im Regressionsmodell für die defensiven Fahrer findet dieses Item keine Aufnahme, wobei dieses Modell auch innerhalb der VES-Modelle über das geringste Bestimmtheitsmaß verfügt. Dies belegt zudem wiederum, dass die Wirkungen eines VES bei defensiven Fahrern deutlich anders gesehen werden als bei den beiden anderen Fahrergruppen – und damit, dass Evaluationen in diesem Bereich differentiell erfolgen sollten.

3.5 Untersuchungskritik

Mögliche Kritik an vorliegender Untersuchung bezieht sich auf zwei Punkte. Zum einen handelt es sich bei den untersuchten Systemen um (noch) nicht realisierte Systeme, weswegen immer die Gefahr besteht, dass von den Experten „ideale" Systeme beurteilt werden und z.B. tatsächlich existierende Probleme übersehen werden. Weiterhin können die individuellen Repräsentationen der nur abstrakt beschriebenen Systeme deutlich voneinander abweichen. Auch wenn dieser Einwand nicht entkräftet werden kann: Die in der Sache differenzierten, dabei jedoch zwischen den Befragten homogenen Expertenurteile sprechen gegen eine unkritische Haltung und gegen stark voneinander abweichende Repräsentationen. Gerade zu diesem Zeitpunkt der Systementwicklung können Expertenbefragungen helfen, den Blick der Systementwickler frühzeitig auf psychologische Probleme auf Seiten der Nutzer zu lenken. Selbstverständlich kann und soll eine Expertenbefragung nie Tests im Simulator und im Feld ersetzen.

Der zweite Kritikpunkt betrifft die Art der Befragung. Hier kann kritisiert werden, dass durch die Art der Fragen (sportliche Fahrer versus defensive Fahrer) eher Stereotype abgefragt werden als tatsächlich erwartete Verhaltensänderungen. Gegen diesen Kritikpunkt spricht der Einsatz von Experten, von denen angenommen werden darf, dass sie aufgrund ihrer Erfahrungen zu differenzierten Bewertungen fähig sind. Diese differenzierte Bewertung der Verhaltensauswirkungen spiegelt sich deutlich in den Ergebnissen zu den einzelnen Items wider.

4 Literaturverzeichnis

Broughton, J., Baughan, C. (2002). The effectiveness of antilock braking systems in reducing accidents in Great Britain. Accident Analysis & Prevention 34, 347-355.

Collard, D.A., Mortimer, N.L. (1998). A survey of Canadian drivers´ knowledge about and experience with antilock brakes. Road Safety and Motor Vehicle Regulation Directorate Transport Canada. Paper No. 98-S2-0-09. http://www.nhtsa.dot.gov/esv/16/98S2O09.PDF (01.07.03)

Dingus, T. A., Hulse, M. C., Mollenhauer, M. A., Fleischmann, R. N., McGehee, D. V., Manakkal, N. (1997). Effects of age, system experience, and navigation technique on driving with an advanced traveler information system. Human Factors 39, 177-199.

Ellinghaus, D., Schlag, B., Steinbrecher, J. (1990): Leistungsfähigkeit und Fahrverhalten älterer Kraftfahrer. Bundesanstalt für Straßenwesen (Hrsg.). Unfall- und Sicherheitsforschung Straßenverkehr, Bremerhaven: Verlag Neue Wissenschaft.

Endsley, M.R., Garland, D.J. (Eds.) (2000). Situational Awareness. Analysis and Measurement. London: Lawrence Erlbaum.

Färber, B., Färber, B. (2004). Mehr Verkehrssicherheit durch intelligente Steuerung von Telematiksystemen (in diesem Band).

Fuller, R. (1984): A conzeptualization of driving behaviour as threat avoidance. Ergonomics 27(11), 1139-1155.

Fuller, R. (1988). On learning to make risky decisions. Ergonomics 31, 519-526.

Harrison, W.A., Senserrick, T. M., Tingvall, C. (2000). Development and trial of a method to investigate the acceptability of seat belt remindersystems. Monash University Accident Research Centre: Report No: 170. http://www.general.monash.edu.au/muarc/rptsum/muarc170.pdf

Hoedemaeker, M., Brookhuis, K.A. (1998). Behavioural adaptation to driving with an adaptive cruise control (ACC). Transportation Research Part F, 1, 95-106.

Jiang, C., Underwood, G., Howarth, C.I. (1992). Towards a theoretical model for behavioural adaptations to changes in the road transport system. Transportation Review 12, 253-264.

Jonah, B. A. (1997). Sensation seeking and risky driving: a review and synthesis of the literature. Accident Analysis and Prevention 29, 651-665.

Klebelsberg, D. (1982): Verkehrspsychologie. Berlin, Heidelberg, New York: Springer Verlag.

Marsden, G., McDonald, M., Brackstone, M. (2001). Towards an understanding of adaptive cruise control. Transportation Research C, 9, 35-51.

Michon, J. A. (Ed.) (1993). Generic Intelligent Driver Support. London: Taylor & Francis.

Näätänen, R.; Summala, H. (1976): Road-user behavior and traffic accidents. Amsterdam, Oxford: North-Holland Publishing Company.

OECD (1990): Behavioural adaptations to changes in the road transport system. Paris: OECD expert group.

Oskarsson, P.-A. (1999). Driving with automation. The association between subjective opinions of automated in-vehicle systems and quantitative measures of driving performance. VTI meddelande 870A. Linköping (SE): VTI.

Pfafferott, I., Huguenin, R.D. (1991): Adaptation nach Einführung von Sicherheitsmaßnahmen – Ergebnisse und Schlussfolgerungen aus einer OECD-Studie. Zeitschrift für Verkehrssicherheit 37, 71 – 83.

Sagberg, F., Fosser, S., Saetermo, I. F. (1997). An investigation of behavioural adaptation to airbags and antilock brakes among taxi drivers. Accident Analysis and Prevention 29, 293-302.

Schade, J. ,Schlag, B. (2000). Acceptability of urban transport pricing. VATT Research Reports 72. Helsinki: Government Institute for Economic Research.

Schlag, B. (1994): Risikoverhalten im Straßenverkehr. In: A. Flade (Hrsg.), Mobilitätsverhalten. Weinheim: Beltz / PVU, 131-138.

Schlag, B. (1996): Fahrverhaltensbeobachtungen bei jüngeren und älteren Kraftfahrern. Reihe Verkehrswachtforum, Heft 2. Meckenheim: Deutsche Verkehrswacht.

Schlag, B., Richter, S. (2000): Wahrnehmungs- und sozialpsychologische Hintergründe von Nebelunfällen. Zeitschrift für Verkehrssicherheit 46, 3, 114-120.

Stanton, N. A.,Young, M. S. (1998). Vehicle automation and driving performance. Ergonomics 41, 1014-1028.

Stanton, N. A., Pinto, M. (2000). Behavioural compensation by drivers of a simulator when using a vision enhancement system. Ergonomics 43 (9), 1359-1370.

Summala, H. (1997). Hierarchical model of behavioural adaptation and traffic accidents. In: T. Rothengatter (Ed.): Traffic and Transport Psychology. Amsterdam: Pergamon.

Van der Hulst, M. (1999). Adaptive control of safety margins in driving. Proefschrift. Rijksuniversiteit Groningen.

Van der Laan, J. D., Heino, A., De Waard, D. (1997). A simple procedure for the assessment of acceptance of advanced transport telematics. Transport Research, C, 5, 1-10.

Vos, A.P. de, Godthelp, J., Käppler, W.-D. (1999). Subjective and objective assessment of manual, supported, and automated vehicle control. In: J.P. Pauwelussen: Vehicle performance. Understanding human monitoring and assessment. Lisse (NL): Swets & Zeitlinger.

Weller, G., Schlag, B., Lehmann, K. (2002). Verhaltensadaptation, Risikokompensation und Akzeptanz im Zusammenhang mit der Einführung fahrzeugtechnischer Innovationen. Bericht für die DaimlerChrysler AG, Berlin, Dresden, 2002.

Wilde, G. J. S. (1994). Target risk. Toronto: PDE.

Arnd Engeln, Winfried König und Thomas Wittig

SENECA: Evaluation einer Sprachbedienung im Kfz

1 Einleitung

Dieser Beitrag berichtet von einer Evaluationsstudie zu einem Spracherkennungssystem. Untersucht werden die Einflüsse unterschiedlicher Bedienformen auf das Fahrverhalten hinsichtlich der Verkehrssicherheit. Im Einzelnen verglichen werden manuelle, sprachliche und gar keine Bedienung von Infotainmentsystemen während der Fahrtätigkeit im Realverkehr. Da es sich um eine reine Evaluationsstudie eines konkreten Spracheingabesystems handelt, wird hier auf Ausführungen zum theoretischen Hintergrund verzichtet, der umfassend in dem Beitrag „Fahrerablenkung durch Informations- und Kommunikationssysteme im Fahrzeug: Auswirkungen auf das Fahrerverhalten und die Verkehrssicherheit" (Gelau, 2004, in diesem Band) dargelegt ist.

2 Überblick zum EU-Projekt SENECA

Das Akronym SENECA steht für „**S**peech control modules for **E**ntertainment, **N**avigation and communication **E**quipment in **CA**rs". In diesem Beitrag wird die Evaluation der zweiten Generation des Spracheingabesystems (Seneca System Demonstrator) beschrieben, das gegenüber dem Vorläufermodell (Seneca Concept Demonstrator) eine veränderte Dialogstruktur und eine verbesserte Spracherkennung hat. SENECA ist ein Gemeinschaftsprojekt von DaimlerChrysler, FIAT Research Center – CRF, Motorola - Semiconductor Products Sector, Renault Recherche, Robert Bosch und TEMIC Speech Processing. Die Evaluation der verschiedensprachigen Spracheingabesysteme erfolgte parallel in Italien, Frankreich und Deutschland.

Mit Hilfe der SENECA Spracheingabe kann im Kfz die Navigation konfiguriert werden, können Radio- und CD-Spieler bedient sowie Telefonate angenommen und ausgeführt werden. Sowohl die Befehlsein- als auch die Befehlsausgabe erfolgt hierbei verbal: Der Nutzer spricht die Befehle, der SENECA Demonstrator antwortet bzw. fragt zurück, wenn eine Befehlseingabe für ihn nicht eindeutig war. Die Evaluation hinterfragt die Handhabung des Spracheingabesystems aus Nutzersicht, überprüft die Auswirkungen auf die Verkehrssicherheit und vergleicht die Dialoggestaltung mit der des Vorgängermodells (SENECA Concept Demonstrator).

In den nachfolgenden Abschnitten wird der deutsche Teil der Evaluation hinsichtlich Zielsetzung, methodischer Vorgehensweise und einiger ausgewählter Ergebnisse beschrieben.

3 Untersuchungsmethodik des deutschen Teilprojekts

Zur Bewertung des SENECA System Demonstrators wurde im deutschen Teilprojekt die Bedienung der Spracheingabe zum einen mit der manuellen Eingabe und zum anderen mit der Dialogstruktur des Vorläufermodells (Concept Demonstrator) verglichen. Beobachtet wurden die Bedienung des Systems selbst sowie die Auswirkungen der Systembedienung auf das Fahrverhalten. In ergänzenden Befragungen wurde das System auch aus Nutzersicht beurteilt. Durchgeführt wurden die Untersuchungen im Unterauftrag durch MTO (Institut für psychologische Forschung und Beratung GmbH, Tübingen) und BEF (Beratungsbüro für ergonomische Fragen, Karlsruhe). Die nachfolgenden Ausführungen beziehen sich auf den Projektbericht zum deutschen Teilprojekt (Mutschler und Baum, 2001).

3.1 Untersuchungsablauf

Zunächst wurden den Versuchspersonen die Instruktionen und ein Fragebogen zur schriftlichen Beantwortung zugeschickt. Die Beobachtungsfahrten umfassten folgende Teilschritte:

1. Erläuterungen zum Versuchsablauf,
2. Übung zur manuellen/ sprachlichen Eingabe im stehenden Fahrzeug,
3. Trainingsfahrt zur Gewöhnung an das Fahrzeug und die Befehlseingabe,
4. Wiederholung der Instruktion,
5. Erster Versuchsdurchgang,
6. Erstes Interview,
7. Zweiter Versuchsdurchgang,
8. Zweites Interview.

Insgesamt wurden bei den Versuchsfahrten 16 Personen beobachtet, die in der Querschnittsbetrachtung je zweimal eine vordefinierte Strecke durchfuhren und dabei fünf Navigations-, zwei Telefon- und zwei Adressbuchaufgaben zu bearbeiten hatten. Die Eingabe erfolgte in der einen Versuchsfahrt ausschließlich manuell und in der anderen ausschließlich sprachlich.

Zwei der 16 Versuchspersonen wurden zusätzlich einer Längsschnittbeobachtung unterzogen. So wurde mit diesen zwei Personen der oben beschriebene Untersuchungsablaufs mit je einer Woche Zeitabstand insgesamt viermal wiederholt. Hierdurch sollte ein Eindruck zum Einfluss von Übungseffekten gewonnen werden. Zur Verstärkung des Übungseffektes wurde den beiden Versuchspersonen das Versuchsfahrzeug zwischen den Erhebungszeitpunkten für je ein bis zwei Tage zur privaten Nutzung und Übung überlassen.

3.2 Ausstattung des Versuchfahrzeugs

Die Beobachtungsfahrten wurden mit einem umfangreich ausgestatteten Messfahrzeug (Abb. 1) unternommen, um die Beobachtungssituation möglichst detailliert dokumentieren zu können. Das Messfahrzeug war folgendermaßen ausgestattet:

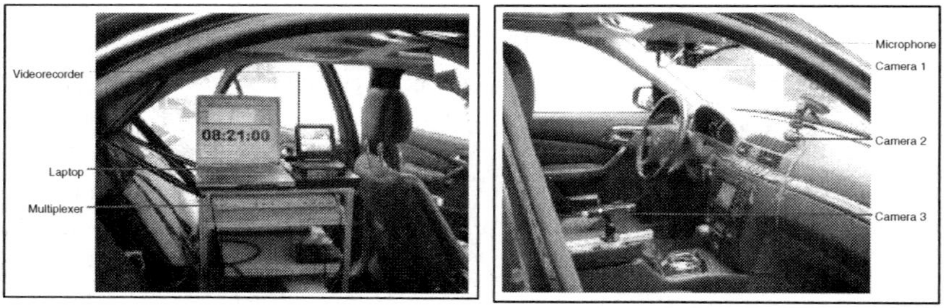

Abb. 1: Ausstattung des Versuchsfahrzeugs

1. Ein Mikrofon im Innenraum zeichnete sämtliche Gespräche während des Beobachtungszeitraums auf.
2. Kamera 1 zeichnete die Fahrsituationen mit Blick nach vorne auf.
3. Kamera 2 fokussierte den Fahrer.
4. Kamera 3 war auf das Bedienelement für die manuelle Bedienung ausgerichtet.
5. Über einen Multiplexer wurden die verschiedenen Kamerabilder gemeinsam auf einem Videoband zusammengefasst.
6. Mit Hilfe des Laptops wurde das SENECA-System gesteuert sowie Zeit- und Dialogverlauf dokumentiert. Die Laptopausgabe wurde ebenfalls auf dem Videoband fixiert.

Beim Versuch nahm neben der Versuchsperson ein Fahrlehrer auf dem Beifahrersitz Platz, der zum einen die Fahrqualität der Versuchsperson zu beurteilen hatte. Zum anderen diente er der Fahrsicherheitskontrolle und konnte durch eine zweite Pedalerie im Fahrzeug in kritischen Situationen in die Fahrzeugführung eingreifen. Hinten rechts saß der Versuchsleiter, der von dort aus den Versuchsablauf und die Versuchsbedingungen kontrollieren konnte sowie den Fahrer während der Versuchsfahrt befragte.

3.3 Auswahl der Beobachtungsstrecke

Für die Durchführung der Beobachtungsfahrten wurde eine vordefinierte Fahrstrecke genutzt. Die Strecke Im Raum Tübingen und Reutlingen wurde so ausgewählt, dass sowohl Stadt- als auch Landstraßen sowie autobahnähnliche Abschnitte befahren wurden. Weiterhin wurden innerhalb der Beobachtungsstrecke Versuchs- und Referenzstrecken unterschieden. Auf den Versuchsstrecken wurden den Versuchspersonen Nebenaufgaben (Bedienung von Navigation, Telefon ...) gestellt. Auf den Referenzstrecken, die hinsichtlich der Verkehrsanforderungen mit den Versuchsstrecken vergleichbar waren, konnten sich die Untersuchungsteilnehmer ausschließlich auf die primäre Fahraufgabe konzentrieren. Im Vergleich der Fahrgüte zwischen Versuchs- und Referenzstrecke können so die Auswirkungen der Bewältigung von Nebenaufgaben auf die primäre Fahraufgabe beurteilt werden.

Da frühere Versuche mit der Vorläuferversion der Spracheingabe (Concept Demonstrator) auf der fast identischen Beobachtungsstrecke durchgeführt wurden, ist zwischen dem aktuellen Spracheingabesystem und der Vorläuferversion zusätzlich ein Vergleich sowohl der Benutzerfreundlichkeit als auch Auswirkungen auf das Fahrverhalten möglich.

Durch die Streckenfestlegung mit standardisiertem Beobachtungsverlauf konnte eine für Feldbeobachtungen hohe Vergleichbarkeit der Beobachtungsdaten sichergestellt werden.

4 Benutzerfreundlichkeit der Spracheingabe

Im Folgenden werden Ergebnisse zur Beurteilung der Benutzerfreundlichkeit der Spracheingabe dargestellt und diskutiert. Hierzu werden zunächst subjektive Beurteilungen der Nutzer und anschließend der objektive Zeitbedarf für die Bearbeitung der Nebenaufgaben herangezogen. Insgesamt wird die Spracheingabe als Bedienform von den Versuchspersonen deutlich angenehmer empfunden als die manuelle Steuerung.

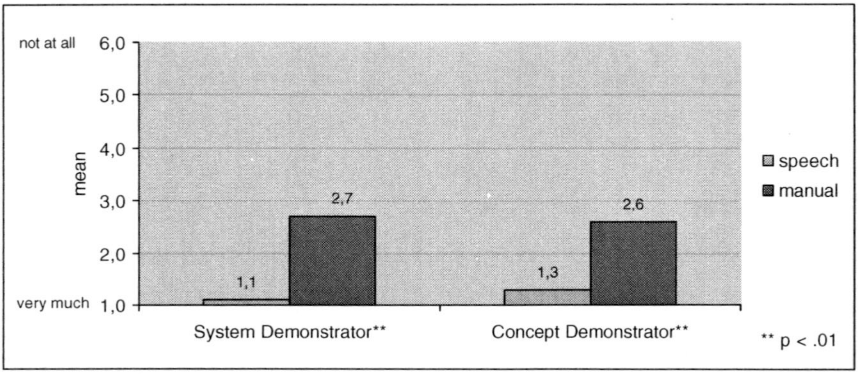

Abb. 2: Bewertung durch die Versuchspersonen: Wie angenehm empfinden Sie die Systembedienung?

Wie Abb. 2 zeigt, wird die Spracheingabe mit sehr gut bewertet, während die manuelle Bedienung eine eher mittlere Bewertung erfährt. Dieses signifikante Ergebnis gilt für beide Studien, die unabhängig voneinander und mit unterschiedlichen Stichproben durchgeführt wurden. Auch zeigt Abb. 2, dass die aktuell evaluierte, überarbeitete Version des Spracheingabesystems (System Demonstrator) noch etwas besser abschneidet als die Vorläuferversion (Concept Demonstrator). Allerdings verhindert hier ein „Deckeneffekt", dass die Veränderung signifikant wird: So haben auf der Skala von eins bis sechs in der aktuellen Evaluation 14 der insgesamt 16 Versuchspersonen die Systembedienung als optimal (= mit eins) und zwei Versuchspersonen „nur" mit gut (= mit zwei) bewertet. Ein Grund für die so positiv empfundene Systembedienung per Sprache kann darin liegen, dass die empfundene mentale Beanspruchung bei Spracheingabe deutlich geringer bewertet wurde als bei manueller Bedienung. Für die Zieleingabe der Navigation sowie das Speichern von Telefonnummern im Adressbuch wird dieser Unterschied signifikant (vgl. Abb. 3, hier werden die Ergebnisse des Ratings der mentalen Beanspruchung je Aufgabe auf einer sechsstufigen Skala vom Probanden dargestellt.). Dennoch bleibt auch bei Spracheingabe eine deutlich höhere subjektiv empfundene mentale Beanspruchung bestehen als auf den Referenzstrecken, wo keine Nebenaufgabe zu bewältigen war.

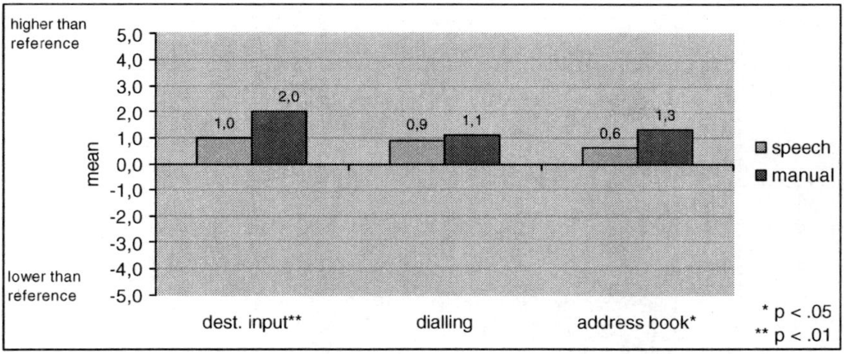

Abb. 3: Bewertung durch die Versuchspersonen: Mentale Beanspruchung während der Systembedienung mit sprachlicher und manueller Eingabe

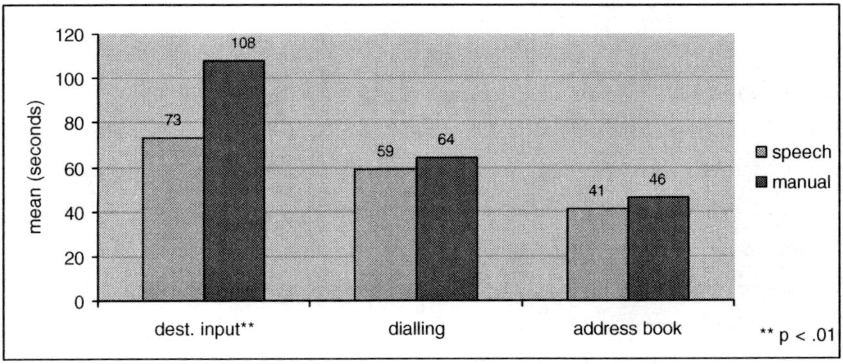

Abb. 4: Messung der Bearbeitungszeit: Dauer der Befehlseingabe bei sprachlicher und manueller Eingabe

Eine weitere Ursache für die bessere Bewertung der Systembedienung per Sprache kann darin gesehen werden, dass die Bearbeitungszeit der gestellten Aufgaben bei Spracheingabe geringer ist. Gerade bei der vergleichsweise komplexen Aufgabe, ein Ziel in das Navigationssystem einzugeben, zeigt die Spracheingabe einen signifikant geringeren Zeitbedarf (Abb. 4).

Der in der vorangegangenen Abbildung dargestellte Zeitvorteil durch Spracheingabe konnte erst in der aktuellen, zweiten Dialogversion des Demonstrators realisiert werden. Die nachfolgende Abb. 5 zeigt, dass mit der alten Dialogstruktur des Concept

Demonstrators die Bewältigung identischer Nebenaufgaben noch deutlich mehr Zeit benötigte.

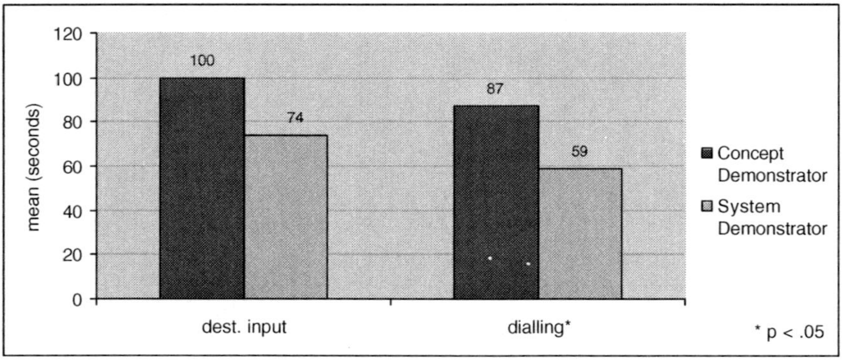

Abb. 5: Messung der Bearbeitungszeit: Dauer der Spracheingabe im Vergleich zum Vorgängermodell

Zu bedenken ist aufgrund der Versuchsbedingungen der Beobachtungssituation, dass – anders als bei der alltäglichen Nutzung einer Systembedienung im eigenen Kfz – weder die manuelle noch die sprachliche Bedienung des Systems zum Alltagswissen der meisten Probanden gehören. Von daher ist die Frage interessant, inwiefern sich der Zeitbedarf bei längerer Nutzungsdauer verändert. Aufgrund der Rahmenbedingungen des SENECA-Projekts konnten zwar keine umfangreichen Längsschnittbeobachtungen durchgeführt werden, jedoch wurde – um ein Gefühl für mögliche Veränderungen im Lernprozess zu erhalten – mit zwei Versuchspersonen die Messung viermal wiederholt. Zudem konnten die Versuchspersonen zwischen den Erhebungszeitpunkten das Fahrzeug privat nutzen und entsprechende Erfahrungen sammeln.

In Abb. 6 zeigt sich bei der manuellen Bedienung eine Abnahme der Bearbeitungszeit um fast 40 Prozent. Bei der Spracheingabe dagegen zeigt sich ein nahezu konstanter Zeitbedarf über die ersten drei Versuche und ein sprunghafter Anstieg zum vierten Erhebungszeitpunkt.

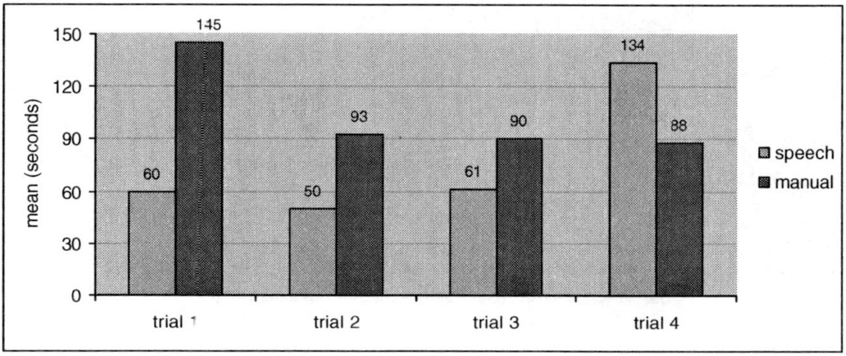

Abb. 6: Messung der Bearbeitungszeit bei der Aufgabe „Zieleingabe“: Dauer der manuellen und sprachlichen Befehlseingabe in der Längsschnittbetrachtung

Dieses zunächst erstaunliche Ergebnis lässt sich durch folgenden Effekt erklären: Während der vierten Versuchsfahrt setzte starker Regen ein, der die Spracherkennung deutlich störte. So wurden in diesen Fahrten viele Befehle nicht erkannt und es mussten Dialogschleifen mehrfach durchlaufen werden, um die Nebenaufgaben zu lösen. Die Längsschnittergebnisse zur Spracheingabe weisen demnach auf zweierlei hin: Erstens verläuft die Lernkurve bei Spracherkennung möglicherweise anders als bei manuellen Lernprozessen. Zweitens muss die Spracherkennung noch verbessert werden, um einen störungsfreien Betrieb auch bei stärkeren Nebengeräuschen zu realisieren. Zur Zeit haben Umweltvariablen (wie z.B. Regen) einen zu großen Einfluss auf die Funktionalität des Systems. Insgesamt dürfen diese Längsschnittergebnisse maximal als Anlass für vorsichtige Vermutungen dienen, denn es wurden nur zwei Versuchspersonen in die Längsschnittstudie eingebunden. Für genauere Aussagen bedarf es einer größeren Stichprobe.

5 Auswirkungen auf die Verkehrssicherheit

Entsprechend den im vorangegangenen Abschnitt dargestellten Ergebnissen führte die als weniger beanspruchend erlebte Sprachbedienung gleichermaßen dazu, dass sich die Versuchspersonen durch diese Nebenaufgabe beim Fahren weniger in ihrer Verkehrssicherheit eingeschränkt fühlten als bei manueller Bedienung (vgl. Abb. 7).

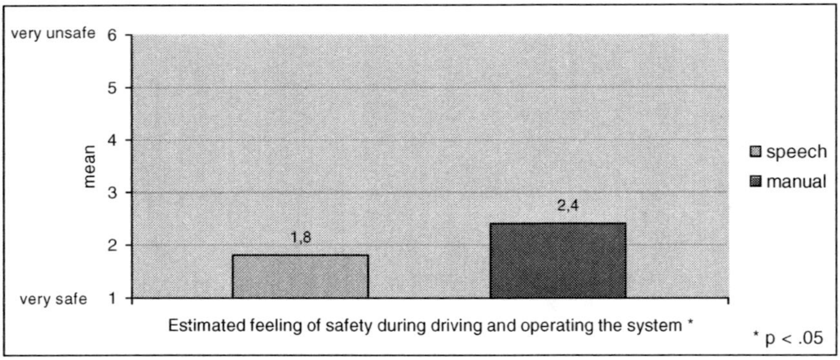

Abb. 7: Bewertung durch die Versuchspersonen: Sicherheitsgefühl während der Bedienung

Dieser subjektive Sicherheitsgewinn bei der Sprachbedienung ist vermutlich darauf zurückzuführen, dass die Versuchspersonen bei der Sprachbedienung den Blick nicht von der Straße abwenden mussten und zudem beide Hände am Lenkrad lassen konnten. Entsprechend dieser Interpretation wurde der Grad der Ablenkung von der primären Fahraufgabe durch Sprachbedienung auch signifikant geringer eingeschätzt als bei manueller Bedienung (siehe Abb. 8).

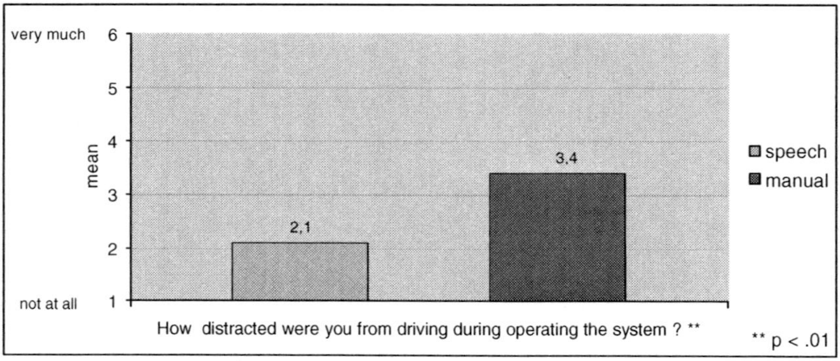

Abb. 8: Bewertung durch die Versuchspersonen: Grad der Ablenkung von der primären Fahraufgabe

Der in der Selbstbeurteilung gefundene Sicherheitsgewinn durch Spracheingabe bestätigt sich auch in der Fremdbeurteilung der Fahrqualität durch die mitfahrenden Fahrlehrer (vgl. Abb. 9, hier werden die Ergebnisse des Ratings der Fahrqualität durch die Fahrlehrer dargestellt). So wurden die Fahrleistungen in den Versuchsfahrten mit Spracheingabe durchschnittlich besser eingeschätzt als während der manuellen Systembedienung. Hinsichtlich der komplexen Nebenaufgabe der Zieleingabe in das Navigationssystem wird dieser Unterschied signifikant. Wie Abb. 9 jedoch auch zeigt, ist nach der Fremdbeurteilung durch die Fahrlehrer die Fahrgüte auch bei Spracheingabe etwas eingeschränkt. So wurden die Probanden während der Bewältigung der Aufgaben mit Spracheingabe teilweise etwas schlechter in ihrer Fahrqualität beurteilt als während der Referenzstrecken, wo keine Nebenaufgaben zu bewältigen waren.

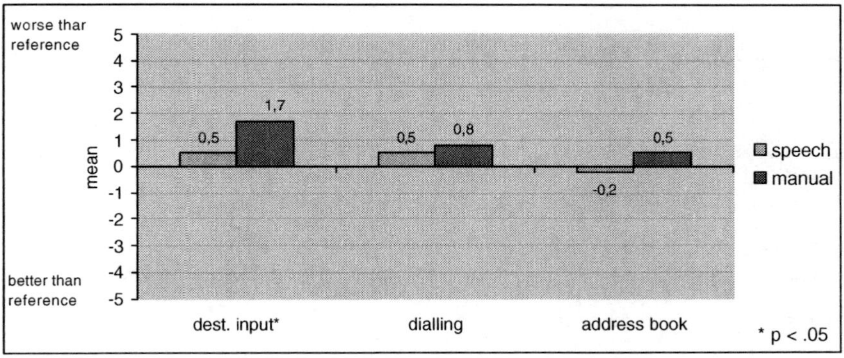

Abb. 9: Beurteilung durch den Fahrlehrer: Fahrqualität bei sprachlicher und manueller Eingabe

Die bislang gefundenen Ergebnisse zu den Auswirkungen der Systembedienung auf die Verkehrssicherheit lassen sich auch durch vergleichsweise „harte“ Daten anhand der gezählten Fahrfehler untermauern. Als Fahrfehler wurden folgende Verhaltensweisen definiert: Geschwindigkeit zu niedrig oder zu hoch, Längs- oder Querabstände zu gering, ungenaue Spurführung, unzureichende Verkehrsbeobachtung, Blinken unterlassen, zu hartes bzw. zu spätes Bremsen. Während der Zieleingabe und während der Speicherung der Telefonnummern im Adressbuch wurden bei sprachlicher Eingabe signifikant weniger Fahrfehler gezählt als bei manueller Systembedienung (vgl. Abb. 10). Dennoch lag auch hier wieder die Zahl der Fahrfehler etwas höher als auf den Referenzstrecken.

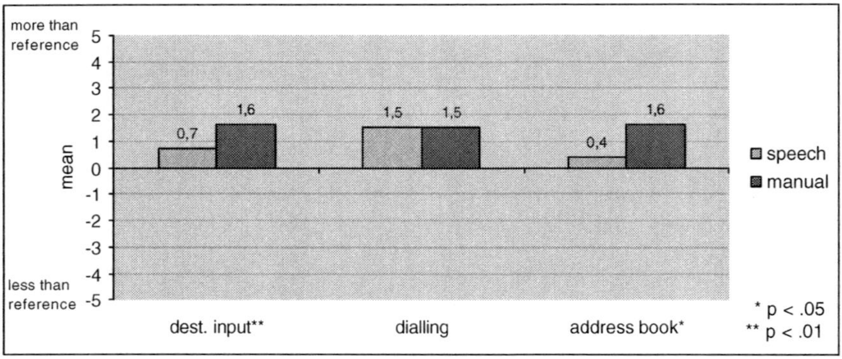

Abb. 10: Zählung durch den Fahrlehrer: Anzahl Fahrfehler während der Bearbeitung

6 Zusammenfassung der Ergebnisse

Die Evaluation der SENECA-Spracheingabe im Vergleich zur manuellen Systembedienung bringt trotz eines vergleichsweise geringen Stichprobenumfanges von 16 Versuchspersonen plausible, konsistente und damit überzeugende Aussagen zur Bewertung der Systembedienung hervor.

Benutzerfreundlichkeit der Spracheingabe

Die SENECA-Spracheingabe wird von den untersuchten Personen sehr positiv erlebt. Nur zwei der 16 Versuchspersonen bewerteten das System mit gut, die übrigen mit sehr gut. Dieses positiv für die Spracheingabe zu interpretierende Ergebnis kann darauf zurückgeführt werden, dass die erlebte mentale Beanspruchung bei Sprachbedienung deutlich geringer ist als bei manueller Bedienung und dass die Befehlseingabe teilweise in kürzeren Zeitabschnitten erledigt werden kann als es bei manueller Bedienung möglich ist. So kann insgesamt geschlossen werden, dass die Spracheingabe eine erfolgversprechende Entwicklung darstellt, um die Benutzerfreundlichkeit von Fahrerinformations- und Assistenzsystemen im Kraftfahrzeug zu verbessern.

Auswirkungen auf die Verkehrssicherheit

Die Ergebnisse belegen deutlich, dass die Spracheingabe nicht nur bedienfreundlich ist, sondern dass sie darüber hinaus einen wichtigen Beitrag zur Erhöhung der Verkehrssicherheit leisten kann. So ist das subjektive Sicherheitsgefühl bei der Sprachbedienung besser, weil hier der Blick auf die Straße gerichtet bleibt und beide Hände am Lenkrad gelassen werden können. Darüber hinaus weisen die Ergebnisse aber auch deutlich darauf hin, dass nicht nur die subjektive, sondern auch die objektive Verkehrssicherheit bei Sprachbedienung deutlich besser gewährleistet werden kann als bei manueller Systemsteuerung. So wurden die Fahrer durch die Fahrlehrer im Mittel deutlich besser beurteilt; zudem wurden weniger Fahrfehler gezählt.

Dieses positive Ergebnis muss jedoch etwas relativiert werden. Denn auch die Spracheingabe als Systembedienung im Kraftfahrzeug stellt während der Fahrt eine Nebenaufgabe dar, die eine gewisse Aufmerksamkeitszuwendung erfordert. Diese Aufmerksamkeit steht dann nicht mehr der primären Fahraufgabe zur Verfügung. Diese Interpretation kann erklären, weshalb auch bei Spracheingabe die Fahrqualität etwas schlechter bleibt als wenn keine Nebenaufgabe zu bewältigen ist.

Entwicklungsbedarf

Die Ergebnisse zeigen, dass die Systembedienung per Sprache ein guter Weg sein kann, die Benutzerfreundlichkeit von Fahrerinformations- und -assistenzsystemen zu erhöhen und die negativen Auswirkungen auf die Verkehrssicherheit möglichst gering zu halten. Um dieses Ziel noch besser zu erreichen, muss die Beanspruchung durch die Bewältigung der Nebenaufgabe per Spracheingabe weiter reduziert werden. Dies kann zum einen geschehen durch eine weitere Vereinfachung der Dialogstruktur und eine bessere Anpassung an die Alltagssprache (um so das beanspruchende Durchforsten des Gedächtnisses nach zuvor gelernten Begriffen zu reduzieren). Eine weitere Maßnahme liegt in der technischen Weiterentwicklung des Spracherkenners, dessen Erkennungsrate entscheidend für die Dauer der Systembedienung und damit für Nutzerfreundlichkeit und Verkehrssicherheit ist.

7 Literatur

Gelau, C. (2004): Fahrerablenkung durch Informations- und Kommunikationssysteme im Fahrzeug: Auswirkungen auf das Fahrerverhalten und die Verkehrssicherheit. (in diesem Band).

Mutschler, H., Baum, W. (2001): Speech control modules for Entertainment, Navigation and communication Equipment in Cars. Final Report: Evaluation of the System Demonstrator – German Results. ESPRIT IV Framework Programme System Integration and Applications – Area 2 OMI Task 5.9.

Liste der Autoren und Koautoren

Baumann, Martin	Dr. phil., Dipl.-Psych.	TU Chemnitz, Institut für Psychologie, Allgemeine Psychologie und Arbeitspsychologie, 09107 Chemnitz martin.baumann@phil.tu-chemnitz.de
Dornhöfer, Sascha M.	Dipl.-Psych.	Technische Universität Dresden, Fakultät Mathematik und Naturwissenschaften, FB Psychologie, Institut für Arbeits-, Organisations- und Sozialpsychologie, Professur für Ingenieur-psychologie und Kognitive Ergonomie, 01062 Dresden dornhoefer@psychologie.tu-dresden.de
Dziekan, Katrin	Dipl.-Psych.	Royal Institute of Technology Department of Infrastructure and Planning, Transportation & Logistics, Teknikringen 72, SE-100 44 Stockholm Sweden katrin@infra.kth.se
Engeln, Arnd	Dr. rer. nat., Dipl.-Päd.	Robert Bosch GmbH , FV/SLN Postfach 30 02 40, 70442 Stuttgart Arnd.Engeln@de.bosch.com
Färber, Berthold	Prof. Dr. phil., Dipl.-Psych.	Universität BW München, Institut für Arbeits-wissenschaft, Fakultät für Luft- und Raumfahrttechnik (LRT 11), Werner-Heisenberg-Weg 39, D - 85577 Neubiberg berthold.faerber@unibw-muenchen.de
Färber, Brigitte	Dr. phil., Dipl.-Psych.	Universität BW München, Institut für Arbeits-wissenschaft, Fakultät für Luft- und Raumfahrttechnik (LRT 11), Werner-Heisenberg-Weg 39, D - 85577 Neubiberg brigitte.faerber@unibw-muenchen.de
Fiedler, Frank	Dipl.-Verkehrsing.	Planungsbüro Dr. Hunger, Stadt-Verkehr-Umwelt – SVU, Gottfried-Keller-Straße 24, D-01157 Dresden f.fiedler@web.de
Fries, Udo	cand. Psych.	Universität Leipzig udo.fries@web.de
Geertsema, Kai	Dipl.-Psych.	DaimlerChrysler AG, Forschung und Technologie 096/G202 RBP/BA, 70546 Stuttgart kai.geertsema@daimlerchrysler.com
Gelau, Christhard	Dr. phil., Dipl.-Psych.	Bundesanstalt für Straßenwesen (BASt), Brüderstraße 53, 51427 Bergisch Gladbach Gelau@bast.de

Hagemeister, Carmen	Dr. phil., Dipl.-Psych.	Technische Universität Dresden, Fakultät Mathematik und Naturwissenschaften, Institut für Klinische, Diagnostische und Differentielle Psychologie, 01062 Dresden hagemeis@psy1.psych.tu-dresden.de
Heger, Ralf	Dipl.-Ing.	Technische Universität Dresden, Fakultät Verkehrswissenschaften, Professur für Verkehrspsychologie, 01062 Dresden Heger@verkehrspsychologie-dresden.de
Helmert, Jens	Dipl.-Psych.	Technische Universität Dresden, Fakultät Mathematik und Naturwissenschaften, FB Psychologie, Institut für Arbeits-, Organisations- und Sozialpsychologie, Professur für Ingenieurpsychologie und Kognitive Ergonomie, 01062 Dresden helmert@psychologie.tu-dresden.de
Herzberg, Philipp Yorck	Dr. rer. nat., Dipl.-Psych.	Technische Universität Dresden, Institut für Pädagogische und Entwicklungspsychologie Weberplatz 5, 01062 Dresden herzberg@psychologie.tu-dresden.de
Hoeppe, Erik	Dipl.-Verkehrsing.	c/o Ute Morsch, Emil-Überall-Straße 29 01159 Dresden erik-hoeppe@web.de
Jahn, Georg	Dr. phil.	TU Chemnitz, Institut für Psychologie, Allgemeine Psychologie und Arbeitspsychologie, 09107 Chemnitz georg.jahn@phil.tu-chemnitz.de
Jünger, Igor	Dipl.-Ing.	Forschungs- und Technologie-Zentrum (TZF 12) der Deutschen Bahn AG, Völckerstrasse 5, 80939 München Igor.Junger@bku.db.de
Kämpfe, Bettina	Dipl.-Psych.	Technische Universität Dresden, Fakultät Verkehrswissenschaften, Professur für Verkehrspsychologie, 01062 Dresden kaempfe@verkehrspsychologie-dresden.de
Keinath, Andreas	Dipl.-Psych.	TU Chemnitz, Institut für Psychologie, Allgemeine Psychologie und Arbeitspsychologie, 09107 Chemnitz andreas.keinath@phil.tu-chemnitz.de
König, Winfried	Dr.-Ing.	Robert Bosch GmbH , FV/SLN Postfach 30 02 40, 70442 Stuttgart winfried.koenig@de.bosch.com

Krems, Josef F.	Prof. Dr. phil., Dipl.-Psych.	TU Chemnitz, Institut für Psychologie, Allgemeine Psychologie und Arbeitspsychologie, 09107 Chemnitz josef.krems@phil.tu-chemnitz.de
Kschischenk, Holger	Dipl.-Ing.	Hermannstädter Str. 47, 01279 Dresden, Holger.Kschischenk@t-online.de
Mienert, Malte	Dr. rer. nat., Dipl.-Psych.	Humboldt-Universität, Institut für Psychologie, Lehrstuhl Entwicklungspsychologie, Sitz: Rudower Chaussee 18, 10099 Berlin Malte.Mienert@rz.hu-berlin.de
Richter, Susann	Dr. rer. nat., Dipl.-Psych.	Technische Universität Dresden, Fakultät Verkehrswissenschaften, Professur für Verkehrspsychologie, 01062 Dresden richter@verkehrspsychologie-dresden.de
Rothert, Alexandra	Dipl.-Psych.	Technische Universität Dresden, Fakultät Mathematik und Naturwissenschaften, FB Psychologie, Institut für Arbeits-, Organisations- und Sozialpsychologie, Professur für Ingenieurpsychologie und Kognitive Ergonomie, 01062 Dresden rothert@psychologie.tu-dresden.de
Schade, Jens	Dipl.-Psych.	Technische Universität Dresden, Fakultät Verkehrswissenschaften, Professur für Verkehrspsychologie, 01062 Dresden schade@verkehrspsychologie-dresden.de
Schlag, Bernhard	Prof. Dr. phil., Dipl.-Psych.	Technische Universität Dresden, Fakultät Verkehrswissenschaften, Professur für Verkehrspsychologie, 01062 Dresden schlag@verkehrspsychologie-dresden.de
Schmidt, Anne	cand. Verkehrsing.	Technische Universität Dresden, Fakultät Verkehrswissenschaften, Professur für Verkehrspsychologie, 01062 Dresden s.anne.mail@web.de
Seidel, Tina	Dipl.-Psych.	Technische Universität Dresden, Fakultät Verkehrswissenschaften, Professur für Verkehrspsychologie, 01062 Dresden seidel@verkehrspsychologie-dresden.de
Seitz, Willi	Prof. Dr. phil., Dipl.-Psych.	Universität Koblenz-Landau, Abteilung Landau, Fachbereich 5: Erziehungswissenschaften Institut für Sonderpädagogik, Xylanderstraße 1, 76829 Landau sopaed@uni-landau.de

Unema, Pieter J.	Dr. rer. nat.	Universiteit Maastricht, Faculteit der Psychologie, Universiteitssingel 40 6229 ER Maastricht, The Netherlands unema@applied-cognition.org
Velichkovsky, Boris M.	Prof. Dr., Dipl.-Psych.	Technische Universität Dresden, Fakultät Mathematik und Naturwissenschaften, FB Psychologie, Institut für Arbeits-, Organisations- und Sozialpsychologie, Professur für Ingenieur-psychologie und Kognitive Ergonomie, 01062 Dresden velich@psychologie.tu-dresden.de
Weller, Gert	Dipl.-Psych.	Technische Universität Dresden, Fakultät Verkehrswissenschaften, Professur für Verkehrspsychologie, 01062 Dresden weller@verkehrspsychologie-dresden.de
Wittig, Thomas	Dr.-Ing.	Robert Bosch GmbH , FV/SLN Postfach 30 02 40, 70442 Stuttgart thomas.wittig@de.bosch.com
Wittkowski, Joachim	Prof. Dr., Dipl.-Psych.	Praxis für Psychologische Diagnostik und Beratung, Bremenweg 30, 97084 Würzburg j.wittkowski@psychologie.uni-wuerzburg.de